WAR

BOB WOODWARD

3つの戦争

ボブ・ウッドワード　伏見威蕃【訳】

日本経済新聞出版

1

トニー・ブリンケン国務長官（左）とジョー・バイデン大統領（中央左）は、ウラジーミル・プーチン大統領（中央右）とセルゲイ・ラブロフ外相（右）と、2021年6月16日にスイスの首都ジュネーブで会談した。「どうしてアフガニスタンを見捨てたのですか？」柔道の黒帯を持つプーチンは、バイデンの体勢を崩そうとしてきいた。「あなたがたはどうして退去したのですか？」アフガニスタンを10年間占領していたソ連軍が1989年にアフガニスタンから屈辱的な撤退を行なったことを、バイデンは揶揄した。

2

「プーチンに私たちの国を尊重してもらいたいんだ。わかるだろう？」ドナルド・J・トランプは、2016年の選挙前のインタビューで私にいった。「彼は私についてたいへんいいことをいったんだ。トランプは輝かしいし、新しい指導者になるだろうというようなことを、彼はいった。“プーチンと縁を切るべきだ”という馬鹿者もいる。縁を切る理由がどこにある？と私はいってやった」2018年、当時大統領だったトランプとプーチンのヘルシンキでの首脳会談で、トランプはプーチンを強力に弁護し、2016年の選挙にロシアが干渉したと断定しているアメリカの複数の情報機関の結論を斥けた。

3

「ジェイク・サリバンは、ほとんど法律事務所みたいなものだ」マーク・ミリー統合参謀本部議長は、バイデンのかけがえのない側近であるサリバン国家安全保障問題担当大統領補佐官について、そういった。「彼はこういう資料を大量に渡すんだ。ジェイクが相手だと、1週間分の宿題をあたえられる。まあ、それはいいことだし、たいがい3センチか5センチの厚さのバインダーだ」

4

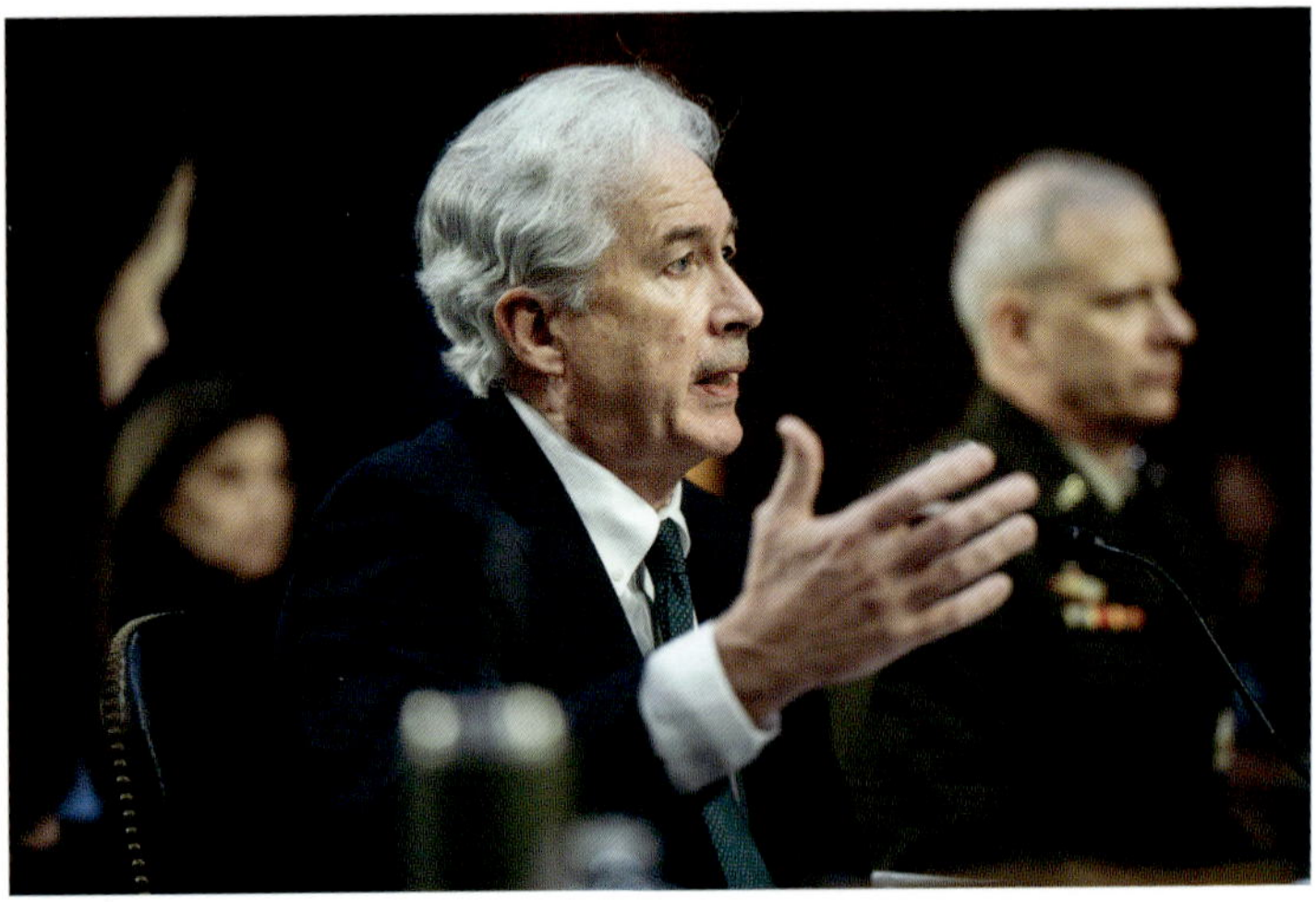

ビル・バーンズCIA長官は、バイデン政権きってのプーチン通だった。2005年から2008年にかけて駐露アメリカ大使で、プーチンとも知り合いだった。2021年11月2日、バイデンはプーチンにメッセージを届けるために、バーンズをモスクワに派遣した。あなたがたがウクライナ侵攻を計画していることを、私たちは知っています。あなたがたがそれをやったら、私たちはつぎのようなことをやります。バーンズは、バイデン大統領のプーチン宛の親書を携えていた。

5

2021年12月、ブリンケン国務長官は、ウクライナに侵攻せず外交手段を選ぶようロシアのラブロフ外相に圧力をかけた。「トニー」ラブロフは馬鹿にするようにいった。「私たちが侵攻すると、ほんとうに思っているのか？　こんなことを本気で考えているのか？」話し合いを終えたときにブリンケンは、ラブロフ外相はプーチンの計画の全容を知らされていないのだと確信していた。ラブロフがプーチンの内密の情報から遠ざけられていることに、ブリンケンはほんのすこし同情した。

6

「マール・ア・ラーゴへ行くのは、北朝鮮へ行くのとちょっと似ている」リンゼー・グラム共和党上院議員はいった。「トランプがはいってくるたびに、みんな立ちあがって拍手する」トランプとしじゅうゴルフをプレイしているグラムは、トランプ前大統領にいった。「あなたが出馬して勝ったら、アメリカの政治の歴史でもっとも偉大な第二幕になります。そうしたら自分の遺産《レガシー》を書き換え、トランプ主義をもっと持続可能な運動にするのに、4年間の任期を利用できます。それはつぎの世代に引き継ぐものになります」

7

「これをあなたがやったら、ロシアは莫大な代償を払うことになります」2021年12月7日のシチュエーション・ルームでのビデオ会談で、バイデン大統領はプーチンに警告した。「私たちがかならずそうします」ロシアにはウクライナ侵攻の計画はないと、プーチンは否定した。会話を終えたバイデンは、侵攻は行なわれると確信していた。

8

2022年2月21日、プーチンはロシア安全保障会議で、ウクライナ東部の2地域、ドンバスとルハンスクの独立を認めるかどうかという問題で、政府高官から積極的に意見を聴取した。プーチンは戦争の下地を公式に築こうとしていた。セルゲイ・ナルイシキン対外情報局（SVR）長官が、用意してあった文言をいいまちがえると、プーチンは「明瞭に話せ」と命じた。

9

「世界の指導者たちを結集してください」ロシア軍部隊が侵攻したとき、ウクライナ大統領ウォロディミル・ゼレンスキーは電話でバイデンにいった。「ウクライナを支援するよう頼んでください」2022年2月24日、プーチンは第二次世界大戦以来もっとも破廉恥な領土征服に乗り出した。「私たちはあなたがたの味方です」バイデン大統領は約束した。「なんでも必要なことを、つねに私たちにいうべきです」2024年6月時点で、アメリカは軍事支援だけでも512億ドルをウクライナに提供してきた。

10

ロシア軍は軍事の教範に則ったお決まりの動きをするだろうというのが、当初のバーンズCIA長官の予測だった。「米軍だったらやるはずのことをやるだろうと、私たちは考えていた。つまり、最初の24時間で指揮統制システムを排除し、防空システムを排除する。ところが、彼らはそれをやらなかった」侵攻5日目の2月28日、1万5000人の兵員、戦車、補給トラック、兵器、砲の全長60キロメートル以上の車輌縦隊が、大規模な渋滞のために進めなくなった。

11

「あなたがたがウクライナで戦術核兵器の使用を考慮していることを、私たちは知っています」2022年10月21日金曜日、ロイド・オースティン国防長官は、プーチンのもっとも親密な側近のひとりであるショイグ国防相にいった。「脅しに屈するつもりはない」ショイグがいった。「国防大臣」オースティンは、怒りをまったく含まない口調でそっけなくいった。「私は世界史上最強の軍の指導者です。脅しなどやりません」

12

シベリアの原野での休暇中に、プーチン大統領がショイグ国防相にキノコを見せている。2014年のクリミア併合の立案に貢献したショイグは、30年にわたりプーチンの側近グループに属している。奇妙で危険な2人組だった。ショイグはロシアの典型的な党官僚《アパラチキ》だ――強硬派で、忠実で、プーチンに完全に従属している。

13

前線から装甲人員輸送車で撤退するときに、ロシアのクラスター爆弾攻撃で負傷したウクライナ兵。ウクライナは第二次世界大戦以後もっとも困難な軍事情勢に置かれている。ウクライナとロシアの両軍は塹壕戦にはまり込み、全面的な砲撃戦になっている。前線はほとんど動いていない。

14

榴弾砲はカノン砲と迫撃砲を掛け合わせたような兵器で、ウクライナの防衛の大黒柱になり、155 ミリ砲弾に依存している。2023 年 6 月 11 日、ジョー・ダ・シルバ米陸軍大佐はサリバン国家安全保障問題担当大統領補佐官に、ウクライナ軍が“1 日に最大 1 万発”の 155 ミリ砲弾を使っていて、7 月末になくなる可能性があると警告した。その榴弾砲から発射できる 155 ミリ砲弾で、地球上にじゅうぶんに残されているのは、無差別で非人道的だとして 123 カ国が禁止しているクラスター弾しかなかった。バイデン大統領は、それを送るよう命じた。ロシア軍はすでにクラスター弾薬を使用していた。

15

「きょう、イスラエルの人々は、テロ組織ハマスが企てた攻撃を受けています」2023年10月7日、バイデン大統領はブリンケン国務長官を脇に従えて、ホワイトハウスのステート・ダイニングルームの演壇でいった。「この悲劇的事態にあたって、私は彼らと世界とあらゆる場所のテロリストに対して、アメリカ合衆国がイスラエルとともに立つことを申しあげたい。私たちは断じて彼らへの支援を怠りません」バイデンはいった。75年前、アメリカ合衆国はイスラエルを国家として承認した最初の国になった。承認は建国の11分後だった。

16

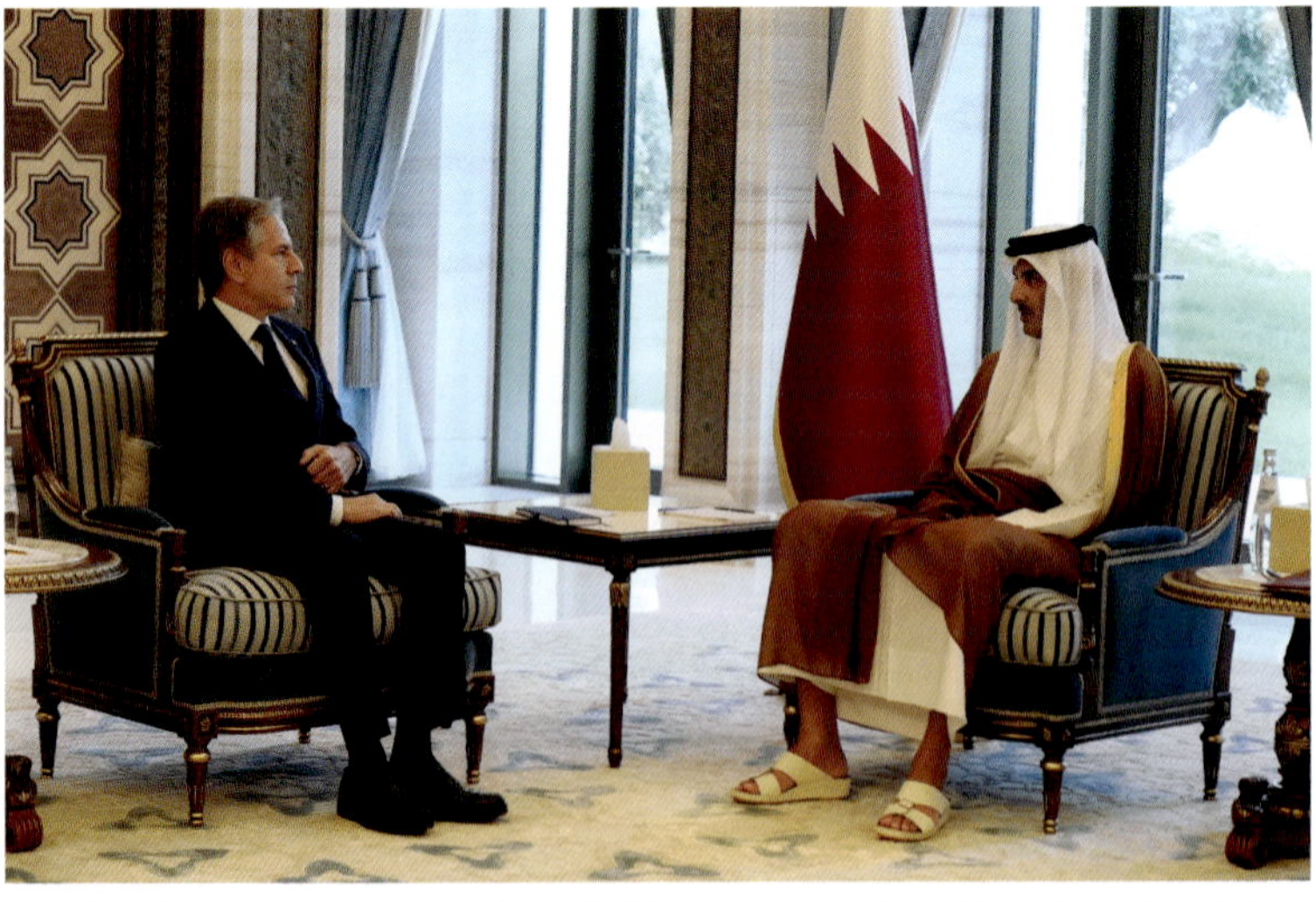

2023年10月7日にイスラエルを残虐に攻撃したハマスに人質を解放させるには、43歳のカタール首長タミム・ビン・ハマド・アル・サーニーが重要な存在だった。何年にもわたり、ハマスの政治部門の指導者はカタールの首都ドーハに拠点を設けており、タミム首長は年間数億ドルをガザ地区のハマスに献金し、支援してきた。カタールにはハマスとのチャネルがあった。2023年10月13日、タミム首長はドーハでブリンケン国務長官に「ハマスは人質の一部を解放する用意があります」と告げた。

17

約 1200 人を殺したハマスの攻撃の 11 日後、イスラエル首相ベンヤミン・“ビビ”・ネタニヤフと戦時内閣がレバノンのヒズボラへの先制攻撃を思いとどまってから 1 週間後の 2023 年 10 月 18 日、バイデンはイスラエルに降り立った。バイデンはレイバンのアビエーター・サングラスを左手からぶらさげて大統領専用機《エアフォース・ワン》のタラップをおりると、すぐさま両腕でネタニヤフをハグした。その数カ月後の 2024 年春に、バイデンは内輪でネタニヤフを「あいつは嘘つきのクソ野郎だ」と罵った。

18

「ハマスをどういうふうに追討するつもりですか？」防空壕を兼ねているテルアビブの地下会議室でバイデンはネタニヤフ首相にきいた。私たちは、彼らを抹殺したいと思っています。ひとり残らず、とネタニヤフはいった。なるほど、とバイデンはいった。私たちもイラクやアフガニスタンなどで、おなじ手法を採りましたが、ひとつのイデオロギーを根絶するのは困難でした。彼らを追討するやり方によっては、あらたな戦士を生んでしまいます。

ブリンケン国務長官はネタニヤフ首相と戦時内閣に、ガザ地区への人道支援を受け入れるよう促した。「ガザ地区の人々を助けるために一滴でも、1グラムでも運び込まれるのは許されません」ネタニヤフはいった。「専門家を派遣するというのは？」ネタニヤフは提案した。「首相」ブリンケンは、腹立たしげにいった。「専門家を食べたり飲んだりすることはできませんよ。食料と水が必要なんです」9時間におよぶ応酬の末に、ガザ地区への人道支援をほんのすこしだけ認めることに、ネタニヤフがようやく原則的に合意した。

20

「ビビ、あなたには戦略がない。戦略がまったくない」2024年4月4日、バイデン大統領はネタニヤフ首相にいった。「それは事実ではありません、ジョー」ネタニヤフは応じた。「私たちはハマスを解体しているところです……ラファを掃討しなければなりませんが、それで終わります。3週間かかります」それが事実ではないことを、バイデンは知っていた。ネタニヤフは腹立たしげな口調になることがあった。国連も、ほかのすべての国も、全世界がイスラエルを敵視しているかのように。ネタニヤフはガザ地区の人道状況はそんなにひどくないと異議を申し立てたが、イスラエルの軍事作戦によってガザ地区では3900万トンの瓦礫が生じ、2024年4月半ばまでにパレスチナ人3万人が殺害され、8万の家屋が破壊された。国際援助機関は、50万人が飢餓に瀕していると報告している。

21

2024年2月22日のイスラエルによるラファ空爆後、破壊された家にいるパレスチナ人の家族。

22

2024年4月13日、国家安全保障会議の中東調整官ブレット・マクガークが、バイデン大統領やサリバン国家安全保障問題担当大統領補佐官とシチュエーション・ルームにいたときに、イランが弾道ミサイル110基をイスラエルに向けて発射した。ミサイル、黄色い条《すじ》、煙が、1980年代の映画か、古いコンピューターの戦争ゲームのように大型スクリーンを横切っていた。マクガークは、共和党と民主党の政権4代——ジョージ・W・ブッシュ、バラク・オバマ、ドナルド・トランプ、そしていまのバイデン——にわたって、厳しい危機的状況に対処してきた。これは彼の人生でもっとも強烈な瞬間のひとつだった。

23

キース・ケロッグ退役陸軍中将は、2024年のトランプの選挙運動を「100%」支援するといった。ケロッグはいまもトランプと頻繁に電話で話をしていて、ウクライナや中東の戦争について助言しており、2024年3月にはイスラエルを訪問してネタニヤフ首相ともひそかに会っていた。「バイデンとネタニヤフは、ほとんどの案件で意見が合わない」ケロッグはトランプにいった。

24

バイデンが副大統領だった時期（2014 ～ 2017 年）に 2 年半、国家安全保障問題担当副大統領補佐官をつとめ、2021 年から 2023 年 7 月までオースティン国防長官の政策担当国防次官をつとめたコリン・カールは、当時のネタニヤフに対するバイデンの戦略が、現在の手法に直結していると考えていた。「バイデンは、私たちは大きくハグし、小さくパンチを入れるべきだと、固く信じていた。つまり、公の場ではイスラエルをハグし、影で彼らに厳しくする」カールは周囲にいった。「バイデンがネタニヤフを信用しているとは思えない。バイデンが個人的にネタニヤフを好きだとは思えない」

25

CIA も含めたアメリカの情報機関すべてを監督しているアブリル・ヘインズ国家情報長官は 2024 年に、ロシアはウクライナ戦争で弱っているが、プーチンはそのせいでかえって危険な存在になっていると報告した。「アメリカとロシアは、世界の核兵器の 90% を保有しています」ヘインズは報告した。「そんな核兵器の備蓄がある国が、衰えていると感じるようなことは、望ましくありません」

26

「私が有罪判決を受けたほうが、選挙でもっと有利になると、みんながいうんだ」ニューヨークでの口止め料裁判のさなかに、トランプは自分の弁護士だったティム・パーラトアへの電話でいった。「しかし、ティム」トランプはいった。「有罪判決は受けたくない」2024年5月30日、トランプは業務記録改竄34件について有罪宣告を受け、重罪犯の有罪判決を受けた初の前大統領になった。

27

「あのセンテンスの最後に彼がなにをいったのか、まったくわからない」南部国境についての質問に指定時間を超過してバイデンが答えたあとで、トランプはいった。「なにをいったのか、本人にもわかっていないんじゃないかな」質問を受けたとき、バイデンは、心の内面の戦いに抗って、思い出し、注意を集中して単純な思考をまとめようとするかのように、目を閉じていた。権威を取り戻そうともがいている悲しく衝撃的な光景だった。81歳のバイデンが2期目を懸けて戦える健康状態かどうかを危ぶみ、討論が終わる前に、民主党のパニックは最高潮に達していた。

「伏せろ！　伏せろ！」シークレット・サービスの警護官たちが叫んだ。2024年7月13日土曜日、ペンシルベニア州バトラーでの集会中に、銃を持ったひとりの男、20歳のトーマス・マシュー・クルックスが、近くの建物の屋根から発砲しはじめた。トランプは右耳を叩き、演壇の陰で四つん這いになった。血が耳を覆い、頬を流れ落ちた。警護官たちがトランプを囲み、舞台の外に移動させようとせかした。
「待て、待て」トランプはいい張った。拳を宙に突きあげて、口先で唱えた。「戦え《ファイト》、ファイト、ファイト」観衆がどっと喝采をあげて、連呼した。「USA、USA、USA ！」

2024年7月21日日曜日、バイデン大統領は再選を目指す選挙からおりると発表した。バイデンは、カマラ・ハリス副大統領を代わりの民主党大統領候補として支持すると、書簡で宣言した。ハリスはエネルギーを増大させて選挙戦に突入し、民主党の支援と多少の安堵が彼女を後押しした。有罪判決を受けた重罪犯に対抗する検事という触れ込みだった。7月30日、激戦州ジョージアの集会で、討論会に応じるかどうか明言していなかったトランプをハリスは揶揄した。「さあ、ドナルド、考え直して討論会の舞台で私と会いなさい」ハリスはいった。「ことわざにもあるわよ。"いいたいことがあるなら、面と向かって私にいいなさい"と」

WAR　3つの戦争

生涯の友人で取材のパートナーである
カール・バーンスタインに

WAR
by
Bob Woodward

Published by arrangement with the original publisher,
Simon & Schuster, LLC.
through Japan UNI Agency, Inc. Tokyo.

現代人の機械的・科学的創造物は、人間に備わる人間性の本質を隠し、
あらゆるたぐいのプロメテウス的な野心と幻想に人間を奮い立たせる傾向がある。

——ジョージ・ケナン
アメリカの外交官
ソ連の勢力拡大を阻止した
「封じ込め政策」の提唱者

著者の個人的覚書

「私は進みつづけます」本書のすばらしいフルタイムのアシスタント、クレア・マクマレンは、しじゅう私にそういった。進みつづけるというのが、彼女のモットーだ。

オーストラリア出身で三〇歳の聡明な天性の書き手であり弁護士のクレアが、この本を実現させた。彼女なしでは、この本はできなかった。以上。クレアは天才だ。つねに上機嫌でよろこびに溢れ、気丈でもある。確かなネタ、確認、証拠を追い求めるよう、彼女は私に挑んだ。やさしく、そして何度となく働きかけてくれた。探求しなければならないニュース報道の正道を、たえまなく私に説いた。ウクライナと中東のこれらの戦争について、彼女は私よりも深く理解しているかもしれない。彼女は私たちのファイルや公の記録に通暁し、つねにそれらを結び付けた。私のエネルギーが弱まると、彼女は早めに出勤してきて、晩《おそ》くまで働き、週末もやってきた。つねに考えをめぐらしている。絶対に降参しない。クレアは、マラソンのような速度と正確さでみずから作成した数百ものファイルとインタビューの文字起こしを管理している。

私はたびたび考える。どうして彼女のようになれないのだろう？　クレア・マクマレンは唯一無二だというのが、正直な答えだ。彼女はじきに自分の本を書くにちがいない。この本に彼女がどれほど貢献したかは、言葉に尽くせない。好意と友情と計り知れない称賛を捧げたい。

登場人物

共和党大統領候補

第四五代アメリカ合衆国大統領……ドナルド・J・トランプ

バイデン政権

第四六代アメリカ合衆国大統領……ジョー・バイデン
第四九代アメリカ合衆国副大統領……カマラ・ハリス
大統領首席補佐官……ロン・クレイン
国家安全保障問題担当大統領補佐官……ジェイク・サリバン
国家安全保障問題担当大統領副補佐官……ジョン・ファイナー
国家安全保障問題担当大統領副補佐官……ダリープ・シン
国家安全保障問題担当副大統領補佐官……フィル・ゴードン
国家安全保障会議中東調整官……ブレット・マクガーク
国防長官……ロイド・オースティン
国防次官（政策担当）……コリン・カール

国務長官……トニー・ブリンケン
司法長官……メリック・ガーランド

米軍

統合参謀本部議長（二〇一九年一〇月一日～二〇二三年九月三〇日）……マーク・ミリー
統合参謀本部議長（二〇二三年一〇月一日～）……C・Q・ブラウン
統合参謀本部情報部長……フランク・ウィットワース

インテリジェンス・コミュニティ

国家情報長官……アブリル・ヘインズ
CIA長官……ビル・バーンズ

議会

共和党上院議員……リンゼー・グラム
下院議長（共和党）……マイク・ジョンソン

バイデンの家族

次男……ハンター・バイデン

ウクライナ

大統領……ウォロディミル・ゼレンスキー
国防相……オレクシー・レズニコフ
内相……デニス・モナティルスキー
外相……ドミトロ・クレバ
大統領府長官……アンドリー・イェルマーク

ロシア

大統領……ウラジーミル・プーチン
国防相……セルゲイ・ショイグ
外相……セルゲイ・ラブロフ
安全保障会議副議長……ドミトリー・メドベージェフ
安全保障会議書記……ニコライ・パトルシェフ
ロシア連邦軍参謀総長……ワレリー・ゲラシモフ
対外情報局（ＳＶＲ）長官……セルゲイ・ナルイシキン
連邦保安局（ＦＳＢ）長官……アレクサンドル・ボルトニコフ
ワグネル総帥……エフゲニー・プリゴジン

イスラエル

首相……ベンヤミン・〝ビビ〟・ネタニヤフ
国防相……ヨアブ・ガラント
戦略問題担当相……ロン・ダーマー
国家安全保障会議議長……ツァヒ・ハネグビ
諜報特務庁（モサド）長官……デビッド・バルネア
イスラエル国防軍参謀総長……ヘルジ・ハレビ
駐米イスラエル大使……マイケル・ヘルツォグ

ハマス

ガザ地区最高指導者……ヤヒヤ・シンワール

ヒズボラ

最高指導者……ハサン・ナスララ

外国首脳

アフガニスタン大統領……アシュラフ・ガニ

アラブ首長国連邦大統領……ムハンマド・ビン・ザーイド・アル・ナヒヤーン（通称：ＭＢＺ）
イギリス首相……ボリス・ジョンソン
イラン大統領……イブラヒム・ライシ
エジプト大統領……アブデルファタハ・シシ
カタール首長……タミム・ビン・ハマド・アル・サーニー
カタール首相兼外相……ムハンマド・ビン・アブドルラフマン・アル・サーニー（通称：ＭＢＡＲ）
北朝鮮最高指導者……金正恩
サウジアラビア皇太子……ムハンマド・ビン・サルマン（通称：ＭＢＳ）
中国国家主席……習近平
ドイツ首相（二〇〇五年一一月二二日～二〇二一年一二月八日）……アンゲラ・メルケル
ドイツ首相（二〇二一年一二月八日～）……オラフ・ショルツ
フィンランド大統領……サウリ・ニーニスト
フランス大統領……エマニュエル・マクロン
ベラルーシ大統領……アレクサンドル・ルカシェンコ
ポーランド大統領……アンジェイ・ドゥダ
ヨルダン国王……アブドラ二世

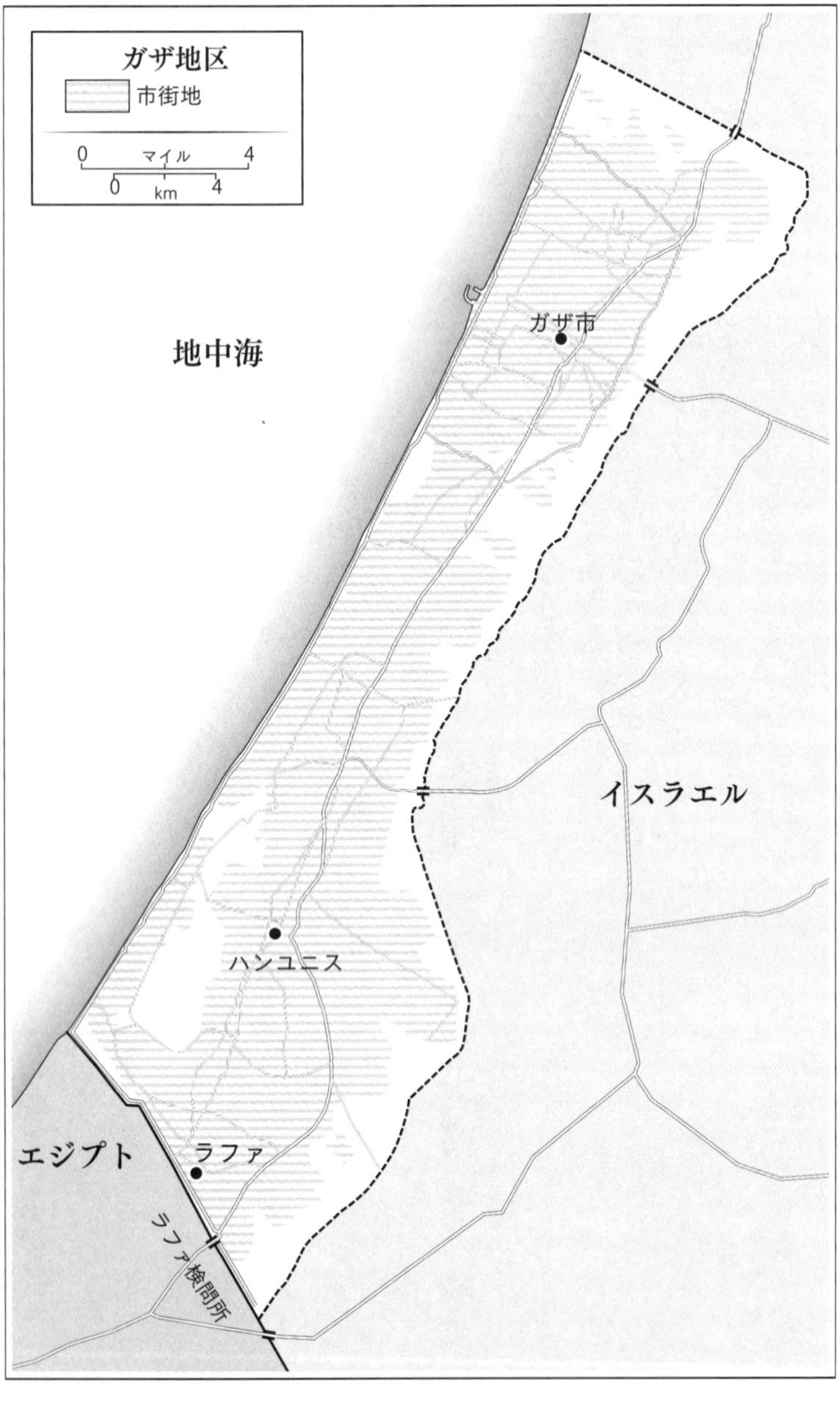

ガザ地区
市街地
0 マイル 4
0 km 4
地中海
ガザ市
イスラエル
ハンユニス
ラファ
エジプト
ラファ検問所

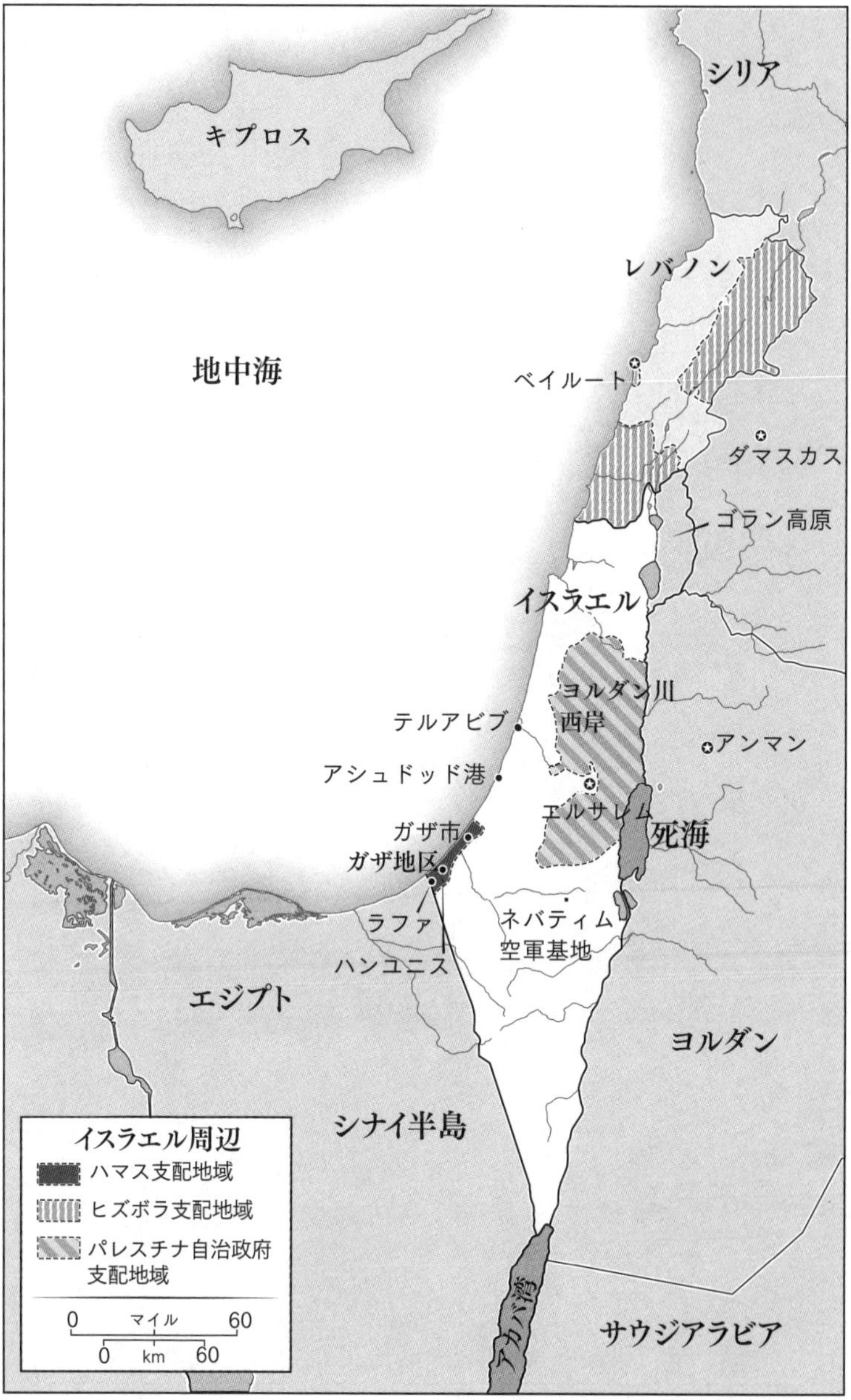

シリア
キプロス
レバノン
地中海
ベイルート
ダマスカス
ゴラン高原
イスラエル
ヨルダン川
西岸
テルアビブ
アンマン
アシュドッド港
エルサレム
ガザ市
死海
ガザ地区
ラファ
ネバティム
空軍基地
ハンユニス
エジプト
ヨルダン
シナイ半島
イスラエル周辺
ハマス支配地域
ヒズボラ支配地域
パレスチナ自治政府
支配地域
0 マイル 60
0 km 60
アカバ湾
サウジアラビア

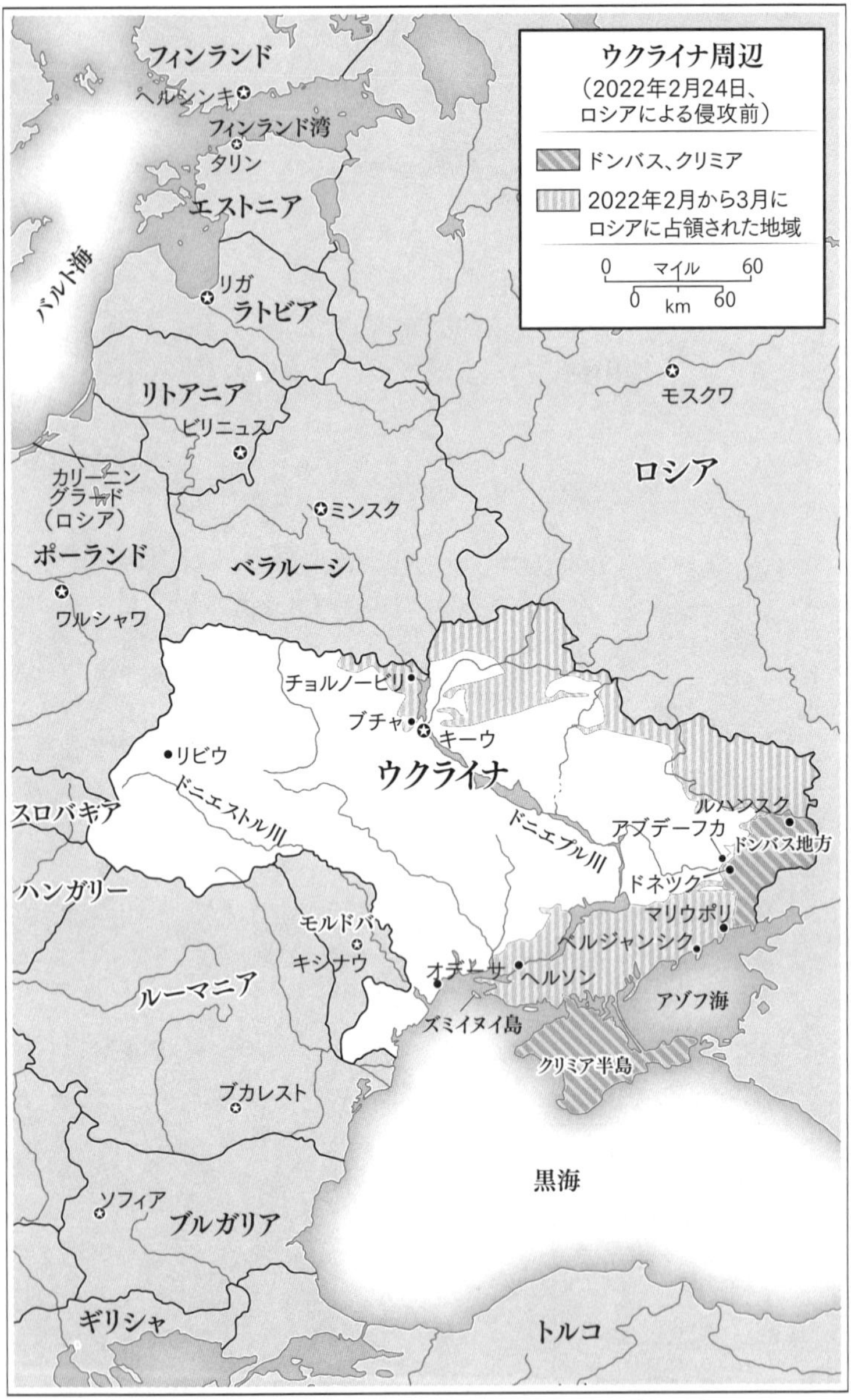

ウクライナ周辺
（2022年2月24日、
ロシアによる侵攻前）
ドンバス、クリミア
2022年2月から3月に
ロシアに占領された地域
0 マイル 60
0 km 60
フィンランド
ヘルシンキ
フィンランド湾
タリン
エストニア
バルト海
リガ
ラトビア
リトアニア
ビリニュス
カリーニン
グラード
（ロシア）
ミンスク
ポーランド
ワルシャワ
ベラルーシ
モスクワ
ロシア
チョルノービリ
ブチャ
キーウ
リビウ
ウクライナ
ドニエストル川
ドニエプル川
スロバキア
ハンガリー
ルハンスク
アブデーフカ
ドンバス地方
ドネツク
マリウポリ
ベルジャンシク
モルドバ
キシナウ
オデーサ
ヘルソン
ズミイヌイ島
アゾフ海
クリミア半島
ルーマニア
ブカレスト
黒海
ソフィア
ブルガリア
ギリシャ
トルコ

プロローグ

一九八九年二月の夜、ウォーターゲート事件報道の相棒だったカール・バーンスタインが、ニューヨーク市のディナーパーティで、ドナルド・トランプと偶然に出会った。

「こっちに来ればいい」トルコ系アメリカ人の社交界の名士で、大手レコード会社創設者・元会長のアーメット・アーティガンが、アッパー・イーストサイドのタウンハウスで主催していたパーティの会場から、カールが私に電話してきた。「みんな楽しくやっているよ」カールがいった。「トランプがここにいる。じつに興味深い。ずっと彼と話をしていたんだ」

カールはトランプの著書『*The Art of the Deal*』(直訳すると『ディールの技術』。邦訳『トランプ自伝』)に魅了されていた。私は渋々とではあったが、カールに合流することに同意した。ひとつには、カールがいまもしばしば指摘するように、そのとき私はカールのアパートメントに滞在していて、鍵が必要だったからだ。

「すぐに行く」私はカールにいった。

カールと私が、一九七二年六月一七日のウォーターゲート事件についての記事を共作してから、一七年が過ぎていた。

当時四五歳だった私たちふたりがいっしょに立っているのをひと目見て、トランプが近づいてきた。

「ウッドワードとバーンスタインが、ドナルド・トランプをインタビューするというのは、すばらしいんじゃないか？」トランプがいった。

　カールと私は、顔を見合わせた。

「そうですね」カールがいった。「あしたではどうですか？」

「ああ」トランプがいった。「トランプタワーの私のオフィスに来てくれ」

「興味深い人物だよ」トランプが離れていくと、カールがいった。

「しかし、政界の人間ではない」私はいった。

　私はたちまちトランプに興味をそそられた。やり手の起業家、入念にはぐくんで磨き上げた独自な仮面《ペルソナ》。当時ですら、正確かついくぶん無慈悲に他人を操るためにそれを装っていた。

　トランプのインタビュー[*1]は、マイクロカセットに録音され、タイプライターで文字起こしが作成されて、トランプの著書一冊とともにマニラ封筒に収められ、そのうちに記録、インタビュー、ニュースの切り抜きの山にまぎれた。私は余計なものもため込む収集魔だ。それから三〇年、カールと私はマニラ封筒を探した。

　トランプ政権について書いた三冊のうちの二冊目『ＲＡＧＥ　怒り』のためのインタビューを、二〇一九年一二月に大統領執務室《オーバル・オフィス》で行なったときに、私はトランプ大統領に〝失われたインタビュー〟のことでジョークをいった。

「私たちはテーブルに向かって座り、話をした[*2]」トランプは思い出した。「よく憶えている」すばらしいインタビューだったから見つけるべきだと、トランプはいった。

　去年、二〇二三年に、私は自分の記録が保管されている施設へ行き、古いファイルを収めた数百箱を調べた。一九八〇年代の雑多なニュースの切り抜きの箱に、すこし傷んだ無地の封筒があるのを見つけた――例のインタビューだった。

それは、もっぱら不動産取引に専念し、金を儲けて名士の地位を得ようとしていた四二歳の若き日のトランプのポートレートだった。だが、トランプは、自分の未来についての考えがはっきりしていなかった。

「私は本気でいちばん最高のホテルを造るつもりだ」一九八九年にトランプは私たちに語った。「だから最上階にスイートをこしらえている。すばらしいスイートを造っている。

きみたちは私に、どこへ向かっているのかときくが、まったく答えられないと思う」トランプはいった。「なにもかもが、いまとおなじままなら、どこへ向かうのか、たぶんいうことができるだろう」しかし、トランプは力説した。「世界は変わる」確実なのはそのことだけだと、トランプは信じ込んでいた。

だれといっしょにいるかによって自分の態度が変わることについて、トランプは語った。「いまの仲間といっしょなら――つまり、建設業者などといっしょなら――あるやり方で行動する」そういって、トランプは手ぶりで私たちに示した。「ふたりの最高のプロ記者がテープレコーダーを持ってそこで私といっしょに座っていたら、当然、ちがうように行動するだろう。

もっと興味深いのは、真の行動と見せかけが正反対だということだ」トランプは、自分自身についてそういった。〝真の行動〟とはなんだろうと、私は思った。

「それよりもさらに興味深いことがある。それはばれなかった行動だ」トランプはつけくわえた。

トランプは絶え間なく演技をしていて、その日、私たちは彼の魅力の総攻撃を受けていた。「だれかが同席していて、文字どおりメモをとっているときには、ふだんとはまったくちがう。そう、行儀よくするし、率直にいって、本気でわめいたり叫んだりするほどおもしろくはない」

トランプは、勇ましくて強い人間に見られることだけを気にしているように見えた。

「テレビ出演で最悪なのは、こってりメーキャップされることだ」トランプはいった。「けさもそういうのをやって、顔全体にメーキャップされた。きみたちは、シャワーを浴びてメーキャップを洗い流すか、それともそのままにしておくかな？　建設業では、メーキャップなんかしない。メーキャップしたら、厄介な問題を抱え込むことになる」

私たちはトランプに、不動産取引の手順の一例について説明してほしいと頼んだ。どういうふうに行なわれているのですか？

「とっさには」トランプはすかさずいった。「どういうものか、教えることはできない。なぜなら。正しい勘を備えているようなら、勘がそれ以外の要素よりもずっと重要だからだ。それに、私がやった最悪の取引は、勘に従わなかった取引だった。最高の取引は、勘に従い、〝うまくいくはずがない〟といった連中に耳を貸さなかった場合だった。

適切な勘を備えている人間はきわめてすくない」トランプはいった。「しかし、他の人々にできないことを、適切な勘でやった人々を、私は見てきた」

基本計画はあるのですか？

「偉大な基本計画がどういうものか、私には定義できないと思う」トランプは、自分の人生を引き合いに出した。「きみたちはそれを理解しているだろう。しかし、どういうわけか、それが本能的な面でぴったり組み合わさるんだ。こうしよう。きみたちが突きとめたら、私に教えてくれ。私は関心を抱くはずだよ。じっさい、興味をそそられるかもしれない」

私は社会的責任について質問した。「それによって、政治か、あるいは公的な役割に向かうような可能性は？」

「そうだね、そういうことはすべてたいへん興味深い」トランプはいった。「数週間前に、私はアトランティックシティでボクシングの試合を見ていた。荒くれ男たちがいた。肉体的に荒々しい男たちだ。ある意味では、精神的にも荒々しい。私がいいたいのは、彼らは本を書かないだろうが、ある面で精神的にもしたたかだということだ。

その試合では、チャンピオンが負けた。たいへん優秀なボクサーだが勝つとは思われていなかった相手に、打ち負かされたんだ。試合のあとで、勝ったボクサーがインタビューを受けて、口々に質問された。〝どうやったんですか？　どうやって勝ったんですか？〟

するとボクサーがいった。〝ただパンチといっしょに行っただけだ。パンチといっしょに行っただけだ〟。すばらしい表現だと思ったね」トランプはいった。「ボクシングやそのほかのどんなことでもそれが重要なのとおなじで、人生でもそれが重要なんだ。パンチといっしょに行くことが」

いま、トランプの人生——不動産取引、大統領の職務、弾劾、捜査、民事と刑事の訴訟、有罪判決、暗殺未遂、再選の選挙運動——をふりかえると、トランプはまさにそれをやってきた。パンチとともに進んできた。

「一〇年後がどういう状態かをいうやつは、知恵が足りない」トランプはつけくわえた。「世界は変わる。不況があるだろう。一時的な景気後退があるだろう。急激な上振れがあるだろう。下振れがあるだろう。戦争があるだろう。自分にコントロールできない物事、たいがいの場合、多くの人々にもコントロールできない物事がある。だから、ほんとうにパンチとともに進まなければならないし、前もってはるか先のほうを予測するのはまずい。自分がどこへ行くのかわからないんだから」

そのときのトランプは、失敗した自分の取引に関する重大ニュースの見出しのことばかりを気にしていた。

「買い手よりも売り手のほうがずっと大きな金を稼ぐ」トランプは説明した。「しかし、いま売り手になるのは敗者になることだとわかった。心理的にだが。そして、それは間違っている。

そうだな。マーヴ・グリフィンという男を打ち負かした話をしよう」トランプはいった。グリフィンはテレビのトークショーの司会者で、マスコミ界の大物であり、カジノビジネスの大物だった。

「ただ打ち負かしたんだ。こういうことだ。彼がやってきた――メーキャップの話を思い出してくれ。メーキャップしてテレビに出るこの男が、私のオフィスに来た。リゾーツ・インターナショナルの私の持ち分をすべて買うと、彼が持ちかけた」トランプはいった。「私は、ノー、ノー、ノー、ノーといいつづけ、グリフィンが付け値をいいつづけ、値段をどんどんあげる。突然、私にとってすごくいい取引になる。信じられないくらい有利な取引になる。

くわえて」トランプは、さらにいった。「私にはまさに世界の至宝のタージ・マハルがある」インドの聖なる霊廟ではなく、アトランティックシティのタージマハル・カジノのことだ。

「肝心なのは、私が負けたとだれもが考えたことだ」トランプはいった。「要するに、売り手として莫大な利益をあげた場合ですら、売り手は敗者だと考える傾向が、この五年のあいだ世界にひろまっている」

私はトランプに質問した。朝、起きたときに、なにを読みますか？　だれと話をしますか？　どういう情報源を信頼しますか？

「ほとんどだれもがやるようなことだ」トランプはいった。「《ウォール・ストリート・ジャーナル》と《ニューヨーク・タイムズ》を読む。《ポスト》と《ニューズ》（タブロイド紙《ニューヨーク・デイリー・ニューズ》）を読む。ビジネスとはあまり関係なく、私がニューヨーク市に住んでいるし、その街のことが報じられているからだ」《ポスト》とはタブロイド紙の《ニューヨーク・ポスト》のことで、極端なくらいトランプのことを報じている。

「人間については、そういう一般の情報の流れほど頼りにしてはいない」トランプはいった。「タクシー運転手とも話をする。あちこちの都市へ行き、あれこれ意見を聞く。マール・ア・ラーゴはそうやって買ったんだ。タクシー運転手と話をして、質問する。〝フロリダではなにが大人気かな？　パームビーチで最高にすばらしい屋敷は？〟

〝ああ、マール・ア・ラーゴが最高にすばらしいですよ〟タクシー運転手がいった。

どこにあるんだ？　連れていってくれ、と私はいった」トランプはさらに説明した。「そのとき、パームビーチにいて、ザ・ブレーカーズに泊まっていたんだが、ひどく退屈した」

トランプは、その後、マール・ア・ラーゴを七〇〇万ドルで買った。

「私はだれとでも話をする」トランプはいった。「私の世論調査、と呼んでいる。トランプはだれとでも話をするんだって、とみんな冗談まじりに私にいう。それに、そのとおりなんだ。私は建設作業員やタクシー運転手と話をするし、どのみちいろいろな面でそういう人々と馬が合うんだ。私はみんなと話をする」

カジノ関連の機械を製造しているバリー・マニュファクチャリングの株を九・九％買い、短期間に三二〇〇万ドルを稼いだと、トランプは主張した。さらに同社株を買うのに「一億ドル近くを使い」訴訟を起こされたといった。訴訟の相手側の弁護士たちは、トランプに記録を提出するよう求めた。

「彼らは私がその会社について途方もない調査を行ない、何週間も何カ月もかけて分析したことを証明しようとしたんだ」トランプはいった。「それに、私のところに天井まで積み上げられたファイルがあると思っていた。それで、なにもかも出させるために文書提出命令を取り付けたが、結局私は書類など渡さなかった。ファイルはほとんどなかった。それで私は、高い報酬をとるやつらの弁護士のひとりに、厳しく尋問された」

トランプは、その弁護士の口真似をした。「どれほど長いあいだ、これについて知っていたのですか、トランプさん？　いつからですか？」

「要するに、彼らはこれが大がかりな陰謀だといいたかったんだ」トランプはいった。「知らないと、私はいった。買った日に考えはじめたのだと」

弁護士は信じなかった。「では、いくつ調査結果があったのですか？」

「調査なんかしていない。ピンときただけだ」

「本格的な調査もなしに一社に一億ドルも注ぎ込むということが、彼らには信じられなかったんだ」トランプはいった。「私は頭のなかで研究したよ。でも彼らは、それだけで買ったのだとは思えなかったんだ。企業の意識や考え方では、そんなことがあるとは思えないんだ。あれは私の最高の取引だった」

カールはトランプに、公職で役割を果たしている自分を想像したことがありますかと質問した。「想像したことはないが、そうとはいい切れない」トランプはいった。「私はまだ若い。理論的には、統計から判断して、長い歳月が残されている。いろいろなことをあきらめたせいで、苦しい時期が訪れたときになにもなくなった人々を見ている」

ドナルド・J・トランプ財団を設立するつもりだと、トランプはいった。「私がバケツを蹴飛ばした――つまり死んだときに――莫大な金を財団に遺したい。一部は家族に、一部は財団に。家族に対する義務がある」

トランプは、避けられないことだというような口調で、〝苦しい時期〟といった。「私はいつも最悪の事態のようなことに備えたいと思っている。あまり愉快な発言には聞こえないのもわかっている」トランプはいった。「悪い時期が来るのはわかっている。問題は、それがいつかということだ」

トランプは、サウジアラビアの裕福なビジネスマンで武器商人のアドナン・カショギから買った全長二八二フィートの自家用ヨットの話をした。トランプは、そのヨットを〈トランプ・プリンセス〉と改名した。「いまヨットを新造したら、一億五〇〇〇万ドルか二億ドルかかる。きみたちが乗りたければ、いっしょに乗ってもいい……ものすごく楽しい。《タイム》誌をきみたちが読んでいるようなら、その船で私が一日ずっとぷかぷか海に浮かんでいることになっている。そんなことはない」

あなたの親友はどなたですか？　私はたずねた。

ビジネスマン、投資家、部下など、カールも私も知らない数人の名前と、弟ロバートの名前をトランプが挙げた。「それもビジネス関連のようだ」トランプはいった。「私が付き合うのは、そういうひとたちだけだからね。

しかし、友情というのはおかしなものだ。いや、私はいつも友情のことが気になっている。ときどき、人を試したくなる。いまは、理由はともかくみんなが私の友人になりたがっている。理由はわかり切っているからそれでかまわない。

ときどき、人を試したくなる。たとえば、トランプがドジを踏んで一週間ばかり不調だったときに、ある日、彼らに連絡して、ディナーに招待し、やってくるかどうかたしかめる。一カ月のあいだ、私がドジを踏んだと世間に思わせて、友だちがほんとうの友だちかどうかを試す。

私は忠誠をものすごく重んじるんだ。人々の忠誠心をよしとしている。偉大な友人と巨大な敵がいるものだと信じている。トップにいた人間が、トップにとどまれなくなったら、突然……おべっかを使っていた連中がいなくなるというのを、私は見てきた。あっというまにいなくなるんだよ。

ひとつの例は、ある銀行家だった。彼はほんとうにすごい銀行家で、大手銀行――シティバンクに勤めていた。そして、かなり重要な顧客の莫大な融資を担当していた。

融資によって、彼はおおぜいの顧客を金持ちにした。そういう事実があってから二年後に、彼は私に電話をかけてきた。いやもう信じられないと、彼がいった。親しい友人で、しじゅう電話をかけてきて、あらゆる方法でおべっかを使っていた連中が、もう電話で連絡がとれない……彼が銀行を辞めたら、だれも電話に出なくなったんだよ。

私なら電話に出る」

トランプは、建築検査官が姿を消すか、忘れるまで、建築基準法違反の罰金の支払いを拒む戦略について説明した。

「一日目から、失《う》せろとやつらにいう」トランプは、検査官についてそういった。

「私がブルックリンにいると、検査官がやってきて、まったく完全なビルについて違反だという」トランプはそのときのことを語った。「私が〝クソったれ〟というと、やつらはさらに違反を指摘する。違反がどんどん増やされる。一カ月は悲惨な状態だ。違反はもっと増える——どれも根拠のない違反だ。それでも違反を指摘するのは、罰金を払えばまた来ようという魂胆だからだ。そんなわけで、一カ月も過ぎたら、〝こいつはほうっておけ。ろくでなしだ〟とやつらはいって、べつのだれかのところへ行く。

得るものよりも手間のほうが大きいようにして、やめさせることが肝心なんだ」トランプはいった。「マフィアが相手のときも、おなじことがいえる。やつらとビジネスをやることに同意したら、やつらはしじゅう戻ってくる。失せろと——もっと上品な言葉で——いえばいい。だが、〝やめろ。なんにもならないからやめろ〟といったら、はじめのうち、やつらは圧力をかけてくるかもしれないが、最後にはもっと楽な的《まと》を見つけようとするだろう。やつらも、めんどうなのは嫌なんだ。検査官、マフィア、労働組合、どれもおなじだ。わかるかな?」

それがトランプの基本的な生き方だった。


カールが、最大の敵はだれですかときいた。

「ああ、いいたくないね。きみたちはそいつらをインタビューしにいくだろう。批判者役は演じたくない」

じつは、トランプはそれが大好きだった。「いわずもがなの敵は、エド・コッチだな」トランプはいった。「エド・コッチは、ニューヨーク市史上、最悪の市長だ」(七八年一月から八九年一二月まで市長を三期つとめた)

三五年後、トランプはなおも敵をおなじような大袈裟な表現で批判した。「ジョー・バイデンは、アメリカ合衆国史上、最悪の大統領だ」二〇二四年七月に大統領選から撤退するとバイデン大統領がいったあとで、トランプはいった。

一九八九年の時点でも、トランプの性格は、勝つこと、戦うこと、生き延びることに集中していた。

「そして、それをやる唯一の手段は」トランプはいった。「勘だ。勝負しないでおりる人間だと見られたら」トランプはいった。「弱そうだと見られたら、付け狙われる」

トランプはいった。それら「すべてがプレゼンテーションなんだ。自分の見せ方だ。聴衆のことを知っていなければならない。ある相手に対しては本物《キラー》の悪党になり、べつの相手に対しては好感の持てる人間《キャンディ》になる。相手しだいで変わる。相手によっては、その両方になる」
キラー、キャンディ、あるいはその両方。それがトランプだ。

それが一九八九年の驚くべきタイムカプセルだった。当時四二歳でマンハッタンの不動産王だった男の心の仕組みの全面的な調査。トランプが大統領になったり、時代を代表する政治家になるとは、思ってもいなかった。トランプが大統領だったときに私が報じた勘は、三五年前のトランプの性格の特徴でもあったのだ。このインタビューのトランプの言葉から、トランプ主義の起源が垣間見える。

1

三五年後

二〇二一年一月六日、暴徒が国会議事堂を急襲したとき、ドナルド・トランプ大統領はオーバル・オフィス隣の専用ダイニングルームで、テレビを見ていた。トランプの支持者たちが、歴史的建造物の壁をよじ登り、窓を破り、破城槌《バタリングラム》で正面扉をあけようとした。

表に絞首台が設置されていた。「マイク・ペンスを吊るせ！　マイク・ペンスを吊るせ！　マイク・ペンスを吊るせ！」トランプの支持者たちは、ペンス副大統領を探し出そうとした。上院議長でもあるペンス副大統領は、バイデンが二〇二〇年の大統領選の勝者と認証されることを覆さなかった。

「大統領はどこにいる？」[*1]下院共和党院内総務ケビン・マッカーシーがホワイトハウスに電話をかけて、トランプにつなぐよう補佐官たちに頼んだ。マッカーシーのオフィスは打ち壊されていた。下院議長ナンシー・ペロシのオフィスは荒らされていた。支持者たちは、ペロシのデスクに足を乗せて写真を撮った。キーボードにメモを残した。**われわれは引きさがらない。**

マッカーシーとペロシを含めた議会重鎮たちは、議会警察の警護官によって急いで連れ出され、ワシントン・ナショナルズの球場から数ブロックのところにある米陸軍分屯地、フォート・レスリー・J・マクネアの安全な場所に車で運ばれた。だが、彼らのスタッフはまだ議事堂にいて、ライトを消し、デスクでバリケードを築いて、あちこちのオフィスに隠れていた。

トランプ大統領が、ようやく電話に出た。

「大統領、出てきてこの連中に**やめろ**といわなければなりません！　私たちは蹂躙されました」マッカーシーはいった。懸命になっていた。「だれかがいま撃たれました」

午後二時四四分、元空軍兵士アシリー・バビットが、議事堂内で議員たちの近くのドアを何人かといっしょに破ろうとしたときに警官に撃たれ、その後、病院で死亡した。暴徒のなかには、親トランプ派、極右のミリシア、オース・キーパーズ、プラウド・ボーイズといった組織の指導者に加えて、Qアノンのような陰謀論者の集団がいた。トランプ支援集会だったのがエスカレートして、アメリカ合衆国の憲法秩序への暴力的な攻撃に転じていた。

「ツイートするか、なにかをやる」トランプが答えた。

「彼らは議事堂を乗っ取ったんですよ！」マッカーシーは、トランプに向かって叫んだ。「やめろといわなければなりません。議事堂から出さなければなりません。ここから出るようにいってください。いますぐに」

トランプには、事態の重大さがわかっていないようだった。「まあ、ケビン、この連中は選挙結果にきみよりも腹を立てているんだろうな」トランプはいった。

その後、ＦＢＩは、二〇二一年一月六日に議事堂に突入した人間は二〇〇〇人を超えていると推定した。五人が死に、警官一七二人が負傷し、五〇〇人以上が逮捕された。歴史的建造物である議事堂の損害は、二七〇万ドルを上回っていた。

トランプ大統領が支援者たちに〝うちに帰れ〟とツイートするまで、一八七分が過ぎていた。[*2]

ドナルド・トランプは二カ月前に、二〇二〇年の大統領選挙でジョー・バイデンに敗れていた。しかし、敗北をはねつけた。そして、選挙は〝仕組まれていた〟、〝アメリカ国民に対する詐欺〟で、〝盗まれた〟といった。

私たちのインタビューから三五年が過ぎたいまになってもトランプは、勝負からおりなければ、どんな敗北でも――たとえ大統領選挙に負けても――無視できると思い込んでいた。

一月六日のトランプの〝セーブ・アメリカ〟（アメリカを救おう）の集会で、トランプは「死にもの狂いで戦え」と支持者たちを煽《あお》った。[*3]

「私たちは選挙に勝った。地滑り的大勝利だった」
「私たちは絶対にあきらめない。絶対に敗北を認めない」
「私たちは議事堂へ行く」

一月六日の議会議事堂襲撃事件を調査した下院特別委員会は後日、トランプは「数千万のアメリカ人に選挙は盗まれたと信じさせることに成功した、不正な活動に関わった」と結論を下した。[*4]

トランプの支持者で、一月六日に議事堂に銃を持ち込んだギャレット・ミラーはいった。「トランプ前大統領の指示に従っているいると信じていた」[*5]

べつの支持者、ルイス・キャントウェルは、トランプ大統領がテレビで選挙は盗まれたと〝世界に向けていう〟のを見たと証言した。「愛国的なアメリカ人として彼に投票した私が、それ以外のことを信じられるはずがないでしょう?」

やはりその日に議事堂に押し入ったスティーヴン・エアーズは、「[トランプがいった]言葉すべてに影響されたと述べた。トランプが二期目も権力の座にいなかったら、「内戦が確実に起きる」。

「ジョー・バイデンに電話しなければなりません。それに、きょう電話する必要があります」[*6]議事堂襲撃の直後に、ケビン・マッカーシー下院共和党院内総務はトランプにいった。

ノー、とトランプはいった。バイデンは不正選挙で勝ったにすぎない。

「それをいうのはやめてください」マッカーシーはいった。「それをいうのをやめるんです。デスクにジョー・バイデン宛の手紙を置いておく必要があります」

伝統に則って。

「いや、私はまだ決断していない」トランプはいった。

マッカーシーは感情的になり、疲れていた。一月六日の暴力は、衝撃的で、心を傷つける重荷になっていた。

「あの日のせいで、大統領の数々の実績《レガシー》が変わってしまうでしょう」マッカーシーは警告した。「ジヨー・バイデンに電話してください」

ノー、とトランプはいった。

退任する指導者と就任する指導者のあいだで、なんらかのやりとりがあることが、国家にとって重要ですと、マッカーシーはいった。大統領は後任の大統領を認めるべきです。

「わかった、わかった、わかった」トランプはとうとうそういった。トランプは電話を終えたかったが、マッカーシーは食い下がった。

「これをやらなかったら、あなたはお孫さんたちにどう思われるでしょうか?」マッカーシーはいった。

「わかった、わかった」トランプはくりかえした。

バイデンへの電話がかけられることはなかった。

だが、オーバル・オフィスでの最後の晩、二〇二一年一月一九日に、トランプはジョー・バイデン宛に二枚から成る書状を手書きした。[*7] 書き終えたのは午後一〇時で、ドナルド・J・トランプと署名し、デスクの引き出しに入れた。バイデンはその後、ホワイトハウス報道官のジェン・サキに、「びっくりするくらい丁重だった」といった。

トランプと大統領夫人《ファーストレディ》のメラニアは、二〇二一年一月二〇日の早いうちにホワイトハウスを出て、クラブと専用の宿泊施設があるフロリダ州パームビーチのマール・ア・ラーゴへ行った。

大統領専用機《エアフォース・ワン》の機内で、トランプは共和党全国委員会（RNC）委員長のロナ・マクダニエルからの電話を受けた。ＲＮＣを代表して、お別れのメッセージが伝えられた。

「もういい」[*8]トランプは、マクダニエルの言葉を遮っていった。「これから自分の政党を立ちあげる」

マクダニエルは口ごもった。

「そんなことはやらないでほしいんです」[*9]マクダニエルは電話でトランプに懇願した。「あなたがそんなことをやると、私たちは永遠に負けつづけます」

「これはもう彼らの共和党ではない。これはドナルド・トランプの共和党だ」[*10]トランプの長男のドン・ジュニアが、一月六日の〝セーブ・アメリカ〟集会の壇上で宣言していた。

「そのとおり。私がいなかったら、きみたちは永遠に負ける」トランプは、マクダニエルをどなりつけた。「共和党は、私を応援しつづけなかった報いを受けているんだ」トランプは共和党を解体したかった。


共和党全国委員会の指導部はその後、トランプ前大統領の復讐の願望は、トランプの実績《レガシー》だけではなく資産にも害があると、トランプの顧問たちに注意した。トランプの弁護費用の支払いをやめ、トランプに投票した有権者四〇〇〇万人を含む選挙運動用メーリングリストを無価値にすると、共和党は脅した。トランプは、自分以外の共和党候補者にそのリストを売っていた。トランプがそれを利用しようとしたら、無料で提供する、という意味だった。

トランプは譲歩した。のちにＡＢＣニュースのジョナサン・カールに、自分の政党を立ちあげようかと思ったことはないと否定した。「ああ、それは嘘っぱちだ。そんなことは絶対になかった」トランプはいった。カールはその後、トランプの脅しについて詳細を述べるマクダニエルとのインタビューのテープを公開した。

トランプの家族は、大統領専用機《エアフォース・ワン》の機首寄りに座り、もっとも親密な上級と下級のスタッフたちは、機尾寄りに乗っていた。

「彼らは一度もうしろのほうに来なかった」あるトランプの補佐官がいった。トランプも、家族も来なかった。もっとも親密な補佐官たちですら、精神的ショックのたぐいに打ちのめされそうだと感じていた。ほとんどは、これからどうするかについて、なんの計画もなかった。どこに住むのかもわかっていないものもいた。ふつうなら、スタッフは選挙から次期大統領が就任する一月二〇日までの約二カ月半、ホワイトハウスを去ったあとの人生に備えることができる。

「たいがいの人間にとって、それが一三日に短縮されてしまった」と、ある補佐官はいった。一月六日まで、トランプがホワイトハウスを去るかどうかが定かでなかったから。

一月二〇日午前一一時五九分、トランプはマール・ア・ラーゴの広大な邸宅にいた。ツイートも演説もなかった。午後零時一分、バイデンが宣誓して第四六代アメリカ合衆国大統領に就任し、シークレット・サービスの警護官が、マール・ア・ラーゴ周囲の厳重な警備態勢を縮小しはじめた。

トランプは、それが気に入らなかった。その日はずっと、邸宅から出なかった。

「おい、きみが歴代でいちばん気に入っている大統領だよ」数日後、下院共和党院内総務のケビン・

マッカーシーへの電話で、トランプはいった。「なあ、ちょっと話があるんだ。いま、フロリダにいる」

マッカーシーは一月一三日に下院議場で、トランプは「議事堂での暴動に責任がある」と述べて、「責任の一端を受け入れる」ようトランプに求めていた。トランプはテレビでその録画を見て、怒りを爆発させたが、もうそれを忘れているようだった。

「そっちへ行きます」マッカーシーはいった。行くことをだれにもいわず、スタッフにも伏せていた。トランプが共和党員とはあまり会っていないことを、マッカーシーは知っていた。トランプはしょんぼりしているのだ。マール・ア・ラーゴを照らすメディアのスポットライトは暗くなっていた。

共和党の戦略家エド・ローリンズは、トランプについてこう述べたことがある。「彼［トランプ］について知っておくべきことが、たったひとつある。彼は日中ずっとテレビを見て、夜もテレビを見つづける」

トランプは、注目を浴びようと必死になっていた。選挙について嘘を並べ立てたせいで、ツイッターとフェイスブックから締め出されていた。マール・ア・ラーゴで、結婚式の披露宴に出し抜けに現われるようになっていた。

一月二八日にマッカーシーがマール・ア・ラーゴにはいっていくと、ダークスーツを着て黄色いネクタイを締めたトランプがにやにや笑った。*11「じつは、これはプーチンと会うよりもいい広報になると、メラニアがいったんだ」トランプはいった。「表でテレビ局のヘリコプターが四機飛んでいる！」

マッカーシーが前大統領のもとへ訪れたことは、ニュースでもちきりになっていた。下院共和党のトップがランチに現われたことは、トランプがいまも共和党を支配していることを示していた。

「お互いのためにいいことじゃないか?」

「いいでしょう」マッカーシーはいった。「何事につけても」

二〇二二年の中間選挙で共和党が下院の過半数を奪い返せるように、トランプが下院共和党に積極的に関わることを、マッカーシーは願っていた。トランプが無用のプライマリーチャレンジ（自党の現職を落選させるために予備選に新人候補を立てること）を煽らないように、誘導する必要があった。当選確実な候補がトランプと結び付けられて考えられるのも避けたい。

「じつは、ツイッターからはずされてよかった」トランプはいった。

「えっ、本当ですか?」

「ああ、みんな私の政策は好きだが私のツイートは嫌いだというんだ」

「まあ、みんなそうでしょうね」

「支持率があがった」

まもなくはじまる上院の弾劾裁判について、トランプが質問した。トランプは、議会襲撃を扇動した容疑がかけられていた。

「二進《にっち》も三進《さっち》もいかないでしょうね」マッカーシーはいった。

そのとおりだった。二〇二一年二月一三日、トランプは無罪の評決を受けた。共和党議員七人を含む上院議員の過半数が前大統領を有罪とする側に投票したが、有罪評決を下すのに必要な三分の二に達しなかった。トランプはもう大統領ではないので、たんなる象徴的な出来事にすぎなかった。

バイデン大統領の首席補佐官のロン・クレインは五九歳で、髪は濃い茶色、気さくで活気に満ちた物腰だった。クレインは、二〇年以上もバイデンの顧問をつとめている。二〇一九年三月初旬に大統領選挙出馬を決めたとき、バイデンはウィルミントンの自宅にクレインを呼び寄せた。

「これをやらなければならないと感じている」バイデンはいった。「トランプが具現している政治は、どこかが根本的におかしいし、間違っている」

バイデンのつぎの言葉は、クレインの心から永久に離れないだろう。「この男は、本当はアメリカの大統領ではないんだ」

選挙運動の遊説中に、バイデンはトランプの性格と政治を容赦なく攻撃した。ホワイトハウス入りした初日から、バイデンは公には〝私の前任者〟といって、トランプの名前をめったに口にしなくなり、内輪ではしばしば、〝あのクソ野郎〟といった。

バイデンは補佐官たちに、自分なりの大統領職を望んでいると告げた。トランプ政権の四年間、新型コロナウイルスのパンデミックへの対策、一月六日の暴動は、大統領職を傷つけた、と。

クレインの見るところでは、トランプが壊したものを修復し、アメリカを前進させるのが、バイデンの使命だった。

「私たちはひとつの国として、このトランプのことをすこし処理する必要があります」クレインはいった。「大統領職がふたたびうまく機能することを、アメリカ国民に示すのが、私たちがそれをやる方法です。ホワイトハウスにまともな人間がいることを示しましょう。

結局、ドナルド・トランプが負けたのは、パンデミックと経済をコントロールしていなかったからです」クレインはいった。「株式市場がどうあれ、実体経済では、人々の暮らしは悪化しました。筋金入りのトランプ支持者がいることは明らかだし、彼らはいまも存在していて、消えることはありません。それは私たちの国の一部なのです」クレインはいった。しかし、バイデンが大統領に選ばれたのは、「国をトランプ後の状態に進めるためで、いまそれを行なっています。それが大統領の使命です。

ドナルド・トランプはいくらでも好きなだけ数多くの闘技場に立って、いくらでも好きなだけ派手に両腕をふりあげればいい」クレインはいい放った。トランプが〝影の大統領〟としてふるまっても、二〇二一年秋にはすたれると、クレインは確信していた。

「ドナルド・トランプは脇役にすぎなくなるでしょう」クレインは、きっぱりといった。

兵力一一万人という前代未聞のロシア軍がウクライナ国境に集結していることを示す衛星画像を慎重に吟味したとき、ジェイク・サリバン国家安全保障問題担当大統領補佐官は即座に、〝チェーホフの銃〟だと思った。

劇の第一幕に拳銃がひと目を惹くように現われるのには理由があり、どこかの時点で発砲されるだろうと、一九世紀の劇作家チェーホフが述べたことが、広く知られている。

2

二〇二一年四月、バイデンの大統領就任からわずか三カ月目で、サリバンはホワイトハウス西棟《ウエストウィング》の新しいオフィスでようやく落ち着いたところだった。[*1]

四四歳で痩せていて金髪のサリバンは、ヘンリー・キッシンジャー以来、最年少の国家安全保障問題担当大統領補佐官だった。元マラソンランナーで規律正しいサリバンは、バイデンの外交政策運営の調整役だった。ローズ奨学生でイェール大学ロースクールの優等卒業生のサリバンを指名したときにバイデンは彼のことを、〝またとない知性の持ち主〟と呼び、並外れた意思決定の権限をあたえた。

衛星情報は、ロシアの海軍部隊も、ウクライナとロシアの両方に接する内海の黒海で積極的に展開していることを示していた。平床トラックが巨大なロケット弾発射器や旧ソ連時代の旧式人員輸送車を運んでいるのが見られた。さらなる衛星画像が、ロシア軍の戦車、砲、ミサイル、上陸用艦艇が、黒海北岸のクリミアに向かうとともに、長さ一九三〇キロメートルにおよぶロシアとウクライナの陸上国境沿いを移動していることを示していた。

ＣＩＡの最新の心理プロファイルによれば、ロシアの独裁的な指導者ウラジーミル・プーチンには、極度の不安感と帝国主義的野心という特徴があるとされていた。昔のロシア帝国を復活できるのは自分だけだと、プーチンは思い込んでいた。プーチンはウクライナに執着していた。

プーチンはなにをやろうとしているのだろう？　サリバンは疑問に思った。これはただの演習、現実に近い状況のもとで行なう軍事作戦演習《ウォー・ゲーム》なのか？　それとも、ウクライナへの影響力を得るか、ウクライナが今後、世界でもっとも強力な軍事・外交同盟であるＮＡＴＯに加盟する可能性についてアメリカとヨーロッパ諸国が話し合うのをやめさせるための、威圧的な動きなのか？

プーチンがこれらの部隊を使って、ドンバス地方でさらに領土を奪う可能性もあると、サリバンは思った。

ドンバス地方はウクライナ東部にあり、石炭の埋蔵量がかなり多い。ロシアがそこに近いクリミアを奪取し、ドンバス地方の約三分の一を支配するようになった二〇一四年以降、ロシアとウクライナは、同地方をめぐって戦ってきた。*2 両国の死者は一万四〇〇〇人近い。停戦合意が二九回結ばれたが、いずれも失敗に終わり、ドンバス地方の不安定さが悪化している兆候を示していた。

サリバンは、どんなときでもたいがい理知的に不安要因に取り組んでいた。それでも、明白なことを見過ごすわけにはいかなかった。使用することをまったく考慮せずに、隣国の国境へこれほど大量の人員と資材・装備を移動することはありえない。

　プーチンは、舞台の壁に拳銃を吊るしているのではないか？


バイデン大統領とサリバンは、バイデン政権の対ロシア政策をどのようなものにするかについて話し合った。バイデンの考えは明確だった。

「リセットは望まない」バイデンは、大統領就任の一週目にいった。「良好な関係までは望まないが、プーチンに対しては、安定し、予想がつきやすいやり方で進められるようにしたい」

　だが、これまでのところ、対ロ関係は良好ではなく、安定しておらず、予想がつきやすくはなかった。バイデンとサリバンは新政権発足当初から、最近ロシアが関与したさまざまな攻撃的行動に対応していた。ロシアの反体制派指導者アレクセイ・ナワリヌイ毒殺未遂、二〇二〇年のアメリカ大統領選挙へのロシアの干渉、ロシアがアフガニスタンのタリバンに報酬を払ってアメリカ人殺害を依頼したという疑惑、アメリカ政府省庁と主要民間企業も含めた、ソーラーウィンズのネットワーク管理ソフトを経由した世界一万六〇〇〇カ所以上のコンピューター・システムに対するサイバー攻撃。これはアメリカ史上最悪のデータ漏洩だった。

　さらにバイデンは、三月一六日のＡＢＣテレビのインタビューで緊張を高めるようなことをいった。[*3]

バイデンは、プーチンを〝殺人者だと思うか？〟と質問された。

「そう思う」とバイデンは答えた。

　ロシア政府は、〝前代未聞の〟侮辱だと応じた。[*4] プーチンは不快を示すためにワシントンＤＣから駐米ロシア大使を召還した。

そしていま、プーチンはロシア軍の大規模な移動を行なっている。

「ロシアと安定した予想がつきやすい関係を結ぶことが、じっさいに可能なのか？」サリバンは、国家安全保障問題担当大統領補佐官用の狭いスイートで、いくぶん腹立たしげな顔で立っていた国家安全保障問題担当大統領副補佐官のジョン・ファイナーにきいた。

四五歳で薄茶色の髪を短く刈り、短めの顎鬚《あごひげ》と口髭《くちひげ》を生やしたファイナーは、中央政界での知名度は低かったが、ホワイトハウスの国家安全保障戦略では中心人物だった。ファイナーはジョン・ケリー国務長官の首席補佐官をつとめたことがあり、二〇〇三年のイラク侵攻と占領の際には、《ワシントン・ポスト》の記者として三年間、エンベッド取材（軍と一体行動しつつ取材する記者）に従事した。ファイナーはサリバンとおなじように、ローズ奨学生でイェール大学卒だった。

成功する見込みは薄いと、ファイナーは率直に答えた。しかし、ひきつづき努力すべきだ。アメリカがつかんでいる情報は、ロシアがいまのところそれらの部隊をウクライナ侵攻に使用する意図を表わしていないことを示している。しかし、目的がまだ定かではない。圧力をかけるだけの戦術かもしれないが、そうともいい切れない。

「プーチンは威厳や敬意をかなり気にする」サリバンは、考え込みながらつぶやいた。バイデンは人間関係を非常に尊重するから、首脳会談は彼のイメージにぴったりだ。

サリバンはその案を大統領と話し合うために、廊下の先のオーバル・オフィスへ行った。

「彼は大舞台で大物を演じたいんだ」バイデンは、プーチンについてそういった。「あの男は、そればかり重視している」

プーチンとの直接会談を、サリバンはバイデンに提案した。バイデンがだれとでも面と向かって話をするのを好むことを、サリバンは知っていた。世界の指導者に対しては、ことにそうだった。

バイデンは即座に同意した。「多くの人々が批判して、プーチンと会うのは彼の地位を高め、正当化することになるというにちがいない」バイデンはいった。「しかし、この男は二〇年にわたって世界における主要人物だった。私が彼と会っても、ちがう人物に変えることにはならない。

いいか、私は彼をちやほやして、色々な事態から助け出すつもりはないが、力関係を変えることはできるかもしれない」と、バイデンはいった。

しかし、いつ会いますか？

「六月に会うと提案すれば」二カ月後になる。バイデンはいった。「プーチンに、たとえば、アメリカは何を知っているのだろうと思う動機をあたえることになる。そうだろう？　それによってプーチンはウクライナ国境への圧力を弱め、来春に行なわれるおそれがある軍事作戦を思いとどまるかもしれない」

ウクライナは、アメリカ政治で劇的かつ不相応なほど大きな役割を演じた。二〇一九年九月、当時のトランプ大統領は、当選したばかりのウォロディミル・ゼレンスキー大統領と電話で話をしたときに、アメリカの軍事援助の見返りとして、ジョー・バイデンと、ウクライナのエネルギー企業の取締役だったバイデンの息子ハンターを捜査するよう頼んだ。その電話の筆記録が公表され、トランプを弾劾訴追する決議案が下院で可決された。[*5] その後、上院の弾劾裁判でトランプは無罪になった。[*6] だが、共和党は、オバマ政権時にウクライナ政策を担当し、かなり深く関与していたバイデンをなおも捜査するよう求めた。

ロイド・オースティン国防長官のもとで国防次官（政策担当）をつとめた政治学者コリン・カールは、二〇一四年から二〇一七年まで、バイデンの国家安全保障問題担当副大統領補佐官だった。きわめて知能の高いカールは、知識人らしい独特のセンスのよさを示し、真っ赤な縁《ふち》の眼鏡、派手な模様のネクタイ、色とりどりの靴下を日頃身につける場合が多い。バイデンがオバマ政権でウクライナの案件にいそいそと取り組み、副大統領の任期中に首都キーウ（キエフ）を四度訪れたことを、カールは憶えていた。

「なあ、ペトロ」当時ウクライナ大統領だったペトロ・ポロシェンコへの電話で、バイデンはいった。ウクライナの未熟な民主主義はことに脆弱で、政府組織の大部分が不健全で腐敗していた。

「これが大変なのはわかっている」バイデンは、同情するようにいった。「あなたがたの政治がマムシ（腹黒い人間）の巣窟になっているのは知っている。わかっている。これが大変だというのは知っているし、あなたが正しいことをやると、私は信じている。しかし、いっておくが、私たちが西側の信頼を維持するのも、ほんとうにたいへんなんだ。西側諸国はウクライナの疑わしい行動を好意的に解釈するつもりがない。

私があなたを支援するには、正しいことをやってもらう必要がある」バイデンはポロシェンコにそういって、腐敗と取り組む行動を促した。「装備調達の改革、金融システムの改革、腐敗防止のための新組織の設立、検事総長にもっと積極的になるよう圧力をかけるなど、さまざまな手立てがあるだろう。

あなたがこういったことをやらなかったら」バイデンは力説した。「あなたがたが私たちの議会、私たちの大統領、ヨーロッパ諸国の支援を維持するのは難しくなるだろうし、ロシアがあなたがたをランチに食べてしまうだろう」

ウクライナの指導者層が、プーチンがまさに望んでいない民主化の路線に乗ることが、自分の目標だと、バイデンはいった。

「私は毎日バイデン副大統領とおなじ部屋にいたが、彼はかならず一週間に一度か二度、ウクライナ人に電話をかけていた」カールは当時のことをそう語っている。「ポロシェンコ［大統領］に対して、ヤツェニュク［アルセニー・ヤツェニュク首相］など、当時首相になった人間との〝結婚カウンセラー〟をやり、どの電話でもウクライナ人を腐敗防止でコンフォートゾーンを超えて追い込んだ」バイデンのウクライナに対する手法は、「大きくハグし、小さくパンチを入れる」だったと、カールはいった。

そして二〇二一年四月一三日に、バイデンは大統領としてプーチン大統領に電話した。[*7]

「あなたが私を殺人者と呼んだことに、腹を立てている」プーチンはすぐさまいった。

「私は質問された。私は答えた。まったくちがう話題についてのインタビューだった。それに、前もって考えた答えでもなかった」それで〝殺人者〟呼ばわりが帳消しになるとでもいうように、バイデンはいった。

プーチンのプロファイルを作成したアメリカの情報アナリストたちは、ロシアの指導者であるプーチンの性格の主な特徴として、〝怒りっぽい〟、〝不安感がきわめて強い〟、〝サディスティック〟であるということまで挙げていた。

電話の最中にプーチンは、大統領選挙への干渉、ナワリヌイ毒殺未遂、ロシアによるサイバー攻撃をきっぱりと否定した。

バイデンは、ウクライナの主権の維持にアメリカはゆるぎなく取り組むとプーチンに伝えて、ウクライナに対してあらたな軍事侵略を開始しないようにと警告した。

「あなたはすべてについて間違っている」プーチンは平然といい放った。「証拠がなにもない。私たちはあなたがたの選挙に干渉していない。私たちはそのどれもやっていない」

バイデンは、プーチンの否定を斥《しりぞ》けた。「つぎのような対応であなたがたに反撃することを警告します」

そして、ロシア対外情報局（SVR）をソーラーウィンズへのサイバー攻撃の犯人だと公に名指しすることも含めて、ロシアに科せられる一連の代償をプーチンに説明した。[*8] 二〇二〇年の大統領選挙への干渉と現在のクリミア占領に対して、ロシアの外交官一〇人をワシントンDCから国外追放し、一連の経済制裁を実施すると告げた。

「これは今週中に実行されるし、私からじかに伝えたいと思いました。あなたがたが特定の事柄を行なったからです。対応すると私はいいました。そしていま、対応します」

バイデンは、話題を変えた。「会いましょう」緊張した雰囲気を切り抜けて口調を変えようとした。「あなたと私が腰を据えて。そちらはそちらの懸念材料、こちらはこちらの懸念材料を持ち寄りましょう」どんな話題でも、すべての話題を。「面と向かって座り、すべてについて話しましょう」

「率直にいいますが」プーチンがいった。驚きが口調に表われていた。「私たちの関係のすべての問題を会って話したいというのですか？　すべてを？」

電話会談を聞いていたサリバンは、プーチンがいつもどおり疑り深く、これがなにかの罠ではないことをたしかめようとしているようだと思った。

腹蔵ない対話になると、バイデンはプーチンに約束した。会談はアメリカ大統領に敬意を表されている証《あかし》になるとプーチンが認識していることを、バイデンは知っていた。

ふたりは一〇年前の二〇一一年に、バイデンが副大統領で、プーチンが一時的に首相だったときに会ったことがあった。

のちにバイデンは、その会談を思い起こして語っている。[*9] バイデンはプーチンに〝首相、あなたの目を覗き込んでいるのですが、あなたに魂があるとは思えません〟といった。プーチンは笑みを浮かべ、通訳を介してバイデンに返事をした。〝私たちはお互いのことがよくわかっていますね〟。

バイデンにしてみれば、ロシアの指導者に会うのは、アメリカの歴代大統領とおなじようにふつうのことだった。ロシアは経済が衰退して、ＧＤＰ（国内総生産）がアメリカの一〇分の一未満になったが、いまなお四四〇〇発以上の核弾頭を備えている世界最大の核兵器保有国だ。[*10]

「わかりました」[*11]プーチンがようやくバイデンにいった。「私も首脳会談を持ちたい。私たちのチームに手配りさせましょう」

周到に準備する必要があると、バイデンにはわかっていた。元ＫＧＢのスパイで六八歳のウラジーミル・プーチンは、大統領か首相として二〇年以上ロシアを指導してきた。公の大規模な行事を利用して、西側諸国の指導者たちと駆け引きをしたり、交渉で優位に立ったりする名人だった。

二〇〇七年に黒海沿岸のソチにある宮殿のような豪邸で、ドイツのアンゲラ・メルケル首相と二国間会談を行なったとき、プーチンは記者とカメラがいならぶ部屋に大型の黒いラブラドールレトリバー、コニーを呼んだ。[*12]メルケルは犬を怖がることで知られていた。

犬がぶらぶらと寄ってきてにおいを嗅ぐと、椅子に座っていたメルケルは身をこわばらせ、口を引き結んで、両足首をぎゅっと組んだ。メルケルが不安にかられているのを眺めながら、プーチンは椅子にふんぞりかえり、両足を悠々と前にのばした。

「そいつはお行儀よくするはずですよ」薄笑いを浮かべて、プーチンはいった。

「記者を食べはしないでしょうね」[*13]メルケルがすかさずいい返した。

メルケルはのちにその出来事について、報道陣に語った。

「どうしてこういうことをやるのか、わかっているわ――彼は男であることを証明したいのよ」メルケルはいった。「彼は自分の弱さを恐れている。ロシアにはなにもない。栄えている政治や経済はない。彼らにはこれしかないのよ」

アメリカの大統領たちも、プーチンの演出のターゲットにされてきた。二〇一八年、当時大統領だったトランプとプーチンのヘルシンキでの首脳会談の一週間前、ロシア軍参謀本部情報総局（GRU）の工作員一二人が、トランプと選挙で戦っていた民主党の大統領候補ヒラリー・クリントンの選挙運動をハッキングしたとして、アメリカ国内で起訴された。[*14]

首脳会談後の共同記者会見で、プーチンはトランプをおだてて自尊心をくすぐった。[*15]二〇一六年の選挙へのロシアの介入について質問されたトランプが、アメリカ大統領とは思えないような驚くべきことを述べて、プーチンはおおいに報われた。

「彼は、ロシアはやっていないといった」トランプはいった。「どうしてロシアだとするのか、私には理由がわからない」

トランプはプーチンと肩を並べて立ち、ロシア大統領のプーチンを強力に弁護して、全員一致でロシアが干渉したと断定しているアメリカの複数の情報機関の結論を斥けた。たちまち非難が湧き起こった。トランプの補佐官たちはいまなお、アメリカの情報機関を斥けてプーチンに味方したことを思い出すと肝が縮むという。プーチンはまたしても好機をものにした。トランプの軽率さが、あからさまに表面化した。

アメリカに帰ったトランプは、大失策を取り繕うためにツイートした。[*16]「私は、**私の**情報機関の人々を**おおいに**信頼している」

トランプがプーチンを批判するのに乗り気でないのは、たまたま起きた一度の出来事ではなく、性格にずっとついてまわった特徴だった。

「プーチンに私たちの国を尊重してもらいたいんだ。わかるだろう?」[*17]トランプは、二〇一六年の選挙前のインタビューで私にいった。

「彼がなにを尊重するというのですか?」私はきいた。

「いや、だいいち面白いじゃないか。彼は私についてたいへんいいことをいったんだ」トランプはいった。「トランプは輝かしいし、新しい指導者になるだろうというようなことを、彼はいった。〝プーチンと縁を切るべきだ〟という馬鹿者もいる。縁を切る理由がどこにある?と私はいってやった」

3

ヘルシンキの刺し傷をもっとも痛烈に感じたのは、ブッシュ大統領とオバマ大統領のもとでロシア問題を専門に扱った元情報アナリストのフィオナ・ヒル博士だった。[*1]『プーチンの世界――「皇帝」になった工作員』の共著者のヒルは、トランプ政権で国家安全保障会議（NSC）のロシア・欧州担当の首席顧問だった。

トランプがプーチンの罠のなかへ歩いていくのを、ヒルはヘルシンキの舞台裏から呆然と見ていた。[*2]会場の火災報知機を鳴らそうかと思ったほどだった。ヒルはその後、弾劾裁判でトランプに不利な証言をした。

二〇一六年の選挙にロシアが干渉したことに疑いの余地はないと、ヒルは証言した。[*3]「プーチン大統領とロシアの情報機関は、スーパーPACのように活動します。私たちの政敵の調査と虚偽の論法を武器化するために、数百万ドルを配分します」

トランプはプーチンを偶像視し、そのせいで極度に操られやすくなっていると、ヒルは判断していた。[*4]「彼の自意識は非常に脆《もろ》いんです」トランプについて、ヒルはいった。「アメリカ合衆国大統領であるとき、それは致命的な欠陥になります。トランプ大統領は、取り組んでいる重要問題の多くと自分とを切り離して考えたり、それから解放されたりすることができないのです。ですから、アメリカの選挙へのロシアの影響を多くの人々が懸念するとき、彼はそれが自分にどう影響するかということしか考えません」

ヒルが公園で犬を散歩させていたときに、なんの前触れもなくバイデン大統領から電話がかかって
きた。形式張らないやり方に、ヒルはびっくりした。

プーチンについて話をして、彼の思考をよく知りたいと、バイデンがいった。

その電話の直後に、バイデンはヒルも含めたロシア専門家の一団もホワイトハウス西棟のルーズベルト会議室《ルーム》に集めた。

バイデンは、三〇年以上も外交政策の経験を積んでから、大統領に就任した。二〇〇一年から二〇〇三年まで上院外交委員会の委員長をつとめ、二〇〇七年から二〇〇九年までもう一度委員長をつとめた。ソ連の指導者三人、ロシア大統領ふたりと会っている。副大統領だったときに、バイデンはプーチンとじかに会うか、電話で話をした。プーチンのことはわかっているつもりだったが、念を入れて状況分析をやり、プーチンの意図に関する自分の見解を議論したかった。

バイデンは専門家の一団に質問した。私の見方は間違っているか？　この男とはしばらく会っていない。私のプーチン評価は、いまも当てはまるのか？　私が見逃していることはなにか？

自分のプーチン評価に大きな間違いがあるようなら知りたいと、バイデン大統領はいっていた。斬新なやり方だと、ヒルは思った。たいがいの大統領にとって通例、専門家に相談するのは〝順番のひ

とつ〟にすぎない——真の目的などなく、専門家と話をしたと大統領がいえるようにするための手続きだ。

じつはすでに決断しているのに〝検討してみよう〟と大統領がいうのを、ヒルは何度となく経験していた。だが今回、バイデンはロシアについて多種多様な見解を抱いている専門家を何人も集めている。議論を望んでいるのだ。

ヒルが前回、ルーズベルト会議室に来たときには、トランプ大統領は注意を集中することができず、ブリーフィングのあいだずっと、セオドア・ルーズベルトのノーベル賞授賞式の写真を睨《にら》みつけていた。「トランプはあれが大嫌いだった」とヒルは思った。不公平だと思ったのだろうか？　自分こそノーベル賞にふさわしいと思っていたのだろうか？

バイデンは、専門家たちにさらに質問した。この首脳会談の主眼はどういうものであるべきか？アメリカとロシアの二国間関係、戦略的安定性、軍備管理を議題にすべきか？　あるいは、べつのなにかが進行しているのか？　プーチンはなぜ一一万人もの部隊をウクライナ国境に集結させているのか？

「彼は引き下がるだろうか？」バイデンは質問した「引き下がらないだろうか？」

「プーチンは探りを入れています」ヒルはいった。大統領と交渉できるか、たしかめるために探りを入れているのです。交渉によってウクライナを見捨てさせたいのです。ロシアがウクライナを支配できるように、西側のウクライナ支援を放棄させるというのが、根本的な狙いです。

プーチンはバイデンを――アメリカの国内問題や、トランプが取り決めたアフガニスタンからの全面撤退などを――綿密に観察していると、ヒルは確信していた。バイデンがウクライナを脇に追いやり、政策を一変させるかどうかを、見極めようとしているのです。

テーブルを囲んでいた専門家の数人が同意した。

プーチンはウクライナと、ヨーロッパの今後の安全保障について、大がかりな戦略交渉を行なおうとしています。プーチンは何年にもわたり、ウクライナに執着し、ロシアの一部だと主張しています。

バイデンは一同に、ロシアが独立国を呑み込むのは許さないと告げた。

バイデンは、アメリカ国内の深い政治的分断のせいで、何事にもほとんど合意が得られず、外交政策のような問題ですらまとまらないことも懸念していた。これまでは、大統領が海外で敵対する指導者に会うときには、対立する政党に支援され、前任者に干渉される気遣いはないとわかっていた。いまはそうではない。プーチンはそれを知っていて、批判をかわすためにそれをロシアに有利なように利用するはずだった。プーチンの偽情報の一部は、アメリカ国内の分断を煽ることを目的としていた。

ウクライナ国境にロシア軍部隊が集結しているにもかかわらず、バイデン大統領の最大の懸念は、ロシアによるウクライナ侵攻の可能性ではなく、アメリカの意見の不統一によってプーチンへの影響力が弱まることなのだと、ヒルは気づいた。プーチンは、それに付け入るにちがいない。

そのバイデン大統領の懸念に、ヒルも同意した。プーチンはまさにそれをやるはずだ。

ロシア軍部隊は、あからさまに姿を見せつつ、シベリアやその西のウラル山脈からウクライナ国境に向けて、途方もない距離を移動していた。[*5] 防空システム、軍用車輌と重砲を積んだ列車が、クリミアにはいった。野戦病院が設営された。

ロシアのドローンが夜間にウクライナに侵入し、地雷を投下した。ロシア兵があらたな塹壕《ざんごう》を掘り、ロシア軍の強襲揚陸艦が沿岸を偵察しているのが目撃された。

4

二〇二一年四月二一日、プーチンは年次教書演説を行なった。[*1] クレムリンに通じる主要道路のトベルスカヤ通り沿いに、ロシア人数千人が集まり、〝ナワリヌイに自由を〟、〝プーチンは盗人《ぬすっと》だ〟というスローガンを叫んでいた。

ロシアの反体制派指導者だったアレクセイ・ナワリヌイは、二〇二〇年八月に、ソ連時代に開発された〝新型《ノビチョク》〟神経剤で毒殺されそうになった。[*2] ナワリヌイは、プーチンが暗殺指令を下したと非難した。ベルリンで急性期治療を受けたあと、ナワリヌイは一月にロシアに戻ったが、投獄された。プーチンがロシア国民への演説を行なったとき、ナワリヌイはハンガーストライキの三週目にはいっていた。

外交政策について、プーチンは喧嘩腰だった。[*3]「なにかしら理由をつけるか、あるいはまったく理由がないことも多いのに、とんでもない習慣としてロシアをいじめる国がある」プーチンはいった。「われわれは、慎み深いといえるほど、極度に控え目な態度でふるまっているし、私はこれを当てこすりでいっているのではない。

いまもいったように、彼らは時々なんの理由もなくロシアをいじめる。そして当然、あらゆるたぐいのタバキが、シア・カーンのまわりを走っているタバキのように、彼らのまわりを走っている」プーチンは、ラドヤード・キプリングの『ジャングル・ブック』に登場する雄のハイエナ、タバキを引き合いに出した。タバキはジャングルに棲《す》み、虎のシア・カーン――この場合はアメリカ合衆国を指している――の食べ残しを食べる。「すべてがキプリングの本のようだ」プーチンはいった。「君主のご機嫌をとるために遠吠えしている。

われわれの安全保障の核心的利益を脅かす挑発の尻馬に乗っているこういう連中は、長らく味わったことがないくらい激しく、自分たちの所業を後悔することになるだろう」プーチンは警告した。「しかし私は、ロシアに関して、だれも〝一線〟を越えようとしないことを願っている」プーチンはいった。「ひとつひとつの特定の案件について、その線が引かれる場所を決めるのは、私たち自身なのだ」

バイデンとプーチンの電話会談の一週間後に当たる翌日、ロシア国防相セルゲイ・ショイグが、ロシア軍部隊は五月一日までにウクライナ国境から撤退すると発表した。[*4] しかし、ロシアのメディアは、戦車、砲、トラック、装甲車輛を含めた武器と装備は、秋に予定されているロシアとベラルーシの合同軍事演習「西部《ザーパド》2021」の準備として、ウクライナとの陸上国境沿いの〝演習場〟に残されると報じた。

ロシアはさらに、大規模な陸軍部隊をクリミアに恒久的に移転した。つまり、数万人規模の部隊は、まったく撤退しない。

五月中旬、すくなくとも八万人の部隊が、国境近くにいまだに残っていた。[*5]ウクライナ外相ドミトロ・クレバは、ロシアのいわゆる撤退は見せかけとは異なると、公に警告した。

「いま起きていることを、部隊の撤退と呼ぶことができない」[*6]クレバは公に発言した。「脅威は去っていない。

私たちがきょう見ているのは、部隊の引き揚げではなく、部隊が後方に移動しただけだ」クレバはいった。

NATOのウクライナ担当特殊作戦顧問マイケル・リーパス退役米陸軍少将も、撤退と称するものに警戒を強めていた。[*7]

「彼らは殺傷力の強い部隊を地域に残し、部隊の一部を後退させただけだ」リーパスはいった。

「つまり、後日、タイミングと状況がロシアにとってもっと有利なときに、戻ってきたいのかもしれないと思われる」リーパスはいった。「これはまた起こりうる」

ウクライナのゼレンスキー大統領は、和平の話し合いのためにウクライナのドンバス地方で会いたいと、プーチンを招いた。プーチンは、ゼレンスキーがモスクワへ来るべきだと答えた、あからさまな脅迫だった。

5

キース・ケロッグ退役陸軍中将は、トランプの忠実な顧問で、マイク・ペンス副大統領の国家安全保障問題担当補佐官だった。二〇二一年一月にホワイトハウスを去ったあと、ウクライナのことで睡眠不足になるようなことはなかった。

「私たちが政権を離れたとき、ウクライナは大問題リストには載っていなかった」ケロッグはいった。「イランは大問題リストに載っていた。北朝鮮もまだ載っていた。新型コロナウイルスによって起きたことのせいで、中国もリストに載っていた。だが、ウクライナは大問題リストに載っていなかった」

プーチンは新型コロナウイルスのことを過度に心配していたと、ケロッグは思っていた——自分がそれに感染するか、忠実な少数の側近が感染するのではないかと。

新型コロナウイルスがロシア国内で急速に蔓延したとき、トランプ大統領はアボット社製のコロナウイルス検査機器をプーチン個人のために多数送った。その場で検査結果が出る機器だ。

「私にこれを送ったことを、だれにもいわないでほしい」プーチンはトランプにいった。

「私は気にしない」トランプは答えた。「いいとも」

「ちがう。そうではない」プーチンはいった。「だれにもいわないでほしいのは、みんなが私ではなくあなたに腹を立てるからだ。私のことなど彼らは気にしていない」

「ウクライナは、彼のリストのトップにはまったく載っていなかった」ケロッグはあらためてそういった。トランプの国家安全保障問題担当補佐官たちは、ロシアがウクライナへの武力侵略を準備している兆候を見ていなかった。

二〇一九年に大統領に就任したゼレンスキーは、政界では新人だった。トランプはゼレンスキーの人となりを知ろうとしていた。プーチンもそうだろうと、ケロッグはあまり根拠もなく思っていた。

「彼、つまりプーチンにとって、トランプは未知だった」ケロッグはいった。「まあトランプがそのときどきでどう反応するか、私たちにもわかっていなかった。

要するに、トランプはジキルとハイドだった」

6

二〇二一年六月一六日、バイデン大統領とプーチン大統領は、スイスの首都ジュネーブのレマン湖畔にあるフランス式庭園内に建つ18世紀の邸宅、ヴィラ・ラ・グランジュで会談した。[*1]

「大統領、きょうの会談に招待してくださったことに感謝したいと思います」会談場となった邸宅内の図書室で、指定された席に座ったプーチンがいった。席の周囲には、革装の書物が収められた天井まで届く書棚があり、大きな地球儀が目につくようにふたりのあいだに置いてあった。

「どんなときでも対面するほうがずっといいんです」バイデンはいった。世界の指導者たちを待たせるのが好きなプーチンが、時間どおりに現われたので、バイデンは驚いた。プーチンは、トランプとの初会談では四五分遅刻した。[*2]

トニー(アントニー)・ブリンケン国務長官とセルゲイ・ラブロフ外相が、首脳会談に加わった。[*3]トランプは、ヘルシンキでのプーチンとの会談に補佐官の同席を認めず、通訳だけを同席させた。ドイツでプーチンと会談したあとには、通訳のメモを没収すると主張した。

プーチン大統領と内密に自由気ままな議論をしたトランプとは異なり、バイデンのプーチンとの会談は、かなり周到な事前準備が行なわれていた。

バイデンのもっとも重要な協議事項は、サイバーセキュリティだった。[*4] ロシアのサイバー犯罪者によるコロニアル・パイプラインへの先ごろの攻撃で、東海岸への燃料輸送が半分近く遮断された。アメリカ最大の食肉加工業者JBSもサイバー攻撃を受け、身代金一一〇〇万ドルを支払うまで、一時的に操業停止した。

「私の立場に身を置いてもらえれば」バイデンはいった。「つまり、私たちのインフラへの攻撃のことですが、あなたがたの石油インフラになにかが起きたら……」

「重大なことになるでしょう」プーチンは答えた。

「どうしてアフガニスタンを見捨てたのですか？」柔道の黒帯を持つプーチンは、バイデンの体勢を崩そうとしてきいた。[*5] トランプはタリバンに、米軍部隊をすべて五月一日までに撤退させると約束していた。

「あなたがたはどうして退去したのですか？」[*6] アフガニスタンを一〇年間占領していたソ連軍が一九八九年にアフガニスタンから屈辱的な撤退を行なったことを、バイデンは揶揄《やゆ》した。

バイデンはいった。アフガニスタンは「帝国の墓場です」

奇妙なことに、ウクライナは会談でささいな事柄として取りあげられたに過ぎなかった。のちに、ウクライナに会談の焦点を合わせなかったのは、きわめて大きな過ちだったのではないかと考えるものもいた。

ウクライナについての対話は、それ以前に数十回と行なわれたものと似通っていた。アメリカもロシアも、自分たちの話したいテーマだけをぶつけ合う。

プーチン大統領とバイデン大統領は、会談後にべつべつに記者会見を行なうことに同意した[*7]――バイデンより前に記者会見するプーチンの発言内容をききたかったバイデンの国家安全保障顧問たちとロシア専門家たちが勧めたやり方だった。トランプの顧問たちもおなじことを勧めたが、トランプは無視した。

ブリンケン国務長官と国務省報道官ネッド・プライスは、ジュネーブのインターコンチネンタル・ホテルのブリンケンのスイートで、プーチンの記者会見を見守った。元CIAアナリストのプライスは、トランプのもとで働きたくなかったので、二〇一七年にCIAを辞めていた。

ロシア国外をめったに訪問せず、新型コロナウイルスのパンデミック中はことにそうだったプーチンが、なんの特徴もない会議室で、ロシアの紋章で飾られた演壇に立っていた。二〇二〇年一月以降の一七カ月間ではじめての外国訪問だった。さらに異例だったのは、ロシア大統領のプーチンが西側メディアの前に登場したことだった。

記者席は演壇から距離が保たれており、ほとんどすべての記者がマスクをつけていた。プーチンにとっての最大の懸念事項が、新型コロナウイルスであることをはっきりと示していた。

「ウクライナを脅すのをやめるために、この会談に臨んだのですか?」ひとりの記者が、プーチンに質問した。

プーチンは、ロシア軍一〇万人の集結は通常の軍事演習だと表現して、その質問を咎《とが》める返答をした。

「私たちは演習を行なう際に、ロシアの装備や人員をアメリカ合衆国の国境に近づけてはいません。残念ながらアメリカの同盟国はそれをやっています。つまり、これについて懸念しなければならないのは、アメリカの側ではなく、ロシアの側なのです」プーチンはいった。

NATOは五月に年次の軍事演習を行なっていて、それに二六カ国の人員二万八〇〇〇人が加わっていた。[*8]演習はヨーロッパの一二カ国にひろがっていた。

プーチンは、もうひとつジャブをくり出した。[*9]「さまざまな組織の指導者を含めた人々が、アメリカの都市で毎日殺されています」プーチンはいった。「近くに子供やほかの大人がいても、ひとこともいえないうちに、顔か背中を撃たれています。

CIAの刑務所がヨーロッパを含む数多くの国で開設され、収監した人々を彼らは拷問しています——これはどういうことでしょうか？　人権を尊重しているといえますか？　そうではないと私は思います。いかがですか？

地域の武装化というアメリカの懸念には、なんら根拠がありません」プーチンはいった。

バイデンがずっと警戒していた典型的な矛先をそらす戦術だった。

バイデンについて質問されたとき、プーチンは愛想のいい態度を演じて、巧妙に攻撃した。

「彼は家族のことで、なにかを思い出していました」プーチンはバイデンについてそういった。そして、ナイフを突き出した。「議題とは直接の関係がないように思えますが、それでも彼の倫理観の質と水準を示しています。とても親しみが持てるし、私たちはおおむねおなじ言葉を話しているのだと感じました。

だからといって、お互いの魂を覗き込んだり、お互いの目を見つめたりして、永遠の愛と友情を誓わなければならないわけではありません――まったくちがいます。私たちは自分たちの国家や国民の利益を護っておりますから、私たちの関係はつねに、事実上、主として実際的《プラグマティック》なものになるのです」

べつの記者が質問した。「この段階で二国間関係のあらたな段階に達することは可能だと思いますか?」

「いいですか」プーチンはいった。「レフ・トルストイは、人生に幸せはなく、つかのまの幸せがあるだけだから――それを大切にしなさいといいました。この状況に家族のような信頼はありえませんが、つかのまそれを目にしたと思います[*10]」

プーチンの記者会見は、一時間弱つづいた。

ブリンケンとネッド・プライスは、プーチンが攻撃的ではなかったことに驚いた。かなり敬意を表している口調で、バイデンが聞きたいと思っていることをすべて口にした。如才なく、悠然として、明確な表現を使い、とてつもない自信を発揮していた。

プーチンは、私たちがやろうと模索している、安定した予想しやすい関係を築くことを、ロシアも模索しているというような印象をあたえたと、プライスはいった。

「これがどういう結末になるか、ようすを見よう」ブリンケンはいった。「肝心なのは提案を見届けることだ。現在の発言ではなく、それについてどういう行動がなされるかのほうが重要だから、見届けるには半年か一年かかる。

「結論を出すのは早すぎる」ブリンケンは、いつものように、中国の周恩来首相がフランス革命の影響についてヘンリー・キッシンジャーにいった言葉を引用した。

バイデンは、そのあとで戸外で自分の記者会見を行なった。[*11] 背後でレマン湖を陽光が照らしていた。「アメリカ合衆国はウクライナの主権と領土保全に揺るぎなく取り組むと伝えました」バイデンはいった。

「彼がいまもっとも避けたいのは冷戦です」プーチンについて、バイデンはそういった。「彼はいまも、〝包囲された〟といわれるのを心配しているのだと思います。私たちが彼を排除しようとしている、といったようなことを、彼はいまも心配しています。いまも彼はそういった懸念を抱いてはいますが、それらはアメリカに対して求めているような関係を揺るがす原動力にはならないと思います」

機中でバイデンはブリンケンに、プーチンについて前よりもよく理解できたと語った。バイデンはプーチンと長年にわたって知り合いだったが、遠距離であり、おなじ部屋で過ごした時間は短かった。バイデンは人間関係には慎重で用心深い。プーチンやロシアが変わるとは楽観していなかった。「これはかなり困難だろう」バイデンは結論を下した。

FOXニュースでトランプは、バイデンのプーチンとの首脳会談について、「ロシアにとって良き日だった」といった。[*12]

「それで私たちはなにを得たのかね？」トランプは、FOXニュースの司会者、ショーン・ハニティにいった。「なにも得なかった。ロシアに檜舞台をあたえただけで、なにも得られなかった」

ホワイトハウスでは、高揚した雰囲気だった。ウクライナに関して、ロシアの銃弾一発をかわしたと感じていた。

「ウクライナに関して四月にプーチンがなにを考えていたにせよ、とにかくしばらくはそれを脇に追いやった」サリバンはいった。

ロシアの攻撃的な表現が鳴りを潜めると、サリバン国家安全保障問題担当大統領補佐官とファイナー副補佐官は、べつの案件、具体的にはアフガニスタンからの撤退に注意を向けた。

だが、サリバンの脳裡には重要な疑問が残っていた。〝チェーホフの銃〟は、いまも壁にあるのか？

7

バイデン政権発足から六カ月近くたっても、二〇二〇年の選挙は不正に操作されていて、自分から盗まれたと、トランプは主張していた。この主張を裏付けるたしかな証拠はひとつもなかったが、トランプは大勢の人々を信じさせればいいだけだった。

バイデンがオーバル・オフィスに陣取っているにもかかわらず、共和党員の五三％がトランプを〝本当の大統領〟だと信じていることを、世論調査が示していた。[*1]

二〇一六年の選挙前のインタビューで、トランプは私にいった。[*2]「真の力とは――この言葉は使いたくないんだが――恐怖だ」

いまトランプは、べつの真の力を利用していた――疑惑を植え付けるのだ。

「彼らが何千票も、何千票も、何千票も見つけても、私は驚かない」[*3]トランプは、フロリダ州パームビーチの豪華な邸宅マール・ア・ラーゴで、群衆に向かって叫んだ。「これは不正な選挙だ。みんなそれを知っている！」

その年の夏にジョージア州、ウィスコンシン州、アリゾナ州などの重要な州での投票の監査が終わったら、自分はオーバル・オフィスに戻ると、トランプはいった。激戦州《スイングステート》でじつは勝利を収めていることがはっきりすれば、敗北した州でも精査せざるをえないだろうと信じていた。「泥棒が宝石店を襲ってダイヤモンドをすべて盗んだら、そのダイヤモンドは返さなければならない」二〇二〇年の選挙について、トランプは五月にある声明で述べている。

だが、数多くの州で訴訟六〇件、捜査と監査と票の数え直し数十件が行なわれても、広範にわたる詐欺行為の証拠は見つからなかった。[*4] 二〇二〇年の選挙結果の法的な有効性が、そのたびに確認された。

トランプは調査結果を無視して、大規模な詐欺行為が明らかになると主張した。

共和党員で選挙に詳しい著名弁護士のベンジャミン・ギンズバーグは、一月六日の議会議事堂襲撃事件を調査する下院特別委員会でのちに証言し、法廷が不正選挙というトランプの申し立てを事実と見なしたことは、「一度もなかった」と述べた。[*5]

リンゼー・グラム上院議員は、トランプが二〇二〇年の結果を忘れられないのはマール・ア・ラーゴのせいだといった。

「まさにそうだ。そういう環境ができてしまった」グラムは同僚にいった。「マール・ア・ラーゴに行く人間すべてが、そういう態度だ。トランプがあそこで付き合う連中すべてがそうだ。その連中が、こういう話をたえず吹き込む」

トランプは、アリゾナ州の話ばかりしている」まだ監査が終わっていないアリゾナ州について、グラムはいった。「アリゾナ州でトランプが負けたのは、ジョン・マケインを攻撃しすぎたからだ」アリゾナ州選出上院議員の故ジョン・マケインは、ベトナム戦争で捕虜になった経験があり、二〇〇八年の選挙では共和党の大統領候補だった。

「トランプは、こういう奇妙きわまりない陰謀のせいで負けたと思っている」グラムはいった。「そうではなかった」

「バイデンは公明正大に勝った」グラムはつけくわえた。「トランプはそれに耳を貸さない」

グラムは、二〇二二年の政治レースに注意を向けていた。共和党は下院と上院で過半数を取り戻すために、最善の候補者を立候補させる必要がある。

「トランプに対処するというつむじ風から脱け出して、先のことを考えられる共和党員が、きわめてすくない」グラムはいった。「ドナルド・トランプが消え去ることを願うのは、有効な戦略ではない。ドナルド・トランプは去らない。彼を信じている共和党支持者が何百万人もいる。だから、彼の魔力と私たちの党の基盤を合わせて〝トランプ・プラス〟にすることが目標になる。

中間選挙がはじまってもトランプの口真似をしていたら、勝ち目はまったくない」グラムはいった。「候補者によっては、〝プラス〟の部分を得るために、特定の問題ではトランプから離れなければならないだろう」

トランプは共和党内の癒えない傷だという考えを、グラムははねつけた。

「トランプはアメリカ人という一家の本質を表わしている」グラムはいった。「傷ではない。私たちのありようの一部だ」

だが、トランプは〝盗まれた選挙〟という呪文を捨てないだろうし、捨てられない。[*6] 二〇二一年六月、トランプ前大統領は、自分をふたたび大統領にするために支援することを、共和党に要求した。[*7] トランプは補佐官たちに、八月までにホワイトハウスに戻るといった。Qアノンの陰謀論者が、オンラインのフォーラムで、そういい張っていた。

「彼には軍隊があった。トランプのための軍隊が。それを取り戻したいんだ」トランプの元選挙対策本部長のブラッド・パースケールが、七月に内輪でそういった。「彼はそれをカムバックだとは見なしていないと思う。復讐だと見なしている」

トランプは、アラバマ州選出の共和党下院議員でトランプの熱狂的な支持者のモー・ブルックスに電話をかけて、大統領に復位するための特別選挙を公に要求してほしいと頼んだ。[*8]

以前ブルックスは、バイデンを大統領選の勝者として認証することに異議を唱える計画――トランプと保守派の弁護士ジョン・イーストマンが画策した――を支援していた。だが電話口でブルックスは、ジョー・バイデンが現在の大統領なのだと指摘した。バイデンの勝利は証明されたし、トランプがそれを無効にするような法的手順はないと、ブルックスはいった。憲法に大統領を復位させる制度はありません。

トランプは激怒した。のちにアラバマ州上院議員選挙でのブルックス支持を撤回した。ブルックスは共和党予備選挙で敗退した。

二〇二〇年の選挙で、トランプは七四〇〇万票を得た。歴史上のどの大統領候補よりも多い得票数だったが。ジョー・バイデンは八一〇〇万票を獲得した。バイデンは選挙人を三〇六人獲得し、トランプの二三二人をしのいだ。

二〇二〇年の選挙にバイデンは勝ったが、就任してから六カ月たっても、自分の大統領の地位をめぐって戦っていた。

8

ジュネーブ首脳会談の一カ月後、プーチンはべつの〝銃〟をテーブルに置いた。

二〇二一年七月一二日にプーチン個人の名前で発表された五〇〇〇語の論文（「ロシア人とウクライナ人の歴史的一体性について」）は、あからさまな戦意に満ちた痛烈な批判で、ウクライナが独立国家として存在したことはいまだかつてなかったと、プーチンは唱えている。[*1]

ジェイク・サリバン国家安全保障問題担当大統領補佐官は、このロシア大統領の声明を、プーチンの内心を宣言したものだと読み解いた。これがプーチンの正体、プーチンがやりたいことなのだ。

「ロシア人とウクライナ人は、ひとつの民族――一体である」とプーチンは書き出していた。「ロシア人、ウクライナ人、ベラルーシ人は、すべてヨーロッパ最大の国家だった古代ルーシの子孫である」そして、九世紀以降、キエフは「ロシアの全都市の母だと見なされてきた。

民族的に純粋なウクライナ国家の創設は、その影響において私たちに対する大量破壊兵器の使用にひとしい」

プーチンの語調はひとりよがりで現実的ではなく、自分たちの歴史、信仰、文化、言語を有するウクライナの独立国としての存在を打ち消していた。

「したがって、現代のウクライナはすべてソ連時代の所産である。ウクライナが――そのほとんどの部分において――歴史的にロシアだった土地の上に形成されたことを、私たちは知っているし、忘れようがない」プーチンはいった。「ロシアは強奪されたのだ」

プーチンの声明を読み進むうちに、サリバンの頭にまず浮かんだのは、〝新型コロナウイルス〟という言葉だった。

アメリカの情報機関の報告は、パンデミックの最中に、プーチンが厳しい長期の隔離のために変わってしまったことを示していた。プーチンは信頼する少人数の人々に囲まれ、だれもがおなじナショナリストの見解を抱いていて、フィードバック・ループのようなものが形成されていた。プーチンにじかに会おうとするものは、何週間も検疫のために隔離された。プーチンは三年近く、ロシアの社会から肉体的にも精神的にも切り離されていた。

プーチンの側近の中心人物のひとりは、プーチン個人の銀行家だという評判のロシア人大富豪、ユーリー・コワルチュクだった。コワルチュクは一九九〇年代からプーチンと親しく、プーチンが声明で奉じているような救世主じみた世界観を共有していた。

プーチンのもうひとりの腹心の友は、ロシア正教会のティーホン・シェフクノフ司祭だった。この聖職者もロシアについて帝国主義的な信念を抱いていた。さらに、ロシア最大のガスパイプライン建設企業を所有する大富豪のローテンベルク兄弟――アルカディとボリス・ローテンベルク――もいる。

ほかの連中は隔離中にアイリッシュダンスのステップでも習ったのだろうと、サリバンはジョークをいった。だが、そのあいだプーチンはロシア史を深く研究していたのだ。

ドイツ首相アンゲラ・メルケルとの電話でプーチンが、ロシアの公文書保管所であなたには信じられないようなものを見つけたと語ったことを、サリバンは聞いていた。

隔離されていたあいだにプーチンが公文書保管所で資料をあさるのにかなり長い時間を費やし、資料を持ち出し、古地図を研究したことは明らかだと、メルケルは思っていた。

ウクライナを奪取することは、新型コロナウイルス予防のための隔離中に熱に浮かされて見た夢のようなものだった。だが、熱は冷めなかったし、夢は破れなかった。

サリバンと副補佐官のジョン・ファイナーは、プーチンの声明を深刻に受け止めたが、宣戦布告を警告する鐘の音だとは思わなかった。とにかくプーチンがいつもの調子で一席ぶったのだろうと思った。プーチンは哲学めいたことや、捏造《ねつぞう》した歴史を大声で延々と唱えることで知られていたし、ウクライナの独立国としての存在を断じて認めようとしなかった。だが、そうはいっても、その激しい論調は不可解で、不安を催させた。異様な話題で、不快といってもいいくらいだった。

サリバンは前の年にロシアの歴史に関する資料を読んで下調べし、ウクライナに関するノイローゼ的ともいえるプーチンの妄念を理解しようとした。ロシアの成立、深く根付いている不満の種、プーチンがすぐに喧嘩腰になること、ヨーロッパやNATOとの関係、中央集権が必要だという意識、一三世紀半ばにモンゴルがモスクワを支配したこと、ピョートル大帝やエカチェリーナ大帝のようにロシアの救世主になりたいというプーチンの熱望。そういったことすべて。

国家安全保障会議の中央アジア・ロシア上級部長エリック・グリーンは、プーチンの声明を読んで、現職のロシア大統領がこれほど深い分析を行なうのは、ふつうではないと判断した。プーチンは、胸に秘めた重要なことを明かしているのか？　これをロシアのさまざまな物事についての観点を説明する練習もしくは手段として利用したいのか？　それとも、プーチンの論文は、ロシアの行動をそのまま伝えているのか？

「プーチンがウクライナ政府に幻滅していることと、その国家の正統性を否定しようとしていることを証明していると思う」グリーンはいった。「プーチンはウクライナが失敗国家になると予言し、それが現実になるのを望んでいる」

「ウクライナはかつて絶大な将来性を有していた」プーチンはその論文で語っている。「ウクライナは、同国をロシアとヨーロッパのあいだの緩衝地帯、ロシアに対抗する足がかりに変えることを目論む危険な地政学の駆け引きに、一歩ずつ引きずり込まれた」

プーチンは、ウクライナの指導者たちを〝ネオナチ〟と呼び——ゼレンスキー大統領はユダヤ人——〝反ロシア・プロジェクト〟を追求しているとして、彼らとヨーロッパに対して数々の非難を列挙した。[*2]

「私たちの歴史的領土とそこに住む私たちと近しい人々を、ロシアに対抗するために利用することを、私たちは絶対に許さない」プーチンは警告した。「そして、そのような試みを行なうものに対して、このようなことをやれば自分たちの国を亡ぼすだろうといいたい」

二〇〇五年から二〇〇八年にかけて駐露アメリカ大使だったＣＩＡ長官ビル（ウィリアム）・バーンズによれば、その声明は在任中にプーチンと交わした対話の多くと似通っているという。「目新しいところはまったくない」バーンズは明言した。ひとつの確信を言葉で飾り立てているが、論旨の大部分はロシアの支配権と、ロシアが考える権限の範囲についてだと、バーンズはいった。それを歴史で粉飾している――都合のいいところだけを取りあげて。

国防総省《ペンタゴン》では、コリン・カール国防次官（政策担当）が、プーチンは自分が書いたことをほんとうに信じているという情報を読んでいた――ウクライナはほんとうの国家ではなく、ウクライナ人はすべてロシア人だ、と。

「プーチンはソ連のファンではなかった」カールはいう。「しかし、ソ連崩壊を二〇世紀最大の悪事だといまだに見なしていて、それ以来、ロシアが背中を何度もくりかえし刺されてきたと信じている」

この論文はプーチンの帝国主義的野心を示すさらなる事例だと、カールは見なしていた。「プーチンはロシア帝国再建を夢見ているし、ウクライナ抜きのロシア帝国はありえない」カールはいった。「アメリカ人としては、こういうものを読むといつも奇妙に思う」カールはさらにそういった。「なぜなら、アメリカの歴史はそこまで遡れない。だから、九〇〇〇年前に起きたこと、あるいは二〇〇〇年前や一〇〇〇年前の出来事を重視する国があるというのは、途方もないことだ。アメリカ人はそんなふうに考えない」

9

ワシントンDCでは、バイデンが、ますます綱渡りになっていた米軍部隊のアフガニスタンからの撤退にも専念していた。この二〇年戦争を終わらせるという選挙の公約を、達成しなければならない。アメリカのアフガニスタン駐留は、典型的な任務拡張《ミッション・クリープ》だというのが、バイデンの外交政策の基本理念だった。目的が定かではないのに、大規模な部隊が展開している。

一〇年前、当時副大統領だったバイデンは、軍が強く要求していたアフガニスタンへの米軍三万人の増派を行なわないようにと、オバマ大統領に助言した。

バイデンは、ナンタケット島で家族と過ごす休暇を切りあげて、オバマに直接その論拠を説いた。「私の話をよく聞いてください、ボス」バイデンはいった。[*1]「私はこの街で世慣れしすぎて人が悪くなっているのかもしれませんが、こういう将軍たちは、新大統領が身動きできなくなるように画策するものです」オバマのほうに身を乗り出して、周囲に聞こえるような声でいった。「彼らに押さえこまれないように」

オバマは軍上層部にいいように転がされて、〝でたらめ〟を吹き込まれていた。経験が浅い若い大統領に将軍たちは悲劇的な結果をもたらす強引なやり方を仕掛けていると、バイデンは見なしていた。

米軍による二〇〇一年の最初のアフガニスタン侵攻は、ニューヨークとワシントンDCに9・11テロを実行したウサマ・ビンラディンのテロ組織アルカイダを撲滅するのが目的だった。だが、アルカイダをアフガニスタンから追い出すのに成功すると、任務は国家建設に拡大した。任務拡張で〝クソ非論理的〟だとバイデンはいった。

任務が本来の意図からずれて、いまではアメリカの任務が不明瞭だというのが、バイデンの主な論拠だった。

しかも、二〇二〇年二月にトランプが、二〇二一年五月までに米軍を引き揚げるとタリバンに約束したことが、バイデンに重くのしかかっていた。[*2] 二〇二一年五月一日までに撤退するのであれば米軍部隊を攻撃しないと、タリバンは同意していた。

大統領としての最初の一カ月のあいだにバイデンは、アフガニスタンからの撤退について政府省庁間の全面的な再調査を行なうよう、サリバンに指示していた。

「撤退に反対する意見をとことん聞きたい」バイデンは、サリバンにいった。「それに、これについて先入観を持たないようにするつもりだ。駐留をつづけたほうがいいという確固たる理由があるようなら、それも考慮するし、耳を傾ける」先入観を持たないと大統領が約束しても、大統領本人の意思で頓挫する場合が多い。

以下のような選択肢がバイデンに示された。[*3] 残存の部隊すべての秩序だった全面撤退を、できるだけすばやく安全に行なう。政治交渉の余地と時間を稼ぐために、三段階もしくは四段階の〝水流制御式〟撤退をゆっくりと行なう。アフガニスタンの米軍の無期限駐留を承認する。

　米軍が残留すればタリバンは攻撃を再開するだろうというのが、情報機関の予想だった。そういうことになったら、かならず増派を求められるだろうと、バイデンは推論していた。

「アフガニスタンに三〇〇〇人の部隊がいて、攻撃されたら、きみたちが」――オースティン国防長官とマーク・ミリー統合参謀本部議長を指差した――「やってきて、いいでしょう、五〇〇〇人増やす必要がありますというだろう」そして、すばやく行動する。

　部隊の存在はさらに大きな部隊を引き寄せる磁石になると、バイデンにはわかっていた。軍の指導者たちが自分たちの部隊を守ろうとするのは自然だからだ。

　バイデンは明確に述べた。撤退したい。

「私を全能《オールマイティ》の神と比べないでほしい」バイデンは、ブリンケンにいった。「代役《オルタナティブ》と比較してくれ」

　バイデンはその決定に苦慮していないと、サリバンは見ていた。自分の選択に安心しているように見える。

　四月一四日、バイデンは国民に対して一六分間の演説を行なった。[*4] 緊迫感を高めるオーバル・オフィスからの夜の演説ではなく、午後に条約の間《トリーティールーム》から演説した。二〇〇一年にジョージ・W・ブッシュ大統領が米軍のアフガニスタンでの軍事作戦を開始したときとおなじ舞台設定だった。

「いまや私は、アフガニスタン駐留米軍部隊の采配をふるう四人目のアメリカ大統領になりました。ふたりは共和党の大統領、あとのふたりは民主党の大統領です」バイデンはいった。「私はこの責任を五人目に先送りすることはしません。

副大統領に就任してから一二年間、私はイラクとアフガニスタンで死んだ米軍将兵の正確な人数を記したカードを携帯してきました。

きょうまでに米軍将兵と軍関係者二四四八人がアフガニスタン紛争で死に、二万七二二人が負傷しました。

いつまでもつづく戦争を終わらせる時機です」バイデンはいった。

バイデンは、めずらしく芝居がかったことをやった。[*5] アーリントン国立墓地を訪れ、アフガニスタンとイラクでの死者が埋葬されている区画〝セクション60〟をひとりで歩いたのだ。

「近ごろは、墓地へ行くだけでもつらく、息子のボーのことを思わずにはいられません」ボーはバイデンの長男で、脳腫瘍のために二〇一五年に四六歳で亡くなった。陸軍将校で法務官だったボーは、イラクでの軍務に対して青銅星章を授与され、デラウェア州司法長官を二期つとめた。ボーは父親とおなじ道を歩んで、政界入りしようとしていた。バイデンは数百基の白い墓石のほうを向き、両腕をのばしていった。「あれを見てください」

バイデンはたちまち、撤退の決定のために激しく非難された。テレビや新聞でこれほど多くの批判する意見を見聞きすることになるとは予想していなかった。最長の戦争を終わらせろと騒いでいた人々が、いまではアフガニスタンの女性や女児を含むさまざまな集団の未来に注意を集中している。

「野蛮な戦争《アンシビル・ウォー》のあらゆる恐ろしい兆候を伴う残虐で血みどろな内戦《シビルウォー》が起きるにちがいない」ペトレイアス退役陸軍大将は、公に述べた。ペトレイアスは元アフガニスタン駐留米軍司令官で、バイデンが憎悪する現代の対反乱《COIN》戦略の主導者だった。「現政権は、民主主義と人権への支援を取りさげるという話をしている。いいかげんにしてほしい」ペトレイアスはいった。

ジョージ・W・ブッシュ元大統領が、めずらしく公に意見を述べて、撤退するというバイデンの決定は間違いだといった。[*6]「アフガニスタンの女性と女児が、言語に絶する危害を加えられることを私は恐れている」

バイデンは、レゾリュート・デスクの横に立ち、非難の嵐を受けとめていた。バイデンが傷ついているのが、ブリンケンにはわかった。

バイデンは、デスクを軽く叩いた。「そうだな」バイデンはいった。「先送りせず、ここで私が全責任を負う」

米軍撤退は、バイデンと、選挙は盗まれたといいつづけている前任者のトランプの意見が一致した稀な案件のひとつだった。二〇二一年六月二六日、オハイオ州ウェリントンでひらかれた、大統領を退任してから最初の選挙運動集会でトランプは、米軍引き揚げは自分が引き起こしたことだと得意げに語った。タリバンとの取引によってトランプが開始したプロセスを、バイデンが阻止できなかったからだといった。

「米軍将兵すべてが帰ってくる」トランプはいった。[*7]「彼ら［バイデン政権］は、そのプロセスを阻止できなかった。二一年は長すぎるとは思わないか？　二一年だぞ。もったいない」トランプはいった。「二一年。長続きするはずがない政府がそれだけつづいた。つづいたのは、私たちがそこにいたからだ。私たちはなんともいいようがないだろう？　また二一年いれば、それから五〇年いることになるだろう。なにもかも、ばかばかしい……私たちはアフガニスタンから兵士たちを家に帰す」

計画立案のための会議を五〇回以上ひらいたにもかかわらず、バイデン政権によるアフガニスタンからの撤退は、壊滅的な大混乱に陥った。[*8] 彼らは不測の事態を予測できず、最悪の筋書きを想定した計画も立てていなかった。計画を立てたときには、手遅れだった。

七月六日、残っていた米軍部隊が闇にまぎれてひそかに、カブールから一時間のところにあるアフガニスタン最大の飛行場のバグラム航空基地から撤退した。[*9] バグラムには一時期、一〇万人にのぼる米兵がいた。残るは一四〇〇人以上のアメリカ人が運営するカブールのアメリカ大使館だけで、わずか六五〇人の海兵隊員と陸軍兵士に護られていた。

カブールがタリバンの手に落ちれば、非戦闘員がバグラムから脱出する唯一の経路が遮断される。彼らの多くは長年勤務し、アメリカに保護を約束されていた。

七月二三日、バイデンは急激に悪化する状況について、アフガニスタンのアシュラフ・ガニ大統領と話をして、タリバンとの戦いは劣勢になりつつあるという国際社会の認識を変えるよう圧力をかけた。[*10]

「あなたは明らかに最高の軍隊を保有しているし、七万人ないし八万人［のタリバン］に対して、武装の整った三〇万人の部隊がある。明らかに有利な戦いができる能力がある」バイデンはいった。

「大統領」ガニはいった。「私たちが直面しているのは、総合的な侵攻です。タリバンによって構成され、パキスタンが全面的に立案して兵站《へいたん》支援を行ない、外国のテロリスト一万人ないし一万五〇〇〇人が加わっています」

急増したタリバンが、大きな波のようにアフガニスタン中を席巻し、衝撃的な速さで多数の地域が陥落して、バイデンとその政権は不意打ちを食らった格好になった。アフガニスタン軍はほとんど抵抗せず、あっさりと武器を捨てることもあった。

タリバンがカブールに迫るなかで、八月一四日にブリンケン国務長官はガニ大統領と電話で話をした。ガニは、最後までアフガニスタンを護ると、喧嘩腰でいい放った。翌日、ガニはアラブ首長国連邦（UAE）にいた。逃亡したのだ。

カブールは、あっというまに劇的に陥落した。タリバン戦士たちが大統領宮殿を占領し、ライフルを抱えてガニのデスクの周囲で写真撮影のためにポーズをとった。

必死になったアフガニスタンの民間人数千人が、カブール国際空港に押し寄せた。撤退のために離陸するアメリカの飛行機の翼によじ登った人々がいて、何人もが墜落死した。

トランプは態度を一八〇度変えて、「アフガニスタンで起こった恥ずべき事態の責任をとって辞任」するようバイデンに要求し、新型コロナウイルスや南部国境、経済への対策を批判した。[*11]「そもそも合法的に選出されたのではなかったのだから、騒ぎ立てるべきではないかもしれない」と、〝盗まれた選挙〟という根拠のない主張を執拗につけくわえた。

バイデン大統領は、この事態はアフガニスタン政府の過失だと非難した。[*12] 八月一六日の東の間《イーストルーム》からの演説で、バイデンはいった。「アフガニスタンにおいてアメリカの戦闘を終わらせるという決定を、悔やんではいません。

これが私たちが予期していたよりも早く展開したというのが、事実なのです。で、なにが起きたでしょう？　アフガニスタンの政治指導者たちがあきらめて国から逃げ出しました。アフガニスタン軍が、戦おうともせずに崩壊しました。

なにはともあれ、この一週間の推移は、アフガニスタンでの米軍の関与に終止符を打ったのが正しい決定だったことを強く裏付けました」バイデンはつけくわえた。

一〇日後の八月二六日、「イスラム国」（ＩＳ）の空港周辺部への自爆攻撃で、米兵一三人を含む一七〇人以上が死んだ。[*13] 米軍にとって、二〇年におよぶアフガニスタン戦争の後半一〇年間で最悪の一日に数えられる。

八月二九日、米軍はカブールで、爆薬を満載した車に乗っていたＩＳ工作員とおぼしいターゲットに対してドローンによる攻撃を行なった。[*14] しかし、べつの悲劇的なミスで、長年アメリカのために働いていた作業員ひとりと子供七人を含む民間人一〇人を殺した。

最後の数日に一二万人以上を撤退させたあとで、二〇二一年八月三一日にバイデンは、〝アメリカ史上最長の戦争〟の終結を宣言した。

〝この任務のすばらしい成功〟を称えたバイデンの演説は不評だった。[*15] どんな言葉も、撤退の失敗をごまかしたり粉飾したりすることはできなかった。カブールがタリバンの手に落ちてから、一一日が過ぎていた。米兵一三人が殺されていた。

「無期限に何年もつづけて駐留すべきだったという意見もあるでしょう」バイデンはいった。「これまで私たちがやってきたことを、どうしてつづけないのか？　どうしてなにかを変える必要があるのか？という意見です」

バイデンは、トランプに責任を転嫁した。[*16]

「なにもかもがすでに変わってしまっていたというのが、事実なのです。私の前任者は、タリバンと取引をしました。私が就任したときには、期限を切られていました――五月一日という。タリバンの猛攻撃がまもなく行なわれるはずでした。

アフガニスタンで三〇年戦争をやるよう求めるひとたちに、私は問いかけます。重要な国益はなんであるのか？　たったひとつだというのが、私の考えです。それは、アフガニスタンが私たちの祖国への攻撃を開始するのに、二度と使われないようにすることです。

大統領の根本的な義務は、アメリカを防御し、護ることだと考えます。二〇〇一年の脅威に対してではなく、二〇二一年と将来の脅威に対してです。

あなたがたに申しあげます」バイデンは結論を述べた。「これがアメリカにとって正しい決断、賢明な決断、最高の決断だったと、私は心から信じています」

惨憺たる撤退に対する批判が、バイデンと主だった補佐官たちを直撃した。批判的な論説記事やテレビ番組は、サリバン国家安全保障問題担当大統領補佐官に非難の矛先を向け、辞任を要求した。今回、攻撃したのは共和党だけではなかった。

「国家安全保障問題担当大統領補佐官にはふたつの仕事がある。職名が示すように、シチュエーション・ルームにおいて、大統領に対する最後の、そして理想的にはもっとも密接な顧問だ[*17]」オバマ政権でNSCの一員だったブレット・ブルーエンは、《USAトゥデイ》で述べた。

「第二の責務は、最高司令官である大統領の決定と指示を、現実的な政治に置き換えることだ。それには、権力に対して真実を告げることが求められる。これらすべての仕事において、現職は落第しているようだ。

バイデン大統領は、国家安全保障問題担当大統領補佐官と、失敗したアフガニスタンからの撤退を監督していたそのほかの高官数人を解任する必要がある」と、ブルーエンはいった。


自分の能力と仕事ぶりを好意的に評価されることに慣れているサリバンは、戦闘後の心的外傷のようなものを味わった。「私たちの神経がすべて白日のもとにさらされ、ぼろぼろに擦り切れ、生皮が剝けて、火傷を負った」とりわけ自分がそうだったと、サリバンはいった。

マーク・ミリー統合参謀本部議長と、生え抜きの海軍情報将校でミリーのJ-2――統合参謀本部の情報部長――のフランク・ウィットワース海軍中将は、どういう脅威が起こりうるかを予測するために、撤退の影響の二次的、三次的な影響を注意深く調べた。

ミリーとウィットワースは、親密だった。ふたりは、アフガニスタンでともに軍務に服した。トランプがミリーを自分の政権で二代目の統合参謀本部議長に指名したとき、ウィットワースはミリーが就任の準備を整えられるように、ブリーフィングを毎日行なった。

ウィットワース提督が少将から中将に昇級したとき、ミリーは人事に介入して国防総省にじかに要請し、ウィットワースをひきつづきそばに置くために、中将の階級でもJ－2のポストをつとめられるようにした。

そしていま、ふたりとも、カブールの早すぎる陥落による心痛を味わっていた。ふたりは何カ月も机上で演習を行ない、準備を微調整し、最新情報のブリーフィングを受けていた。

アフガニスタンの自国を護る能力の低下には、ふたりとも気づいていたが、それがこれほど早く崩壊するとは思っていなかった。

「私が予期していたよりもずっと早い、なだれ落ちるような出来事だった」ウィットワースは、率直にいった。タリバンがひとつ目の州を陥れたとき、ウィットワースはハワイで家族と休暇を過ごしていた。一時間後にはふたつ目の州が、つづいて三つ目の州が、タリバンの手に落ちた。

「なにが起きているのか、わかっていた」ウィットワースはいった。機密情報隔離施設（ＳＣＩＦ）にいるわけではなかったが、国防総省にメモを送った。〝私たちの要員を安全なところへ移せ〟。撤退を加速する必要があった。

休暇を切りあげたウィットワースはワシントンＤＣに戻り、最後の飛行機がアフガニスタンを離れたときには、ミリー統合参謀本部議長やオースティン国防長官とならんで立っていた。三人は何年も前に、アフガニスタンでともに軍務に服していた。

「最後の人々をようやく脱出させたとき、私たち三人がアフガニスタンでともに軍務に服したことがよかったのだと思った。その思いは、永遠に消えないだろう」ウィットワースはいった。「敏速な行動がアメリカ人を生かしつづけている。だから、敏速な行動を駆使する必要があった」

米軍は最悪の筋書きのもとで可能なもっとも優れた仕事をやったと、ウィットワースは確信した。「一〇日ないし一四日で失陥するのを見抜いていたといえる人間は、軍にもインテリジェンス・コミュニティにも、ひとりもいないだろう」ウィットワース提督は嘆いた。「私個人は、腐敗とソーシャルメディアが、最大の〝未知の要因〟だと思っている」

ほんとうの主犯は、派兵が解決策だと思い込み、ベトナムでの教訓を省みないで外国に米軍を投入する、抑制のきかない衝動的な願望なのだ。

10

ウクライナの首都キーウの中心にある独立広場《マイダン》で、ティム・ウッズ英海軍准将（キーウ駐在武官）は、ウクライナ軍のジェット機が低空飛行するのを見せるために、二歳の娘を抱えあげた。その二〇二一年八月二四日は、ウクライナがソ連から独立して三〇周年の記念日だった。過去には軍事パレードを批判したこともあるゼレンスキー大統領は、プーチンにメッセージを示す時機だと判断した。

パレードは、ウクライナの増大する軍事力を誇示していた。[*1] 性能を向上させた主力戦車、ミサイル、防空システムが、メインストリートを走り抜けた。パレードの最後尾近くに姿を現わしていたのが、もっとも重要な兵器、バイラクタルTB2だった。TB2は、先ごろトルコから購入した先進的な戦闘無人機（UCAV）で、全幅が四車線にわたり、ロシア軍が保有しているなどの無人機とも異なっていた。軍服を着たウクライナ軍兵士が行進した。アメリカ、イギリス、ポーランドなどの同盟国の軍隊の代表も、パレードに加わっていた。

感情を表に出すゼレンスキー大統領は、ウクライナの独立の力を祝い、独立国としての未来を約束する演説を聴衆に向かって行なうときに、涙ぐんでいた。[*2]

「ウクライナ製のブレードを装着したヘリコプターと、新型の戦車が、今年、ウクライナ軍のために製造されています」ゼレンスキーはいった。ウクライナは「海軍の艦隊と基地を復活させ」、「ミサイル開発の一〇年計画」を採用しますと、ゼレンスキーはいった。

「このような国が、数々の好機を備えてＮＡＴＯの同盟国になります」ゼレンスキーは国民に約束した。ウクライナのＮＡＴＯ加盟は、全長一九三〇キロメートルの陸上国境線で接しているロシアにとって越えてはならない一線だった。

ウクライナが独立と軍の進歩を祝っていたとき、プーチンはロシア帝国の支配からひとつの国が遠ざかるのを目の当たりにしたにちがいないと、ウッズは思った。

「プーチンは計算する」ウッズはいった。「時間がなくなると気づいただろう」

ロシア語を流暢に話すウッズ准将は、二〇一八年からウクライナでイギリスによる軍事訓練任務に携わっていた。ウクライナ軍をＮＡＴＯの水準に引きあげ、ウクライナ国防省の腐敗への対処を支援するためだ。ウッズは妻とともに、キーウで暮らしていた。ウッズの妻はイギリスの情報部員で、サイバー攻撃や偽情報、ロシア人による贈賄、心理戦などといった、ロシアのハイブリッド戦争やグレーゾーン事態に対するウクライナの防御力の強化に取り組んでいた。

ウッズ一家は、ロシアの情報機関の心理ゲームのことを熟知していた。[*3] キーウのウッズのアパートメントには、何度も招かれざる客がやってきた。ある晩、ウッズの幼い娘が子供部屋の床に大きなフロアパズルを散らかしていた。ウッズの妻は疲れていたので、散らかったままにして寝にいった。翌朝、子供部屋へ行くと、三〇ピースくらいのパズルが、きちんとできあがっていた。

「ロシアの情報機関の典型的な手口だ」ウッズはいった。「脅したいんだ。いつでも好きなときに、こういうことができると」べつのときには、枝付き燭台がさかさまになっていた。「私たちは、それぐらいではひるまなかった」ウッズはいった。「おもしろがった」

ウッズの友人が、ある晩、ブーツを外に出しておいた。翌朝、靴紐がすべて逆向きに通してあり、紐の先がブーツの爪先の側から出ていた。

「アパートメントは盗聴され、動画も撮られていると、私たちは考えた。会話はすべて記録されていたのだと」ウッズはいった。

二〇二一年三月のロシア軍の戦力増強を観察するために、ウッズはウクライナ人の同僚たちとともに国境へ行った。ロシアのショイグ国防相は人員を撤退させたが、ロシア軍の装備、〝道具一式〟はそこにそのまま置いてあった。

そしていま、八月になって、その装備がふたたび増大しはじめていることに、ウッズは気づいた。

11

「議長、とうてい信じられないようなものを、これから見せます」アフガニスタン撤退の数週間後の朝、ミリー将軍のオフィスに突入したフランク・ウィットワース提督がいった。

「統合参謀本部議長としての今後の職務が、間違いなく一変する可能性があるような兆候を捉えたと思います」ウィットワースはいった。

届いていたあらたな情報数件は、ロシアがウクライナに対して大規模な軍事攻撃を計画していることを示唆していた。その警報の源は一カ所ではなく多方面だった。

ミリーとウィットワースは驚愕した。

「それも、核保有国によるものです」ウィットワース提督がいった。「まさに核保有国によるものなんです。核保有国による征服です」

恒例の朝の大統領日報（ＰＤＢ）では、ロシアが自軍部隊をあからさまに動かしていることだけでなく、その部隊を使ってなにをしようと考え、話しているかについても、きわめて貴重な情報の山がバイデンに伝えられた。

プーチンの最終的な意図は、不明のままだった。[*1]不安を催す既視感があった。バイデンが副大統領で、ブリンケンがオバマの国家安全保障問題担当大統領副補佐官だった二〇一四年に、ロシア軍がウクライナ南部のクリミアを迅速に併合し、ドンバス地方の一部を奪取した。[*2]オバマとそのチームは、プーチンの破廉恥な領土強奪の性質を見誤り、即座にじゅうぶんな反撃に関与しなかった。マイナスの影響もほとんど残らず、プーチンにとって楽勝だった。

身長一七八センチで、茶色だった髪が灰色になり、格好良く波打っているブリンケンは、バイデンが信頼する外交政策の相談相手で、二〇年来の友人だった。[*3]バイデンとブリンケンは、数え切れないほどの時間、外交政策の作業部会を行なってきた。上院、外国訪問、副大統領の執務室、ホワイトハウスの危機管理室《シチュエーション・ルーム》、二家族のディナーで、真の絆を結んでいた。

ブリンケンは、ロシアが本気で考えているわけではないと信じたかった。しかし、バイデンはプーチンから二度目の不意打ちを食らいたくはなかった。不意打ちは侵略者が戦場で即座に優位を得るのに役立つ。今回は劣勢に追い込まれたくないと、バイデンは思っていた。

バイデンは、サリバン、ブリンケン、オースティン、ミリーを含めた閣僚級に、ロシアとの直接紛争を避けることが、第一の優先事項だと告げた。自分たちの戦略は二本柱から成る。ロシアがなんらかの形でウクライナに侵攻するのを阻止するために、勤務時間外まで働け。侵攻に備えるために、おなじように必死で働け。

私たちの備え、ウクライナの備え、同盟国の備えを固めるのが、きみたちの仕事だと、バイデンは彼らにいった。ウクライナが自国を護るのに、なにが必要か？　アフガニスタンの大惨事の再来になりかねないことは、望んでいない。

ウクライナのためにアメリカがなにをやるにせよ、NATOを通すのではなく、ウクライナと二国間でやらなければならないと、バイデンは明言した。プーチンは、NATOをロシアに対する絶対不変の直接の脅威だと見なしている。ウクライナ憲法に謳《うた》われているNATO加盟の願望は、プーチンにとってつねに存在する脅威になっている。緊張関係を煽って、プーチンのウクライナ攻撃準備が加速するのを避けるために、アメリカは慎重にならなければならない。


カブールの陥落から二週間もたっていなかった八月二七日に、バイデンはウクライナ支援の防衛予算六〇〇〇万ドルの追加を承認した。[*4] バイデン、サリバン、ブリンケンは、迅速に、そしてできるだけ内密に、ウクライナに兵器を届けたいと考えていた。

それについてバイデン政権は騒ぎ立てないようにした。見出しになって、それがプーチンのプロパガンダ機構に利用されるのを避けたかった。プーチンはウクライナのゼレンスキー大統領をナチだと誹謗しつづけ、ロシアはずっとNATOに脅かされているとなおも主張していた。

予算案には、世界最高の肩撃ち対装甲ミサイルのジャベリンが含まれていた。発射後はターゲットに向けて自動誘導するので、射手は掩蔽物《えんぺいぶつ》に隠れることができる。〝撃ち放し式〟ミサイルと呼ばれ、ひとりで操作でき、戦車やそのほかの兵器の装甲を破壊できる。

ジャベリン・ミサイルの弾頭は対戦車榴弾（HEAT）で、上面装甲攻撃《トップ・アタック》の射程は約二キロメートルだった。上昇してターゲットの敵戦車めがけて急降下し、装甲がもっとも弱い戦車の上部を攻撃することができる。

ミサイル一発を装填したジャベリン発射器の価格は二〇万ドルで、ちなみにフェラーリ・ローマ一台の値段とほぼおなじだと、国防総省は親切にいい添えた。

議会に手短に説明したときに、バイデン政権は、ウクライナへの包括的な安全保障支援が不可欠なのは、「同国の国境沿いでロシアの軍事活動が大幅に増加しており」、迫撃砲による攻撃、停戦協定違反、その他の挑発行為が行なわれているからだと述べた。[*5]

12

二〇二一年九月一日、バイデン大統領はウクライナのウォロディミル・ゼレンスキー大統領を、はじめてホワイトハウスに迎え入れた。[*1] 元俳優でコメディアンのゼレンスキーは、二〇一九年の大統領選挙で、現職の大統領で大富豪のペトロ・ポロシェンコに対し、歴史に残るような地滑り的勝利をおさめた。バイデンは、副大統領だったころに、ポロシェンコに忠告したことがあった。ゼレンスキーは、ポロシェンコの得票率二四・五％に対し、七三・一七％という圧倒的な得票率で当選した。[*2]

四一歳で大統領に就任したゼレンスキーには、政治の経験がまったくなかった――ジョー・バイデンとは正反対だった。ゼレンスキーは、好調なテレビ制作会社第95街区（クヴァルタル95）を経営し、二〇一五年から二〇一九年にかけて放映されて絶大な人気があった政治風刺の連続ドラマ〈国民の僕《しもべ》〉で架空のウクライナ大統領役を演じた。

そのテレビドラマでゼレンスキーが演じたのは高校の歴史教師で、政府の腐敗への非難がインターネットで拡散されたことをきっかけに、偶然、大統領に当選する。[*3] しかし、実際の大統領としての支持率は、二〇二一年春には三八％に落ち込んでいた。

ゼレンスキーが突然、政治の舞台に登場したことは、多くの面で、彼が演じた架空の役柄を反映している。ゼレンスキーは政治的洞察力に欠ける部外者だったが、ふつうの人々の役割を具現していた。

二〇一九年五月二〇日、ゼレンスキーはぴっちりしたダークスーツに磨き込まれた靴といういでたちで、ラーダ——キーウのウクライナ最高会議（一院制の議会）——に向けて歩き、手をふり、握手を交わし、支持者といっしょに自撮りしてから、大統領として宣誓した。[*4]

「親愛なるウクライナ人のみなさん」[*5]ゼレンスキーは、就任演説でいった。「選挙に勝ったあとで、六歳の息子がいいました。〝パパ、ゼレンスキーが大統領だとテレビでいっているよ……それなら、ぼくも大統領なんでしょう⁉〟。そのときは笑い話になると思いましたが、それは事実だと、あとで気づきました。なぜなら、私たちみんなが大統領だからです。

いまから、私たちひとりひとりが、子供たちに残す国に責任を負うことになります」ゼレンスキーはいった。「私たちひとりひとりが、それぞれの持ち場で、ウクライナの繁栄のために、あらゆることをやれるのです」

第一の優先事項を、ゼレンスキーは挙げた。プーチンの二〇一四年の侵攻以来、ロシアの支援を受けている分離主義者とウクライナ軍がずっと戦っているドンバス地方の停戦。「私はよく質問されます。停戦のためにどのような犠牲を払う覚悟があるのですか？　奇妙な質問です」ゼレンスキーはいった。「愛する人々の命のために、あなたがたはどんな犠牲を払う覚悟がありますか？　私たちの英雄たちが死ぬのを終わらせるためなら、私はどんな犠牲でも払う覚悟があると断言できます。厳しい決定を下すのを恐れていませんし、名声を失ったり、支持率が下がったりしてもかまいません。必要とあれば、領土を奪われないかぎり、平和をもたらすためにに地位を失うこともためらいません。

歴史は不公平です」ゼレンスキーは、なおもいった。「この戦争をはじめたのは、私たちではありません。しかし、私たちがそれを終わらせる必要があるのです。

あなたがたのオフィスの壁に私の肖像画が飾られることは、断じて望んでおりません。大統領は象徴でも偶像でもないからです。大統領は肖像画にふさわしくないのです。子供たちの写真を飾ってください。そして、なにかを決断するときには、子供たちの目を見つめてください」ゼレンスキーはいった。

「そして、最後に」ゼレンスキーは、結論を述べた。「私はこれまでの全人生で、ウクライナ人を笑わせるために、あらゆることをやろうとしてきました。それが私の使命でした。いまは、せめてウクライナ人がもう泣くことがないように、できるだけのことをやるつもりです」

しかし、ワシントンDCでは、ゼレンスキーは大統領になったテレビの人気者だということよりも、トランプの最初の弾劾裁判をめぐる論争によって知られていた。

二〇一九年七月二五日の電話会談で、ジャベリン・ミサイルをアメリカから追加購入したいと、ゼレンスキー大統領は頼んだ。[*6] トランプは答えた。「しかし、私たちの国はいろいろと厄介なことを潜り抜けているので、ひとつ頼みたいことがある」

そしてトランプは、ジョー・バイデンと彼の息子ハンターのことを捜査してほしいと、ゼレンスキーに頼んだ。「司法長官とともに、あなたができることをなんでもやってもらえるとありがたい」

二〇一九年一二月三〇日に、私がマール・ア・ラーゴで弾劾裁判についてインタビューしたとき、トランプはいった。[*7]「私よりも不屈な人間はいない。だれだって、私ほど不屈ではない。きみは弾劾について私に質問した。私は弾劾裁判を受けているが、選挙戦に勝ったような態度ですねと、きみはいった。ニクソンは追い込まれて親指をしゃぶっていた。ビル・クリントンは、きわめて厳しい状況だと受けとめた。私はいろんなことをやっているだけだ。そうだろう？　私はやりたいことをやる」

　ゼレンスキーとの電話は、政敵に剣（攻撃手段）を渡したことになりませんかと、私はきいた。

「非の打ちどころのない電話だった！」トランプはいった。「剣など渡していない」

　その電話について、トランプはいった。「私たちについて話をした。私たち、すなわち国を助けるという話だった。私たちの国を。そのあとで、司法長官にたしかめるという話をした。

　ゼレンスキーについて話そう」トランプはなおもいった。「私が電話会談の内容を公表するとは、彼らは夢にも思っていなかった。それがひとつ。もうひとつは、私たちが筆記録にするだろうとは、彼らは夢にも思っていなかったことだ」

　ゼレンスキーはその後《タイム》誌の記者、サイモン・シュスターに、トランプが筆記録を公開したのはたしかに不意打ちで、ウクライナの同盟各国で自分への信用が崩れたと述べた。[*8]シュスターの著書『*The Showman*』（『ショーマン』未邦訳）によれば、「だれを信用するかという質問については、あなたに正直にいったとおり、だれも信用していません」とゼレンスキーはいった。

　ゼレンスキーは、自分はウクライナが超大国に押し潰されるのを防ごうとしている歩《ポーン》のようだと思っていると、シュスターに語った。

「ウクライナが世界地図や超大国のチェス盤のひとつの駒《ピース》になり、何者かにふりまわされ、隠れ蓑《みの》か取引に利用されるようなことは、絶対に避けたいと思っています」[*9]ゼレンスキーはいった。

トランプは、ウクライナが腐敗していることが、ウクライナの評判と経済をずっと害していて、投資家が投資をためらったり引きあげたりするのだという主張をくりかえした。

「私たちが巨額の金をひとつの国に注ぎ込むとき、彼らが腐敗しているのか、この金の出所はどこかと、問わざるをえないと思う」[*10]二〇一九年一二月のインタビューでアメリカのウクライナ支援について質問したときに、トランプはいった。「私たちが金をあたえるとき、そういう腐敗があったら、どうするのかね？　それに、ほかにも話し合うことがある。アメリカよりもはるかにウクライナ情勢の影響が大きいドイツ、フランス、ヨーロッパ諸国が、どうして支援しないのかということだ。ウクライナは彼らにとって、一種の巨大な壁なんだ。そこがロシアとヨーロッパのあいだの壁になっているとは思わないか？」

トランプは、なおもいった。「どうしてドイツはやらないんだ？　私はきいた。どうしてフランスはやらないんだ？　ほかの国々はどうして金を出さないんだ？　どうしていつも馬鹿なアメリカだけがやるんだ？」

当然のこととはいえ、ゼレンスキーはトランプのホワイトハウスには招かれなかった。

ホワイトハウスのバイデンのもとを訪れたとき、ゼレンスキーはウクライナのＮＡＴＯ加盟を支援してほしいと、バイデンに強く要求した。[*11]バイデンは短い期間でそれを強行するつもりはなかった。

バイデン政権下のＣＩＡ長官ビル・バーンズは、ウクライナのＮＡＴＯ加盟を推進しようとするアメリカの動きを、何年も前から押しとどめていた。

二〇〇八年に駐露アメリカ大使だったバーンズは、当時の国務長官コンドリーザ・ライスに、秘密保全措置をほどこした個人的な長いメールを送った[*12]。

「ウクライナのNATO加盟は、ロシアのエリート層（プーチンだけではなく）にとってもっとも明白な越えてはならない一線です。クレムリンの暗い一角に潜む武闘派から、プーチンを鋭く批判するリベラル勢力に至るまで、私はロシアの重要な当事者と二年半にわたり非公式に話をしてきましたが、ウクライナがNATOに加わるのはロシアの利益に対する直接の挑戦ではないと見なしている人間は、ひとりもおりませんでした」

加盟に向かう事前の段階を踏むだけでも、「戦略的挑戦を投げつける」にひとしいと見なされるはずだと、バーンズは述べた。「現在のロシアは対応するでしょう。ロシアとウクライナの関係は、急激に凍り付くはずです。

ロシアがこの薬をおとなしく飲み込むように仕向ける大規模な提案は、まったく思いつきません」

バーンズは結論を下した。

13

二〇二一年一〇月、アブリル・ヘインズ国家情報長官とビル・バーンズCIA長官が、バイデン大統領、カマラ・ハリス副大統領、主だった閣僚や補佐官たちに、プーチン大統領が一七万五〇〇〇人のロシア軍部隊でウクライナに侵攻する戦争計画を立案したことを決定的に明らかにしている機密情報を提示した。クレムリン内部の人的情報源も含む、アメリカの情報機関のたぐいまれな活動の成果で、驚異的な大手柄だった。

プーチンはウクライナ侵攻を計画しているというのが、インテリジェンス・コミュニティすべての一致した結論ですと、バーンズ長官がいった。

ロシアは特定の地域を征服し、ロシア軍と保安機関が支配維持の責任を分担することを目論んでいた。バーンズとヘインズは、ロシアが立案している特定地域への侵攻計画と、ロシア軍と保安機関による占領統治計画の責任分担の正確な詳細を共有した。まるで敵軍の司令官のテントにひそかにはいり込んで、地図の上にかがみ、旅団の数と動きや、複数の前線にわたる侵攻の手順の全体計画を、詳細に調べているような感じだった。

トニー・ブリンケン国務長官は、彼らが現在つかんでいる情報が詳細でレベルが高いことに度肝を抜かれていた。領土征服のためのロシアの戦争計画の範囲と具体性は、恐ろしいものだった。それひとつで世界を揺るがしかねない出来事だった。

ウクライナ全土を支配下に置き、ゼレンスキー大統領を抹殺し、首都キーウを占領するというのが、ロシアの戦争計画だった。

ロシア軍部隊の連携した動きと準備行動を見てとることができた。ウクライナを攻撃して征服するのに、部隊をどう使用するのか、わかっていた。もっとも重要なのは、プーチンがそれを実行するつもりだという、クレムリンの内部情報があることだった。

「これは極度の用心から生まれた緊急事態対処計画ではない」国家安全保障問題担当大統領副補佐官のファイナーは思った。「ロシアがやろうと目論んでいる計画だ」

動かぬ証拠があるにもかかわらず、困惑を禁じえない計画だった。プーチンが第二次世界大戦以来もっとも破廉恥なこの領土征服を最後までやり抜いたら、アメリカやヨーロッパとの経済・外交関係は消滅し、中国やインドとの関係も断絶するかもしれない。集まっていたバイデン政権幹部は、プーチンの論理を理解しかねていた。どうしてこんなことをやりとおそうとするのか？

「一〇月までは、プーチンの声明を除けば、これにつながるような情報はなかった」サリバンがいった。「だから、考えざるをえません。なにがこういう方向に曲げたのでしょう？」

プーチンの戦争計画は、ロシア国民の態度や言説には反映されていなかった。ロシア国民は戦争準備をしていなかった。

重大ななにかによって、劇的に変わったのだと、サリバンは気づいた。

「しかし、いまはすべて静かです」サリバンはいった。「全戦線、異状なしです」それでも安心できず、困惑が深まるばかりだった。

プーチンは、独立国を武力で奪取してロシアに組み入れようとしていた。「私たちの判断基準を当てはめ、私たちの論理で考えれば、正気の沙汰ではないように思われます」ブリンケンはバイデンにいった。

「プーチンの思考経路に身を置いたら、それほど常軌を逸してはおらず、首尾一貫しているところがあるのかもしれません」ブリンケンはいった。「プーチンの演説を読んで、額面どおりに解釈すれば。ウクライナを地図から消し去り、ロシアに組み込む必要があるというのが、プーチンの哲学的もしくは神学的な強い確信です」プーチンの声明を思い浮かべながら、ブリンケンはいった。

バイデンは同意した。「ああいうものを読むと、彼は自分がやっていることの理由をはっきり述べている」バイデンはいった。

ジョン・ファイナーは怪訝に思った。プーチンは、いくつもの障害のことを理解しているのだろうか？

ウクライナが主権を放棄して、プーチンに乗っ取られることはありえない。それはたしかだった。ウクライナは一九九一年にソ連からの独立を宣言した。二〇一四年のプーチンのクリミア侵攻で、ウクライナの対ロシア感情は硬化し、ウクライナのナショナル・アイデンティティをより強固にするのに役立った。[*1]

二〇一四年以前には、ＮＡＴＯ加盟を支持するウクライナ人は、人口のわずか二〇％から三〇％だった。[*2] 二〇一九年に憲法が修正され、ウクライナはＮＡＴＯ加盟を目指すことになった。二〇二一年春、プーチンの最初の戦力増強前には、ＮＡＴＯ加盟支持は五六％に増加した。プーチンはみずから問題を創りあげた。

たとえば、プーチンがあまり苦労せず、受け入れられると見なしていた程度の犠牲で、楽々と勝ったとしましょう、とファイナーが推論した。そのあと、広大な国を面積に比べるとかなり小規模な部隊で占領することになります。ウクライナはテキサス州とほぼおなじ面積で、ヨーロッパではロシアに次ぐ広さの国です。人口は四四〇〇万人で、テキサスより一四〇〇万人多い。

プーチンは、そういう状態でウクライナがおとなしく従うと思っているのでしょうか？　反乱がまったく起こらないと思っているのでしょうか？

暴力を伴う暴動、反乱、何年もつづく紛争があるでしょう、とファイナーはいった。

情報はそのような大変動の可能性を示唆するものであったが、そのいっぽうで、非論理的だとファイナーは思った。

不確定要素はあったが、大統領と閣僚たちは、ロシアの戦争計画は〝完全に本気〟だと全員一致で同意した。

「かなり高度に練られており、引き金を引く決定はまだ下されていないが、撃鉄は起こされている」ブリンケンはいった。

しかし、計画と決定はべつのものだ。ロシアが本腰を入れて考慮しているのは明らかだったが、決定は下されていない。そこに重大なちがいがある。

それがプーチンの流儀でもあると、バーンズCIA長官が指摘した。「彼は選択肢を残しておくことを好む」

「これらの情報を単純にそのまま解釈するほかに、考えられる説明はないのか？」バイデン大統領が質問した。

「これは軍事作戦演習《ウォー・ゲーム》なのか？　ひとつの選択肢なのか？　私たちを怯えさせて、なんらかの行動に踏み切らせる狙いがあるのか？」

ほかに考えられる説明はありませんと、バーンズはいった。情報は決定的です。

CIAも含めたアメリカの情報機関すべてを統括しているアブリル・ヘインズ国家情報長官は、プーチンの論理に関する貴重な情報を握っていて、収集した最新の情報を順序だてて説明した。[*3]

プーチンの場合、不安感と自信がコインの表と裏になっていますと、ヘインズはいった。「彼は不安に駆られることもあれば、自分はロシアの以前の栄光を取り戻す唯一の人間だと信じ込むこともできるのです」

プーチンは以前からソ連崩壊を嘆き、二〇世紀最大の惨事だといっていました。[*4]ウクライナの領土は〝ロシア発祥の地〟だと、プーチンは確信しています。

ウクライナはロシアに戻らなければならないし、それが何事にもまさると思っているのです」ヘインズはいった。自分が所有者だと、完全に思い込んでいる。

しかし、ウクライナは西側やNATOとの関係を深め、ロシアと明らかに距離を置くようになっている。ウクライナ軍は、西側の支援でますます強くなり、質も向上している。プーチンが侵攻を遅らせれば遅らせるほど、ウクライナの反撃は手強くなるはずだった。

ウクライナが西側とさらに融合するのを防ぐには、軍事行動が最適の選択肢だというのが、プーチンの判断なのです。ウクライナが西側の仲間になるのを、どんな犠牲を払ってでも阻止しなければならないと、プーチンは考えています。「プーチンにしてみれば、ウクライナを失うのは、実質的にロシアの存在を脅かすことにひとしいのです」へインズはいった。

プーチンの計算では、侵攻には成功するはずだし、ウクライナをすばやくふたたびロシアの支配下に置けるはずだった。

ヘインズの話ぶりは率直で、熱がこもっていたので、彼女が口をひらくと出席者一同の注意を惹きつけた。

ロシア国民にとってなにが合理的かを考えれば、プーチンの計画はまともではないように思えますと、ヘインズはいった。しかし、プーチンはロシアの人々の健康や富よりも、自分の理想像を優先しています。

ウクライナ人の大部分がロシアを歓迎するはずだと、プーチンは考えています。ヘインズは要約した。ウクライナの人々はロシアの人々よりも劣ると思っているのです。「プーチンは現代の指導者のなかで、もっともひどい人種差別主義者です」

自国が受ける影響は長くつづかないだろうと、プーチンは推論しています。西側の経済制裁は、ロシアの強力な政府系ファンドと、プーチンがつぎの選挙（二〇二四年三月）に対処する前の今後数年間の良好な経済指標で緩和されると考えています。現在のエネルギー価格の高騰のために、ヨーロッパ諸国がアメリカの大がかりな経済制裁に加わるのは難しい。国内経済が悪化するおそれがあるからです。

時間の経過や食糧不足、インフレ、エネルギー不足の悪化によって、ヨーロッパ諸国とアメリカの決意は弱まります。プーチンは、ロシアのほうが決意を維持するのに長けていると見ており、時間が自分の味方だと判断しています。とにかく、アメリカが得た情報は、そのようなことを示しています。

「プーチンはまさにそれをやろうとしています」バーンズはくりかえした。情報機関がこれほどきっぱりと判断を示すのは、めったにないことだった。

「これはほんとうに正気の沙汰ではない」バイデンはいった。「私は何人もの指導者を知っている。指導者はプラスの利益よりも、マイナスのリスクを重視するものだし、プーチンは楽観的だが、かなりリスクを嫌う。もっと小さくて低いリスクしか受け入れない。これは私が知っているプーチンとは、根本的に異なっている」バイデンはいった。「それに、導火線にマッチで火がつけられたわけでもないのに、指導者がこういうことをやるというのは」常軌を逸している。

「情報は理解している」バイデンはいった。情報を疑っているわけではなかった。

信じられないという思い――と避けがたい運命――が、あたりに漂っていた。

「ちくしょう！」バイデンがついにいった。「こんどは、ロシアがウクライナを呑み込もうとしているのに、対処しなければならないのか？」アフガニスタンの試練を片付けたばかりなのに。今度はこれか？

これがバイデンの大統領職、政権の目標、世界の安定を変えてしまうと、ファイナーは悟った。

「この任期の残りすべてとはいわないまでも、これが来年の私たちの生活になります」ファイナーはいった。「私たちの日々を動《アニメート》かし、支配《ドミネート》するでしょう」

状況をすべての方向から注視しつづけろと、バイデンは指示した。可能性のあるあらゆる角度から考えろ。

バイデンは、主な責務をくりかえし述べた。「第一に、それを防ぐ」

「しかし」バイデンはあからさまにつけくわえた。「これを防ぐ私たちの能力は限られている」侵攻を開始することを目論んでいる侵略者は、先手を打つことができるので大きな優位を得る。彼らが直面する可能性がある世界的な混乱の現実だ。

しかし、バイデンの指示は、「やってみよう。行動し、どうなるか見極めよう」だった。

第二に、万全の準備を整える。「それが起きたら」バイデンはいった。「私たちの利益が消滅せず、強化されるような対応を可能にするために、できるだけ効率よく位置につく」プーチンが侵攻したら、書類仕事に追われたり、繁文縟礼《はんぶんじょくれい》で何カ月も遅れたりすることなく、すぐに資金援助や兵器供給を実行できる態勢を整えておく。

バイデンが数十年におよぶ外交政策の経験を駆使していることに、サリバンは気づいた。バイデンには同盟関係、NATO、アメリカとロシアの二国間関係、大国外交のことを考えてきた長い経験がある。

サリバンは、中立的立場のシンクタンク、戦争研究所（ＩＳＷ）に定期的に寄稿している軍事史・軍事戦略の専門家フレッド・ケーガンと、頻繁に連絡をとっていた。[*5] このシンクタンクは、世界中の紛争の状況について、中立の立場からもっとも高品質の判断を提供していると見なされていた。

「彼は大規模な侵攻を行なわないだろう」ケーガンがサリバンにきっぱりといった。確信があるようだった。ＩＳＷは、ロシア軍の旅団数を数え、部隊増強を監視していた。

「これは戦争の初歩的知識だ」ケーガンはいった。「戦争には公の根拠を用意する必要がある。それがない。まったくない」

ケーガンの指摘で、サリバンは再考した。

サリバンとファイナーは、延々とつづく話し合いのあいだに、プーチンがなんらかの思考実験を行なっているかどうかを議論した。

大規模侵攻が予想されているときにもっと小規模なものが起きた場合、アメリカとヨーロッパの抵抗が弱いだろうということに、プーチンは賭けているのかもしれない。「つまり、大きなことで脅しつけておいて、より小さなものを奪う交渉をする」ファイナーはいった。

その推論の最大の問題は、プーチンの計画が全面侵攻だというのを示している情報と一致しないことだった。

その情報に、バイデンの混乱をきわめたアフガニスタン撤退の影響がのしかかっていた。[*6] クレムリン内部の情報と会話によれば、プーチンはバイデンとその政権がそういう分野は苦手なのだと見なしていた。プーチンが侵攻に踏み切ったときに、バイデンはなにをやればいいのか迷うはずだと、その弱みが示唆していた。

イラクが大量破壊兵器を保有しているのは〝スラムダンク〟なみに確実だとCIAが請け合った経緯《いき》さつ《さつ》もあって、二〇〇三年にイラク侵攻を命じたジョージ・W・ブッシュ大統領は、バイデンのアフガニスタンでの大失態に同情した。

アフガニスタン撤退後の電話で、ブッシュはバイデンにいった。「ああ、あなたがどういう目に遭っているか、よくわかります。私も自分の情報機関に騙されましたからね」

「これに人間の心理が働いているのを、考慮する必要があります」オースティン国防長官の第一の相談相手であるコリン・カール国防次官（政策担当）がいった。国防総省のカールのチームは、ウクライナ国境沿いの大規模なロシア軍部隊の移動と準備をずっと追っていた。「これはただの虚勢《ブラフ》ではありません」カールはいった。情報は驚くほど深くて明確に思えたが、常軌を逸したことを指し示してもいた。「私たちはアフガニスタンで起きたこととは切り離して、この危機への注意を怠らないようにしよう」カールは指示した。

アフガニスタンは米軍単独ではなくＮＡＴＯの任務だったので、ＮＡＴＯの同盟国のあいだにも大混乱が生じ、そういった国々がアメリカのやったことを批判した。「この情報を見たら、残業を覚悟して働かなければならない」カールはいった。「同盟国を味方につけ、情報を信頼させ、私たちが目にしている突進してくる列車を見て、準備し、対応するように仕向ける。

これはアメリカの貴重な重要情報だ」カールはいった。それを同盟国と共有する方法を見つけなければならない。

ブリンケンはすぐさま、ウクライナを支援する有志国を集め、経済制裁と輸出規制によってロシアに代償を払わせた。

政治的影響が及ぶのはウクライナ以外にも広がるだろうと、ブリンケンは判断していた。プーチンがべつの国に対して露骨な侵略を行なって咎められることなく、武力でべつの国の国境を引き直したら、第二次世界大戦の荒廃から復活したヨーロッパと世界中の平和と安定は消滅すると、ブリンケンは確信していた。

中国が台湾を脅かしているインド太平洋地域に影響が及ぶ危険性を、ブリンケンは憂慮していた。ロシアがこれをまんまと成し遂げたら、もうひとつの超大国がそれを、みずからの国境を武力で引き直す青信号だと見なすかもしれない。

同盟国へ第一報を伝えたあと、ブリンケンはバイデン大統領とサリバンに最新の状況を伝えた。同盟国のほとんどが、これをありえないと考えていますと、ブリンケンはいった。懐疑的な意見を数多く聞いていた。アメリカの分析を言下に否定する国もあった。

サリバンとファイナーも、ウクライナを含む同盟国に接触しはじめ、ロシアがウクライナ侵攻を本腰を入れて準備しているという意見に各国がどう反応するかを推し量ろうとした。

「自分たちがおおよそ信じられるようになるまで、その推論のストレステストをしっかりやらなければならなかった」ファイナーはいった。

「要するに、これが起きるだろうと警告して、太鼓をもっともやかましく――政権内でも、同盟国に対しても――叩いている私たちですら、あまりにも常軌を逸しているので、明確な情報だがプーチンは最後までやらない可能性があると、最後まで心の底では多少感じていた。

初秋には、私たちは全速力で前進しはじめていた。しかし、とにかく筋が通らなかった」

14

一〇月三〇日にローマでひらかれたG20の本会議からはずれたところで、バイデン大統領は世界の指導者の小規模な秘密会議を主催した。[*1]

イギリス首相ボリス・ジョンソン、フランス大統領エマニュエル・マクロン、ドイツ首相アンゲラ・メルケルが、バイデン大統領とともに、会議室の小さなテーブルを囲んで着席した。メルケルは、まもなく後任の首相に就任する予定のオラフ・ショルツを伴っていた。指導者それぞれのうしろの椅子には、各国の外相と国家安全保障問題担当の補佐官がいた。ブリンケンとサリバンは、バイデンのうしろに座っていた。出席者一二人の会話が盗聴されないように、その会議室は事前に調べてあった。

「ロシアが四月にやったのとおなじように、国境にふたたび部隊を集結させているのを、私たち全員が目の当たりにしています」バイデンはいった。「彼らがじっさいになにを考え、計画し、企んでいるかについて、私たちはいま情報をつかんでいます。

わかっていないのは、彼らが引き金を引くのを、じっさいに決断するかどうかということです」バイデンはいった。「しかし、銃の撃鉄は起こされています」

ロシアがウクライナに対してなにをやるかについて、バイデンがヨーロッパの主要同盟国の指導者たちとじかに話し合うのは、これがはじめてだった。

マクロン大統領と、ドイツの指導者ふたりは、懐疑的な意見を口にした。プーチンはそこまで常軌を逸しているようには見えない、プーチンは影響力を強めようとしているのかもしれない。

ボリス・ジョンソンは、プーチンがウクライナに侵攻しようとしているという情報は、完全に信用できると考えていた。MI6とベン・ウォレス国防相がジョンソンに、おなじように不安を催すプーチンの戦争計画の概要を報告していた。プーチンのブラフかもしれなかったが、そういうことを考えるくらいプーチンは極悪非道だと、ジョンソンは確信していた。

ジョンソンは電話でプーチンと対決した。

「あなたがウクライナに侵攻する理由はないですよ」ジョンソンはいった。「近い将来にウクライナがNATOに加盟することはありえない」

「ボリス」プーチンはいった。「近い将来というのは、どういう意味かね？　いつなんだ？　来月か？」

「いや」ジョンソンはいった。「いいですか、ウクライナが予測可能な将来に加盟することはないというのが、現実です」

プーチンはそれを知っているはずだと、ジョンソンは確信していた。馬鹿げた考えだと思った。プーチンはNATOのことで、被害妄想になっているのだ。

それはプーチンの駆け引きでもあった。ウクライナがNATOに加盟することはありえないと、ジョンソンやそのほかの西側の指導者たちが公にいうように、けしかけているのだ。

「彼は私たちを罠にはめた」ジョンソンは内心、腹を立てていた。NATOの門戸開放政策（加盟国の全会一致によって、い

（かなるヨーロッパの国でもNATO加盟を招請できる）と矛盾しているので、ジョンソンは公にそういう発言はできないし、NATO加盟を申し込むという独立国の決定に、プーチンがロシアの拒否権を行使しているような感じだった。

「それはとんでもなく大きな譲歩で、敗北を認め、プーチンの圧力に屈することになる。まったく間違っている」ジョンソンは思った。

イギリス保守党員で、名門のイートン校とオックスフォード大学を出ているジョンソンは、プーチンとの非公式な会話は〝きわめて不気味だった〟と思い、ロシアの独裁者プーチンは〝小鬼じみた悪党〟だと、同僚にひそかにいった。

15

一〇月後半の政権中枢の会議で、バイデン、サリバン、バーンズは、アメリカが収集した情報でプーチンと対決する最善の方策を検討した――〝私たちは知っている〟と、確実で誤解の余地がないメッセージを伝える。そして、同様に直截《ちょくせつ》な言葉遣いで、ロシアがどういう影響に見舞われるかを示す。大統領を予備として温存することを、彼らは決定した。バイデンがじきじきロシアへ行って、プーチンに警告し、やめるよう説得しようとした場合、プーチンがことを進めて侵攻したら、バイデンは失策を犯し、力が弱いと見なされる。

国際秩序そのものを脅かす恐れがある戦争の可能性を突きつけられたバイデンは、その重大事と正面から向き合い、みずからじかにプーチン大統領に警告することもできたはずだった。独裁者プーチンは、世界の指導者たちの敬意を望んでいる。それ以外の人間はすべて下っ端、官僚にすぎない。プーチンを阻止する重みと影響力があるアメリカからの使者は、大統領を措《お》いてはいなかった。

レーガン大統領が、ベルリン分断についてソ連の指導者ゴルバチョフに警告したとき、政権の高官を派遣しなかった。危険が大きいという側近の一部の助言に反して、レーガンはみずから赴いた。

一九八九年六月一二日、ベルリンのブランデンブルク門の前に立ったレーガンはいった。「ゴルバチョフ書記長、この壁を壊しなさい」それがレーガンの声明のなかで、もっとも記憶に残る言葉になった。二年後に、ベルリンの壁は崩壊した。

戦争を阻止する努力のためなら、指導者は弱く見られる危険を冒さなければならない。歴史ではしばしば、そういう努力が偉大な力として記憶されている。プーチンの態度を改めさせることはできないかもしれないが、試す価値はある。リスクが大きい大きな芝居を打つことが、リーダーシップにとってはしばしば重要なのだ。

バイデン大統領は、アメリカ政府で間違いなくだれよりもプーチンを相手にした経験が豊富な人物を派遣することにした。[*1] バイデンはビル・バーンズを自分のプーチン学者と呼んでいて、この任務にうってつけの人選だと思った。

引き締まった体つきで堅苦しい感じのバーンズは、六五歳で、髪が白く、口髭を生やしていた。駐露アメリカ大使を含めて、外交畑で三二年の経験があった。プーチンとも知り合いだった。カーネギー国際平和基金の代表として七年目にはいったときに、バーンズはバイデンに呼ばれて、CIA長官にならないかときかれた。バーンズは政府に復帰する機会をあたえられ、びっくりするとともによろこんだ。だれもが望んでいる注目を浴びるポストなので、なおさらだった。キャリアの外交官がCIA長官に指名されたことは、いまだかつてなかった。

バイデン大統領は、プーチンと話をするためにバーンズをモスクワに派遣するといった。だが、だが、バイデンは完全に予備の立場でいるつもりはなかった。バーンズは、バイデンのプーチン宛の親書を持参することになる。親書の文面は、バーンズがプーチンにいうはずの文言にほぼ近かった。手持ちの情報すべてや入手経路は開示せずに、〝私たちは知っている〟というメッセージを届けるために、論点すべてを国家安全保障会議と複数の情報機関が共同で入念に起草したものだった。

バーンズCIA長官は、プーチンの立案をこれほど緻密《ちみつ》に洞察している情報源と情報を得た手段を守る重要性をじゅうぶんに意識していた。[*2] その情報は、ロシアの軍事計画の正確で詳細な全体像だけではなく、プーチンがウクライナの政治を掌握する準備も把握していた。

バーンズは一一月二日火曜日に、アンドルーズ統合基地から軍のボーイング737でモスクワに向けて出発した。国家安全保障会議の中央アジア・ロシア上級部長エリック・グリーンと国務省のカレン・ドンフリード国務次官補(欧州・ユーラシア担当)が、CIAの少人数のチームとともにバーンズに同行した。

一二時間後に到着したとき、モスクワに濃い霧がおりていたので、彼らの飛行機はモスクワの主要空港三カ所の上空を二時間旋回し、霧が晴れるのを待ったが、霧は晴れなかった。

午前二時に、一行はモスクワから八〇〇キロメートル以上離れたラトビアのリガに着陸した。ふたたび離陸する前にバーンズは二時間眠り、午前中の遅くにようやくモスクワに到着した。

バーンズはまずクレムリンへ行き、ロシアの安全保障会議書記ニコライ・パトルシェフと会った。[*3] パトルシェフは、プーチンがロシア国家保安委員会(KGB)のレニングラード(現在のサンクトペテルブルク)支部にいたころからの、親密な盟友だった。ロシアの国内保安と防諜を担当するロシア連邦保安局(FSB)長官をつとめたこともある。

強硬派でタカ派のパトルシェフは、髪が薄くなっているヨーロッパのビジネスマンのように見えるが、プーチンの側近の情報機関高官のなかでもっとも強力な人物だった。プーチンのロシアでは情報機関幹部が力をふるっているので、パトルシェフは実質的に国家安全保障問題担当大統領補佐官と同等の地位にあり——政策全体を調整している実力者だった。気難しそうな人物だと、バーンズは思った。

バーンズは、ロシアの戦争計画について、パトルシェフと対決した。

パトルシェフは、驚くとともにいらだったようだった。バーンズは、プーチン宛のメッセージについて、ロシア側にあらかじめ知らせていなかった。パトルシェフは、バーンズが二度目のバイデンとプーチンの会談の準備を開始するために来たのだと、思い込んでいた。

パトルシェフは、弁明するふうはなく、逃げ腰でもなかった。バーンズが指摘したことにも反論しなかった。パトルシェフは喧嘩腰だったが、指摘が間違っているとはいわなかったことに、バーンズは気づいた。

プーチンの周囲で戦争のための意思決定に関わっている人間の数がきわめてすくないことを、アメリカが得た情報が物語っていた。パトルシェフがその側近のひとりだということを、バーンズは知っていた。

「まあ」パトルシェフがいった。「私たちロシアがアメリカと経済で競争できないかもしれないということは、ご存じでしょうが、私たちの軍の近代化を過小評価してはいけません。この二〇年間、私たちは軍を近代化してきました。軍事では競争できます」

「私が伝えるメッセージの重大さを、過小評価しないほうがよろしいでしょう」バーンズは切り返した。どちらの軍が優勢かという議論をするつもりはなかった。

新型コロナウイルスの第二波がモスクワを襲い、厳しい外出禁止令が敷かれていた。プーチンがウイルスに感染することを恐れて、ほとんど被害妄想に近い状態になっていると、アメリカの情報が伝えていた。

プーチンはモスクワから約一五〇〇キロメートル離れた黒海沿岸のソチにある警備が厳重な宮殿のような施設にいた。プーチンとは電話で話をしてもらうと、バーンズはいわれた。

プーチンの外交政策担当補佐官ユーリー・ウシャコフが、クレムリンに隣接するオフィスでバーンズに会った。ウシャコフがバーンズを部屋にひとり残して出ていった。電話が鳴った。

バーンズはすぐさまプーチンの声だと聞き分けた。プーチンは、バーンズが駐露アメリカ大使だった一四年前のことを憶えているといってから、バーンズがメッセージを伝えるのを待った。どういう話になるか、パトルシェフからあらかじめ聞いていたにちがいなかった。

バーンズは、プーチンに単刀直入に話すことにした。

「あなたがたがウクライナへの大規模侵攻を本気で考慮していることに、私たちは警戒しています」バーンズはいった。「そのようなことをやるのは誤りです。

あなたがたがそれをやったら、私たちはつぎのようなことをやります」バーンズは話をつづけ、アメリカが知っていることと、もしロシアがそれをした場合にバイデンが指示するであろう厳しい対応策を説明した。

プーチンは言葉を挟まなかった。バーンズが数々の影響を説明するあいだ、注意深く耳を傾けているようだった。

「私たちは西側諸国を結集します。厳しい経済的な罰を加え、圧倒的な経済制裁を科します」バーンズはいった。ウクライナは主権国家です。私たちはひきつづきウクライナを支援します。ヨーロッパの私たちの部隊の態勢を調整します。

私は大統領を脅しているのではありません。対応として、私たちがやることを知っておいていただくために、それを述べているだけです」バーンズはいった。「いま私たちが準備していることは、あなたがたが二〇一四年に受けた余波とは、比べ物になりません」プーチンが二〇一四年にクリミアに侵攻したとき、西側の対応は遅く、弱々しく、分裂していた。今回もほぼおなじだとプーチンが予測していることを、情報が物語っていた。

アメリカ合衆国はロシアの金融機関がSWIFT（国際銀行間通信協会）のシステムから除外されるようにしますと、バーンズはつづけた。銀行が暗号化された安全なシステムで送金を行なうのに使っている、世界的な通信システムのことだ。

SWIFTは一日に約四〇〇〇万件のメッセージを送信し、一万超の銀行間で何兆ドルもが信頼できるやり方で送金されている。SWIFTから除外されると、ロシアの銀行は甚大な損害をこうむる。[*4] 独自の送金システムを開発しなければならなくなるが、膨大な手間がかかり、ほとんど不可能に近い。

「私たちはあなたがたを外交的に孤立させます。ウクライナが自衛するのを支援します」バーンズはいった。

会談のプーチン側の話はかなり長く、バーンズには、聞き古されたウクライナに関するプーチンの信念とロシアにはウクライナに意志を押しつける力があるといううぬぼれを唱えているように思えた。

「ウクライナは弱く、分裂している」プーチンは主張した。「真の国ではない。ロシアの利益のために、私たちがウクライナの選択肢を支配する必要がある」

プーチンは、ゼレンスキーは政治指導者とはいえないとこきおろし、ウクライナ政府は正統ではないということと、NATOの東方拡大について、いつもの苦情をくりかえした。ウクライナのロシア系住民は、差別され、迫害されていると主張した。

プーチンの口調には、弁解したり謝罪したりする気配がなかった。ロシアの紛争準備に関するバーンズの描写について、論じようともしなかった。プーチンのウクライナに関する発言は彼の信念そのものであり、リスクを取る意欲を高めているようだと、バーンズは思った。

バーンズはプーチンにきいた。「一八万から一九万人の部隊で、ロシアに支配されることを望んでいない人口四四〇〇万人の国を、どうやって支配するのですか？ それにどう対処するつもりですか？」

プーチンは答えなかった。

プーチンがウクライナを支配することに固執しているのを、バーンズは常々から知っていた。プーチンは、ウクライナをロシアの一部にしないと、自分は偉大なロシアの指導者にはなれないと思い込んでいるようだった。

モスクワでバーンズは、戦争の意思決定に深く関与していることを情報が示していたロシア連邦保安局長官のアレクサンドル・ボルトニコフにも会った。ボルトニコフも、アメリカが自分たちの戦争計画を明確に知っていることに動じなかった。

バーンズが会ったほかの人々のなかで、対外情報局長官のセルゲイ・ナルイシキンは、ロシアの侵攻計画を知らなかったようだった。

エリック・グリーンとカレン・ドンフリードは、バーンズとともに数件の会合に出席し、アメリカのアフガニスタン撤退後、ロシア人はうぬぼれている気配があると察した。

「それで、簡単なはずだというプーチンの考えがいっそう強まったのだと思う」グリーンは指摘した。プーチンの高慢な態度の中心には、アメリカの撤退の大失敗がある。「それまで数十年間、アメリカに支援されていた軍隊。それがあっさり崩壊した。アメリカは彼らを助けなかった」

バーンズは、かつて三年間過ごしたモスクワの広壮な黄色い大使公邸〝スパソ・ハウス〟にひと晩泊まった。翌日にロシアを離れたとき、到着したときよりもさらに不安になっていた。極秘扱いの電報を、機内からバイデン大統領に送った。

「プーチンはほぼ戦争に踏み切る肚《はら》を固めているという、きわめて強い印象を受けました」バーンズは報告した。

バーンズは根拠をふたつ挙げた。ロシアの戦争準備に関する動かしがたい証拠と、ウクライナの選択肢を支配しないかぎりロシアは大国として機能できないとプーチンが徹底的に確信していると感じたこと。

プーチンは、ウクライナを支配する勝機が戦略面から見て短縮しているという結論に達したのだと、バーンズは見ていた。[*5] 二〇二一年から二〇二二年にかけての冬が、有利な状況をもたらす。ヨーロッパは注意散漫になっていると、プーチンは見なしている。フランスは二〇二二年初頭に選挙がある。メルケル首相は、つぎのドイツの指導者オラフ・ショルツに政権を譲ろうとしている。

さらに、ロシア軍を近代化したのでウクライナでたいした抵抗を受けないと、プーチンは確信しているようだと、バーンズは指摘した。ゼレンスキー大統領は力が弱く、ウクライナ人はいいなりになると、プーチンは見ている。

ウクライナ支配はほとんど当然の権利だという感覚を、プーチンはあらわにしていましたと、バーンズは述べた。

「いずれも目新しいことではありませんでした」バーンズはつけくわえた。「しかし、目的意識や確信があり、さまざまな面で理性に欠けていることから、プーチンが本音を口にしているのは間違いありません」

ロシアが戦争を回避しようとしていることを示す発言は、プーチンからもその周囲の人間からも聞かれなかった。

バーンズCIA長官は、結論を述べた。「ヨーロッパにおいて、第二次世界大戦以降、最大の地上戦の態勢が整いつつあります」

バーンズは、秘話回線でジェイク・サリバンに電話をかけ、大統領宛の電報の要約を伝えた。ゼレンスキー大統領にも電話をかけて、プーチンに伝えたこととプーチンの返答をそっくりそのまま説明した。なにが起きるかをウクライナに理解させることが、バーンズの優先事項リストの一番上にあった。

バーンズがモスクワにいたとき、ブリンケン国務長官と、ジェイク・サリバンの弟で国務長官次席補佐官（政策担当）のトム・サリバンは、国連気候変動枠組条約締約国会議のためスコットランドのグラスゴーにいた。ブリンケンは本会議とは別にゼレンスキーと会い、バイデン大統領からの警告を伝えた。

「これをあなたと共有するよう、大統領に頼まれました」ブリンケンは、ゼレンスキーにいった。ふたりは向き合って、膝がくっつきそうなくらい近くに座っていた。

ゼレンスキーは、ブリンケンがなにをいおうとしているか、察しているようすはなかった。

「私たちみんなが知っていることですが、ロシアがふたたびあなたがたの国境に部隊を集結させていることを、あなたはだれよりもよくご存じでしょう」ブリンケンはいった。「しかし、私たちは、ロシアが実際に計画しているその部隊の使い道について、きわめて詳細な情報を握っています。計画や準備など、表に出ていないことを私たちは把握していますし、ロシアがあなたがたの国に再び侵攻する危険性はきわめて高いと、私たちは確信しています」

ゼレンスキーは、注意深く耳を傾けていた。

「今後、あなたを私たちの情報機関につなぎます」ブリンケンはいった。「私たちが知っていること、知らないことについて、彼らが正確な詳細を教えます。しかし、大統領の代理である私から話を聞いてほしかったのです。私たちはこれを懸念していますし、まもなく起きるだろうと考えています」

ゼレンスキーは、懐疑的だった。

ゼレンスキーは、近しい上級顧問数人を呼び、メッセージをじかに聞かせたいので、くりかえしてほしいと、ブリンケンに頼んだ。

ロシア軍部隊が戦力を増強しているからといって、侵攻するとはかぎらないと、ウクライナ人たちはいった。ロシア人が引き金を引くことはないだろうと、ゼレンスキーは考えていた。

「いいですか」ブリンケンはいった。「私たちも、彼らがそれほど無鉄砲なことをやるとは思いたくない。しかし、これを由々しい事態だと見なしています」すこし言葉を濁した。「確実ではないとしても、じゅうぶんにありえます。

あなたがたは備える必要があるし、私たちは備えはじめています」ブリンケンはいった。プーチンがウクライナに侵攻した場合、はるかに規模が大きく優勢なロシア軍によって、ウクライナの領土はすぐさまロシアの手に落ちるというのが、国防総省の厳しい予測だった。

「私たちはあなたがたに味方します」ブリンケンはいい添えた。「なにが起きようとも、今後の歳月、あなたがたのそばにいます。これを回避するためにあらゆる手を尽くしますし、あなたがたを支援するためにあらゆることをやるつもりです」

「知らせてくださったことに感謝します」ゼレンスキーはいった。

エリック・グリーンとカレン・ドンフリードは、ゼレンスキーの大統領府長官アンドリー・イェルマークとドミトロ・クレバ外相に情報を共有するために、モスクワからキーウへ行った。

ふたりは丁重に迎えられたが、相手の態度は冷淡で堅苦しかった。ウクライナ側は懐疑的で、〝こんにちは。そうですか。ロシア人がわれわれをやっつけに来るんですね。わかっています。われわれはその現実と向き合って暮らしているんです。ほかになにかありますか?〟という気持ちがあるようだった。

最後に、ロイド・オースティン国防長官がけたたましく太鼓を叩いた。六八歳の退役陸軍大将のオースティンは、初のアフリカ系アメリカ人の国防長官だった。[*6] アメリカの屈辱的なベトナム撤退後の一九七五年に陸軍士官学校を卒業し、四〇年以上にわたり米陸軍に勤務した――国防長官として並ぶものがいない戦歴を誇っている。

オースティンは、准将、少将、中将、大将として、アフガニスタンとイラクで実戦を指揮したただひとりの国防長官だった。軍人のなかの軍人で、一〇年を超える歳月、バイデンとの知り合いだった。オバマ政権時には、出世のために軍でもっとも重要な地位のひとつである統合参謀本部事務局長をつとめ、その後、イラク駐留米軍司令官に任命された。バイデンの長男の故ボー・バイデン少佐は、オースティンの幕僚の法務官で、ふたりは強い人間関係を結んでいた。

オースティンはウクライナ国防相オレクシー・レズニコフとワシントンDCで会い、ウクライナ国境沿いのロシア軍部隊の最近の動きのことを詳しく述べた。

レズニコフは、ゼレンスキーとおなじように、ロシアが侵攻に踏み切ることはないだろうと思っていた。[*7]

プーチンは春にもおなじ規模の部隊を国境に配置したと、レズニコフは指摘した。

「それでプーチンはなにを得ましたか?」レズニコフはいった。「バイデンから電話が二度かかってきて、ジュネーブでじかに会談しただけです」プーチンは注意を喚起して、バイデンとNATOから譲歩を引き出したいだけだと、レズニコフは確信していた。

オースティンは、週に数度ひらいていた午前八時の会議で戦いのリズムを設定した。プーチンがブラフを使っているのだとしても、国防総省は侵攻に備える必要がある。不明瞭な悪い前触れが漂っている時期だった。

「政権上層部と大統領は、こういうジレンマに直面するものだ」コリン・カール国防次官(政策担当)がいった。「プーチンが最後の決断を下していなかった場合、私たちが不注意に彼を刺激して、なにかをやらせてしまうおそれがあるのではないか?」

それは外交政策と軍事の典型的なジレンマだった。悪いことが起きるのを抑止しようとして、うかつにも自分たちに不都合な事態を生み出し、必死で避けようとしていた事柄を引き起こしてしまうことがある。

カールは、毎日の会議のようすを古いテレビのバラエティ番組〈ハリウッド・スクエア〉のセットになぞらえた。仮想テーブルのまわりに大きなスクリーンがいくつもあり、国防総省の幹部の軍人や文官が、世界各地の司令官とともに映っている。

オースティンは、〝ノース・スターズ〟と呼ばれる全体目標の検討から会議を開始した。ウクライナが自衛するように督励する。各部隊に警戒態勢で準備させる。ウクライナで紛争が起きてもよそへ拡大しないように、NATOを強化する。同盟国の団結を強め、ロシアとの直接対決をもたらすような動きを防ぐ。それが起きたときには、第三次世界大戦になるような軍事紛争を防止する。

16

カマラ・ハリス副大統領は、ホワイトハウスとフランスのエマニュエル・マクロン大統領との関係修復のためにパリに赴いた。[*1] アメリカがオーストラリアと取引し、六〇〇億ドルにおよぶフランスの原子力潜水艦建造計画が破棄されたことに、マクロンはいまだに腹を立てていた。マクロンは駐米フランス大使をワシントンDCから召還することで、不快感を激しく示した。フランス外相は公に、自分たちは〝背中を刺された〟と述べた。

バイデンはハリスに、ロシアの戦争計画について、アメリカの最新情報をマクロンに説明するという、もうひとつの任務をあたえていた。

「これは起きると、マクロンに明確に伝えてほしい」バイデンはハリスに命じた。「私たちには計画と同盟の強化が必要だ」

「ロシアがこれをやると、私たちは強く確信しています」一一月一〇日、エリゼ宮（フランス大統領府）における二時間の会談のあいだに、ハリス副大統領はマクロン大統領にいった。

プーチンがじっさいに侵攻することはないだろうと、マクロンは思っていたが、脅威は重大だと受け止めた。補佐官たちが何度もマクロンにいっていた。プーチンは立案し、豪語し、部隊を動かしています。だからといって、じっさいにやるとはかぎりません。

それを防止する見込みがすこしでもあるようなら、ヨーロッパ諸国が介入することを、プーチンに知らせる必要があります。ハリスはいった。

アメリカの情報はプーチンの思考を明らかにしていますと、ハリスはいった。プーチンはヨーロッパ諸国を〝弱い〟と見なしている。ヨーロッパは紛争に関わりたくなく、分裂し、アメリカのリーダーシップを信頼していないと、プーチンは考えています。ヨーロッパは〝これに我慢する〟だろうと、プーチンは思い込んでいます。

ヨーロッパの責任を主導してほしいと、ハリスはマクロンに訴えた。フランスはそのほかのヨーロッパの西側同盟国とはちがうと、プーチンは見なしていますと、ハリスはいった。なぜなら、フランスは大西洋対岸とヨーロッパの問題について、アメリカと同調するとはかぎらないからです。

ヨーロッパのほかの国々を関与させ、侵攻したらＮＡＴＯが団結するし、経済が過酷な打撃を受けることを、プーチンに示してほしいと、ハリスは説いた。

アンゲラ・メルケルが退陣するし、マクロンがつぎのヨーロッパの偉大な指導者になり、ヨーロッパの意思決定と外交政策の中心で勢力を張ることを熱望しているのは見え見えだった。マクロンにとって、これはまたとない機会だった。

マクロンは、指導者の地位を引き継いだ。東欧の同盟国を強化するよう、フランス軍に命じましょう――ストライカー旅団（緊急展開部隊）をルーマニアに派遣し、ポーランド駐留部隊を増強します。

「フランスは代償を科す用意があります」マクロンは、ハリスに約束した。「私がそれに参画します」

みずからプーチンと対決するともいった。

同盟の団結を揺るがしかねない国があるとしても、それはフランスではありません。マクロンは決然といった。ドイツのノルドストリーム2パイプラインと、ドイツが石油と天然ガスをロシアに依存していることを指摘した。フランスは同盟の鎖の弱い環ではないと、くりかえした。

「弱い環があるとしたら、それはドイツでしょう」マクロンはいった。

議題は重大だったが、会談の雰囲気はなごやかだった。その晩、マクロン大統領はハリス副大統領を晩餐会にエスコートして、主賓の席をあたえた。翌日にハリスがパリ平和フォーラムで演説したとき、マクロンは前列に座った。[*2] アメリカとフランスのあいだに激しい揉め事があっても、熱烈な絆で結ばれている同盟国だということを、公に力強く示した。

外国訪問中に、ハリスはバイデン大統領に自分の報告を送るようにしていた。秘密保全措置をほどこしたメールのやりとりに、サリバンとブリンケンが加わることも多かった。パリを発つときにハリスは、マクロンとの会談は好感触だったと報告した。「ＡＵＫＵＳ（英米豪の安保協力枠組み）の潜水艦取引に関する悪感情は残っていません」マクロンは、それを話題にもしなかった。

17

ブリンケンは、二〇二一年一二月二日にひらかれるOSCE（欧州安全保障協力機構）の会議のために、スウェーデンのストックホルムへ行った。[*1] 地域の安全保障のために協力する世界最大のフォーラムで、アメリカとロシアも加盟している。

ブリンケンは、長年の知り合いのロシア外相セルゲイ・ラブロフが、国旗が多数飾られている大講堂での閣僚会議で演説するのを見ていた。ネッド・プライス国務省報道官が、ブリンケンと並んで座っていた。

ラブロフはきわめて知力が高いと、ブリンケンはプライスにいった。[*2]「偉大な論客だ。そっちはどうなんだと切り返して、質問をかわすのが、とてつもなく上手だ。それに釣られてひとつの方向へ進むと、こうするときはどうなんだ、ああするときはどうなんだと責め立てる」

ブリンケンが〝セルゲイ〟と呼ぶラブロフは、身長一八八センチ、七一歳で、ソ連崩壊後、もっとも在任期間の長い外相だった。プーチンが二〇〇四年にみずから外相に指名した。ラブロフは、英語、フランス語、シンハラ語を含めた多言語を流暢に操り、ロシアの国連大使を一〇年間務めたことがある。完璧に体に合っているスーツを着て、尋問官のような厳しい凝視を強調する縁なし眼鏡をかけている。ラブロフは、公の場に姿を現わすときには、プーチンの好みに合うように如才なくふるまう。煙草を頻繁に吸い、きわめてずる賢くなれる。

「現在のOSCEは、暗澹《あんたん》たる状態です[3]」OSCE閣僚会議の面々に、ラブロフはそういった。「EUとNATO内のブロックを基本とする秩序の人質にされ、矮小な政治目標の泥沼にはまっています。

　私たちの西側の加盟国は、国際法をルールに基づく国際秩序に置き換えようとしています。そういった国々は、自分たちの例外主義を基盤に地位を築こうとしているのです」ラブロフはいった。「主権国家の国内問題に破廉恥に干渉するために、自由主義の価値観が利用されているのです」

　ロシアのそういう非難をブリンケンはさんざん耳にしていたが、一〇万人におよぶロシア軍部隊がウクライナ国境に集結しているのだから、〝ロシアは被害者だ〟というカードは、いつも以上に嘘臭かった。それでも、ブリンケンは念入りに耳を傾け、合理的な安全保障上の懸念か、本格的な交渉のきっかけになるような言葉を探した。

「ベルリンの壁崩壊は、冷戦の終結と、ふたつの政治体制の闘争の終焉を示しました[4]」ラブロフは、芝居がかった演説をつづけた。「いま、自分たちは〝文明化された民主主義〟だと宣言し、〝権威主義政権〟を封じ込めることを自分たちの使命だと見なしている人々によって、新しい壁が築かれようとしています」

　ラブロフはさらに、NATOはロシアを脅かしていると、直接の非難を浴びせた。「この同盟の軍事インフラが無責任にもロシア国境近くへ移動され、ミサイル攻撃にも使用できる対ミサイル防御システムが、ルーマニアとポーランドに配備中です。アメリカの中距離ミサイルがいまにもヨーロッパの領土に現われるでしょう」それが事実ではないことを、ブリンケンは知っていた。

「ヨーロッパは沈黙をつづけています。ウクライナは軍事援助を注ぎ込まれ、ミンスク合意を妨害したいというウクライナ政府の願望をそれが煽っています」――ミンスク合意とは、プーチンの二〇一四年の侵攻後に、ロシア、ウクライナ、ＯＳＣＥが交渉し、調印した和平合意である――「さらに、紛争は武力で解決できるという幻想を育んでいます」

ミンスク合意は、二〇一四年以来ドンバス地方でつづいているロシアとウクライナの軍事衝突を阻止することができなかった。[*5] ロシアとウクライナは、合意を破ったのは相手国だと非難し合っている。

「二〇〇八年四月のブカレスト・サミットで、グルジア（ジョージア）とウクライナを将来、ＮＡＴＯに加盟させると決定したことは、ヨーロッパの安全保障構造の基礎に地雷を仕掛けたようなものです」[*6] ラブロフはいった。「それが一度、二〇〇八年八月に、すでに爆発しました。ＮＡＴＯ加盟の見込みに有頂天になったミヘイル・サーカシビリが賭けに出て、グルジアは悲惨な目に遭い、ヨーロッパの安全保障は剣呑な状況に陥りました」

ブリンケンは蒼ざめた。ジョージアがＮＡＴＯ加盟を目指すのを阻止するために、ロシアが侵攻して勝利を収めたことを、ラブロフはあからさまに思い出させようとしていた。ＥＵとＮＡＴＯ加盟を目指してジョージアで民主化改革路線を推し進めたサーカシビリ元大統領は、ジョージアで身柄を拘束され、健康を害している。

「第三国」――アメリカ合衆国のことだ――「には、ＮＡＴＯ拡大問題について意見を表明する権利はない。そのような火遊びをしてはならない」ラブロフは警告した。「彼らはこれに気づいていないのだと、私は確信している」

演説を行なう順番が来たとき、ブリンケンは冷静で悠然とした外交官らしい口調で、ロシアの不法侵略行為を扱った。

「武力によるクリミア奪取は、クリミア・タタール人やウクライナ人など、この占領に平和的に抵抗した人々に対する無情な迫害を引き起こしました」[*7]ブリンケンはいった。「また、昨日のNATO外相会議で申しあげたように、ウクライナに対する今後の大規模な侵略の計画をロシアが立案していることを示す証拠に、私たちは深い懸念を抱いております。ウクライナの主権と領土の保全を尊重し、緊張を緩和し、現在の部隊増強を縮小に変え、正常な平時の部隊配置に戻し、ミンスク合意を実行することを、私たちはロシアに求めます」


ブリンケンは、会議場の外でラブロフをつかまえて、直談判に持ち込んだ。

「トニー」ラブロフ外相がいった。「私たちが侵攻すると、ほんとうに思っているのか？　こんなことを本気で考えているのか？

私たちにウクライナへ侵攻する計画はないし、ウクライナ政府を脅そうとしてもいない」ラブロフはいった。

NATOはロシアに対する国家安全保障上の脅威をたえず増大させていると、ラブロフはいった。真の脅威はロシアに向けられている。ウクライナに向けられてはいないと、ラブロフは主張した。

「ほんの数分でロシアに縦深攻撃をかけることができるように、ウクライナ政府はロシア国境付近に先進的な兵器を配置している」ラブロフはいった。

「セルゲイ、それは事実ではありません」ブリンケンはいった。「あなたもそれが事実ではないと知っている。部下に間違った情報をあたえられているのでなければ、それが事実ではないことを知っているはずですよ」ロシアに攻撃の口実をあたえないために、ゼレンスキー大統領は国境近くに兵器を配置しないように気をつけていた。

ラブロフはそこでなめらかに話題を変えて、ウクライナ国内でロシア系住民とロシア語を話す人々が迫害されていると主張した。

「私にわかっている範囲では」ブリンケンはいった。「ウクライナのロシア人の権利は、ロシアのロシア人の権利よりもはるかに大きい」

ラブロフがその意見を感心しないと思っていることを、ブリンケンは見てとった。「トニー」ラブロフが、馬鹿にするようにいった。「それが事実ではないのを、きみは知っている」

ふたりはミンスク合意についてやりとりをした。

ミンスク合意の手順について、ラブロフはひとつの物語を創りあげていた。ほとんど『不思議の国のアリス』だとブリンケンは思った。幻想《ファンタジー》だ。

ブリンケンは、ロシアがこれ以上、ウクライナに対して不法な侵略行為を行なったら、アメリカと同盟国が科す厳しい代償と重大な結果を招くと警告する、バイデンの抑止メッセージを伝えた。「過去には行なうのを控えていた、打撃が大きい経済的措置も含まれている」

バイデン大統領を予備として維持するという戦略は、なおもつづけられていた。ラブロフはロシア側の脅しで応じた。「アメリカの地政学的駆け引きにウクライナをひきずり込んだら、きわめて重大な結果を招くだろう」

話し合いを終えたときにブリンケンは、ラブロフ外相はプーチンの計画の全容を知らされていないのだと確信していた。ラブロフがプーチンの内密の情報から遠ざけられていることに、ブリンケンはほんのすこし同情した。

「まず、私たちはかなり質のいい情報を握っていると思った。これ」――侵攻計画――「は、プーチンとごく少数の人間、三、四人だけに厳密に握られている」ブリンケンはいった。「ラブロフはそこに含まれていない。

つぎに」ブリンケンはいった。「ラブロフの会議での発言は、ほとんど空威張りに近かったが、私たちが戦争計画について彼よりも詳しく知っているということは、じゅうぶんにありうる。間違いなくそうだと思う」

その晩の公式晩餐会で、外相や国務長官五七人が、ブリンケンが見たこともないような馬鹿でかいダイニングテーブルを囲んだ。ブリンケンはウクライナ外相ドミトロ・クレバの隣の席で、真向かいにラブロフがいた。

ラブロフはすぐさま、二〇一四年の事件の原因について痛烈な批判を唱えはじめ、アメリカとウクライナの人間がクーデターを起こし、正当に選ばれたビクトル・ヤヌコビッチ大統領を解任したのだと主張した。

その時期を経験していたブリンケンは、ラブロフがまたもや歴史をプーチンの好む物語に書き換えるのを訂正しなければならないと思った。

「それはじっさいに起きたこととはちがう」ブリンケンは口を挟んだ。「あなたもそれを知っているし、このテーブルのみんなも知っている」

ブリンケンは、二〇一四年に実際に起きたことを滔々《とうとう》と語った。

ラブロフは動じず、ミンスクのプロセスを持ち出した。

ブリンケンはふたたび口を挟んだ。「セルゲイ、ミンスクのプロセスの話をしましょうか」

「これが」ブリンケンは、一枚の書類を差しあげた。「これが、ミンスクのプロセスのもとで、ロシアが求められたことです。

ウクライナのドネツクとルハンスク州の特定の地域における即時の全面的休戦と、二〇一五年二月一五日午前零時（キーウ時間）の時点におけるその厳重な履行。

あなたがたは、それをやらなかった」ブリンケンはいった。

「重火器すべての引き揚げ。

あなたがたは、それをやらなかった」ブリンケンはいった。

「ＯＳＣＥの監視を許可する。

あなたがたは、それをやらなかった」ブリンケンはいった。

「捕虜全員の交換。

あなたがたは、それをやらなかった。

人道支援の提供を保証する。

あなたがたは、それをやらなかった。

すべての紛争地域で州国境の管理をウクライナ政府に返還する。

あなたがたは、それをやらなかった」ブリンケンはいった。「いくらでも並べられます。要点はわかったはずです」

ラブロフが、威張り散らし、荒々しく否定し、見下すような態度をとった。だが、いかにもほんとうらしく聞こえた。だから、こういう大規模な会合でラブロフは厄介な存在だった。ラブロフはショーマンだし、耳を傾ける聴衆がいる。

「ラブロフの話には、説得力がある」ブリンケンは、あとでネッド・プライスにいった。「情報を知らないか、事態に関与していなかったら、ああ、これが正確な話なのだと思うかもしれない」

ストックホルムにいるあいだにブリンケンはスウェーデンの情報機関関係者とも会い、ウクライナに関するアメリカの警告を伝えた。何度もプレゼンテーションをしたので、ブリンケンは完全に暗記していた。「プーチン大統領がウクライナ侵攻を実行する野望を抱いているという情報を、私たちは数週間前からつかんでいます」ブリンケンはいった。「プーチンは部隊を動員し、命令一下、大規模なウクライナ侵攻を開始できる位置に配置しています。いつ実行されるのか、正確な時期を私たちはつかんでいませんが、比較的近い時期にこれをやることができる態勢になりつつあると、私たちの情報部門は確信しています」

スウェーデンの情報部門の指導者は、不思議がった。「そのようなたぐいの情報を裏付けるものは、なにも見ていません。それに、ご存じのように私たちは密接な関係にありますが、あなたがたが示しているような懸念を証拠立てるものを、私たちはなにもつかんでいません」

ブリンケンは、そういう懐疑が理解できた。プーチンの計画は論理的ではないし、ブリンケン本人にも信じられないという思いがあるので、言葉に勢いがなかった。

「いいですか」ブリンケンはいった。「お互いが見ていること、お互いが把握していることが、おなじかどうか、確認する必要があります。

私たちの情報関係者の評価はたいへん優れています」ブリンケンはいった。「しかし、念を入れて、お互いの情報機関が連携し、おなじ情報一式を処理するようにしなければなりません」

外交的手腕の一部を、秘密の売り込みに使っていた。

18

「私たちだけではこれを効果的にやることができないので、同盟国を参画させなければならない」大統領日報が示されたときに、バイデンは上級顧問たちと副大統領に促した。ロシアの計画に警報を鳴らす努力を重ねたにもかかわらず、同盟国はアメリカが警告している事象と情報評価にひどく懐疑的だった。

「プーチンが嘘をつくのがうまく、白々しい顔で嘘をつくのを、私たちはこれまでずっと見てきました」ヘインズ国家情報長官がいった。「歴代の大統領に対して」

「彼は国民に対しても、頻繁に嘘をついています」ヘインズはなおもいった。「西側の指導者たちは、それをなかなか理解できないんです」

サリバン国家安全保障問題担当大統領補佐官とジョン・ファイナー副補佐官は、情報共有をニューヨークの広告業界のマーケティング活動なみに、もっと大胆な手法でやろうと提案した。

ひそかな情報共有では説得できないことが判明したし、情報欺瞞《ぎまん》の術策の技倆《ぎりょう》がきわめて高いロシアのような敵が相手のときは危険だった。念入りに創りあげた言い訳や嘘を使って侵攻を正当化し、世論を分断するチャンスをプーチンにあたえることになる。従来からロシアのメディアには、ウクライナはネオナチ国家で、NATOはウクライナを利用してロシアを脅かしているとほのめかすプロパガンダが溢れている。同盟国、大衆、ウクライナ人のあいだに疑惑が湧き起こったら、プーチンが策略をくりひろげるための貴重な時間と空間が生じる。

内密の事柄か機密情報に関与させれば、注意をかき立てることができると、《ワシントン・ポスト》の記者としての経験から、ジョン・ファイナーがいった。[*1]「ふつうなら内部の人間しか知ることができない事柄の描写のほうが、強い好奇心をそそるものです」ファイナーはいった。ロシアの戦争計画の情報の一部を、秘密扱いから解除し、戦略的に共有しましょう。つまり、情報の空間を牛耳ることで、プーチンが奇襲の要素を失うようにする。

サリバンによれば、インテリジェンス・コミュニティは当初は乗り気ではなく、常軌を逸するくらい用心深かったという。[*2]しかし、バーンズCIA長官とその副長官、ヘインズ国家情報長官とその副長官との会議を数度行なったあとで、バイデン政権上層部は〝戦略的秘密区分低減〟と呼ばれる新しい手法を編み出した。

あまりいい名称ではなかった。〝低減《ダウングレード》〟は格下げだと解釈され、情報は劣っていて投げ売りの対象のように見える。じっさいはまったくちがう。

バイデンは、秘密区分を低減した情報を毎週、あるいは毎日――情報共有としては前例のない速さだった――同盟国や国交のある国と共有しはじめるようヘインズに命じた。ヘインズはNATOの最高意思決定機関である北大西洋理事会（NAC）でブリーフィングを行なうために、五、六回以上、赴いた。情報機関は情報を迅速に共有できるテクノロジーを確立している。ロシアに集中して、喧嘩腰の全面的な速報が送られた。
つぎの段階は、公の警告だった。[*3]

二〇二一年一二月三日の《ワシントン・ポスト》の見出しは、〝ロシアが一七万五〇〇〇人の部隊でウクライナに大規模軍事攻勢を計画しているとアメリカ情報機関が警告〟というものだった。[*4]第一面には、ロシア軍のウクライナ国境付近での戦力増強を示す衛星写真を重ねたロシアとウクライナの大きな地図が、目につくように掲載されていた。国家安全保障会議がはじめて秘密区分を低減した情報を公開したのだ。

国家安全保障会議のマヘル・ビタル上級部長（情報プログラム担当）は、高度の機密に属する政府の衛星画像ではなく民間の衛星画像を利用し、ロシアのウクライナ国境に近い地域四カ所にまさに七万人の部隊が集結し、クリミアにもあらたに戦車と砲兵が到着したことを明らかにした。

プーチンはなおも、国境の部隊でウクライナに侵攻する意図はないと、公に否定した。[*5]しかし、ロシアが引き下がる気配はまったくなかった。《ワシントン・ポスト》の記事は、ロシアの戦争計画では、二〇二一年九月九日に撮影された人員七万人が、早ければ二〇二二年初頭には一七万五〇〇〇人に増大する可能性があると指摘し、同盟国と世界中のメディアに、今後の戦力増強を見守るよう注意を喚起した。

これには、一九六二年のキューバ危機の際に、動かぬ証拠を突きつけた一幕を再現する意図があった。当時、アメリカのアドレー・スティーブンソン国連大使が国連安全保障理事会の緊急会合で、航空写真を公開する劇的なプレゼンテーションを行ない、ミサイルをキューバに配備していないというソ連の主張が嘘であることをあばいた。緊急会合はテレビ中継されて、数百万人が見ていた。スティーブンソンは、イーゼルに載せた航空写真を見せた。

ロシアは《ワシントン・ポスト》の報道を馬鹿げていると斥け、その部隊は通常の訓練演習を行なっているだけだと主張した。

だが、ホワイトハウスとアメリカの情報機関の内部では、静かに歓声を上げていた。時代遅れの杓子定規な情報共有手順を打破して、プーチンの得意な駆け引きで彼を打ち破るあらたな情報戦を創りあげたのだ。

しかし、プーチンがすでに真実だと知っていることを公にするだけでは、彼を抑止できない。

19

「これをあなたがやったら、ロシアは莫大な代償を払うことになります」[*1]二〇二一年一二月七日午前一〇時の秘話ビデオ会談で、バイデン大統領はプーチンにいった。「私たちがかならずそうします」

ロシアにはウクライナ侵攻の計画はないと、プーチンは言下に否定した。NATOの東方拡大を停止するという安全保障上の確約を要求した。[*2]

「私たちにはチームがあります」バイデンはいった。「書面を用意しています。それをあなたと話し合う用意があります。ウクライナだけではなく、ヨーロッパのもっと大きな安全保障問題に及んでいます」交渉の余地があるロシアの真の安全保障上の懸念があるのか、それとも万事が欺瞞なのか、バイデンは見極めようとしていた。

「あなたの要求が、すべて完全に許容範囲外だとは思っていません」バイデンはいった。「たとえば、長距離兵器システムをウクライナに配置しないというようなことです。こういった事案なら、交渉したり話し合ったりできます。

NATO戦闘部隊のウクライナ駐留を懸念しているとおっしゃいますが、NATOもしくは米軍の戦闘部隊がウクライナに駐留する予定は、ありません」バイデンは強調した。「訓練任務は行なっています。ウクライナのずっと西のほうです。あなたがたの国境に対するものではなく、あなたがたの脅威にはなりません」

イギリスのボリス・ジョンソン首相との会談とおなじように、プーチンはNATOの東方拡大を阻止し、門戸開放政策を撤回してほしいといった。べつのいい方をすれば、ウクライナを絶対にNATOの一部にはしたくないということだった。

プーチンの要求は過激派並みの妥協をいっさい許さないもので、兵器の配置などの現実的な安全保障上の取り決めの交渉には、まったく興味がないようだった。

そこでバイデンは共通の歴史に頼ることにして、冷戦期の米ソが世界の安全保障を確実にする特別な役割を果たしていたことをプーチンに指摘した。以前の指導者たちは、両国が直接の戦争を避けるようにしていた。

サリバンとファイナーは、その電話を聞いていた。

悪党だと思っていたプーチンのバイデンに対する態度がおだやかだったことが、ファイナーには意外だった。むしろ裁判で冒頭陳述をする弁護士のように、ロシアは権利を侵害された被害者であり、問題の原因に対処する必要があるのはアメリカとヨーロッパであると主張していた。

「彼のプレゼンテーションは、強引ではなかった。冷静な感じだった」ファイナーはいった。「叫ばなかった。荒い言葉を使わなかった。きわめて淡々としていた」

しごくふつうな感じだった。「波瀾《はらん》に富む瞬間にはふさわしくないと思えるような会談だった」ファイナーはいった。それでもなおアメリカの情報は、アメリカがいくら阻止しようとしてもプーチンが侵攻するだろうということをはっきりと示していた。

「プーチンの行動や表現によって、緊張した雰囲気が消え去った」ファイナーはいった。「しかし、それと同時に、彼は引き下がらず、外交で出口を探ることにまったく興味がないのは、きわめて明白だった。しかも、プーチンは、大統領のいうことをじつに明確に聞き取っていた」

会話を終えたバイデンは、侵攻は行なわれると確信していた。プーチンは、外交による出口にはまったく目を向けなかった。戦争に踏み切る道を歩んでいる。不思議なことに、それはプーチンがいったことではなく、いわなかったことからわかった。プーチンが相手の場合、雄弁よりも沈黙から真実が見つかることがある。


一年前のマール・ア・ラーゴでのインタビューで、トランプ大統領は私に、プーチン大統領との関係について語った。[*3]

「ロシアと仲良くするのは、悪いことではなく、いいことだ。ことに向こうは、核弾頭一三三二発を保有しているんだからね」トランプはいった。「それも、使用可能なやつなんだよ！

私以上にロシアに厳しく対処した人間は、どこにもいない」トランプはなおもいった。「プーチンは私を尊敬している。私もプーチンを尊敬している。プーチンは私を好きだと思う。私もたぶん彼を好きだ。

そう、好きだ」トランプは断言した。

トランプの国家安全保障問題担当大統領補佐官ロバート・オブライエンが、それとは異なる評価を私に教えていたので、私はトランプにいった。「ロシアがウクライナやジョージアのような隣国に侵攻するようなら、ロシアと良好な関係は結べないと、オブライエンがいっています」

「まあ、そういうことは気に入らない。好きではない」トランプはいった。「しかし、考えてみてくれ、私たちがいたから、彼らはウクライナと大規模な捕虜交換をやった。いろいろなことが起きているんだ、ボブ。いろいろなことがある。

私がやったことをすべて、見てほしい」トランプはいい放った。「オバマは彼らに枕を送った。私は対戦車兵器を送った」

オバマ大統領は、一億二〇〇〇万ドルを超える安全保障支援をウクライナに提供したが、致死性兵器（殺傷能力のある兵器）を送ることは拒んだ。[*4] トランプは、ジャベリン対戦車ミサイルを含むアメリカの致死性兵器をウクライナに売却することをはじめて承認した大統領だった。

20

「私はウクライナに米軍部隊を派遣しない」オーバル・オフィスにふたりきりで座っていたときに、バイデンはサリバンにいった。それがバイデンの揺るぎない判断、越えてはならない一線だった。米軍部隊は送らない。

ベトナムの米軍部隊は、大失敗を引き起こした。バイデンが副大統領だったときに、アフガニスタンもおなじ問題を抱えていて、バイデンは三万人増派に反対したが却下された。

そこで、バイデンとサリバンは、情報機関の指導者たちの意見を求めた。アメリカが軍を派遣する可能性を残しておいたほうがよいだろうか？

「インテリジェンス・コミュニティは大統領宛に報告書を出しそうになっていました」サリバンは報告した。「大統領、頭がおかしくなったんじゃないですか？と。ウクライナで米軍部隊を使用すると脅したら、プーチンはさらに速く、さらに大がかりにやるだろうし、引き下がりはしないだろうと」米軍が展開する準備が整う前に、プーチンは行動を開始するはずです。

ビル・バーンズＣＩＡ長官もこの情報評価に強く同意したと、サリバンはいった。「バーンズの見解では、ウクライナ防衛のためにウクライナに米軍を派遣するといったなら、侵攻を未然に防ぐどころか、侵攻が早まります。なぜなら、プーチンは私たちが動員の準備を整える前に行動を起こしたいはずだからです」

それに、ウクライナを支援する各国の連合を構築しようとするアメリカの活動も複雑化すると、バーンズは述べていた。ウクライナに駐留するという話をアメリカがはじめたら、数多くの国が深甚な不安を催すはずだからだ。

記者たちにその問題を質問されるのは時間の問題だとバイデンにはわかっていたので、対応をサリバンと検討しようとした。

何年も前から、バイデンはいっていた。「大国はブラフを使わない」サリバンは、それを何度もきいていた。バイデンは、自分の政策をいくつもに解釈できるものではなく、明確なものにしたいと考えていた。

「逆の見方をしましょう」サリバンがいった。ブラフに戦略的価値はありますか？　ブラフに効き目はありますか？　たとえば、チャーチルはしじゅうブラフを使っていました。

「チップが山のようにあるときには、ブラフを使う余裕が大きい」サリバンはいった。ポーカーにたとえると、アメリカは軍事力と経済力で傑出しており、最大のチップの山を所有している。「チップの大きな山があるときには、何枚かなくしても平気だし、勝負ができなくなることもありません。大きな山があれば、そう、しじゅうブラフを使うことができます」

米軍部隊が関与する可能性を不明瞭にしておくと、抑止に役立つかもしれないと、サリバンは思った。

しかし、ブラフは、ばれてもばれなくても、アメリカの信用そのものに打撃をあたえるはずだと、バイデンはいった。

「あちこちに利害関係がある大国が、この一カ所でブラフを使ったら」バイデンはいった。「たとえば日本が、中国に関してアメリカを白い目で見るかもしれない」信頼が弱まるのは、ひとつの事例だけではすまなくなるかもしれない。

ブラフは考えないことにしようと、バイデンはいった。米軍を派遣しないことがわかっているのだから、それを公にいうべきだと、バイデンは思った。

米軍をウクライナでの戦闘に派遣するつもりはないと、公に断言するかどうかは、五分五分の難しい賭けだと、サリバンは判断していた。大きなチップの山を利用したいという気持ちに傾いていた。ブラフは国家安全保障政策の一手段として使える。どうして使わないのですか？

バイデンは揺るぎなかった。だめだ。

米軍部隊に関するブラフですら、大統領とサリバンの戦略的な意見は、大きく食い違っていた。国家安全保障上の危機や問題が発生すると、歴代の大統領はたいがい「すべての選択肢を検討している」と公に発言し、それが決まり文句のようになっている。勇ましく聞こえるし、敵を脅しているようにも聞こえるからだ。そのほうがずっと柔軟にやれる。

しかし、賭けを決めるのはサリバンではなかった。バイデンは明快さを望んでいる。

バイデンとプーチンの緊張に満ちた秘話ビデオ会談の翌日の一二月八日、バイデンはホワイトハウスから大統領専用ヘリコプター《マリーン・ワン》に向けて芝生を歩いているときに、記者たちの質問に答えた。「私はきわめて明確に伝えた。彼がじっさいにウクライナに侵攻したら、厳しい結果を招くと」プーチンとの会談について、バイデンはいった。

つづいてバイデンは、サリバンとふたりだけのときにいったことを、記者たちにくりかえした。ウクライナには派兵しない。

「検討もしていない」[*1]バイデンはきっぱりといった。「NATOの私たちの同盟国が攻撃を受けたときには、第五条によって私たちには倫理的義務と法的義務がある。神聖な義務だ。その義務は……ウクライナには適用されない」ウクライナはNATO加盟国ではない。

ロシアの戦力増強をずっと追っていた戦争研究所のフレッド・ケーガンは、信じられない思いで、サリバンに電話をかけた。[*2]

「あなたがたは派兵を検討からはずすべきではない」ケーガンはいった。さまざまな解釈が成り立つことは、抑止力になる。どうして仮定の話として返答しないのか?

あらゆる選択肢を論議と交渉に使えるようにしておくのは、緊張した外交・軍事関係では、ごくふつうの方針だ。

「まったくそのとおりのことを、私たちは議論した」サリバンはいった。「それに、たしかに論理的に正しい。

問題は」サリバンはいった。「〝米軍を派遣するかって？　まあようすを見よう〟というふうに未決定にしておいて、戦争がはじまったら、派兵しろという圧力がとんでもなく高まって、派兵しなかったら、実質的に危急のときにウクライナを見捨てたと見なされることだ。

いっぽう、やることとやらないことについて、事前に意図を明言しておけば」サリバンはいった。「〝バイデンは空振りした〟から〝おお、バイデンの対応はかなり堅実だった〟に変わるだろう」

ジョン・ファイナー国家安全保障問題担当大統領副補佐官は、バイデンが質問に直截に答えたことに驚いたが、あとで同僚たちに、大統領は正しい選択をしたと思うといった。

「ほっとしたし、正しいと感じた」ファイナーはいった。「ウクライナは、これを自力でやらなければならないと悟る」ファイナーはいった。「支援は大量に行なわれるが、助けにくる騎兵隊はいない」

すぐに答えが出ない問題がひとつ残されていた。〝米軍の派兵はない〟という声明によってプーチンは、直接もしくはどのような形でも、世界最大のもっとも経験豊富な軍隊と対峙せずにすむと確信して、勢いづくか、それを実行のゴーサインだと見なすのではないか？


しかし、バイデンはサリバンとファイナーに、ウクライナにアメリカ製兵器を送ると告げた。[*3] ウクライナが自力で防衛するのを支援するつもりだった。二〇一四年以降、アメリカは、アメリカとイギリスの部隊による特殊な訓練も含めて、ウクライナに安全保障支援を二五億ドル以上投入していた。

だが、バイデンは送る用意がある兵器の種類を制限していた。大型で強力な兵器は送らない。ロシアがウクライナに侵攻し、ウクライナが三日から五日で失陥して、アメリカの最新の軍事テクノロジーがロシアの手に落ちるのは望ましくない。アフガニスタン撤退後、タリバンが、アフガニスタン軍に提供されたアメリカ製の兵器や装備をこれ見よがしにふりまわしている光景が、いまも脳裡に焼き付いている。

一二月にトランプ前大統領は、自分の国家安全保障問題担当副大統領補佐官だったキース・ケロッグ退役陸軍中将に電話をかけた。

プーチンが侵略しようとしていることについて、かなり噂があると、トランプはいった。「どうしてそんなことをやるんだ？」

「真実が知りたいようでしたら」ケロッグはいった。「プーチンは弱みを見ているからです。現大統領が、アフガニスタンがああいう結末を迎えたせいで、意思決定に弱気になっているのを、見抜いているんです」

「とんでもない大失敗だった」バイデン政権の混乱をきわめた撤退について、トランプはそういった。「ひどいドジを踏んだものだ」

「それで、世界のほかの指導者たちも、大胆になるでしょうね」ケロッグはいった。

「ああ。まったくひどいドジだった」トランプはいった。「バイデンのせいで、われわれはひどいことになった。あいつは弱い指導者だ。

彼は攻撃すると思うか？」トランプは、プーチンのことをきいた。

「いや、やらないでしょう」ケロッグはいった。「それをやる意図も、部隊もないと思います。それをやる態勢ができていません。それには多大な努力が必要です」ロシア軍にはウクライナを侵攻するだけの備えがないと、ケロッグは確信していた。

「わかった。わかった」トランプはいった。

21

一二月三〇日、デラウェア州ウィルミントンの自宅にいたバイデンは、プーチンにふたたびバットの一撃を加えるために、デスクの電話を取った。[*1] 五〇分の激した電話で、きわめて辛辣な応酬がくりひろげられた。プーチンは経済制裁に激怒していた。[*2] バイデンはアメリカとロシアが〝完全に断交する〟結果になるかもしれないと脅し、警告した。ウクライナ攻撃の計画はないし、ロシアの領土内で部隊を好きなように移動できるとプーチンは主張しつづけた。

プーチンは、アメリカとNATOがロシア国境近くに核兵器を配備する予定であることを非難した。そのような計画はないと、バイデンはプーチンに断言した。ひどく興奮したやりとりになり、プーチンは核戦争の可能性を脅しつけるようないい方で話題にした。バイデンはそれに対して、核戦争で〝勝つことは不可能〟だとプーチンをたしなめた。

「彼らは二〇一四年にしくじった」バイデン大統領は、プーチンの以前のウクライナ侵攻にバラク・オバマ政権がきちんと対応できなかったことへの不満を、ある親しい友人に話した。

「いまこういう状態なのは、そのせいだ。対応をしくじった」バイデンはいった。「バラクはプーチンを重大視したためしがなかった」

二〇一四年、プーチンは綿密に計画されたやり方で迅速にクリミアに侵攻した。[*3]「宇宙人《リトル・グリーン・メン》」——ロシア兵だとわかるような徽章をつけていない兵士たち——が、武力でクリミア議会を占領し、ロシア国旗を掲げ、クリミアがいわゆる民族自決によってロシアに併合されたと称した。プーチンはクリミアとドンバス地方の一部を、一カ月とたたないうちに奪取し、ロシアはまったくその余波をこうむらなかった。

「プーチンが二〇一四年にそこへ歩いていってドンバス地方を奪うのを、絶対に許すべきではなかった。しかし、私たちはなにもやらなかった」バイデンはいった。「私たちはプーチンにそういうことをつづける許可証をあたえたのだ」

バイデンは、公の場では見せるのを避けていた特質をあらわにして、ひどく怒っていた。

「よし、私がその許可証を無効にしてやる！」バイデンはいった。

プーチンがそれをふたたびやるのを阻止することに、バイデンは執念を燃やしているのだと、その友人は察した。それを看過するつもりはないのだ。「ウクライナは、彼の大統領の職務で、もっとも重要な勝負なのだ」

22

二〇二二年一月中旬、バイデンはCIA長官バーンズをひそかにウクライナ大統領ゼレンスキーのもとへ派遣した。[*1]

「これが起きることを、ゼレンスキーに確信させるんだ」バイデンはいった。ロシアが軍事行動を試みる状況がより鮮明になっていることを、現在の情報が示している。

バーンズは、キーウでゼレンスキーと会った。

「あなたがたの首都も含めた重大な侵攻になるでしょう」バーンズはゼレンスキーにいった。「ロシアの特殊部隊が、大統領を暗殺しようとします。彼らは大統領個人を狙うでしょう。

ロシア軍部隊は、ベラルーシの国境地帯をまっすぐ通過し、キーウ奪取を図り、大統領の政権を打ち倒して、親ロシア政府を樹立するでしょう」バーンズはいった。それがロシアの攻撃の先鋒になる。

ロシア軍はホストメリ空港（アントノフ国際空港）を奪取する計画ですと、バーンズは話をつづけた。ホストメリはキーウの北西にある主要貨物用空港だった。ウクライナの首都キーウを制覇するために、ロシア軍はホストメリを空挺部隊の投入拠点に使うつもりです。

情報から判断できるかぎり、これは数週間以内に起きますとバーンズはいい、専属の警護班にも用心するようゼレンスキーに忠告した。ウクライナの保安機関にロシアの手先が浸透しているおそれもある。

「情報に感謝します」ゼレンスキーはいった。「しかし、これを公に述べるのはやめてほしい。経済に悪影響があります」

ロシアが人口四四〇〇万人の国全体を乗っ取ることを計画しているという分析を、ゼレンスキーはいまだに疑っていた。[*2] アメリカはもっとも攻撃的で、もっともありえない選択肢に焦点を合わせていますと、ゼレンスキーはいった。ヨーロッパの指導者たちは、アメリカの予測は誇張されており、プーチンは内密の非公式な話し合いでも公の場でも、侵攻するつもりはないと断言していると、ゼレンスキーに伝えていた。

しかし、それでもゼレンスキーは、侵攻がまもなくあるというバーンズの警告を、真剣に受け止めているようだった。ゼレンスキーがウクライナ軍の総動員をためらっているのは、プーチンがそれに付け入り、ウクライナによる挑発だといい立てるおそれがあるからだろうと、バーンズは察した。プーチンが〝見ろ、ウクライナは戦争の準備をしている。われわれはそれに対応しているだけだ〟と主張するはずだと、ゼレンスキーはいった。

ウクライナの情報機関はきわめて優秀だし、国境のロシア軍部隊の膨大な兵力を綿密に見張っているはずだと、バーンズは思っていた。

感情面でも個人的にも重大な会談だと、バーンズは感じた。若いウクライナ大統領にとっては愕然とするような報《しら》せで、想像を絶する政治的、戦略的危機を前に、じっと話を聞いてはいるが、完全に信じてはいない。

バーンズCIA長官とアブリル・ヘインズ国家情報長官が突きつけられていた新奇な難題のひとつは、プーチンの偽旗《にせはた》作戦——紛争の口実にするために、ウクライナに住むロシア人がウクライナ人に殺されていると見せかける演出がされた事件——だった。[*3] プーチンとその側近が、ウクライナ東部のドンバス地方でこういった作戦を準備していることを、ふたりは知っていた。

バーンズ、ヘインズ、サリバンは。ロシアに王手をかけることを願って情報の一部の秘密区分を低減して共有する方法を入念に検討した。

ホワイトハウスでは、国家安全保障会議のマヘル・ビタル上級部長（情報プログラム担当）が、ウクライナ東部で爆発を演出してウクライナ側の仕業だと主張することをロシアが計画しているという情報要報を検討していた。ロシアは、ウクライナ政府がロシア系住民を殺したと主張し、ロシア系住民を救助するという偽りの口実でウクライナに侵入しようとしていた。ロシアの陰謀には、葬儀の会葬者役を雇う話まで含まれていた。

ロシアのメディアも、ウクライナでは人権が悪化しているという作り話を報じ、ウクライナの指導者たちは暴力的な軍事政権だと評していた。

「あまり詳細は申しあげられませんが」国防総省報道官ジョン・カービーは、一月一四日の公開ブリーフィングで述べた。[*4]「ロシアが侵攻するおそれがあり、ロシアがその口実をこしらえるためにすでに積極的に活動していることを示す情報を、私たちは握っています。

ロシアのこういう動きを、私たちは前にも見ています」カービーはいった。「彼らが必要としていることに好都合な危機が実際に起きていなくても、彼らはそういう危機をでっちあげます」

23

二〇二二年一月一九日、バイデンはとりとめのない記者会見で、プーチンはウクライナを〝攻撃する〟可能性が高いと明言した。[*1]

「彼が自分のやっていることに確信があるのかどうか、はっきりとはわかりません」バイデンはいった。「私の推測では、彼は攻撃するでしょう」

つづいてバイデンは、まずい言葉遣いで余計なことをいった。

「侵攻の責任がロシアにあることを、みなさんは目の当たりにするでしょう」[*2]バイデンはいった。「ごく小規模な侵略で、最後にしていいことと悪いことを論争すれば終わるのであればよいのです。しかし、国境に集結している部隊でやれることを彼らがじっさいにやったら、ロシアにとって大惨事になるでしょう。

ロシア軍部隊が国境を越えて、ウクライナの戦闘員を殺すというようなことになれば、万事が一変するでしょう」バイデンはいった。「しかし、それは彼がやることしだいですし、私たちがＮＡＴＯ前線の完全な団結をどの程度まで達成できるかに左右されます」

それはメモに書かれていなかったメッセージだった。バイデンは気づいていないようだったが、アメリカがウクライナの主権の維持に真剣に取り組むという考えを、完全に揺るがしてしまった。そして、それとは正反対に、二〇一四年とおなじように、ロシアのウクライナ侵攻に対するアメリカと同盟国の対応は、議論や分断によってはかばかしく進まないだろうという見方を強めてしまった。この大失敗は、バイデンの長年の失言癖を反映している。

ゼレンスキー大統領が、ツイートで応じた。[*3]「ごく小規模な侵略だとか小国というようなものはないと、大国に注意したいと思う。愛する人々を失ったとき、些細な死傷であるとか、ちっぽけな悲嘆であるというようなことがいえないのとおなじだ。偉大な国の大統領として、これを申しあげる」

アメリカはウクライナに関する立場を変えたのか？　バイデンの台本にない発言は、同盟国のあいだに混乱を引き起こし、バイデンにロシアに対して明確な一線をきちんと述べる能力があるのかどうか、不安視された。

サリバンは、東ヨーロッパのNATO加盟国九カ国と日本のカウンターパートから電話を受けた。サリバンはバイデンの発言による被害を食い止めて、アメリカの立場に変化はないと断言した。

バイデンは、ロシア軍が国境を越えて移動した場合には侵攻と見なすと、明確に述べることを強いられた。[*4]

「これを回避できる見込みが、一％、いや〇・一％でも残っているようなら」バイデンはブリンケンにいった。「やってみる価値はある」ロシアに、私たちが取り組めるような現実的な国家安全保障上の懸念があるのか、調べてほしい。バイデンは、いまなお歩み寄りを模索していた。

二〇二二年一月二一日、ジュネーブは快晴だったが、風がかなり強かった。レマン湖では、白い波頭が渦巻いていた。

「きょう湖をご覧になったかどうか知りませんが、波が逆巻いていますよ」ブリンケンは、ロシアのラブロフ外相にいった。「静けさを取り戻して、最終的に大惨事になるようなことを避ける方法があるかどうか考えるのが、私たちの厄介な仕事です」

あなたがたが総力をあげてウクライナへの侵攻を開始する準備をしていると、私たちは確信していますと、ブリンケンはいった。あなたがたは、国家安全保障上の懸念があると私たちにいっていますが、それらについて、あなたがたと協力する用意があります。

ウクライナは、この三〇年間に旧ソ連の共和国や同盟国十数カ国を取り込んで拡大してきたNATOとロシアを隔てる緩衝地帯だった。

一九九一年に崩壊し解体したソ連の最後の指導者となったミハイル・ゴルバチョフは、ソ連崩壊から数年後にアメリカには〝勝者の危険な心理〟があると述べた。

核兵器や長距離攻撃兵器が国境近くに配備されるのをロシアが懸念するのは正当だと、ブリンケンは考えていた。ブリンケンは緊張を和らげ、うぬぼれや、勝者の傲慢さが目につくのを避けようとした。

ラブロフは、プーチンとおなじように芝居がかったことが得意だった。公の場では、西側の外相に恥をかかせたり、相手にせずに立ち去ったりするようなことを平気でやる。しかし、ひと目がないところでラブロフがそういう演技をやらないことを、ブリンケンは願っていた。

「いいですか、ここには私たちしかいない」プライバシーが守れる部屋で、ブリンケンはラブロフにいった。「いったいなにが起きているんですか？　ほんとうになにが起きているのか、教えてください」

ラブロフは黙っていた。

「これに実利はあるのですか？　べつのいい方をすれば、これはロシアの安全保障に関する実際の懸念によるものなのですか？　もしそうなら、それについて話し合うことができます。攻撃的なミサイルの配置について話し合えます。あなたがたが抱いているほんとうの安全保障上の懸念を緩和するような安定メカニズムと信頼醸成措置について、話し合うことができます」ブリンケンはいった。「私たちはあなたがたに脅威をもたらすつもりはありません」ブリンケンは断言した。「ＮＡＴＯはあなたがたにとって脅威ではありませんから、これが脅威であるなら、協力して現実的に解決しましょう。

しかし、これが神学的であるなら、これがウクライナは独立国として存在できないという確信から生まれたのであるなら、ウクライナとその人々は母なるロシアに属するという考えに基づいているのであるなら、話し合うことはなにもありません」

ラブロフはいかなる侵攻の計画もないと、否定した。

アメリカの情報機関は、その後、プーチンの目論見の全貌をラブロフがまだ知らされていなかったことを突きとめた。[*5]

ブリンケンは、ラブロフのことを気の毒だと思いそうになった。ラブロフはただの代弁者になっていた。これだけの年功を誇っている上級の幹部が、なんの手がかりもあたえられず、外交活動が無意味になっているのは、嘆かわしいことだった。

24

一月の終わり近くにトランプは、大統領選挙に出馬する考えをふたたびあちこちで口にするようになった。

「ジャック・ニクラウスは、相手がこけるのを待って、ただのんびり構えていたことで有名だった」マール・ア・ラーゴでのランチで、トランプは伝説的なアメリカのゴルファーについて、リンゼー・グラム上院議員にそういった。それがバイデンに対する自分の戦略になる。「トーナメントで順位が落ちたとき、ニクラウスはいつもいうんだ。さて、きみならどうする？　私はのんびり構えて、どうなるか見ているよ。それで八六年のマスターズに優勝した。そう、二ホールを順調に終えれば、相手はみんなこけはじめる。

まあ」トランプはいった。「私はのんびり構えることにするよ」

ウクライナ国境沿いでロシアの野戦病院が続々と設営されているのが見られた。血液バンクに加えて、軍の装備品や戦死者のための移動式死体安置所が運び込まれた。アメリカの情報機関は、プーチンのウクライナ侵攻命令は、〝数週間、数日、もしくは数時間〟以内に下されるだろうと、ホワイトハウスに報告した。

25

一九七九年にジミー・カーター政権下で、アメリカ人五三人がイランのアメリカ大使館で四四四日間人質になった事件を強く意識しながら、サリバンは二月一一日に記者会見の演壇へ行った。[*1] 協力的で落ち着いた態度で、すべての質問に筋の通った返答をした。

「私たちはキーウの大使館の人員をひきつづき縮小しています」サリバンはいった。「ウクライナに残留しているアメリカ市民すべてに、ただちに出国するよう促しています。ウクライナ国内のアメリカ人は、できるだけ早く出国すべきです。とにかく今後二四時間から四八時間以内に。

いま出国が可能なのに残留することにした人々を救うために米軍の男女将兵を戦域に送り込む危険を冒したくないというのが、大統領の考えです」サリバンはいった。アフガニスタンの二の舞は避けたい。

「私たちはウクライナで戦争は行ないません」サリバンはいった。米軍部隊は「ロシアとの戦争は行ないません」

フランスのエマニュエル・マクロン大統領は、ほとんど毎日、プーチンに電話をかけていた。[*2] プーチンに道理を説くことができると、マクロンは確信していた。プーチンとの話し合いの前後に、バイデン大統領と電話で話をすることも多かった。

「いい会談だったと思います」バイデンへの電話で、マクロンは報告した。プーチンは侵攻しないと約束したと、マクロンはいった。

「そういう話し合いをしているのなら、それはいいことだ」バイデンはいった。説得してやめさせることができると、あなたが思っているのなら、プーチンといくらでも話をする。

「私個人は」バイデンはつけくわえた。「彼は侵攻をすでに決意していると思う」

マーク・ミリー統合参謀本部議長とロイド・オースティン国防長官は、これは軍事演習だというロシアの主張を強く論駁《ろんばく》していた。ロシア軍部隊は二〇二一年九月からウクライナ国境に集結しつづけている。「そんな長期の演習などない」[*3] ミリーはいった。「いったいどういう演習だというんだ？」

二月一八日に自分の車列がポーランドを通過していたときに、オースティンはロシアのセルゲイ・ショイグ国防相に電話をかけた。オースティンは海外でかなり大規模な車列を組んで走る。大統領の自動車パレードほどではないが、国によってはそれに近いこともあった。

「あなたがたがやっていることを、私は正確に知っています」オースティンはショイグにいった。「国境沿いの兵力増強でなにをやろうとしているのか、見抜いています」

「ただの演習ですよ」ショイグはいった。「ただの軍事演習です」

オースティンの車列は、目的の場所に達していたが、電話を終えるまで町をぐるぐる走りまわっていた。

「ほう、たんなる演習なら、いつ終わるんですか?」オースティンはしつこくきいた。

ショイグは、どなり散らして質問をかわそうとした。

「あなたがたがやっていることを、私たちは正確に知っています」オースティンは口を挟んだ。「やらないほうがいい」

翌日、オースティンは、アメリカとNATOが支援し、防御すると、バルト諸国を安心させるために、リトアニアのビリニュスへ行った。エストニアのような小規模な軍隊しかない国々は、ウクライナがロシアの手に落ちたら、プーチンの計画では自分たちがつぎに狙われるだろうと、極度に心配していた。ロシア軍相手に、ウクライナは長くもたないと、だれもが思っていた。

オースティンに同行していた上級顧問たちは、オースティンの会合の多くに出席し、各国の主な懸念は共通していると報告した。トランプ前大統領の四年におよぶ〝第五条の威嚇〟のせいで、NATOの加盟国の多くが、肝心なときにアメリカがじっさいに現われるのかどうかを疑問視していた。会議の場では、不安感が手にとるように感じられた。

「いざという場合には、私たちがついています」オースティンは、エストニア国防相のハンノ・ペブクルにいった。「窓をあけたら、ジェット燃料のにおいを嗅ぐことができます」米軍はそれほど早く到着するという意味だった。

身長一八三センチ、体重一一三キロの堂々たる体格のオースティンは、冷静な淡々とした口調で、力強く約束した。「私たちはここに来ます」オースティンはいった。「第五条をしっかり守ります」

「不安にかられ、弱気になっているとき、人間は正しい決断ができないものだ」その後、オースティンは補佐官たちにいった。「プーチンがこれをやったら、第二次世界大戦終結後最大のヨーロッパにおける地上戦を引き起こしかねない」東ヨーロッパの国々に冷静になってもらう必要がある。

抑止を目指す最後の外交的圧力として、バイデン大統領はカマラ・ハリス副大統領を、二〇二二年二月一九日のミュンヘン安全保障会議のためにドイツに派遣した。最高の地位の代表を出席させたかったし、副大統領が出席するならわしだった。トランプ政権ですら、そのならわしを守っていた。

そこで、ハリスが登場した。

ロシアがウクライナに侵攻するまで、何日もないし、いまにも侵攻するだろうということを、ゼレンスキーが確信するように説得する必要があると、バイデンはハリスにいった。情報は明々白々になっている。これが起きることを、ゼレンスキーは認めなければならない。

ハリスは、修復任務もあたえられた。〝ごく小規模な侵略〟というバイデンの相手国を傷つける失言のあと、アメリカとＮＡＴＯが団結してウクライナの主権を支えることを強く示す必要がある。

「冷戦終結後、この会議がこれほど差し迫った状況でひらかれたことは、一度もありませんでした」[＊4]ハリス副大統領は、ミュンヘンのホテル・バイエリッシャー・ホフで世界の指導者たちに向けていった。「こんにち、私たちがはっきりと認識しているように、ヨーロッパの安全保障の根幹はウクライナで直接の脅威にさらされています」

副大統領任期中で最高と幅広く評価された演説でハリスは、アメリカのウクライナへの関与、ＮＡＴＯ第五条の堅持、平和への取り組みを示すことに成功した。プーチンに警告するのが、バイデンのいつもの手法だったが、ハリスはそうはせず、ロシアは〝無知で世間知らず〟なのだと弁護した。

「私たちがずっと見てきたように、ロシアの不当侵略行為には、ひとつの決まりきった戦略があります」ハリスはいった。「ロシアが偽情報、嘘、プロパガンダを撒き散らしているのがわかります。いわれのない侵攻の共犯者、幇助《ほうじょ》や教唆《きょうさ》する者に狙いを定めましょう」ハリスは警告した「過ちを犯さないように」

そして、世界とＮＡＴＯにおけるアメリカのリーダーシップの役割についてのバイデン‐ハリス政権の見解と、アメリカ・ファースト主義のトランプ政権の孤立主義とのちがいを明確にした。

「二年前に、この会議の主題は西側の持久力に疑問を投げかけました」ハリスは述べた。「大西洋をまたぐコミュニティは結束、影響力、魅力を失いつつあるのではないか、と。

そこで、私はそういう懐疑を抱いている人々、私たちを試そうとしている人々にお答えします。現在、アメリカと同盟国とパートナー国は、より緊密になっています。現在、私たちは自分たちの目的を明確につかんでいます。

私たちの力を見くびってはなりません」ハリスはいった。「私たちがつねに示してきたように、なにかを打ち立てるには、なにかを打ち壊すより、ずっと大きな力が必要なのです」

演説のあと、ホテル・バイエリッシャー・ホフの向かいにあるコメルツ銀行の奥まった一室で、ハリス副大統領は椅子を引いて、ゼレンスキー大統領の向かいに腰を下ろした。ハリスの国家安全保障問題担当補佐官のフィル（フィリップ）・ゴードンが、並んで座っていた。ゼレンスキーは、アンドリー・イェルマーク大統領府長官とオレクシー・レズニコフ国防相を伴っていた。

ドイツは新型コロナウイルス予防手順を実行していた。そのため、ハリスとゴードンはマスクをかけていた。ウクライナ側の代表たちと、握手をしなかった。それがゼレンスキーをムッとさせた。[*5] 非難されそうだと感じていた。おなじチームのはずの双方が対決していた。

「いまにもロシアがあなたがたの国を侵略する可能性が高いことを、真剣に受け止めていただく必要があります」ハリスは強い口調でいった。

ハリスの態度と意思伝達のやり方は、過度に敵対的だと批判されることが多い。カリフォルニア州で長年検事と司法長官をつとめたために、ＤＮＡにほとんど刷り込まれていたのだ。

「私たちは、彼らが侵略するとは思っていません」ゼレンスキーは反論した。「たしかに、私たちを脅かしています。怖がらせようとしています。やっているのは、そういうことです」

ハリスは、最新の兵力の数字を読みあげはじめた。

「ロシア軍はこの作戦に兵員二〇万人を割り当てています。そのうち四万人が、ベラルーシにいます」

「ベラルーシにいるのは、およそ一万未満の兵員です」レズニコフ国防相が、口を挟んだ。

「それは私たちの情報とはまったく異なります」ハリスはいった。

「ベラルーシは支援しないでしょう」レズニコフはいった。「戦闘に参加しませんよ」

ハリスの国家安全保障問題担当補佐官フィル・ゴードンが、アメリカの情報はたしかだと、レズニコフにいった。これはアメリカの分析や、曖昧な情報評価ではありません。処理前の生データ、衛星画像です。ウクライナ側は、ロシアの脅威を否定することでだれを瞞着《まんちゃく》しようとしているのだろうと、ゴードンは理解に苦しんだ。

「いいですか」ハリスはゼレンスキーにいった。「私たちのチームは、もっと具体的な情報をあなたがたと共有するつもりですが、あなたがたの数字は間違っていると申しあげているのです。あなたがたは実際に、差し迫っている可能性のある侵攻に直面しているのです」

ゼレンスキーは、万事に否定的だった。ハリスはますます検事に戻ったような話し方をしていた。双方の応酬がつづいた。国境の状況は重大だと受け止めていると、ゼレンスキーは何度もくりかえした。

「なにが起きているか、私たちは明確に理解しています」ゼレンスキーはいった。「これは私たちの土地だし、私たちは平和しか望んでいません。私たちの国に平和を戻してください」ウクライナ東部での戦闘を終わらせてほしい。

心理的な力学が働いていた。ロシアの全面的な侵攻が開始されるのをゼレンスキーが認めたくないのは、それを認めたとたんにウクライナ経済は壊滅状態になり、政府崩壊をもたらす可能性があるからだった。

ついにゼレンスキーが、ハリスの目を見つめていった。「私にどうしろというのですか？」

双方のあいだに、気まずい沈黙が流れた。

「それであなたがたは、なにを得るのですか？」[*6] ゼレンスキーがいった。「この会談で私がそれを認めたら、経済制裁を科すのですか？」ロシア船を港から締め出し、スティンガーとジャベリン・ミサイル、軍用機を供与してくれるのですか？

まだロシアに制裁を科しはしないと、ハリスはいった。[*7]「罰は犯罪のあとであたえるものです」

ウクライナ人たちには、なにもやらないことのいい訳のように聞こえた。ロシアは二〇一四年から、ドンバス地方でウクライナ人に対して〝犯罪を行なっている〟。

レズニコフも疑問に思った。アメリカはウクライナがどうすればいいと考えているのか？　降伏？　プーチンが全面侵攻を開始したら勝てないと認めろというのか？　クレムリンの要求にまた従えというのか？　ロシアが違反するに決まっている和平条約に調印しろというのか？

「あなたがたが捕らえられるか、殺されるか、統治できなくなった場合に国を運営する継承計画のようなものを、考えはじめたらどうでしょうか？」ハリスは提案した。捕えられたり殺されたりしないように、脱出計画を用意する。ウクライナ軍をもっと動員する。統治を継続するための計画を用意する。

「しかし、これが起きないというふりをつづけていたら、正しい物事を決定できません」ハリスは、ゼレンスキーに促した。「彼らがこれをやるとしたら、キーウに攻めてくるでしょう。

私たちはあなたがたの味方です」口調を和らげようとしながら、ハリスはつけくわえた。ロシアは甚大な影響に直面するはずですと、ゼレンスキーに請け合った。だが、ゼレンスキーの顔を見ると、アメリカのこれまでの手立てはじゅうぶんだっただろうかと、疑問に思った。

会談のあとで、ゴードンがハリスに向かっていった。「逃げてどこかへ隠れる計画が彼らにないというのは、正気の沙汰ではありません」キーウに踏みとどまると、ゼレンスキーは明言していた。

二度と彼に会えないかもしれないと、ハリスは答えた。

26

二月二一日月曜日、プーチン大統領はロシアを公式に戦争への道に乗せた。[*1] クレムリンで行なわれた長時間のロシア安全保障会議がテレビ中継され、分離主義者がロシアの支援を受けているウクライナ東部の二地域、ドネツクとルハンスクの独立を認めるかどうかという問題で、プーチンは政府高官たちから積極的に意見を聴取した。

白い柱がならぶ楕円形の広い部屋の片側に置かれた机にプーチンは独りで座り、一〇メートルほど離れたところで華奢な椅子に落ち着かないようすで腰かけている安全保障会議議員たちと向き合っていた。プーチンは演壇にひとりずつ呼び寄せて、いらだたしげに指で机を叩きながら、意見を述べさせた。

ラブロフ外相、ドミトリー・メドベージェフ安全保障会議副議長（前大統領）、ニコライ・パトルシェフ安全保障会議書記、ヴャチェスラフ・ヴォロージン国家院（下院）議長が、プーチンの聞きたい支持を忠実に授けた。

セルゲイ・ナルイシキン対外情報局長官は、用意してあった文言をいいまちがえて口ごもった。プーチンは口もとをひきつらせた。「明瞭に話せ」ナルイシキンが縮こまるのをうれしそうに見ながら、プーチンは命じた。

ナルイシキンは、プーチンが望んでいる言葉を思い出そうとしながら、もう一度いった。「承認するという提案を支持することになるだろうと――[*2]」

「支持することになるだろうなのか？　それとも明確に支持するなのか？」プーチンは、見るからにいらだって、語気鋭くいった。

「提案を支持いたします……」ナルイシキンは、精いっぱい自己主張をこめていったが、屈辱を隠すことはできなかった。

「はい《ダー》かいいえ《ニェット》だけいえ」プーチンが冷たくいった。

「はい《ダー》。ドネツクとルガンスクの両人民共和国をロシア連邦に参加させるという提案を支持します」ナルイシキンはいった。

プーチンは首をふりながら笑った。「私たちが話し合っているのは、そういうことではない。私たちは、その二カ国の独立を承認するかどうかを検討しているのだ」

ナルイシキンの手はふるえていた。ひどく楽しそうにデスクのマイクの上から身を乗り出しているプーチンに、哀願しているような感じに見えた。

「はい」ナルイシキンはいった。「二カ国の独立を承認するという提案を支持します」

「着席してよろしい」プーチンはもう用はないといわんばかりにいって、椅子にゆったりと背中をあずけた。

バイデン大統領はただちに、ドネツクとルハンスクのすべての経済活動を阻止する大統領令を発した。[*3] ドイツは、一一〇億ドル規模のロシアとのノルドストリーム2パイプライン計画の中断を発表した。

ロシア軍部隊は、国境で戦闘態勢に移った。ロシアが支援するウクライナ東部の分離主義者が、ウクライナの民間人を自宅から退去させ、ウクライナ人の男と少年をロシア軍に徴兵した。

「これは天才的だ」[*4] 翌二月二二日、保守派のラジオ番組のインタビューをマール・ア・ラーゴで受けていたときに、トランプはプーチンがウクライナの一部地域の独立を宣言したことを褒めて、そういった。

「いまプーチンは、ウクライナのかなり大きな部分が〝独立した〟といっている。私は〝なんて巧妙なんだ〟とひとりごちたよ。プーチンはそこへ行って、平和維持活動をやる。最強の平和維持軍だ。ロシアの南の国境にもそれを使うことができる。こんな最強の平和維持軍は見たことがない。これまで見たことがないくらい、陸軍の戦車が多数いる。それなら平和を維持できる。しかし、考えてみてくれ。この男はたいへんなやり手だよ。私は彼のことをよく知っている」トランプはほくそ笑んだ。「彼がウクライナをつねに欲しがっているのを、私は知っていた」トランプはいった。「彼とその話をしたことがある。私はいった。〝そんなことはできない。やらないだろう〟。しかし、欲しがっていることはわかっていた」

27

二月二三日午前九時一五分、サリバンがホワイトハウス西棟のオフィスでウクライナに関する会議を行なっていると、ドアがあいて、ビル・バーンズCIA長官が一枚の書類を持ってはいってきた。

バーンズが会議に突然やってきたことは、一度もなかった。

「おい、ビル」サリバンはいった。

バーンズは、部屋にだれがいるのかたしかめるような感じで見まわした。オーバル・オフィスへ行く途中だといった。

「あれが起きているんですか?」アマンダ・スロート上級部長（ヨーロッパ担当）が、バーンズにきいた。プーチンがロシア軍部隊に侵攻命令を下した兆候を、全員が緊張しながら待っていた。

「起きている」バーンズはいった。

二月二四日木曜日、モスクワで夜が明ける前に、プーチンがテレビに登場した。[*1] ロシア国旗が両側にあるクレムリンのデスクに向かって、独りで座っていた。

「ウクライナで特別軍事作戦を行なうことを決定した[*2]」

プーチンはいった。

「私たちを妨害するものは何者であろうと」プーチンはつづけた。「さらに、私たちの国や人民に対する脅威を生み出すものは何者であろうと、ロシアがただちに対応することを承知しておかなければならない。そして、そのことは、諸君が自分たちの歴史でいまだかつて遭遇したことがなかったような結果を招く。

ロシアは依然として、最強の核保有国なのだ」とプーチンは脅した。

ウクライナの首都キーウと第二の都市ハルキウ（ハリコフ）で、すさまじい爆発が起きたことが報告された。ウクライナ内務省は、ロシア軍部隊が南部のオデーサ（オデッサ）に上陸し、国境を越えていると述べた。陽はまだ昇っていなかった。

ゼレンスキー大統領は、反対方向に逃げてゆく民間人の車とすれ違いながら、キーウの暗い通りを車列で疾走していた。[*3] 街はまだ暗かった。ゼレンスキーは、ロケット弾が自分の子供や、ウクライナのすべての子供たちめがけて飛ぶ光景を思い描き、ロシアの攻撃がかなり大規模であることをようやく認めはじめていた。多数の死者が出るということばかりが頭にあった。

ゼレンスキーの電話の着信音が鳴った。[*4] ウクライナの警察と国境警備隊を統轄しているデニス・モナティルスキー内相からだった。

ロシア軍はどこから来ている？　ゼレンスキーはきいた。どの方向だ？　北、東、それとも南？　プーチンがウクライナ侵攻に選んだ攻撃軸を正確に知りたい。

「それらすべてです」モナティルスキーが答えた。[*5]

ドイツ連邦情報局（ＢＮＤ）のブルーノ・カール長官は、侵攻の朝、キーウにいた。ロシアの一発目のミサイルが発射されるまで、アメリカとイギリスの情報評価を見ていたにもかかわらず、侵攻は起きないだろうと、カールは確信していた。

ドイツの宿敵のポーランド人たちは、特殊部隊の車でウクライナから脱出したカールのことをからかって、楽しんでいた。カールはロシアによる侵攻開始で飛行機が使えなくなり、陸路でドイツに帰ったのだ。

モスクワとは時差が八時間遅れのワシントンＤＣでは、二月二三日の午後九時三〇分だった。[*6]バイデンの閣僚級幹部がシチュエーション・ルームに集まった。居室の大統領とは、秘話電話機で接続されていた。

ミリー統合参謀本部議長とオースティン国防長官は、プーチンが一七万五〇〇〇人ないし一九万人に相当する一二三個大隊戦術群を動員したと述べた。ロシア軍部隊は複数の攻撃軸沿いに進行していた。北のベラルーシ、東でロシアが占領しているドンバス、南のクリミア。ウクライナ政府首脳を排除して自分たちの政府を樹立するために、ロシア軍部隊が二本の進路でまっすぐにキーウを目指していた。

国防総省のいくつかの情報評価は、キーウが七二時間ないし九六時間で陥落するはずだとしていた。

べつの情報評価は、数週間かかると推測していた。ロシアには、あらゆる重要な尺度から見てウクライナよりもはるかに優勢な軍隊がある。

バイデンは、NATO諸国を寸土に至るまでアメリカが護ることをプーチンに示すために、オースティンとミリーがヨーロッパに配置済みの米陸軍・空軍部隊をエストニア、ラトビア、リトアニア、ポーランド、ルーマニア——ウクライナ国境に近い——に移動することを許可した。

彼は〝ものすごく頭がいい〟[*7]。その晩、フロリダでの政治資金集めの行事で、侵攻を不動産取引のように評価して、トランプはいった。前大統領らしからぬ言葉だった。

「彼は経済制裁二ドル分で、ひとつの国を乗っ取った」トランプはいった。「とてつもなく広大な土地、膨大な数の国民がいる大きな国を——ただ歩いてはいっていくだけで」

キーウの大統領府で、ゼレンスキーは自分がもっとも得意なこと——意図の伝達——に専念していた。もっとも強力な支援者のひとり、イギリスのボリス・ジョンソン首相に電話をかけた。

「私たちは戦います、ボリス」[*8]ゼレンスキーはジョンソンに告げた。「降参しません」

ゼレンスキーは、フランスのマクロン大統領にも電話をかけた。マクロンは、侵攻を思いとどまらせるために、みずから熱心にプーチンと交流していた。

「エマニュエル、あなたがプーチンと話をすることは、非常に重要です」[*9]ゼレンスキーはいった。

「ヨーロッパの指導者たちとバイデンは連携できるはずです。彼らがやめろといえば、プーチンはやめるでしょう。耳を傾けるでしょう」

「ゼレンスキー大統領と話がしたい」バイデンはサリバンとジョン・ファイナーにいった。ワシントンDCでは深夜になっていた。バイデンはゼレンスキーの身の安全をひどく心配していた。

「あなたのために、私になにができますか？　どういうふうに手を貸すことができますか？」バイデンはゼレンスキーにきいた。

「世界の指導者たちを結集してください」ゼレンスキーはいった。「ウクライナを支援するよう頼んでください」

話を聞いていたサリバンとファイナーには、ゼレンスキーが怯えているのがわかった。バイデンとの電話ではいつも強気な言葉遣いなのに、それが影をひそめていた。

「私たちは、あなたがたの味方です」バイデン大統領はいった。「なんでも必要なことを、つねに私たちにいうべきです」ゼレンスキーを脱出させ、ポーランドで一時的に亡命ウクライナ政権を樹立することを提案した。

ゼレンスキーは拒絶した。ウクライナにとどまります。ウクライナの周囲に飛行禁止区域を設けてほしいと、バイデンに頼んだ。空を封鎖する必要がありますと、ゼレンスキーはいった。ウクライナは空からの打撃を受けています。

できないと、バイデンは答えた。飛行禁止区域を執行するには、アメリカかNATOの航空機が、ロシアの航空機を撃墜しなければならなくなる――バイデンの考えでは、実行不能な段階的拡大《エスカレーション》だった。

「二度とあなたと話ができないかもしれません」[10]ゼレンスキーは通話の最後にいった。

その言葉が、しばらく宙を漂っていた。

「私と話がしたければ、ここにいます」[11]バイデン大統領は、ゼレンスキーにそう請け合った。

数時間後の午前一一時二〇分、ゼレンスキーはキーウから動画で国民に向けて演説し、アサルトライフルがほしいものは街のあちこちに設営された配給センターへ行けば受け取れると告げた。[12]迫力のある画像がソーシャルメディアで共有され、ウクライナ国民が銃を受け取っていることを示した。ほとんどが、銃をはじめて手にしていた。ロシア軍の複数の旅団がキーウに向けて前進しているあいだ、ウクライナ人は通りに出て、〝失せろ〟、帰れと、ロシア兵にどなった。ウクライナ軍を攻撃目標に誘導するものもいた。

黒海にあるウクライナ軍前哨基地ズミイヌイ島で、ロシア軍艦二隻がそこに駐屯していたウクライナ国境警備隊員一三人に、降伏を呼びかけた。[13]隊員ひとりが送信機で応答した。「ロシアの軍艦、クソでも食らえ」ロシア軍はズミイヌイ島を占領したが、ウクライナ人の挑戦的な態度が世界中のメディアで報じられ、ウクライナの抵抗のシンボルになった。

その日の後刻、ゼレンスキーとそのチームがウクライナから逃げ出したという噂がひろまった。[14]そこでゼレンスキーは、アンドリー・イェルマーク大統領府長官を含む顧問たちとともにキーウの中心部を歩く動画を撮影した。

「私たちはみんなここで」ゼレンスキーは宣言した。「私たちの独立、私たちの国を護り、これからも護りつづけます。私たちの国を護る女性たちに栄光を。ウクライナに栄光を」

これを見ていたミリー統合参謀本部議長はいった。[*15]「ゼレンスキーは電波媒体を使う名人だったが、いまもそうだな」

バーンズCIA長官も、ゼレンスキーのリーダーシップに感銘を受けていた。「彼が踏みとどまった最初の四八時間ないし七二時間にそれを示した。ロシアが精いっぱい力をこめて放ったパンチを受けとめた。それでも倒れなかった。すべての国民が彼に従う気持ちになったと思う」

侵攻開始の最初の数時間、アメリカの情報が予測していたとおり、ロシア軍部隊はホストメリ空港――キーウから一五キロメートルくらいしか離れていない貨物用空港――を奪取しようとした。[*16]ホストメリには、世界最大の航空機アントノフAn－225ムリーヤが格納されている。

キーウを占領するための装甲車輛や空挺大隊を満載したイリューシンIl－76大型輸送機が着陸し、大型輸送機発着用の空路を確保する予定だったロシア軍にとって、ホストメリ空港はとてつもなく大きい戦略的価値があった。[*17]ロシア軍はすでにIl－76多数を飛ばし、着陸準備をしていた。

ウクライナ軍は、戦闘準備がもっとも整っている旅団を東に派遣するという戦術的ミスを犯した。しかし、ホストメリ空港攻撃は、ロシアが目論んだとおりには進まなかった。空港内のロシア軍部隊が応援を呼ぶ前に、ウクライナ軍がその一次攻撃の部隊を包囲した。この戦争の最初の大規模な戦闘だった。

ウクライナ軍が猛烈な勢いで反撃したため、ロシア軍は後続の輸送機を着陸させることができなかった。[18] ロシア軍は二次攻撃で空港を制圧したが、ウクライナ軍が爆撃と砲撃で空港に甚大な被害をあたえたため、ロシア軍はそこを補給のために使うことができなくなった。

「軍事理論は、トレーニングパンツをはいて猟銃を持っているふつうの男たちを考慮に入れていない」[19] ウクライナ軍総司令官で鉄の将軍と呼ばれたヴァレリー・ザルジニー（二〇二四年二月解任、現駐英大使）は述べている。

攻撃第一波で、ロシア軍はチョルノービリ（チェルノブイリ）原子力発電所を奪取したが、ここでも致命的なミスを犯し、戦車や装甲車輛を放射能汚染がもっとも激しい〝赤い森〟を通過させた。[20] 放射能の塵を吸うのは自殺行為だとロシア兵がいったと、チョルノービリの作業員が報告している。

バーンズは情報からつぎのように判断していた。「ロシアの侵攻の先鋒はベラルーシからまっすぐ南へ進み、ウクライナを目指していた。交通量がすくなければ、車輛で二時間半の距離だ。目的はキーウへの迅速な攻撃だ。それにより政権上層部を排除するはずだった」

もうひとつの思いがけない誤算は、ロシア軍のヘリコプター・パイロットが夜間飛行を嫌ったことだった。米軍のパイロットにとっては、夜間のほうが重要な戦闘時間だ。ロシア軍は昼日中には、ウクライナ軍の射撃の格好の的になった。また、ウクライナ軍は闇にまぎれて複雑な地上作戦を行ない、ロシア軍を後退させた。

侵攻五日目の二月二八日、一万五〇〇〇人の兵員、戦車、補給トラック、兵器、砲の全長六〇キロメートル以上の車輛縦隊が、大規模な渋滞のために進めなくなった——明らかなロシア軍の戦術ミスだった。[21]

「ウクライナ軍がやったことは、ロケット科学ではなかった」バーンズはいった。「きわめて順序立てて車輛縦隊の先頭と最後尾の車輛を狙って破壊し、つぎに給油車を攻撃した。車輛縦隊はたちまち動けなくなった」

ロシア軍の戦車は、ぬかるみにはまったり、燃料が切れたりして停止した。なかにはウクライナ側が交通標識を取り換えたせいで、キーウではない方向へ進んだ車輛もあった。進めなくなった車輛の前に出てきたロシア軍少将ひとりを、ウクライナ軍の狙撃兵が撃ち殺した。

ロシア軍の車輛縦隊は、食料と飲料水を三日分しか積んでいなかった。燃え尽きた戦車やそのほかの車輛を撮影した動画から、ロシア軍将兵が勝利を祝うパレード用の軍服を持参していたことがわかった。

「ロシア軍はベラルーシからキーウまで楽々と進軍できると思い、パレードの用意をしていました」ベラルーシから自分の故郷の街ボルゼルに向かっているロシア軍の車輛縦隊を見ながら、オクサナ・マルカロワ駐米ウクライナ大使はいった。

「ロシアの軍事作戦がまったく無能なやり方で行なわれたことが明らかになった」作戦の推移を見守りながら、バーンズはそう確信した。「意思決定集団がごく少数で固まっていたせいで、本来なら作戦が進むあいだ状況を把握するはずのロシア軍総司令官と国防相の下に幾層もの乖離が生じた。

各部隊の司令官は、目標がなんであるのか、よく理解していなかった」バーンズはいった。「兵站と指揮能力が大混乱していた」

ロシア軍は米軍とは異なり、かなりトップダウンで動く仕組みになっている。佐官級の現場指揮官には自発的に行動する権限がない。つまり、ロシア軍は順応して即興で行動するのではなく、司令部からの指示を待つ。

ロシア軍は軍事の教範に則ったお決まりの動きをするだろうというのが、当初のバーンズの予測だった。

「米軍だったらやるはずのことをやるだろうと、私たちは考えていた。つまり、最初の二四時間で指揮統制システムを排除し、防空システムを排除する。ところが、彼らはそれをやらなかった」

CIA長官のバーンズは、情報アナリストに意見を聞いた。ロシアはどうしてお決まりの手順を踏まなかったのか？　おごりも一因だった。「ウクライナがあっさり負けると、彼らは信じ込んでいた。それらのシステムを破壊して、あとで再建する手間を嫌ったんでしょう」

キーウをめぐる戦いは、五週間とつづかなかった。[*22] ロシア国防省は――プーチンではなく――キーウからロシア軍部隊を引き揚げると発表した。キーウでは、失敗に終わった任務に三万五〇〇〇人以上のロシア軍将兵が参加していた。NATOはロシア軍の戦死者を一万人以上と推計した。

ウクライナは、世界第二位の強力な軍隊を撤退に追い込み、ロシア軍はきわめて有能な戦闘部隊だというイメージを叩き潰した。

国防総省では、オースティン国防長官がウクライナの戦場を絶えず評価していた。

「彼は終盤近くになるまで［侵攻の］決定を下さなかったのだと思う」プーチンについて、オースティンは近しい補佐官たちにいった。「彼の将兵はきちんとした準備ができていなかった。

将兵はやるように訓練されたことをやるし、指導者を信じているか、信頼していれば、期待をはるかに超える働きをする。信頼していなかったら、物事を達成するのは難しい」オースティンはいった。

ロシア軍はキーウの戦いから退却したときに、恐ろしい戦争犯罪の証拠をあとに残した。[*23] 数百人の民間人や拷問で手足を切られた死体や性的暴行の被害者が、埋められていた。

アメリカの情報は、ロシアの統治に従わない民間人を〝濾過する〟ために、ロシアが占領したウクライナの都市や町に強制収容所を建設する予定だったことを示していた。

サリバン、ファイナー、ふたりの補佐官たちは、これまでに明らかになったことを国家安全保障会議で検討した。

「私たちは、彼らがやることとその時期だけは正しく判断していた」国家安全保障会議のアレックス・ビック部長（戦略立案担当）がいった。

「それ以外のことは、すべて間違っていた」ビックはいった。「ヨーロッパの反応を過小評価していた」何カ月ものあいだ、ヨーロッパの同盟国のことを、急坂で重い橇《そり》をひっぱりあげているかのように感じていた。しかし、ロシアの侵攻後、ヨーロッパの国々はすばやく決定的な動きをした。

「ウクライナ人の決意をひどく見くびっていたし、ロシア軍を過大に評価していた」ビックは結論をいった。

「その三つすべてが、私たちに有利に働いた」ビックはいった。

「私たちにあった最善の戦略を、私たちは実行した」ファイナーはいった。「しかし、結果を見たら、とうていそれに満足できない。恐ろしい戦争がいまもそこにある」

28

灰色の髪がぼさぼさの極右戦略家で、長年トランプの顧問をつとめているスティーブ・バノンは、ロシアとウクライナのあいだで起きていることを熱心に見守っていた。「プーチンは意識高い系《ウォーク》にはならない」[*1] バノンは、ビデオポッドキャスト〈ウォー・ルーム〉でいった。「これは昔ながらの悪党の手口だ。ウクライナはひとつのコンセプトみたいなものだ。国ですらない」バノンは述べた。

ロシアが侵攻したとたんにバノンは、バイデンはアメリカの南の国境を護ることよりもウクライナの国境を護ることに汲々としていると主張し、弾劾しろと要求した。[*2]「やつは弾劾される。おれたちがやつを弾劾する！ハンター・バイデンはウクライナにビジネスパートナーがいるんじゃないのか？ ハンターはウクライナ国旗を掲げてそこに座っているんじゃないのか？ ハンターはどこにいる？ 自分のアートギャラリーにいるのか？ またストリッパーといっしょにいるのか？ またクラック（煙草で吸引するコカイン）を吸っているのか？」[*3] バノンは野次を飛ばした。

FOXニュースの司会者タッカー・カールソンも、文化の戦争を煽り、プーチン非難を考え直すようアメリカ国民に求めた。[*4] ロシアの指導者の残忍な領土征服を、ウクライナとの単なる〝国境紛争〟だとした。カールソンは、自問することを聴視者に求めた。「どうして自分はプーチンをそんなに憎んでいるのか？　プーチンに人種差別主義者だといわれたことがあるのか？　彼と意見がちがうせいで解雇すると脅されたことがあるのか？　彼はキリスト教を絶滅させようとしているのか？」

29

「プーチンのクソ野郎」バイデンは、オーバル・オフィスで補佐官たちに向かって腹立たしげにいった。ロシア大統領のプーチンに激怒していた。「私たちが打ったような手を打たなかったら、どうなっていたか、想像できるか？　いいかげんにしろ！」バイデンはどなった。

「その場合、やつはエストニアを狙ったはずだし、バルト三国を狙ったはずだ。やつはいま、地球上でもっとも驚いている人間だろうな。いま自分が直面しているような反撃を食らうとは思っていなかったはずだ。やつはいま、生き残りを懸けて戦っている」バイデンはいった。

ウクライナを〝呑み込もう〟としているロシアの動きを示す毎日の報告や画像に、バイデンはうんざりしていた。

「プーチンは邪悪だ。私たちは邪悪の権化を相手にしている」ほとんど信仰に近い熱意をこめて、バイデンはいった。

プーチンは、注目を浴びたいという欲望、偉大な国の指導者――中国の習近平国家主席やアメリカ合衆国大統領と同等の世界的指導者――としてロシアの歴史に名を残したいという欲望に支配されていると、バイデンはいった。

それは〝幻想〟だとバイデンはいった。「私たちはやつを阻止しなければならない」

プーチンはウクライナ侵攻だけでやめるはずがないと、バイデンは確信していた。ウクライナ戦争は、いまでは自由をめぐる戦いだし、自由を愛する国は至るところにある。

ロシアはウクライナ戦争の最初の数時間、あるいは数日間に、衝撃的な能力不足をあらわにして、ロシア軍はきわめて有能で手強い戦闘部隊だという通念が間違っていたことが見抜かれてしまった。[*1]

ウクライナはダビデとゴリアテの戦いのように、寡勢で多勢を制し、ロシア軍の予想をすべてくつがえして撃退した。だが、バイデンのもとに届く情報は、時間がたてばロシア軍の規模が有利に働くとプーチンが確信していることを示していた。

バイデン大統領は、プーチンの侵攻がロシアにとって甚大な戦略的失敗であることを明確にしたいといった。プーチンに、誤解の余地がない明確な打撃をあたえたい。

バイデンはある晩、意見交換のためにロシアとウクライナの国家安全保障専門家をホワイトハウスの居室に呼んだ。

議論を主導したサリバンとファイナーは、プーチンの侵攻にはウクライナ一カ国のNATO加盟を妨げることと、ほかの国のNATO加盟熱望を抑止するために、NATOが崩れつつあり、弱く、分断し、攻撃に脆いことを示すという狙いがあったのではないかと指摘した。

たとえば、プーチンの狙いに反して、NATOにさらに数カ国を加えたらどうだろうか？　プーチンにとって大きな戦略的打撃になるし、正しいやり方でそうすれば、NATOの団結を公に力強く表明することになる。

フィンランドとスウェーデンは、外交政策の中核として軍事的中立を維持しているが、ロシアの今回の侵攻によって、それが揺らいでいるのは明らかだ。

フィンランドとスウェーデンの世論調査は、ロシアのウクライナ侵攻がNATO加盟への関心をかき立てていることを示していると、ファイナーが指摘した。フィンランドは、一九一七年にロシアからの独立を宣言し、一三三九キロメートルの長さの国境でロシアと接している。そのフィンランドがNATOに加盟したら?

侵攻前の世論調査では、フィンランドの人口の約二五%のみがNATO加盟に賛成だった。[*2] 最新の世論調査では、フィンランド人の七六%が支持するという驚くべき結果になった。スウェーデンでは、国民の五一%がNATO加盟を支持するというはじめての結果が出た。侵攻前の一月は四二%だった。この変化を、政治家たちは真剣に受け止めるはずだと、ファイナーはいった。

ウクライナ人の奮闘は、フィンランド人にとって忘れがたい出来事と似通っていた。第二次世界大戦中の一九三九年、ソ連がフィンランドに侵攻した。兵力が大幅に劣っていたにもかかわらず、のちに冬戦争と呼ばれる戦いで、フィンランドはソ連の占領を撃退した。しかし、東のカレリア地峡の一〇%を失い、そこはいまもロシアに属している。

バイデンは、絶好のチャンスだと見た。[*3] 北欧のこの二カ国は盤石の民主主義国で、発展した経済と確立した軍隊がある。フィンランドの戦時兵力は二八万人。スウェーデンはもっと小規模で四万六〇〇〇人前後だが、二〇一四年のプーチンのクリミア侵攻後、国防費を増やしている。

フィンランドがＮＡＴＯに加盟すれば、モスクワと対峙するＮＡＴＯの国境地帯は実質的に二倍になり、ＮＡＴＯ加盟国によるバルト海の戦略的支配が可能になる。そこではスウェーデンもロシアと海上の国境を接している。

「ロシアにクソくらえというのとおなじです」ファイナーはいった。

国家安全保障会議のアマンダ・スロート上級部長（ヨーロッパ担当）が、プーチンをどう見ているかを知るために、フィンランドのサウリ・ニーニスト大統領と会うようバイデンに強く進言した。

「フィンランドは、プーチンをだれよりも緻密に注視しています」[*4]スロートはいった。「ニーニストは、ほんとうに長年、ロシアを観察しています」ニーニストは、何度となくプーチンと会談している。

「漁業紛争やそのほかの問題を解決しなければならないからです」スロートはつけくわえた。

これを検討して、なにが可能か見極めよう、とバイデンはいった。

プーチンの侵攻から一〇日後の三月四日、バイデン大統領はフィンランドのニーニスト大統領とホワイトハウスで会い、フィンランドのＮＡＴＯ加盟の道すじについて話し合った。[*5]

プーチンとは長年の知り合いだと、ニーニストはいった。ホッケーをやったことも何度かあったが、プーチンは一度も負けなかった。

これをもっとも簡単にやるために、私たちにできることがあれば、教えてほしいと、バイデンはいった。

フィンランドがＮＡＴＯ加盟の意図を公表した場合、じっさいにＮＡＴＯに加入して第五条による保護が得られるまでの時間差が心配だと、ニーニストはいった。それが長すぎるので、フィンランドが脆弱になるおそれがある。プーチンがその空白期間に付け入り、フィンランドの決定を覆そうとするかもしれない。フィンランドを第二のウクライナにはしたくないと、ニーニストはいった。

バイデンはサリバンとファイナーに、その期間の危険性に対処する選択肢を探すよう命じた。フィンランドやスウェーデンとの合同軍事演習の間隔を縮められないか？ ロシアがなにかをやるのを思いとどまらせるように、強力で断固たるメッセージを送れないか？ どういう安全保障の確約をあたえられるか？

「ロシアにできることは、たいしてないでしょう」ファイナーは、サリバンにいった。「ロシアの戦闘力と戦備の五〇％から六〇％は、南のウクライナに向いています。べつの前線に投入するような余力はありません」

ロシア安全保障会議副議長のドミトリー・メドベージェフは、スウェーデンとフィンランドがNATOに加盟したら、ロシアは核兵器と超音速ミサイルをカリーニングラード――ポーランドとリトアニアに挟まれたロシアの飛び地――に配置すると警告した。

「今後は、バルト海地域の非核化の話し合いはいっさいやらない。バランスを回復しなければならない」[*6]メドベージェフはいった。

五月初旬、スウェーデンはアメリカとイギリスに加え、その他のNATO加盟国から安全保障の確約を受けたことを公式に認めた。

「ロシアがこれまで脅迫したようななんらかの有害な活動をスウェーデンに対して行なった場合、それが起きるのをアメリカは……なんの対応もせずに看過することはないでしょう」[*7]スウェーデンのアン・リンデ外相は、ワシントンDCでブリンケンと会談したあと、スウェーデンのテレビ放送で告げた。

NATO加盟国のノルウェー、デンマーク、アイスランドは、ロシアが報復したときには支援を提供することを約束する共同声明を発表した。[*8]「フィンランドもしくはスウェーデンが、正式なNATO加盟国になる前に領土への侵略行為の被害者になった場合、私たちはフィンランドとスウェーデンをあらゆる必要な手段で援助します」

イギリスのボリス・ジョンソン首相は、安全保障の確約をもっと公式な形で提供するために、スウェーデンとフィンランドに赴き、いずれかの国が攻撃か惨事に見舞われたときに軍事的手段も含めたさまざまな方策で相互に援助することを定めた安全保障協定に調印した。[*9]

ヘルシンキの大統領官邸で行なわれた記者会館で、ニーニスト大統領はフィンランドがNATOに加盟した場合のロシアの報復について質問された。

「そのような場合、私はこう反応します。あなたがたが原因なのです。鏡をごらんなさい、と」ニーニストは旧友のプーチンに向けて、そう答えた。

五月一二日、フィンランドのニーニスト大統領とサンナ・マリン首相が、フィンランドはNATO

加盟申請すべきだと共同声明を発表した。クレムリンはすぐさま、フィンランドが自国の領土をロシアとの軍事対決のあらたな前線に変えたと非難した。

「ロシアは自国の国家安全保障への脅威を阻止するために、軍事技術やその他の種類の報復手段を講じざるをえないだろう」[*10]ラブロフ外相は警告した。「ヘルシンキのフィンランド政府は、そのような行動の責任と結果を認識しなければならない」

二日後、ニーニストはプーチンに電話をかけて、直接知らせた。フィンランドはNATOに加盟します。プーチンは冷静で、びっくりするくらい静かな声で反論した。

それは過ちだとプーチンがいったと、ニーニストは報告した。フィンランドは脅威にさらされてはいない。

まるで示し合わせたように、スウェーデンがつづいて、七三年間の軍事中立政策を捨て、NATOへ加盟申請したことを公表した。[*11]

そのおなじ日に、NATOはバルト海地域で、NATO八カ国にスウェーデンとフィンランドを合わせた一〇カ国の兵員一万五〇〇〇人から成る、最大級の軍事演習を開始した。[*12]〝ヘッジホッグ〟(ハリネズミの意で、NATOを象徴する動物)と呼ばれるこの演習は、プーチンを派手に挑発するかのように、もっとも近いロシア軍基地から約六〇キロメートルしか離れていないエストニアで行なわれた。

それと同時に、ヨーロッパを北からバルカン地域へ縦断する地域でも、NATO演習が、本格的に行なわれていた。ポーランドでは兵員一万八〇〇〇人、北マケドニアではヘリコプター、リトアニアではNATO加盟国の兵員三〇〇〇人と、ドイツのレオパルト2戦車を含む車輛一〇〇〇台が参加していた。
プーチンに対するメッセージは明確だった。
二〇二三年四月四日、フィンランドは第五条の保護を受けるNATO加盟国になり、ロシアのNATOとの国境線が一三三九キロメートル長くなった。フィンランドの外交と安全保障政策の重大な変化だった。[*13]
トルコとハンガリーは当初、スウェーデンのNATO加盟を阻んでいたが、二〇二四年三月七日、スウェーデンはようやく正式な加盟国になった。[*14]

30

ロシアによるウクライナ侵攻後のある週末、サウスカロライナ州選出のリンゼー・グラム共和党上院議員は、トランプとゴルフとディナーをともにするために、マール・ア・ラーゴにいた。「マール・ア・ラーゴへ行くのは、北朝鮮へ行くのとちょっと似ている」グラムはいった。「トランプがはいってくるたびに、みんな立ちあがって拍手する」

そして、私がトランプのうしろからはいっていくと、スタンディングオベーションを受けるんだ！」グラムはいった。プーチンについての発言のおかげだと、グラムは思っていた。「プーチンを片付けろと、私はずっといっていた。殺さなければならないのなら殺せ、と」グラムはいった。

三月四日のＦＯＸニュースのインタビューでグラムは、ロシア人はプーチンを暗殺すべきだといった。[*1]つづいて、ソーシャルメディアにも書いた。「これを終わらせる唯一の方法は、ロシアのだれかがこの男を抹殺することだ。そうすれば自分の国と――世界に――おおいに役立つ」グラムはいった。

その発言は、しばし抗議の声を燃えあがらせた。

ホワイトハウスのジェン・サキ報道官はすぐさま、「これはアメリカ政府の見解ではありません」と明確に述べた。[*2]

ロシア大統領府のドミトリー・ペスコフ報道官は、グラムは正気ではないとほのめかして反撃した。*3「不幸なことに、このような極度に緊張した情勢で、ロシア恐怖症がヒステリックに拡大しています。ちかごろは、冷静を欠く人間もおります。正気ではないといってもいいでしょう。多くの人々が、理性を失っているのです」

グラムは、マール・ア・ラーゴでは自分の発言を控え目にいい表わした。

「耳障りだったかもしれないね」グラムはいった。「だって、ドイツがヒトラーを始末したらもっとましな結果になったと思わない人間は、どこにもいないだろう?」

その晩のディナーのときに、トランプとグラムは、プーチンがウクライナに対して核兵器を使用する危険性について話をした。

「そんなことをしたら、やつはただではすまない」トランプはいった。「私たちの軍隊のほうがでかい。恐ろしい攻撃力のある潜水艦もある。潜水艦をロシア沿岸のあちこちに行かせて、われわれは目を光らせているといってやる。

どうして関与できないんだ?」トランプはグラムにきいた。「どうして飛行機を飛ばさないんだ?」ロシア軍機がウクライナの領空に侵入するのを阻止する飛行禁止区域をアメリカが設けていないことを、トランプは怪訝《けげん》に思っているのだと、グラムは気づいた。

ゼレンスキーはバイデンに、〝空を封鎖してほしい〟と嘆願していた。バイデンは何度も拒絶した。アメリカかNATOの部隊がロシア軍機を撃墜するような状況を望んでいないのだ。それをやると、あっというまに第三次世界大戦に発展するおそれがある。

「ロシア軍は一週間くらいでウクライナを席巻し、なんらかの和平合意が成立して、それで終わりだと、だれもが考えていたんです」グラムはいった。「ところが、ウクライナ人は虎みたいに戦っている。ゼレンスキーは現代のチャーチルになってしまい、ロシアはこっぴどい目に遭っている。ほんとうに負けるかもしれない。私たちが空でもっとましなことをやれば、ロシアはこの交戦に負ける可能性があります」

翌朝、グラムは、いまでは一週間に五回ゴルフをやっているトランプと、九ホール、プレイした。キャディ数人が近づいてきて、写真を撮らせてほしいといった。トランプとではなく、グラムと。

「キャディたちも、プーチンを厄介払いしたいんだ」グラムはトランプにジョークをいった。だが、トランプはもう聞いていなかった。プーチンに強硬になるほうが人気が出ると急に気づいたかのように、キャディたちを見つめていた。

三月五日、共和党の大口献金者を集めたニューオーリンズでの政治資金集めのパーティでトランプは、アメリカは中国の国旗を付けたF-22ステルス戦闘機で〝ロシアを猛爆すべきだ〟と述べた。[*4]

「そして、中国がやった、われわれはやっていない、という。ロシアと中国が戦いはじめたら、高みの見物を決め込むのさ」うれしそうにほくそ笑んだ。

観衆が大笑いした。

31

ロイド・オースティン国防長官は、ポーランドでウクライナ人道支援物資の巨大な梱包ケースに囲まれ、アメリカの戦争目的について質問された。

「これまでロシアがウクライナ侵攻でやってきたようなことが二度とできなくなるくらい、ロシアを弱体化させることです」[*1]オースティンはつけくわえた。「率直にいって、ロシアはすでに軍の戦闘能力のかなりの部分や兵員多数を失いました」

アメリカの目標が、ウクライナの自衛を支援することから移り変わったことを示す発言だった。バイデンはいままでは、ヨーロッパを脅かすロシアの戦闘力を決定的に鈍らせたいと考えていた。

二日後の四月二六日、オースティンはウクライナ防衛コンタクトグループの会議をドイツのラムシュタイン空軍基地で招集した。[*2]ウクライナにどのような支援、訓練、助言を提供するかについて、四〇カ国の国防相が論議した。NATOの関与はどのような形であるべきか？

ウクライナのオレクシー・レズニコフ国防相は、この会議で奮い立ち、NATOのウクライナに対する取り組みの方針に〝地殻変動並みの変化〟があったと、ゼレンスキーに最新情報を伝えた。[*3]NATO加盟は考慮されていないが、ウクライナ軍をおおむねおなじチームと見なし、NATOの兵器、訓練、情報を供与することにＮＡＴＯ加盟国が合意した。

ウクライナに侵攻したことで、プーチンは恐れていたことを大幅に加速させてしまった。ウクライナはＮＡＴＯ並みの高度な能力を有する戦闘部隊になり、それを世界でもっとも強力な軍事同盟が支援することになった。

32

その春のある晩、ホワイトハウスでバイデンが友人ひとりとディナーをともにしていると、ハンター・バイデンがぶらりとはいってきて、椅子を引き、テーブルに向かって腰かけた。大統領夫人《ファーストレディ》のジル・バイデンは、街を出ていた。

会話に割り込んだハンターは、どうして自分が中間選挙の結果でいちばん損をしているのかという話をはじめた。

共和党が上院と下院の両方でコントロールを握ったので、ハンターに関するあらゆる事件の捜査をつづけるにちがいなかった。

ハンターは、自分の個人的な危機について、とりとめなくしゃべった。[*1]

バイデン大統領は、椅子に背中をあずけて目を閉じ、溜息をついた。しばし茫然自失の状態がつづいた。

「だれにもその苦しみ、ハンターが負っている重荷を推し量ることはできない」バイデンの友人は、のちにそういった。

ディナーのあとで、バイデンはホワイトハウスの大統領一家の居室を友人に案内した。

「ホワイトハウスに来たときに、孫たちが眠る場所を見せたい」バイデンは、居室の奥の寝室へ歩いていきながらいった。

バイデンの家族のさまざまな年齢や社会的地位のときの写真が、整理簞笥《だんす》の上に額入りで何枚も飾ってあった。笑みを浮かべたり、抱き合ったりしている。最後にスーツとネクタイで盛装している若い男の写真があった。

バイデンはそれを取り、友人に見せた。

「これは父だ」バイデンはいった。「すばらしいひとだった」

バイデンは、独特な語り口で話をはじめた。「若いころ、夜に外出しようとすると、父がいった。ジョーイ、出かけるのはやめなさい。私がニューヨーク市の高級レストランに連れていく。ボーイ長をさばくやり方を教えてやる」

バイデンの父は、ボーイ長をさばくやり方などまったく知らなかったが、息子がそういうことを学ぶのが重要だと思ったにちがいないと、友人は思った。

バイデンは財布を出して、一枚の写真を抜いた。

「これは娘だ」涙ぐみながら、バイデンはいった。最初の妻ネイリア・ハンター・バイデンとともに交通事故で死んだナオミ・バイデンだった。ネイリアは子供三人を連れてクリスマスツリーを買いに行き、事故に遭った。息子ふたり、ハンターとボーは生き延びた。バイデンは翌月、宣誓して上院議員に就任した。

何回となく見たはずの写真を取ってから戻すまで、バイデンは感情的に忘我の状態のように見えた。友人にはそれが、ありふれたなじみのある情景に思えた。バイデンは、気が休まる寝物語のように、過去と家族の話をつづけていた。

33

ニューヨーク市郊外のベッドミンスターにあるトランプのゴルフクラブで、風の強いラウンドをプレイするあいだ、リンゼー・グラム上院議員はトランプにもう一度、大統領選挙に出馬するよう勧めた。グリーンには、トランプ政権の証券取引委員会（SEC）委員長ジェイ・クレイトンもいた。

「やるつもりだ」トランプは、ふたりにいった。要請されるまでもないし、いつでも好きなときに選挙戦に参加するといった。

トランプは、「九割がたそのつもりだ」とつけくわえた。自分にとっては、ビジネス上の意思決定でもあるといった。懐具合や何軒もある家のことも考えなければならない。候補者になる場合と、ならない場合とで、どんなちがうことができるのか？

「現政権がやっていることと、あなたが現職中にやったことを比べれば、勝ち目はおおいにありますす」グラムはトランプにきっぱりといった。「トランプがもう一度出馬すべきか、それとも新しい候補を立てるべきか？と共和党にきいたら、いまの勝ち目は六〇対四〇です。

あなたが立候補して勝ったら、一月六日（議会議事堂襲撃事件）のことはあなたの死亡記事に載らないでしょう」グラムはいった。「立候補しなかったら、時間はどんどん過ぎ行くでしょう」つぎの共和党の候補は、あなたとは個性がちがうとふるまおうとする。「トランプの政策は好きだ。ただトランプが嫌いなだけだ、と」

「あなたが出馬して勝ったら、アメリカの政治の歴史でもっとも偉大な第二幕になります」グラムはいった。「そうしたら自分の遺産《レガシー》を書き換え、トランプ主義をもっと持続可能な運動にするのに、四年間の任期を利用できます。それはつぎの世代に引き継ぐものになります」

トランプの注意は、グラムの言葉に強く惹きつけられたようだった。かなり気に入っていた。つぎの瞬間、トランプはいった。「どういう意味だ？」

「第二幕は駆け引きになりにくいんですよ、大統領」グラムはいった。「第二幕を手に入れたら、それを利用しましょう」

グラムは、トランプが大局的に考えることを望んでいた。移民、社会保障改革、エネルギーで、国を団結させましょうといった。

だが、トランプは二〇二〇年の選挙結果を調べつづけたかった。いまだに敗北を受け入れるのを拒んでいた。

「大統領、二〇二〇年のことをいまも話題にしたい人々の二〇％は、あなたが選出されることを望んでいません」グラムはいった。

トランプは信じなかった。

「断言します。共和党員たちは二〇二〇年のことをあとにして前進する臍《ほぞ》を固めています」グラムは懇願した。トランプはほんとうに、選挙は盗まれたと思いながら毎晩ベッドにはいるのだろうか？

グラムには確信がなかった。だが、それはトランプが絶対に忘れない物語だった。

「彼らは、あなたが再出馬するのを望んでいます。優秀な大統領だったと思っています」グラムはいった。「しかし、あなたが勝てないと判断したら、彼らはあなたを見捨てますよ。いまの共和党員たちにとっては、勝つことがなによりも重要なんです」グラムはつけくわえた。

自分は同僚たちとの話し合いによって、共和党の内情をきわめて正確に見抜いていると、グラムは確信していた。「共和党の予備選挙で崖っぷちまでトランプについていく人々が五〇%います。崖から突き落とそうとする人々が二〇%います。あとの三〇%はただの風任せです。

勝てると彼らが信じるようにしなければなりません。勝てば二〇二四年は二〇二〇年にならないのだと」

トランプがだいぶ前から耳を貸さなくなっている可能性が高かった。

数日後にグラムはトランプに電話して、イスラエル政府が崩壊したことを教えた。[*1]「[ヤイル・]ラピドが新首相になります。一〇月に選挙があり、ビビ・ネタニヤフが返り咲く可能性が四〇%です」グラムはいった。イスラエルでは三年間に五度目の選挙だった。バイデンが二〇二〇年の選挙で勝利を収めたときに祝いの電話をかけたベンヤミン・〝ビビ〟・ネタニヤフに、トランプはいまだに腹を立てていた。[*2]

「ビビは、支持してもらうために、たぶんあなたに電話をかけてきますよ」グラムはいった。「距離を置いたほうがいい。絶対にそれに関わる必要はありません」

「きょう演説したし、二〇二〇年の選挙のことを二度いっただけだ！」それで最大の節度を示したとでもいうような口調で、トランプはいった。

五月に議会は、軍事支援一九〇億ドルを含むウクライナ緊急支援予算案四〇〇億ドルを承認した。[*3] リンゼー・グラムなどの共和党員の多くは、軍事援助の〝歩みがのろい〟と、バイデン政権と国防総省を非難していた。

ロシアは兵員三万人を失った。[*4] だが、尽きることがないように思えるロシア兵の流れを押しとどめるために、ウクライナはもっと多くの兵器をなんとしても必要としていた。

「いま砲撃戦になっていて、ウクライナは一対一〇で兵器が不足している」グラムはいった。「ウクライナはひるんだら打ちのめされる。

戦争ではたいがい、武器が尽き、人間が尽き、金が尽きたところで、勝負が決まる」グラムはいった。「では、どちらが先に人間と金と武器を使い果たすだろう？」

ウクライナに決まっていると、グラムは論じた。

「私たちがこれから五カ月か六カ月切り抜け、ヨーロッパがロシアの天然ガスや石油かへの依存をやめれば、プーチンは窮地に追い込まれる」グラムはいった。「なぜなら、それだけが、プーチンの頼みの綱だからだ。

私たちが武器供給と経済支援をつづけている限り、これは消耗戦になる。そうだろう？」

ウクライナ緊急支援予算案は下院共和党の過半数の支持を得て、三六八対五七で可決されたが、トランプはウクライナに何十億ドルも送っているとして、民主党をこきおろした。

「アメリカの親は子供たちに食事をあたえるのにも苦労しているというのに、民主党は追加の四〇〇億ドルをウクライナに送っている」[*5]トランプは主張した。アメリカで粉ミルクが不足していることは、

「だれも話題にしない」

「共和党にはつねに孤立主義者の意見がある」[*6]上院共和党院内幹事のミッチ・マコネルがいった。

「それは問題にならない」

34

二〇二二年六月下旬、トニー・ブリンケン国務長官は、バイエルン・アルプスにこぢんまりと建つ宮殿のような美しいリゾート、シュロス・エルマウのバーに、ドイツ首相オラフ・ショルツと並んで座っていた。ふたりは丸一日がかりのG7会議のあとで息抜きをしていた。G7は民主主義の先進国――アメリカ、フランス、ドイツ、イギリス、イタリア、カナダ、日本――の非公式の強力な集団だ。

一杯飲みながら、心の底のひそかな懸念を語り合う機会だった。

あなたがたがやったことは、じつにすばらしいと、ブリンケンはショルツにいった。[*1] ウクライナ防衛で力強い指導的な立場を演じただけではなく、ヨーロッパにおけるドイツの立ち位置のあらたな方向性を示しましたね。ドイツは、予算全体で大幅な削減を行なういっぽうで、防衛予算を三%増やしていた。

第二次世界大戦後のドイツの反軍国主義からの歴史的な変化ですと、ブリンケンは指摘した。

「それは確信しています」ショルツはいった。「ただ、不安もあります」

「どういう意味ですか、首相?」ブリンケンはきいた。

「人々はいま、これに喝采していますす」ショルツはいった。「数年後、私たちが順調にこれをやり、ドイツがふたたびヨーロッパきっての軍事大国になったときに、彼らがどう感じるのか、確信が持てないのです。人々がそれをよしとするかどうか、確信できません」

ショルツは説明した。「私は歴史の重みを痛感しているので、気楽にはなれません。それに、ドイツは——ヨーロッパに一国として深く根をおろしているとはいえ——歴史を忘れられませんし、人々もそういうことにあまり熱意を示さないかもしれません」

「あなたがこれを歴史の枠組みに照らしているのは、尊敬に値すると思います」ブリンケンはいった。「あなたがたは最終的に正しく重要なことをなさっているというのが、私の見方です。なぜなら、平和を支え、つぎの世界的な戦火を防ぐ最善の策は、それをやるための秩序を支えるリーダーシップの役割を果たせる国がそれを実行することだからです」

だが、その決断がショルツに重くのしかかっているのが、ブリンケンにはわかった。前進するためには、国の歴史を明晰な目で見つめなければならない。ドイツも他の国とおなじように、それに苦慮している。

数カ月後、ブリンケンはドイツ外相アンナレーナ・ベアボックとの会談の最中に、ショルツの話を思い出した。ベアボックは緑の党の党首で、ドイツ議会でもっとも熱心なウクライナ支援の主唱者だった。

ブリンケンは、ドイツがレオパルト2戦車をウクライナに供給するか、せめて第三国がそれをウクライナに移動するのを許可するように、ベアボックと何度も話し合っていた。

ドイツ製の重量六二トンの主力戦車レオパルト2は、巨大な砲塔と主砲を備えている。[*2] レオパルト2が動くと、文字どおり地面がふるえる。戦争の獰猛な道具、地上戦の大黒柱で、戦力と戦闘の重大さを心理的・物理的に測る重要な尺度になっている。レオパルト2が行動したら、敵は目を離せなくなる。レオパルト2の行動距離は約五〇〇キロメートルで、特殊な暗視機能とレーザー測距装置を備えているので、ウクライナ軍は移動するターゲットにより正確に対処できるようになる。

ロシア軍の増大する砲兵の火力に対する防御と反撃のために、戦車の支援がほしいと、ウクライナはずっと要求していた。[*3]

さらに重要なのは、ヨーロッパで十数カ国を超える国が、レオパルト2を使用していることだった。ヨーロッパで手に入れやすく、即時に投入でき、兵站と整備態勢がすでに整っている。だが、すべての兵器に共通していることだが、兵器購入国は他国にそれを供与するときには製造国の許可をとらなければならない。ドイツが承認すれば、ヨーロッパの同盟国は戦車、訓練、スペアパーツをウクライナに提供できる。

ベアボックはブリンケンに、ドイツ政府内でレオパルト2供与を後押しすると、ブリンケンに告げた。

「しかし、首相は乗り気ではありません」ベアボックはいった。「ある会議で首相はいいました。〝ドイツの戦車がヨーロッパを席巻する光景が目に浮かばないのか？　それに人々はどう反応するかね？〟」第一次世界大戦と第二次世界大戦におけるドイツ軍の侵略をありありと思い出すにちがいない。

「いいですか」ブリンケンはいった。「わかっています。ほんとうにわかっています」アルプスのバーでのショルツとの会話について、ブリンケンは詳しく話した。

だからといって、ショルツはウクライナに戦車を提供したくないと思っているわけではないだろうと、ブリンケンは推理していた。否定することができない歴史の重みとイメージを重視しているのだ。「彼は、これによって人々のドイツに対する思いがどうなるかについて、心の底から心配しているんです」ブリンケンはいった。

アメリカはどうするのですか？　ベアボックはブリンケンにきいた。エイブラムズ戦車は供給するのですか？

米軍のM1エイブラムズは、アメリカ製の大型主力戦車で、アフガニスタンとイラクの戦争で、戦闘に使用された。

「じつは、私たちの軍はこれをリンゴかオレンジかというように見ているんです」ブリンケンはいった。「あなたがたの戦車は、ウクライナ軍がすぐに使うことができます。エイブラムズは、システムがまったく異なります。ウクライナ軍を訓練するのに、時間がかかります。維持整備もずっと厄介です。ですから、そのふたつは同列には考えられません」

「この件で首相を動かせるかどうか、わかりませんよ」ベアボックがいった。

国防総省もエイブラムズをウクライナに供給することに反対していた。引き渡しから実戦投入までかなりの日時を要し、補給態勢が大幅に異なるためだ。

「エイブラムズ戦車は、きわめて複雑な装備です」[*4]コリン・カール国防次官（政策担当）が、二〇二三年一月に報告した。「ウクライナに修理や維持ができないシステムを供給すべきではありません。それに、長期的には、なんの役にも立たないので、購入できなくなるでしょう」

ゼレンスキーは、ダボス会議[*5]（世界経済フォーラム年次総会）にオンラインで参加し、遅れや考え過ぎについて苦情をいった。ウクライナには戦車が必要だから、いま行動してほしいと、切実な口調でいった。「自由世界が考えるのに時間を使えば使うほど、テロ国家はその時間を利用して殺戮《さつりく》をします」

まもなくバイデン大統領が、オーバル・オフィスでレゾルートデスクに向かって座り、ショルツに電話をかけた。ブリンケンとサリバンが話を聞けるように、スピーカーフォンにした。

挨拶や幸運を祈るというやりとりのあと、ショルツが本題にはいった。

「エイブラムズを送るんでしょう？」ショルツはきいた。

送らない理由を、バイデンはくりかえした。結局、意味をなさなくなる。引き渡しから実戦投入までかなりの日時を要する。維持も再補給も困難なアメリカ製戦車の使い方をウクライナ軍に訓練しなければならないので、戦場ですぐに使用できない。

「しかし、あなたがたの戦車は、じっさいにいま彼らの役に立ちます」バイデンはいった。「その戦車を彼らに届けられませんか？」

「それで、あなたがたの戦車はどうなのですか？」ショルツがくりかえした。

バイデンとショルツが何度か応酬するのを、ブリンケンとサリバンは聞いていた。

「ジョー、あなたが動いてくれないと、私がこれをやるのはほんとうに難しいんです」ショルツがいった。ドイツの戦車がふたたびヨーロッパを席巻する光景が想像されるのではないかという考えが、脳裡を離れなかった。「私にはこれはできないと思います」

「わかりました」バイデンはいった。「あなたのいい分はわかりましたが、話し合いをつづけましょう。合意することがほんとうに重要だと思っています。私たちのチームにひきつづき取り組ませましょう」

バイデンは電話を終えて、サリバンとブリンケンを見た。「袋小路だな」バイデンはいった。「煉瓦の壁だ」

「大統領、不可能そうですが、解決できると思います」ブリンケンがいった。「この直近の反撃でウクライナが有効に使用するのに、エイブラムズでは間に合わないというのは、一〇〇%正しいでしょう。しかし、いずれ供給することになりますから――将来のウクライナ軍には強力に地上防衛が必要だと、私たちはずっと話し合ってきました――エイブラムズを供給すると決定すればよいのです。たとえそれが来年になるまで納入できなくても、ドイツが自分たちの戦車を供給するための大義名分になります。

私たちが供給すると発表すれば」ブリンケンはなおもいった。「ショルツに必要なものをあたえることができます」大義名分は、たいがいの場合と同様、意思決定にも強い味方になる。

「名案だ」バイデンはいった。「その線で進めよう」

ブリンケンと国務省は、裏チャネルでその提案をドイツに打診した。

反応は、「わかりました。私たちはやります。原則として、エイブラムズを供与する方針だと明言してください。私たちはなるべく早期にレオパルトを供給します」というものだった。

その後、二〇二三年一月二五日に、ルーズベルト会議室でバイデン大統領は、エイブラムズ戦車三一輌をウクライナに送ると発表した。[*6]「世界でもっとも優秀な戦車です」「ロシアに対する攻撃的な脅威にはなりません」バイデンはいった。「ロシア軍部隊がもともといるべきロシアに戻れば、この戦争はきょう終わるはずです」

35

二〇二二年九月下旬、ジェイク・サリバンはホワイトハウス西棟でデスクに向かって独りで座り、機密の重要区画化情報（ＳＣＩ）をぱらぱらとめくっていた。アメリカは世界中で、びっくりするくらい深く情報を掘り下げていて、ことにロシアのような国ではそれが徹底していることを示していた。

サリバンは、恐れを抱きながら目の前の新情報を見つめた。

アメリカの複数の情報機関が、ウラジーミル・プーチン大統領がウクライナ戦争で戦術核兵器使用を真剣に考慮していることを示す、クレムリン内部での信憑性の高い極秘の会話を報告していた。

プーチンは最近のロシア軍の戦場での失敗に、ますますやけになっている兆候があると、情報機関は報告していた。

アメリカとヨーロッパの大量の兵器に支援されているウクライナ軍は、北東で目覚ましい反攻（防御から攻撃に転じる戦術行動）を開始し、驚くべき速さでロシア軍の前線を破って、ロシア国境から五五キロメートルしか離れていないハルキウ全域の都市や町からロシア軍部隊を追い出した。*1

プーチンにとって屈辱的な敗北だったことを、アメリカの情報機関が報告していた。

ロシア兵は、盗んだ自転車を使ったり、地元住民に化けたりして、あらゆる手段で逃走した。防御が強化されていたロシア軍の前線が、数カ所で最長七〇キロメートル崩壊し、占領地二五九〇平方キロメートルを失ったことが、モスクワを衝撃波のように突き抜けた。ウクライナ軍は、ロシア軍部隊が作戦全体で奪った土地に相当する範囲を短期間で奪回するほどの勢いがあった。

ハルキウにウクライナの国旗が翻ると、ウクライナ軍部隊はドニエプル川西岸のヘルソンを解放するために、南に転じた。

プーチンは、ヘルソンに約三万人を駐留させていた。アメリカの情報機関は、ロシア軍部隊がヘルソンでウクライナ軍部隊に包囲された場合、戦場での壊滅的な損耗を避けるためにプーチンが戦術核兵器の使用を命じる確率は五〇％だと推定していた。

ヘルソンは、モスクワにとって戦略的に非常に重要だった。ヘルソンを支配すれば、ロシア軍はクリミア半島への陸上交通路が得られ、真水をドニエプル川から補給できる。ロシアが二〇一四年にクリミアを強引に奪取したあと、ウクライナはドニエプル川からの水が北クリミア運河を通じてクリミアに流れないように堰《せ》き止めていた。

プーチンの将軍数人がついにドニエプル川を渡って、もっと防御しやすい位置まで撤退するよう進言したことを情報が示していると、バーンズCIA長官が報告した。

しかし、ヘルソンが落ちれば、「ロシア軍が潰走し、プーチンのクリミア支配が脅かされることも考えられる」とバーンズは述べた。

ロシアの核兵器使用に関するドクトリン（基本原則）は、戦場において壊滅的な損耗が生じるか、ロシアの存続が脅かされたときは、プーチンが核兵器を使用することが許されるとしている――第二次世界大戦中の一九四五年、米軍が日本に原子爆弾を投下して以来、最初の使用になる。[*2]
「クリミアの件は」バーンズは報告した。「さまざまな面でプーチンにとって死活にかかわっている。クリミアを失えば、彼の考えるロシア大統領としての存在意義すべてに疑問が投げかけられたことになるからだ」

九月二一日、プーチンはロシア軍予備役三〇万人の部分動員令を出し、ヘルソンも含めたウクライナの四州を併合し――ロシアの一部だと宣言すると発表した。[*3]
「私たちの国の領土保全が脅かされたなら、ロシアと私たちの国民を護るために、使用できるあらゆる手段を間違いなく使用する――これはブラフではない」プーチンは演説で警告した。

サリバンが読んでいた情報要報は、〝最上級〟と見なされていた。つまり、最高の情報源と手段によって得られた情報だった。二〇二二年二月の開戦以降、プーチンの意図に関するもっとも憂慮すべきで不安を催す評価だった。
プーチンがおずおずと核兵器の封印を破ろうとしていることに、アブリル・ヘインズ国家情報長官はいまだかつてなかったくらい懸念をおぼえていた。ロシアの体制内の人間が多数それを示唆していることを示すデータが多数あると、ヘインズは報告した。
そのほかの気がかりな指標は、戦争で戦術核の使用を命じやすいように、プーチンが作戦統制をゆるめていることだった。

バイデン大統領は、サリバンに命じた。「あらゆるチャネルでロシア側と確実につながるようにしろ」バイデンはいった。「私たちが対応としてなにをやるか、伝えるんだ」じかに脅迫しないで脅しつけるような言葉を見つけてくれ、といった。あまり強すぎると、私たちが避けようと思っている反応を引き起こすかもしれない。

故意ではない過ちをバイデンは何度となく見てきたし、核出力がどれほど小さくても、核兵器が使用されるのは避けたかった。

第二次世界大戦後、核兵器による全面的な抑止が大国の平和と安定を維持してきた。いかなる核兵器であろうと、使用されればこの脆弱な基準が崩壊し、前例のない制御不能の段階的拡大がはじまると、サリバンは予想していた。バイデンの任期中にほかのなにが起きても、そのことはおぞましい遺産として、歴史に残りつづけるはずだ。

つぎに、バイデンはサリバンに命じた。「ビルをカウンターパートと話をさせるために派遣しろ」ビル・バーンズＣＩＡ長官は、ロシアの有力者すべてと知り合いで、わけてもプーチンのことをよく知っている。

「チャネルをひらく必要がある」バイデンはいった。「ウクライナとの交渉ではなく、アメリカとロシアが世界の大激変を防ぐための交渉だ」

つづいてバイデンは、プーチンにじかに連絡した。この重大さと、ロシアが核兵器を展開した場合の〝大惨事に至る結果〟の重大さを強調する親書だった。

親書には、「私たちの懸念について貴国のどなたかともっと詳細に話をする人間を派遣します」とも書いてあった。大統領はビル・バーンズの名を挙げた。
プーチンは、バーンズとの会談のためにナルイシキン対外情報局長官を派遣すると返答した。

九月三〇日、プーチンはモスクワの大クレムリン宮殿で行なわれた四州併合の調印式で署名し、「われわれに使用できるすべての部隊と手段で」それらの土地を護ると約束した。[4]

「キエフの関係者と、西側の彼らのほんとうの主人に聞いてもらいたい」プーチンはいった。「ルガンスク、ドネツク、ヘルソン、ザポロジエに住む人々は、私たちの市民になる。永遠に。

アメリカ合衆国は、核兵器を二度使用した世界でただひとつの国だ」プーチンはいった。「広島と長崎の二都市を破壊し、前例を作った」

翌週の一〇月六日、バイデンはニューヨークにあるジェームズ・マードック邸でひらかれた内輪の政治資金集めのパーティで、露骨な警告を唱えた。[5] ジェームズは、ニューズ・コーポレーションとFOXの創業者で世界的なメディア王のルパート・マードックの末息子で、父親よりもリベラルだった。

「私たちは、ケネディ大統領とキューバ危機以来のアルマゲドンの可能性に直面しています」バイデンはいった。「私がよく知っているこの男、ウラジーミル・プーチン。私は彼と長い時間、いっしょにすごしました。核兵器や生物・化学兵器の戦術的使用の可能性について彼が話をするとき、彼はジョークをいっているのではありません。

私たちはほんとうに難しい決断を迫られています」バイデンはつけくわえた。「私たちは理解しようと努めています。プーチンの出口戦略はなんであるのか？」

ロイド・オースティン国防長官は、国防総省《ペンタゴン》三階のEリング（ペンタゴンには建物中心から環状に五本の廊下があり、その最外側）で、もっとも近しい顧問のコリン・カール国防次官（政策担当）に用意するよう命じ、入念に作成された論点を見つめていた。

オースティンは、公開ブリーフィングやインタビューの際には雄弁ではなく、かといって簡潔に話ができるわけではなかった。公式の発言が苦手なので、バイデン政権のスポークスマンとしては脇役の立場だったが、内輪の話し合いでは誠実かつ真剣な態度なので、言葉に重みがある。ウクライナ戦争を第三次世界大戦にしてはならないと、バイデン大統領がとことん決意していることを、オースティンは知っていたし、その決意に同感だった。

プーチンは、自分の軍隊が電撃的な勝利を収めると予想していた――侵攻し、蛇の首を切り落とし、数日以内にロシア寄りの首班を後釜に据えるつもりだった。プーチンはみじめにも失敗した。西側のウクライナ支援が終わるのを待つというのが、プーチンのあらたな理論だった。

ロシア軍の士気がかなり阻喪し、補給に困難をきたし、リーダーシップが混乱していることが、情報からわかった。ロシア軍は安物のスーツのように縮んでいた。

プーチンは、ウクライナ軍の進撃を食いとめるために戦術核兵器を使うほど、自暴自棄になっているだろうか？

カールは、『ロード・オブ・ザ・リング』の一場面を思い出した。ガンダルフが自分の長い杖を地面に叩きつけて宣言する。〝ここは通さぬぞ〟。ヘルソンに向けて突撃し、最終的にクリミアを目指すウクライナ軍部隊を殲滅《せんめつ》するために、ウクライナ南部で戦術核兵器十数発を使用するときのプーチンも、そんなふうなのだろうか？

オースティンは、プーチンのもっとも親密な側近のひとりで強硬派のセルゲイ・ショイグ国防相と話をする準備をしていた。[*6] ロシアが二月にウクライナ侵攻を開始してから、オースティンは二〇二二年五月にショイグと一度話をしただけだった。冷戦時代ですら、軍のカウンターパートたちは裏チャネルで話をしていたが、ロシアのショイグ国防相には連絡をとることができず、腹立たしいくらい閉鎖的だった。

小柄で険しい顔つきのショイグは、プーチンの三〇年来の知己で、もっとも忠実な側近グループに属してプーチンのために働いてきた。[*7] 二〇一二年にプーチンはショイグを国防相に任命し、二〇一四年のクリミア併合の立案にショイグは貢献した。国防相に就任した最初の年にショイグは、兵舎で毎日、国歌を流すよう、指揮官たちに命じた。プーチンとロシアへの崇拝が弱まることはなかった。ショイグはロシアの典型的な党官僚《アパラチキ》だ――強硬派で、忠実で、プーチンに完全に従属している。ロシアのメディアは何年も前から、シベリアの原野でのハンティング、釣り、会食、キャンプでおそろいの服を着ているプーチンとショイグの写真を頻繁に掲載していた。奇妙な二人組だった。

一〇月二一日金曜日、オースティンはようやくショイグに連絡がとれた。[*8]

「あなたがたがウクライナで戦術核兵器の使用を考慮していることを、私たちは知っています」よく響くバリトンで、オースティンがあけすけにいった。「それについて、いくつか申しあげたいことがあります。

まず」オースティンはいった。「いかなる規模であろうと、だれかに対してなんらかの核兵器が使用されたなら、アメリカと国際社会はそれを、世界を変える出来事だと見なします。核兵器の規模がどうあろうと、アメリカも世界も見過ごしません。

どこかでなんらかの核兵器が使用されれば、アメリカ合衆国の重要な国益に関わります」オースティンはいった。「なぜか？　核保有国が核兵器を保有していない国に対して核兵器を使用し、なんの咎めも受けないような世界で、私たちが生きていくことはできないからです。そういう世界では私たちは生きていられません。ですから、ウクライナが私たちよりあなたがたにとってより重要であると考えているようでしたら、この状況下では、この問題の重要度が、私たちとあなたがたとでまったく同じであることを認識していただきたい。

核兵器がどれほど小さくても、関係ありません」オースティンはいった。

ショイグはただ話を聞いているだけだった。[*9]ショイグは、公には勲章多数に飾られたソ連の軍服を着た将軍という姿で知られていたが、プーチンに国防相に任命される前は、軍務に服したことはなかった。

「あなたがたがこれをやったら」オースティンはいった。「三四半世紀で最初の核兵器使用になり、あなたがたがコントロールできず、私たちにもコントロールできない重大事を引き起こしかねません。私たちの指導者たちと、あなたがたの指導者たちは、核戦争に勝利はないし、絶対に行なってはならないと、くりかえし唱えてきました。これはあなたがたにとっても私たちにとっても生存に関わる道に、双方を導くことになりかねません。どうか、その滑りやすい斜面に踏み出さないようにお願いします」

オースティンは、つぎの論点に移った。「あなたがたがこれをやったら、私たちがウクライナでずっと行動の基礎にしてきた禁止事項が再考されます」オースティンはいった。「いくつかの特定の物事をやらないように、私たちは気をつけてきました。ウクライナに供給しなかった特定の物資もありました。私たちが提供した物資の使い道について、特定の規制を彼らに課しましたし、あなたがたに対する紛争に、私たちは直接に介入していません。あなたがたがこれをやったら、これらの制限や、私たちが自分たちに課してきた規制が、再考されることになります」

直接の報復があるというメッセージを、これ以上あからさまに提示することはできなかった。

オースティンは、最後の論点を告げた。「あなたがたが味方だと思っている世界の重要な当事者、あるいは見て見ぬふりをしている当事者は、このような筋書きになったら、ロシアに敵対するでしょう――中国、インド、トルコ、イスラエルの指導者たち」オースティンはいった。「これによって、あなたがたロシア人が完全に理解していないような段階まで、ロシアが世界の舞台で孤立します」

「脅しに屈するつもりはない」ショイグがようやく返事をした。

「国防大臣」オースティンは、怒りをまったく含まない口調でそっけなくいった。「私は世界史上最強の軍の指導者です。脅しなどやりません」

国防総省では、マーク・ミリー統合参謀本部議長も、ロシア側のカウンターパートであるロシア連邦軍参謀総長のワレリー・ゲラシモフに、秘話電話をかけていた。

「ゲラシモフ将軍」ミリーは切り出した。「あなたがたの政治指導者の一部が、核のサーベルを鳴らし、核兵器使用を話題にしています。それが多くの人々の注意を惹いているので、私に話していただきたい。どのような状況のもとで、核兵器を使用するつもりでしょうか？」

ミリーはずばりと質問した。ゲラシモフとは長年の知り合いだった。ミリーのオフィスにはインテリジェンス・コミュニティに属する人間が何人もいて、話し合いを聞いていた。

「どのような状況か、ご存じでしょう」ゲラシモフはいった。「私たちの教範とドクトリンがそちらにあるはずです」該当するページを教えた。

「それはご親切にどうも」ミリーはいった。「ここにその教範がないんです。どのような状況で核を使用するのか、教えていただけませんか」

ミリーは、ゲラシモフからじかにそれを聞きたかった。

「わかりました」ゲラシモフが答えた。「ついでながら、公開されていますよ。各条件を見ることができます」だが、ゲラシモフは核ドクトリンを述べた。

「政権の安定を脅かすような攻撃がロシアに対して行なわれたとき」ゲラシモフがいった。「条件一」ロシア政府への脅威とプーチン本人への脅威のどちらにも解釈できることを、ミリーは知っていた。

「条件二」ゲラシモフがいった。「外国が化学兵器、生物兵器、もしくは核兵器などの大量破壊兵器でロシアを攻撃したとき。

条件三」ゲラシモフが唱えた。「戦場で壊滅的な損耗が生じたときには、ロシアは戦術核兵器を使用する権利を有する。

私たちがそれをやるのは、このような状況のときです」ゲラシモフはつけくわえた。

「ああ。それならよかった」ミリーはいった。「それらの状況はいずれも起こりえないので、あなたがたは核を使用しないでしょう。だれもあなたがたを大量破壊兵器で攻撃しない。政権交代のようなことは目論まない。それに、私の戦場分析では、陸軍そのものを失うような壊滅的損耗に見舞われるおそれはない。ですから……」

ミリーは満足した。ゲラシモフは、確立しているロシアの核ドクトリンの条件を述べ、それに合意した。それに関しては、なんの変化もなかった。

「すばらしい」ミリーはいった。「あなたがおっしゃったことを、私の政府に伝えます」

「いいでしょう。ありがとう」ゲラシモフが答えた。

ホワイトハウスでは、ジェイク・サリバンとジョン・ファイナーが、猛烈に作業を進めていた。情報評価の核心は、ロシアが戦術核兵器を使用する確率が五〇%だということだった。当初は五%前後だったのが、一〇%になり、いまではコイントスとおなじ確率になった。ファイナーは、はらわたがよじれそうな悪い予感に襲われた。

情報には〝誤った精度〟がしばしば見られ、数字の場合は特にそれが多いのを、サリバンは知っていたが、五〇%という評価を斥けることはできない。情報評価が出る前から、戦争のどこかの時点でプーチンが核使用に訴えるのではないかと、サリバンは危惧していた。

「それを否定する人々はすべて、根本的にある意味で浅はかだ」サリバンはいった。アフガニスタン撤退後、バイデン政権は、きわめて悪いことが起きる可能性があると想定し、それに対処する準備に徹底的に集中している。

ウクライナ戦争勃発のわずか三カ月後の五月にサリバンは、ロシアの核兵器使用も含めて、蓋然性は低いが影響が大きい戦争中の出来事を分析してそれに備えるために、専門家集団《タイガー・チーム》を立ちあげた。そのタイガー・チームが、核対応のオプションの作戦要領を編み出した。突然、その作戦要領が、抽象的なものではなく、実施しなければならない手順になりそうだった。

考えられるさまざまな核事案想定を精密に分類して分析するために、サリバンはきわめて秘密裡に、国防総省《ペンタゴン》でマーク・ミリー統合参謀本部議長と、国防総省の核専門家チームと会った。行動。対抗措置。プーチンが核兵器を使用した場合に引き起こされる軍事対応のオプション。

オースティンとミリーは、軍の視点からどういう動きになると想定しているかをサリバンに説明した。プーチンが戦術核兵器一発を使用する。それが一手目。二手目はアメリカの対応。そしてロシアの番。つづいてアメリカが動き、あとは競争になる。典型的な軍事作戦演習《ウォー・ゲーム》だが、不安を催すほど真に迫っていた。

〝順番〟が回ってくるたびにオースティンとミリーは大統領に、規模拡大の段階がさまざまな複数のオプションを用意する。サリバンとともに彼らは、予想されるロシアの対応に各オプションをどう当てはめるかを吟味する。

「つまり、大統領にとってきわめて複雑なアルゴリズムになるわけだな」サリバンはいった。核兵器一発の爆発が、考えられるもっとも危険な瀬戸際政策の賭けを引き起こす。

サリバン、オースティン、ミリーは、対応の手引きになるように、うんざりするくらい細かいことまで含めて、各オプションをバイデンと話し合った。大統領がどこかの時点で最終決定を下して、ひとつの対応に縛られる必要はありません。裁量の余地を残し――オプションを自由に選べるようにしておきます。

バイデンは内輪で、プーチンがウクライナの戦場で戦術核兵器を使用しても、アメリカは核兵器で応じないといっていた。

「ウクライナでの戦場使用には核対応しない」バイデンは顧問たちにいった。しかし、現実は――その場にいた全員が知っていたが――段階的拡大がはじまったら、核兵器はつねに可能な選択肢になる。核兵器は、彼らの討議すべてに声のない影の意見として存在する。

対応オプションは、だれも殺さない警告射撃から、米軍の通常兵器によるロシア国内への攻撃に至るまで幅広かったが、後者はバイデン大統領にとってやはり悪夢のようなものだった。いかなる程度であろうと、米軍とロシア軍が武力衝突すれば、容易に第三次世界大戦を引き起こしかねないと、バイデンとサリバンは考えていた。それはぞっとするくらい明白だった。彼らはまったく新しい世界にいる。

〝適宜な〟オプションはなかった。アメリカとロシアの直接紛争では、核攻撃もしくは存在を脅かされたときのみに核兵器を使用するというのが、アメリカの宣言する方針になるはずだった。

今後ますます、第三次世界大戦への段階的拡大の道を歩むようプレッシャーがかけられるだろうし、核兵器が使用されたら、出口を見つけるのは難しくなるにちがいなかった。

道路標識、つまりプーチンが今後なにをやるかについての手がかりはなにか？　この脅しはどれほど現実味があるのか？　侵攻の五カ月前にアメリカの情報機関がプーチンの侵攻計画を嫌になるくらい詳細に把握して以来、バイデンの国家安全保障会議と国務省はふたつの矛盾する世界に住んでいた。プーチンが正確にいつ侵攻するのかがわかっていたわけではないが、もうすぐ侵攻が行なわれることを、あらゆる証拠が示していた。国家安全保障チームはこの世界に住み、プーチンを阻止しようとしていた。

もうひとつの世界では、プーチンの計画は無分別で自滅的だから、それを最後までやり通すことはありえないと考えられていた。

だが、プーチンは侵攻し、世界的危機が勃発した。

そしていま、サリバンとバイデン大統領は、不確実性と疑惑の世界にふたたび閉じ込められた。プーチンはまた無分別で自滅的な手段にはしるのか？

「プーチンに一歩先んじなければならない」サリバンは、国家安全保障会議のスタッフに、何度も指示した。「先んじなければならない」

スタッフを質問攻めにした。私たちにはどのような経済オプションがあるのか？　どのような外交オプションがあるのか？　アメリカは軍事面でなにをやるのか？　軍事行動を行なうのか、行なわないのか？　軍事行動を行なうとしたら、どこで行なうのか？　ウクライナ領内？　それともロシア領内? ウクライナの被占領地域?

だが、なにをやるか予測できない不法侵略者のプーチンが、優位に立っていた。すべての権力を握っているロシアの独裁者プーチンは、ロシアの行動と最後の一線を決定できる。

サリバンは、プーチンの頭のなかにはいろうとして、自問した。「私、ウラジーミル・プーチンは、屈辱的な敗北をどうやって避けるのか?」

プーチンはなにを目論んでいるのか?[*10]

「戦場における壊滅的損耗を避けるために、戦術核兵器の使用を命じる腑をかためている」サリバンは確信した。

「私たちが紛争にじかに介入するのを恐れて、プーチンは核兵器使用に不安を感じていると思う」サリバンはいった。「しかし、どこかの段階で、プーチンは私たちが考えることとやることに無頓着になるだろう」

ウクライナをロシアの一部にすることは、プーチンにとって完全に唯一無二の欲求になっている。

ジョン・ファイナー国家安全保障問題担当大統領副補佐官にとって、世界を一変させるそういう出来事——核兵器を実際に使用すること——が、〝コイントス〟並みの確率だという意見は、想像を絶していた。そうなると事態はウクライナでの戦争そのものよりもはるかに膨大な影響がある。戦術核兵器が一発爆発するだけで、核兵器は二度と使用されないという予想に基づいて第二次世界大戦後に打ち立てられた世界秩序が打ち壊される。

国防総省には、〝5000シリーズ〟と呼ばれる、核兵器使用に対する膨大な数の緊急戦争計画があった。たとえば、OPLAN（作戦計画）5027は、北朝鮮の核兵器に対応するためにアメリカと韓国が作成した計画を網羅している。ロシアが先にアメリカを攻撃した場合の徹底した緊急対処計画は現存する。そしていま、国家安全保障会議と国防総省は、核戦争のための緊急対処計画を最新の状態にして、現在の状況に合うように調整していた。冷戦のさなかと、半世紀以上前の一九六二年に起きたキューバ危機の際にも、前任者たちがおなじようなことをやったのだと、ファイナーは気づいた。

ファイナーは、密接な同盟国によるユーロ・クアッド――ドイツ、フランス、イギリス、それにアメリカ――も加えて、さまざまな事案想定のための合同緊急対処計画をまとめるために、副補佐官級で超極秘の小規模な会議を行なうことも命じられていた。

ファイナーはいった。「ウクライナ侵攻そのものでは、これがうまくいかない可能性に備えなければならない」プーチンの戦術核兵器使用を阻止することに失敗する可能性が、かなり濃厚だった。

二〇二二年当時、ロシアは戦術核兵器をアメリカの一〇倍、二〇〇〇発保有していた。[*11] ロシアの戦術核兵器の爆発力はわずか〇・三キロトンもしくは一キロトンから、五〇キロトンかそれ以上だった。つまり、現在の核兵器には、ひとりで使用できるような小型の弾頭もあれば。潜水艦、爆撃機、ICBMで投入しなければならないような大型のものもある。

プーチンが保有する核兵器はきわめて種類が多いので、無数の選択肢がある。〝低出力〟の戦術核兵器一発を使用することもできるし、もっと大型の核兵器で攻撃することもできる。

一九四五年、第二次世界大戦末期にトルーマン大統領が原子爆弾使用を命じた。一五キロトンの原子爆弾が広島に、二一キロトンの原子爆弾が長崎に投下された。

机上演習で実施されていた核兵器使用のシナリオには、ウクライナが領土を手放すよう脅すために、プーチンが黒海上空で核実験を行なうことや、ウクライナ軍基地に対して戦術核兵器を使用し、放射能汚染で周辺地域を何年も居住不能にすることが含まれていた。

オースティン国防長官の第一の戦略顧問で右腕のコリン・カール国防次官（政策担当）が、一〇月二三日日曜日の早朝に自宅でパジャマを着たまま子供たちとくつろいでいると、オースティンとショイグの二度目の電話会談をロシア側が要求してきた。オースティンがショイグに警告してから、三六時間しかたっていなかった。

奇妙だと、カールは思った。なにが起きているのか？

オースティンが述べる論点を書いたスタッフは、全員自宅にいた。オフィスに出勤している人間はひとりもいなかったが、ロシア側は懸命に電話をかけていた。

逼迫した電話の説明がつくような情報が夜のあいだに届いていたかどうかたしかめるために、カールはきわめて高度の機密に属する仕事のために自宅に設けた機密情報隔離施設（ＳＣＩＦ）にはいった。情報系統には、なにも目立ったものはなかった。

ソーシャルメディアとテレグラム——暗号化されているチャットアプリ——にあるロシアの情報源が、ウクライナが〝汚い爆弾《ダーティボム》〟の使用を計画しているという主張がひろまっていることに、カールは気づいた。

〝汚い爆弾〟は、爆発物と放射性物質を混合した爆弾で、核の連鎖反応や核爆発を起こさずに放射性物質を撒き散らす。〝汚い爆弾〟がそれでもきわめて重大なのは、一定の地域を居住不能にするからだった。

ロシアがイギリス、フランス、トルコの国防相にも連絡しているという報告が、徐々に届きはじめた。[*12]

「嘘っぱちだ」カールは思った。「ロシアはウクライナに対する核兵器の使用の根拠にするために、〝汚い爆弾〟について偽情報を流している。

悪夢のようなシナリオだ」

ロシアの作戦手順そのものだと、カールは思った。この戦争でロシアがなにをやってきたか、さんざん見てきた。偽旗作戦を演出し、戦争拡大の口実にした。確証はなかった。勘でわかっていた。

カールは、オースティンのためにまた論点を走り書きした。

「ウクライナが〝汚い爆弾〟の使用を考えていることを示す情報がこれほどある」オースティンとの電話がつながると、ショイグはまくしたてた。「彼らがそれをやったら、核テロリズムだとわれわれは考え、対応するほかに方法はない」勘が的中したと、カールは思った。

「あなたのいうことは信じられない」オースティンはきっぱりといった。「これを示す情報を、私たちはまったく見ていないし、世界がこれを見抜いている。

あなたがたは核兵器使用の根拠を確立しようとしているように思える」オースティンはいった。バリトンの声には、強い警告がこめられていた。「そして、あなたがたがそれをやれば、あらゆる重大な結果を招くでしょう」

いつも物柔らかな話し方をするロイド・オースティンは、バイデン大統領の抑止メッセージを、ふたたび力強く伝えた。[*13]「やってはならない」

「わかっています」ショイグがいった。「私たちの情報を、あなたがたや世界各国と共有します」

ジェイク・サリバンは、ゼレンスキーの首席補佐官にあたるアンドリー・イェルマーク大統領府長官に電話をかけて、ウクライナの各施設に国際原子力機関（ＩＡＥＡ）の代表団を招くよう指示した。施設を査察に開放してほしい。

ＩＡＥＡの査察官が迅速に到着し、〝汚い爆弾〟を製造する準備が行なわれていないことを確認した。[*14]

ホワイトハウスと国防総省があらゆる連絡経路を総動員して、中国、インド、イスラエル、トルコなど、ロシアと友好的でプーチンとよく電話会談を行なっている国に電話をかけた。何人《なんぴと》もウクライナで核兵器を使用すべきではない。プーチンにそう伝えてほしい。

それらの国々が、それを伝えた。

一二時間とたたないうちに、ロシアの陰謀を暴き、食いとめることができたようだった。

「ロシアが戦術核兵器を使用したら、信じられないほど重大なミスを犯したことになるだろうとだけ、いっておきましょう」[*15]一〇月二六日、バイデン大統領は記者会見でそれに直接言及した。

アブリル・ヘインズ国家情報長官がバイデン大統領に、最新のインテリジェンス・コミュニティの評価を伝えた。プーチンにもっとも大きな圧力をかけることができるのは習近平国家主席で、核兵器に関するプーチンの考え方に影響を及ぼすでしょう。

バイデンは習主席に電話をかけて、ロシアがウクライナで核兵器を使用するのを阻止する必要があると力説した。プーチンが核兵器使用という封印を破ったら、世界にとってとてつもなく重大な出来事になる。

習主席が同意した。[*16] そうしないようプーチンに警告します。習は公にも述べた。「核戦争を戦ってはならない」二〇二二年一一月四日、習は北京で述べた。核兵器の使用もしくは核兵器を使うという脅しに反対するよう、各国に呼びかけた。

プーチンの核兵器使用を思いとどまらせたもうひとつの決定的な要素は、ロシア軍部隊が壊滅的な損害を受けていないことだった。[*17] ウクライナ軍はゆっくり小刻みに前進し、ロシア軍部隊はドニエプル川を無事に渡河して、ヘルソンから脱出した。そこでようやく、アメリカのインテリジェンス・コミュニティは核の脅威に関する評価を改めた。

プーチンは、核カードをしばらく手放さなかった。

「この戦争全体で、もっとも身の毛がよだつ瞬間だった」カールはいった。

その後、バイデン大統領は、ロシアがメッセージを理解したことを確認するよう求めた。

二〇二二年一一月一四日、バーンズＣＩＡ長官は、トルコのアンカラでロシアのセルゲイ・ナルイシキン対外情報局長官と四時間の秘密会談を行なった。ジョン・ル・カレのスパイ小説の一場面のようだった。

ふたりが腰を下ろしたとき、ロシアはその会談のことをリークした。[*18] 例によって攻撃的な行動だった。

バーンズは、ナルイシキンと向き合って座った。ふたりは敵同士として二〇年来の知り合いだった。ナルイシキンは〝戦争を終わらせるアメリカの新和平案〟について話がしたいのだと、バーンズはすぐさま察した。

「いいですか」バーンズはいった。「あなたがどういうふうにワシントンDCを解釈しているにせよ、私たちはウクライナ人抜きで交渉はしません」バーンズはそのことは譲らなかった。「それに、私がここにいるのは、核兵器使用の重大なリスクについて話し合うためです」

ロシアが戦術核兵器を使用し、核のタブーを破った場合に、どういう〝壊滅的な影響〟があるかを、バーンズはナルイシキンに詳しく説明した。

「ロシアはすさまじく孤立し、のけ者になるだけではありません」バーンズは警告した。「私たちがロシア軍にあたえる損害という面でも、きわめて実質的な影響があります」

ナルイシキンは、ロシアはそれをやるつもりはないと頑強に否定した。プーチンの考えを代弁しているといった。

帰国したバーンズはバイデン大統領に、ロシアがメッセージを理解したと確信していると報告した。

バイデン大統領は、免れるのが困難なジレンマに直面した。
ロシア-ウクライナ戦争は、アメリカと国際社会にとって根本的に解けない謎だと、バイデンはサリバン国家安全保障問題担当大統領補佐官にいった。

「私たちがロシアをウクライナから完全に追い出すことができなかったら、プーチンに好き勝手させることになる」バイデンはいった。「逆に、ロシアをウクライナから完全に追い出したら、核使用の可能性がきわめて大きくなる。プーチンは戦術核兵器の封印を破らずに、ウクライナをあきらめるつもりはないはずだ。だから、私たちは二進も三進もいかない。勝ち過ぎれば核、あまり勝てなかったら、どういう結果になるか読めなくなる」

米軍の最高司令官であるバイデンは、結論を述べた。「私たちはそういう戦略的状況を見ていて、どうにか切り抜けようとしている」

世界が大国間戦争による打撃や災害に無防備であることを、バイデンは実例と経験から認識していた。言葉にはされなかったが、戦場の膠着状態によってプーチンがまがりなりにも失敗を認めるか、できることならプーチンがみずから降参するように仕向ける方法を見つけることが、あらゆる行動と政策に目標として織り込まれていた。

36

トランプ前大統領は、中間選挙を政界カムバックの好機だと見なした。不正選挙だったという主張を支持する候補に報酬をあたえ、支持しなかった候補を罰した。

だが、中間選挙は共和党やトランプが思っていたような赤い大波《レッドウェーブ》にはならなかった。二〇二二年一一月一六日に共和党は僅差で下院の過半数を取り戻したが、民主党は上院を死守した。

結果にトランプは激怒した。トランプが支援した候補の多くが落選した。ペンシルベニア州、メリーランド州、ミシガン州の知事選挙でトランプが選んだ候補が敗れた。アリゾナ州でトランプが選んだカリ・レイクが知事選で落選した。投票に不正があったと、レイクは根拠もなく主張した。上院議員選挙では、オールアメリカンに三回選出され、一九八二年にハイズマン賞を受賞したトランプの贔屓《ひいき》の元アメフト選手ハーシェル・ウォーカーがジョージア州で敗れ、医師でテレビ番組司会者メフメト・オズがペンシルベニア州で敗れた。

オズを支援するという決定を、トランプはメラニア夫人のせいにした。[*1]「彼女の最高の決定ではなかった」トランプは、自分以外の人間すべてに、責任をかぶせた。

出口調査によって、トランプ前大統領の支持率はわずか三九％で、バイデンの四一％よりも低いとわかった。[*2] しかも、投票者の三人にひとり近くが、トランプに反対だということを示すために投票したといった。トランプが推薦した候補は期待以下の成績で、そうではなかった候補は期待を七ポイント以上上まわって勝った。

「いくつかの面できのうの選挙は期待外れだった」[*3] トランプは、ソーシャルメディアのプラットホーム、トゥルース・ソーシャルに書いた。「しかし、私個人の観点では、非常に大きな勝利だった——総選挙で二一九議席獲得し、一六議席失った——だれにそれ以上のことができたというんだ？」

　だが、結果はおおむねトランプに関する国民投票のように見られた。

「あなたは穏健派の女性と反《そ》りが合わない」リンゼー・グラムは、トランプにいった。「地球は平らだし、人類は月に行っていないと思っている人々を、あなたはつかんでいる。それを手放したほうがいい」

　二〇二〇年の係争を蒸し返さないで気持ちを切り替え、現実の政治問題にふたたび注意を集中して、二〇二四年をバイデンの国民投票にすればいいと、グラムは確信していた。

　グラムはトランプにつぎのようなことを論じるべきだと説いた。

「私が大統領だったときには、国境はしっかり守られていたのに、いまどうなっているか、見るがいい。私が大統領だったときには、家を抵当に入れなくてもガソリンを満タンにできた。私が大統領だったときには、ロシアと中国に勝手なことをやらせなかった。私が大統領だったとき、イランは弱かった。私が大統領だったとき、タリバンはアフガニスタンを支配していなかった」グラムはいった。

「こういったことを、いくらでも挙げられます。

大統領、バイデンを批判するだけでは不十分です。〝私ならこれを解決できる《アイ・キャン・フィックス・ディス》〟といわなければなりません。二〇二〇年の選挙のことなんか、もうだれも気にしていません」グラムはいった。

しかし、トランプは気にしていた。

一週間後、トランプは三度目の大統領選挙運動を開始する用意ができていた。その宣言を〝アメリカ合衆国の歴史上もっとも重要な演説〟で、**〝永遠に記憶に残るだろう〟**と唱えた。

共和党は、宣言を遅らせたほうがいいとトランプに進言した。辛抱したほうがいい。中間選挙の敗北後、共和党が陣容を立て直すのを待つべきだ。だが、トランプは待たなかった。

「私たちの国は衰退しています」[*4] 二〇二二年一一月一五日、マール・ア・ラーゴの贅沢な大宴会室で少人数の聴衆に向けて、トランプはいった。「アメリカの復活《カムバック》は、まさにいまはじまります」自分が大統領だった時期を「黄金時代」と呼んだ。だが、トランプが二〇二一年一月にホワイトハウスを去ったとき、歴代のどの大統領よりも低い支持率だった。

一月六日のトランプの行動と、退任後も秘密扱いの文書をマール・ア・ラーゴで保持していたことに関する司法省の調査も含めて、民事と刑事の捜査が何件も重なっているなかで、トランプは大統領選挙運動を開始した。

「この仕組まれ、腐敗した体制を相手に本気で戦おうとするものはだれでも、少数の人間にしか理解できないような炎の嵐に直面します」[*5] トランプは、大統領選挙にふたたび出馬するという決定が、自分の身を犠牲にする偉大な行為でもあるかのように、一時間の演説のなかで述べた。

ホワイトハウスでは、トランプの立候補宣言に対する反応はさまざまだった。トランプはもう終わりだという考えが、スタッフの一般的な見方だった。バイデン大統領とハリス副大統領は、彼らの考えに同意しなかった。ドナルド・トランプは型破りだった。彼を不適格だとするはずの事柄がすべて、支持者をいっそう惹きつけている。共和党のエリートたちは、自分の有権者基盤を失うおそれを見てとって、すぐさまトランプに追随するはずだ。トランプの出馬宣言にはかなり厄介な影響があると、ハリスは気づいた。

「これは重大な影響を及ぼす選挙になる」ハリスは国家安全保障問題補佐官たちにいった。「この国が経験するなかで、もっとも重大な影響がある選挙になるかもしれない」ハリスは、一度目のトランプの当選は大きな誤り《エラー》だったが、トランプがなにをやるのか未知の要素も多かったと考えていた。だが、トランプがさまざまなことをやったあとで、二度目に彼が当選すれば〝アメリカの民主主義の弔鐘〟になるかもしれない。

「副大統領と大統領は、これから起きるはずのことを考えて、その重みを痛切に感じています」ハリスの国家安全保障問題担当副大統領副補佐官のレベッカ・リスナーはいった。

37

ジェイク・サリバンはしばしば自分のことを、〝ウクライナ軍の兵站担当将校〟だと説明する。それが皮肉な巡り合わせだというのを、忘れたことがなかった。

サリバンの父親は筋金入りの平和主義者で、ベトナム戦争中は良心的兵役拒否者だった。神父を目指していたがドロップアウトし、いまはサンフランシスコでイエズス会のボランティアとして働き、年齢制限のために公的な里親制度の保護から離れたあとも一定の手助けが必要な子供たちを支援している。

サリバンは子供のころ、水鉄砲やビデオゲームを使うことを許されなかった。

それがいま、アメリカの致死性兵器――ウクライナの生存の要――をウクライナに送り込んで、戦争を運営している。[*1] ホワイトハウスでは、アフガニスタンとイラクで軍務に服したジョー・ダ・シルバ陸軍大佐が、国家安全保障会議のためにウクライナへの兵器供給ラインを指揮していた。

ウクライナの反攻が維持されると楽観視されていたあとの一一月、これから訪れる厳しい冬の数カ月、ウクライナ軍は地歩を維持するための防御態勢を整えていた。ウクライナには防空に重大な問題があると、ダ・シルバがサリバンに助言した。それに、砲弾が枯渇しつつある。

二〇二二年一〇月以降、ロシアは冬のあいだウクライナから照明、暖房、水の供給を奪うために、ターゲットを絞ってエネルギー供給網を爆撃していた。[*2] 気温はまもなく氷点下二〇度に下がるはずだった。都市は真っ暗になり、ウクライナ人数百万人が電力を奪われた。

バイデン大統領は、ロシアの熾烈なミサイル攻撃の衝撃を和らげるために、NASAM――アメリカ／ノルウェー型地対空ミサイルシステム――二基を早急にウクライナに送ると、ゼレンスキーに告げた。

NASAMは、ホワイトハウス、議会議事堂、国防総省《ペンタゴン》の上の空域を護るために使用されている、最強の空の楯だった。[*3] NASAMシステム一式の価格は二三〇〇万ドルで、全長三・六五メートルのミサイルを発射する。到着から一週間とたたないうちに、NASAMは真価を発揮した。ロシアがイラン製のシャヘド自爆無人機を一〇機発射したが、NASAMがすべて撃墜したと、ゼレンスキーが報告した。

ロシアの弾道ミサイルに対する防御として、アメリカは世界でもっとも先進的な長距離防空システムのペトリオット・ミサイル（「パトリオット」とも表記される）を送った。[*4] ペトリオットをアメリカがはじめて使用したのは一九九一年の湾岸戦争で、イスラエルとサウジアラビアを護るためだった。ペトリオット・システム一式が四億ドルで、さらにミサイル一五〇発が六億九〇〇〇万ドルかかる。ミサイル一発が約四〇〇万ドルで高価だが、戦場では計り知れない価値がある。

ペトリオットはウクライナ軍にとってゲームチェンジャーになり、音速の一〇倍で飛ぶロシアのキンジャール極超音速ミサイルを毎日のように撃ち落とすはずだった。キンジャールは〝破壊不能〟だと、プーチンは公に豪語していた。

一二月二一日、ゼレンスキー大統領はひそかにワシントンDCへ赴き、議会で演説をした。ポーランドでゼレンスキーを乗せたボーイング737の軍用型、米空軍のC－40輸送機の搭乗員ですら、だれを運ぶことになるのか、事前に知らされていなかった。

独特なアーミーグリーンのスウェットシャツを着たゼレンスキーは、〝すべてのアメリカ人〟に感謝してから、ウクライナ支援を続行してほしいと力強く訴えた。真剣に要求するかと思えば、滑稽な態度も見せて、ゼレンスキーはたぐいまれなるコミュニケーション・スキルをふたたび発揮した。

「私たちには大砲があります。ありがとうございます。ありますが、足りているかといわれると、正直いってぜんぜん足りないんです」[*5]ゼレンスキーはそういって、笑いを誘った。

ゼレンスキーは議員たちからスタンディングオベーションをもらった。

サリバンとダ・シルバが対応に追われていた兵器関連の深刻な問題は、ウクライナ軍への一五五ミリ砲弾の供給の持続可能性《サステナビリティ》だった。[*6]弾薬の間断ない供給をつづけることは、戦いつづけてロシア軍を押し戻すウクライナ軍の戦闘能力に不可欠だった。

全長一〇・七メートルの巨大な榴弾砲は、ウクライナの防衛の大黒柱になり、戦場で用途の広い武器として成功を収めていた。その榴弾砲はカノン砲と迫撃砲を掛け合わせたような兵器で、直径一五五ミリ弱、全長六〇七ミリ、重量四〇キロ以上の巨大な砲弾を撃ち出す。有効射程は二四キロメートルで、一時間に四〇発を連続発射できる。地上部隊が危険地帯にはいらずに長距離から敵ターゲットを狙って破壊できるので、ものすごく貴重な兵器だった。だが、ウクライナ軍は一五五ミリ砲弾をはらはらするような割合で消費していたので、枯渇する危険性があった。

一五五ミリ砲弾の不足は、この戦争の指標のひとつだと、サリバンは気づいた。ウクライナは第二次世界大戦以後もっとも困難な軍事情勢に置かれていると、ダ・シルバはいった。いまではウクライナとロシアの両軍が塹壕戦にはまり込み、全面的な砲撃戦になっている。前線はほとんど動いていない。

二〇二三年一月下旬、マーク・ミリー将軍は、長官級委員会の会議で暗澹たる最新情報を提示した。「ウクライナが防御をつづけ、反攻し、優位を固めるには、二月一日から六月一日までのあいだに一五五ミリ砲弾七〇万発が必要になります」ミリーはいった。膨大な数だった。

ウクライナは一カ月に一〇万発前後の砲弾を消費していた。一日約三〇〇〇発に相当する。それをまかなう在庫がアメリカにはなかった。

サリバン、ファイナー、ブリンケンは、一五五ミリ砲弾を求めて世界中を探しまわったが、最大の供給者のヨーロッパ同盟国もアメリカとおなじように使い果たす寸前だった。アメリカとヨーロッパが基本的な兵器の生産と備蓄で大きく遅れを取っていたことが、この戦争で暴かれた。

「表立ちたくないと思っている国を探せ」サリバンは、ダ・シルバに指示した。ウクライナを支援したくないが、アメリカにはよろこんで売るかもしれない――それをアメリカがウクライナに送ればいい。

バイデン大統領が予定されている世界の指導者との電話会談をするとき、ついでに兵器や砲弾のことで協力を要請してはどうかと、ダ・シルバは考えた。

韓国にはなにがあるか？　南アフリカには？　エジプトには？　キプロスには？　エクアドルには？

国防総省は韓国との合意を取り付け、一五五ミリ砲弾五〇万発以上をウクライナ向けに調達することができた。だが。戦場でますます高じている不足を補うのにはとうてい足りなかった。

ダ・シルバは、一五五ミリ砲弾不足を食いとめることに焦点を絞って、二〇二三年二月半ばから四月一〇日にかけて、省庁間会議を毎日行なっていた。

「不足分は？」国名当てクイズの司会者かのように、サリバンはさまざまな国名を挙げて質問した。まだきいていない国は？　提供していない国は？　在庫がまだ枯渇していない国は？

国防総省の高官たちは、砲兵に過度に頼らないようにと、必死でウクライナを説得しようとした。「撃つ回数を減らし、もっと正確に撃ち、砲弾がなくならないようにしてほしい。巧妙に使用しなければならない」という趣旨のことが伝えられた。

国防総省と毎日連携していたダ・シルバは、国防総省に激しく反駁《はんばく》した。

「彼らは無駄遣いしていない」ダ・シルバはいった。「必要とされる戦術的な勢いを確立するために最善の方法で使用している」ロシア軍は、彼我《ひが》が絡み合っている地域に、一平方キロメートル当たり何千発もの地雷を敷設していた。この死の罠がウクライナ軍の悪夢のような状態をいっそう悪化させていた。

〝よけて通る〟ことはできなかった。ウクライナ軍工兵は一メートル四方ごとに地面を探り、地雷を探し当てて除去していた。「工兵六人が脚を失った」第35旅団のウクライナ人工兵が、CBSニュースに語った。[*7]地雷を慎重に除去するには手間がかかり、ウクライナ軍の反攻計画には深刻な遅れが生じていた。

サリバンは、オースティン国防長官や国防総省の面々に、一五五ミリ砲弾の生産を加速するよう圧力をかけた。アメリカは将来の大規模な砲撃戦を考慮していなかったので、備蓄は限られていた。アメリカの兵器生産は、砲弾ではなく、核兵器、巨大な空母、F-16戦闘機、弾道ミサイル、防空システムなどの先進的兵器に集中していた。防衛産業の基盤を一五五ミリ砲弾増産にもふり向ける必要があると、サリバンは明言した。

サリバン国家安全保障問題担当大統領補佐官は、一日に三〇分を一五五ミリ砲弾探しに充てていた。じゅうぶんな数の砲弾を見つけられなかったら、倫理的に問題がある厄介な選択肢に直面するはずだった。クラスター弾薬を送るか、ウクライナを防御不能に陥らせるか。

38

ブリンケン国務長官はドイツのミュンヘンで、秘密通信のために通信チームがホテルのスイートに設置した居心地のいい白いテントのような構造物にはいった。盗聴妨害のために、音楽がバックで流れていた。

「しばらくしたら、頭が変になりそうだった」その音楽について、ブリンケンはいった。しかし技術者が、それで話していることを聞こえないようにして、盗聴をほとんど不可能にできるといった。

ブリンケンはヘッドセットをかけて、大統領、オースティン、ミリー、サリバンとの機密電話に接続された。

アメリカ製の高性能戦闘機F‐16をウクライナに提供することに関して、ヨーロッパの同盟国にはさまざまな利害関係があると、ブリンケンは報告した。ブリンケンはミュンヘン安全保障会議のためにドイツにいて、アメリカはそれを進めるのか、いつ進めるのかという同盟国からの度重なる問い合わせをさばいていた。ゼレンスキーは、一年前からそれをずっと要求していた。

F‐16は、アメリカが開発した単発超音速の多目的戦闘機で、それがあればウクライナの空での攻撃と防御の能力が優勢になる。F‐16はアメリカのテクノロジーなので、供給されている国がウクライナのような第三国に提供するには、アメリカの許可が必要だった。

これまでのところ、バイデン大統領は承認を差し控えている。その段階的拡大によって、NATOがロシアとの戦争に引き込まれるか、プーチンが核兵器を使用するような圧力がかかることを、バイデンは懸念していた。

これには完璧な方策などないと、ブリンケンは考えていた。

ブリンケンに、電話の向こう側の気が進まないようすが伝わってきた。

「私たちは反攻に集中すべきです」オースティンはいった。「それに、これはウクライナの反攻には役立ちません。その間にウクライナ軍を訓練してF‐16を供給することはできないからです」日にちがかかりすぎる。

F‐16はいますぐに必要ではないというのが、国防総省の一貫した見解だった。短期に戦場に影響をあたえることにはならない。教範《マニュアル》や操縦装置など、F‐16ではあらゆる物事が英語なので、ウクライナ軍のパイロットは、F‐16の操縦訓練だけではなく、徹底した英語での訓練を受ける必要があるからだ。

論理的にはまったく正しいと、ブリンケンは思った。

「いいですか」ブリンケンはいった。「現代的な空軍がこの戦いの重要な部分になるから、私たちはいずれそれをやる可能性が高い。いまからはじめてもよいのでは？

それに、どのみち準備には長くかかります」ブリンケンは、つけくわえた。「しかし、要求に応じることになります。ことを進めることはできるでしょう？　それに、私たちが長期にかかわるというメッセージにもなります」

「トニー」バイデン大統領はいった。「きみのことは好きだが、実現できない」

「それじゃ、セスナにしますか?」ブリンケンはジョークをいった。

バイデンが笑った。

ブリンケンは引き下がらなかった。バイデンと二〇年にわたって応酬してきたブリンケンは、バイデンが〝私たちはそれをやらない〟と頑固にいったあとでも、意見には耳を傾け、自由な議論をすることを知っていた。

「訓練だけでもはじめたらどうですか?」ブリンケンはいった。「訓練にもかなり時間がかかります。F‐16を渡すかどうかは、そのあとで決めればいい」

政策の議論を解決するのに、ブリンケンはバイデンの〝結婚カウンセラーアプローチ〟を見習い、中間点を見つけようとしていた。厳しい決定について、バイデンが両賭けしたり、先延ばししたりするのは、珍しいことではなかった。

「バイデン大統領について知っておくべき重要なことがある」ブリンケンは、のちに周囲にそういった。「彼は、討論や友好的な議論の際に、なにかに断固として賛成するか、なにかに決然と反対していると思えるような、明確な意見を口にする場合が多い。

じつは、相手の話をひと押ししているだけなんだ」ブリンケンはいった。「彼のことをよく知らない人間は、ああ、やめておこう、彼はこれをやらないだろうと、結論を下す。私はバイデンとの付き合いが長いから、その案をストレステストにかけるために、強い反応を示したのだとわかっている」

訓練を進めようと、バイデンは最後にいった。[*1]

39

統合参謀本部議長という制服組でもっとも高い地位にあるマーク・ミリー陸軍大将は、メリック・ガーランド司法長官との面談を取り付けるために、バイデン政権初期からかなり長いあいだ運動していた。

ガーランドはいかにも裁判官らしく用心深く、かなり時間をかけて考慮していたが、ようやく会うことに同意し、司法省がランチを手配した。

前例がないわけではなかったが、統合参謀本部議長が司法長官とじきじきに会うのは異例だった。関わった司法省幹部のある弁護士は、アメリカ史上初だと思っていた。

ミリーは国家安全保障会議の軍事顧問であり、会議の参加者であるガーランドとの面談を自分の日常業務の一環だと見なしていた。閣僚全員と〝水平を期して〟――歩兵の隠語で、正確な射撃のために横隊で銃をすべて水平に構えること――会うのは自分の責務だと、ミリーは幕僚にいった。

トランプは国にとって危険だと強く確信しているミリーは、国内の脅威を捜査するようガーランドに強く求めた。ことに極右のミリシアについて懸念した。二〇二一年一月の議会議事堂襲撃に参加した構成員も多く、いまも連邦政府に暴力を行使すると脅している。

「大規模なミリシア運動が世の中にあります」ミリーは報告した。「怒りと不安の高まりがあり、適切に対処しないと、暴力につながる可能性があります。内戦のようなレベルには至らないでしょうが、国内で暴力がひろがる可能性はあります」

ガーランドに要請したのは、ミリーだけではなかった。トランプと一月六日の暴動をめぐり数多くの申し立てと捜査項目があり、前大統領に対する独立捜査は避けられなくなっていた。

二〇二二年一一月一八日、ガーランド司法長官は、トランプ前大統領の独立捜査が行なわれると発表した[*1]。

ガーランドは、元連邦検事ジャック・スミスを、二〇二一年一月六日の暴動の捜査を行なう特別検察官に任命した。トランプ大統領が暴徒を扇動し、二〇二〇年の大統領選挙の結果を覆そうとして議事堂を襲撃させたという容疑だった。ジャック・スミスは、秘密書類など大統領の職務に関する記録をトランプがマール・ア・ラーゴのゴルフクラブと自宅に保管していたとする、文書不正持ち出し疑惑の捜査も命じられた。

「前大統領がつぎの大統領選挙への出馬を宣言したことと、現大統領［バイデン］も出馬意向を述べたことに鑑みて、特別検察官の任命が国民の利益になるという結論に達しました[*2]」ガーランドは述べた。

二〇二三年三月四日、影響力の大きい大規模な保守派団体、保守政治行動会議（ＣＰＡＣ）で、トランプは一時間四二分の演説を行なった。一九七四年に創設され、第一回集会の基調演説は当時カリフォルニア州知事だったロナルド・レーガンが行なっている。

「こんにち」[*3]トランプはいった。「私はあなたたちの戦士です。私があなたたちの正義です。そして、不当に扱われ、裏切られた人々のために、私はあなたたちの報復者です」

これは二〇二四年のトランプの選挙運動の重要かつ中心的な主題になった。不当な扱いを受け、社会からのけ者にされたと感じている人々のために仕返しすると約束した。

二日後の二〇二三年三月六日、私はワシントンDCにウィラード・ホテルのレセプションに出席した。

「話がある」私が近づくと、ミリー将軍がいった。

ミリーは軍服姿ではなく、粋なスポーツジャケットと格子縞のシャツを着ていた。シャワーを浴びたばかりのようで、くつろいだ態度だったが、胸が厚く、背すじをピンとのばして立っていたので、いかにもアメリカの将軍らしかった。

ミリーは、トランプのことをまだ心配していた。

「ドナルド・トランプほどこの国にとって危険な人物は、いまだかつていなかった」ミリーはいった。「きみは気づいているだろう？　この男が何者か、わかっているだろう？　前に――『国家の危機』のためにきみと話をしたときに、ちらりと気づいたが、いまでははっきりわかっている。わかっているんだ」

ミリーは、トランプの精神の安定と核兵器の管理に懸念を抱いていることを、私のロバート・コスタとの共著『国家の危機』のためのインタビューで打ち明けた。

ミリーと私は話をつづけ、混雑した部屋のまんなかでもきわめて内密の話ができることを実証した。「私たちは彼を阻止しなければならない！」ミリーはいった。「きみたちは彼を阻止しなければならない！」〝きみたち〟というのは、報道機関全般のことだ。「彼はいまだかつてない危険人物だ。彼の精神の衰えなどについて君に話をしたときにそう思ったが、いまは彼が完全なファシストだと気づいた。この国にとってもっとも危険な人間だ」

元国防長官ウィリアム・コーエンが経営するロビイスト会社コーエン・グループの招待客二〇〇人ほどで混み合っている部屋に、ミリーは視線を走らせた。コーエンとジェイムズ・マティス元国防長官が、レセプションで話をしていた。

「根っからのファシストだ！」ミリーは私に向かってくりかえした。

ミリーの懸念の激しさを、私は絶対に忘れないだろう。

六月にトランプはソーシャルメディアで、マール・ア・ラーゴで秘密扱いの書類を不正に取り扱った容疑で起訴されたことを公表した。[*4] 連邦法違反で告発された初の大統領経験者だった。「腐敗したバイデン政権は、私の弁護士たちに、私が起訴されたことを伝えてきた。どうやら〝書類箱に関するでっちあげ〟らしい」トランプは、トゥルース・ソーシャルに書いた。「**私は無実の人間だ**」

トランプ政権の司法長官だったウィリアム・バーは、率直な評価をＦＯＸニュースで述べた。[*5]「彼の負けだ」バーはいった。容疑の半分しか事実ではないとしても、「彼はこの件の犠牲者ではない。これらの書類を所持する権利があったというのは、完全に間違っている。これらの書類は、国の最高の機密に属する」

バイデン大統領も。再選の選挙運動を加速し、二〇二三年六月に数回の政治資金集めのパーティに出席した。[*6] シリコンバレーのテック企業の中心地には、資金が潤沢にある重要な献金者がひしめいている。最初の資金集めのパーティは、マイクロソフトの最高技術責任者（CTO）ケビン・スコットの主催で、六月一九日にロスガトスにあるスコットの自宅で、シリコンバレーのもっとも熱心な献金者も含めて三八人が出席して行なわれた。この行事で、バイデンの再選挙資金二七〇万ドルが集まった。しかし、出席者たちは、バイデンが〝ぞっとするくらいひどかった〟といった。〝八七歳の認知症の祖父〟が、女性客に〝あなたの瞳はたいへん美しい〟といいながら、部屋のなかを徘徊しているようだった、と。

八〇歳のバイデンは、その日早く、ワシントンDCから飛行機で到着した。おそらくかなり早い時間に起きたのだろうが、疲れているように見えたと、献金者のひとりが認めた。「すぐさま腰をおろして、あらかじめ決めてあった質問ふたつだけを受けた」バイデンは回答をプリントアウトしたノートカードを何枚か持っていたが、それでも論点からそれがちだった。

おなじ日に、元カリフォルニア州会計監査官で、テスラに巨額の投資を行なっているベンチャーキャピタリストのスティーブ・ウェストリーとアニタ・ユー夫人が主催した、二度目のもっと大規模な資金集めのパーティがあった。その出席者たちは、バイデン大統領についてまったく逆の経験を報告している。「彼はとてもエネルギッシュでした」ウェストリーは、一同に語った。「二時間も、座ろうとしなかった」パーティの出席者は、約一七〇人だった。

バイデンのふるまいは、六月を通して、ことに資金集めのパーティで、不安を催す衰えの兆候を示しつづけた。

ニューヨークシティ・フォーシーズンズでのイベントで、バイデンは〝退役軍人《ベテラン》〟という単語を思い出せなかった。困り果てたバイデンは、献金者の少人数の一団に、軍隊にいたことがある人間を表わす言葉を教えてほしいと頼んだ。ひとりが教え、バイデンはそれを口にした――〝退役軍人《ベテラン》〟。その一団はびっくりするとともに、不安にかられた。

さらに、二〇二三年六月二七日にメリーランド州チェビーチェイスの慈善家であるスージー・ゲルマンとマイケル・ゲルマンの夫妻が自宅で二〇人ほど集めてひらいた小規模な〝大統領に会いましょう〟資金集めパーティのあとで、出席者たちはバイデンとの交流を「堪えがたい」と描写した。「彼は一センテンスをいい終えることができなかった」夫人や元駐ルーマニア大使の義父といっしょに出席したリバティーズ・ジャーナル財団の代表で共同創設者のビル・ライヒブラムはいった。「なにかについて話をはじめて、べつのところへ飛ぶ。おなじ話を三回、まったくおなじようにくりかえし、それがとりとめなくつづく……唖然とした。

率直にいって、やめる時機だという印象を受けた」ライヒブラムはいった。「まるで私たちが存在していないかのようだった。彼は頭に浮かんだことをとりとめなく話しているだけのようだった」

延々としゃべりつづけている祖父母か両親のようだった。「わけがわからないことを」

バイデンはその晩だけ〝調子が悪かった〞のだろうかと、多くの人々は思った。

こういった資金集めのパーティでの重大な出来事が、バイデンの初期の衰えの兆候だということを私が知ったのは、一年後の二〇二四年六月だった。

40

二〇二三年六月一一日、ジョー・ダ・シルバ大佐は、ウクライナの弾薬の悲惨な状態について、サリバンに最新情報を伝えた。

「彼らは毎日、とてつもない量の弾薬を使い尽くしています」ダ・シルバはいった。「私たちの見積もりの約二倍です」ウクライナ軍は、〝一日に最大一万発〟の一五五ミリ砲弾を使っていた。サリバンは目を丸くした。「なんと、いつなくなるんだ?」

「七月末になくなる可能性があります」ダ・シルバはいった。六週間後に。

ダ・シルバは、険しい表情でサリバンを見た。弾薬のない砲撃戦がつづいたら、ウクライナは終わりだ。

これはダ・シルバにとって三度目の戦争だった。イラク戦争には三八カ月出征した。イラクとアフガニスタンへのアメリカの取り組みに欠陥があることに気づいていたダ・シルバは、プーチンの容赦ない領土拡張の試みに対してウクライナが自衛するのに手を貸すことは、米陸軍勤務二一年のあいだでもっとも純粋な大義だと強く感じていた。

九一歳になるダ・シルバの父親は、ポルトガルからの移民で、高校の用務員をつとめ、アフガニスタンとイラクにおけるアメリカの戦争に、つねに懐疑的だった。

「ジョー」父親はダ・シルバにいった。「私たちがあそこでなにをやっているのか、私にはさっぱりわからない」

だが、ウクライナでの戦争について、父親はいった。「ロシアはこれをやるべきではないし、私たちがこの人々を助けているのはうれしい」

政治的な分断はあっても、アメリカ人は善悪を理解する意識が生まれつき備わっていると、ダ・シルバは感じていた。共和党員であろうと民主党員であろうと無党派であろうと、この戦争は正しい大義だと、アメリカ人は感じている。

国防総省は、一五五ミリ榴弾砲から発射できる砲弾で、じゅうぶんに供給できるものは、クラスター弾しかないと断定した。

無差別で非人道的だとして、一二三カ国が禁止しているクラスター弾は、ターゲットの上空で破裂し、フットボール場二面の広さに数十発以上の子爆弾を撒く。[*1] 致死性の子爆弾が一個ずつ爆発して、金属の破片が飛び散る。爆発しなかったものは時限爆弾になり、地上にそのまま静止していて、数カ月、数年、あるいは数十年後に、民間人や子供が前に戦場だった野原で見つけたりいじったりしたときに爆発する。ベトナムでの研究で、クラスター爆弾は通常の弾薬の八倍の死傷者を出すことがわかった。戦争の邪悪な手段のひとつだ。

バイデン大統領は、クラスター弾を心底不快に思っていることをはっきりと述べていた。[*2] ウクライナがクラスター弾を要求していることを、補佐官たちが指摘すると、「最後の手段だ」といった。その最後の手段を使うしかない。

ウクライナにそれ以外の兵器を多数提供することに、国防総省は乗り気ではなかったし、アメリカのクラスター弾（複合目的改良型通常弾薬：ＤＰＩＣＭ）は、戦場でのウクライナ軍の殺傷率を実質的に倍増するはずだった。アメリカにはＤＰＩＣＭと略されるこの弾薬の在庫が大量にあり、不発弾の割合が一・三％でより安全な型が四一万三〇〇〇発、不発弾の割合が二・三五％の型が八〇万発あった。

ロシアはすでにウクライナでクラスター弾を積極的に使用していた。[*3] 不発弾の割合は、三〇％ないし四〇％というとてつもない高い数値だった。

人権という観点からクラスター兵器に反対する意見が出たが、ロシア軍が前進できて、占領したウクライナの領土でさらに残虐行為を働くよりも破廉恥な人道への違反はないと、サリバンとファイナーは思った。

マリウポリではウクライナの民間人二四〇〇人以上が殺された。[*4] ブチャでは民間人四五〇人以上が虐殺され、処刑だったことを示す明らかな証拠が残っていた。後ろ手に縛られ、頭を撃たれるか、喉を切り裂かれていた。イルピンでは民間人二九〇人以上が死んでいるのが発見された――ほとんどがロシア軍の無差別射撃か処刑によるものだった。人口稠密《ちゅうみつ》な都市中心部へのミサイル攻撃は、一日でもっとも混雑している時間に行なわれた。

また、プーチンは、マリウポリ、ヘルソン、ハルキウなどの占領地域からウクライナ人の子供をすくなくとも六〇〇〇〇人も大量拉致して、ロシア人の家族の養子にした行為にも責任がある。[*5]

アメリカの情報評価一件が、はっきりと述べている。クラスター弾を提供しなかったら、ロシア軍とウクライナ軍の弾薬量の差が五倍か一〇倍になる――甚大な影響を及ぼす差だった。ウクライナが戦争に負けるだけではなく、大虐殺が引き起こされるような結果を招く。

六月二九日の大統領日報で、長官全員が同調した。オースティンとミリーが、クラスター弾を送るようバイデンに進言した。

オースティンとミリーがイラク戦争で上級部隊にいたとき、米軍がクラスター弾薬（砲弾・爆弾・ミサイルなど全種を含む火薬・火工品の総称）を使用した。戦場でそれに代わるもっと威力のある兵器はないと、ふたりは論じた。

サリバンとファイナーは、クラスター兵器を禁止する国際法に調印している同盟国から明白な確約を取り付けたので、大統領が使用に踏み切っても同盟の団結を損ねることはないと述べた。

情報機関のトップふたり、ヘインズ国家情報長官とバーンズＣＩＡ長官は、クラスター弾を送ることをロシア側は大規模な段階的拡大とは見なさないはずだと助言した。ロシア軍は不発弾の割合が大きいもっと危険なクラスター弾を使用しています。一線を越えたと彼らがいうようなら笑止千万です。

送るのに同意すると、バイデンはいった。[*6]

「どうして私はクラスター弾使用を率先して公に唱えるようになったんだろう？」サリバンは、その後、ダ・シルバにいった。「そんなことをやるとは、これまで一度も考えたことがなかった。ダ・シルバ、きみのせいだ」冗談めかしていった。「きみが私をそう仕向けたんだ」

不快で望ましくないが必要なことだと、サリバンは納得していた。戦争は、はっきりした倫理的な方法とは縁遠い厄介な選択を強いる。

41

プーチンに重用され、「プーチンの料理人」と呼ばれた民間軍事会社（ワグネル・グループ）の総帥エフゲニー・プリゴジンは、ロシア軍は無能で無秩序だと、おおっぴらに憤懣《ふんまん》をぶちまけていた。[*1] 禿頭でロシアマフィアそのものの風貌のプリゴジンは、戦争中にソーシャルメディアを使って、ウクライナでの戦闘に関するクレムリンの動機に異議を唱えた。

「この戦争はロシア市民をわれわれの国に戻したり、ウクライナを非軍事化もしくは非ナチ化したりするのに必要とされてはいない」プリゴジンはいった。「この戦争は野獣の群れが栄光に狂喜するのに必要とされている」

プリゴジンは、ショイグ国防相との内ゲバを公然と演じ、ワグネル部隊――精鋭の傭兵とロシアの囚人数千人の混成部隊――がウクライナで使用する弾薬を供給しないと非難した。ロシアのために戦っていたワグネルは、そのために血みどろの戦いを強いられた。

「おれたちに弾薬をよこさないクズ野郎は、地獄で自分のはらわたを食らうことになる」プリゴジンは冷笑した。

ウクライナ東部の街バフムートでの数カ月の戦いでワグネルは二万人以上を失ったと、プリゴジンは報告した。[*2] 夜間に戦場で、数十人の軍服を着た遺体のあいだを歩く自分の動画を投稿した。「これらはきょう死んだワグネルの兵士たちだ」プリゴジンはいった。「まだ血も乾いていない！」

そして、カメラに向かってどなり、ロシアの国防指導者たちをののしった。「ショイグ、ゲラシモフ、クソ弾薬はどこにある？」

我慢できなくなったプリゴジンは、二〇二三年六月二三日にウクライナのワグネル部隊を反転させ、モスクワに向けて〝正義のための行軍〟をするよう命じた。[*3] 劇的な対決だった。戦車の縦隊がゆっくりとウクライナから遠ざかり、ロシアの首都モスクワへ向けて進む光景が、世界中の注意を喚起した。イランはニュースチャンネルで分刻みのニュースを流し、イブラヒム・ライシ大統領が、心配してプーチンに電話をかけた。

「私たちの団結を割く行動は、私たちの国と国民の背中を刺すにひとしい」[*4] その日、テレビで国民に向けて演説したプーチンは、敵意を隠そうともせずにいった。

二四時間とたたないうちに、モスクワの二〇〇キロメートル手前までワグネルの部隊が進んだところで、ベラルーシのアレクサンドル・ルカシェンコ大統領との取引が成立したので、作戦を休止すると、プリゴジンが宣言した。

二カ月後、プリゴジンはモスクワの北で飛行機が墜落して死んだ。[*5]

「プリゴジンを殺すような行動や、これまでやってきたような行動をとることで」プーチンを観察していたヘインズ国家情報長官は報告した。「プーチンは強い権限を握っているという感覚を味わうんです。自分が支配している。自分がこれをやった。それがプーチンの心理状態の一部です」

九月にロシアで開催された東方経済フォーラムで、プーチンはいった。[*6]「トランプ氏は、ウクライナ危機も含めた緊急の問題すべてを数日で解決するといっている。うれしいとしかいいようがない」トランプに対する数々の刑事告発——いまでは重罪九一件にのぼる——は政治的迫害だと呼んだ。「現在の状況では、これから起きることは私たちにとって有利だというのが、私の意見だ」プーチンはつけくわえた。「なぜなら、外国に民主主義をひろめるふりすらできないくらい、アメリカの政治体制が腐敗していることを、それが示しているからだ」

〈ミート・ザ・プレス〉のインタビューで、NBCの記者、クリステン・ウェルカーにプーチンの発言について質問されたトランプは、満足げにいった。[*7]「彼がそういったのはうれしいね。私がいっていることが正しいという意味だから。

私は彼を一室に招く。ゼレンスキーも招く。そして、私が取引をまとめる」トランプはいった。ウェルカーに具体的にどうやるのかと質問されると、トランプはつけくわえた。「厳密な話をしたら、交渉の材料をすべて失う。だから、なにをやるのか、厳密な話はできない。しかし、特定の物事をプーチンにいう。ゼレンスキーにも特定の物事をいう」戦争を解決する方法について、トランプに確固たる考えがあるとは思えなかった。

「彼とはほんとうに馬が合うんだ」トランプは、プーチンについてそういった。「それはいいことだ。悪いことではない」

42

イスラエルのベンヤミン・〝ビビ〟・ネタニヤフ首相のもっとも親密な補佐官で、〝ビビの頭脳〟としばしば呼ばれるロン・ダーマー戦略問題担当相は、二〇二三年一〇月七日土曜日、ユダヤ教の祭日シムハット・トーラーの初日に、家族とともにエルサレムの自宅にいた。[*1] 午前六時三〇分ごろにスマートフォンの警報音が何度も鳴った。ダーマーのスマートフォンにはミサイル警報アプリ(Red Alert Israel)がインストールされており、イスラエルに向けてロケット弾が発射されるたびに、弾着予想点を知らせる。その警報が鳴りまくっていた。

スマートフォンのスクリーンにミサイル発射警報がたてつづけに表示されるのを、ダーマーは不安をつのらせながら見ていた。ロケット弾三〇〇〇発が、イスラエルに向けて一斉に発射されていた。イスラエルの南部のガザ地区を支配しているパレスチナの武装勢力ハマスが、大規模な奇襲を開始したのだ。

土曜日はユダヤ教徒の安息日だが、テレビをつけて、ハマスの戦闘員を満載したピックアップトラックがイスラエル南部の道路を走っているのを見たダーマーは、すぐに車のところへ行って、ネタニヤフに会うためにテルアビブを目指した。

ダーマーがイスラエルの国防総省《ペンタゴン》に相当するキリヤ合同庁舎に到着して、深い地下壕におりていったときには、ハマスの戦闘員がイスラエル人を見つけしだい虐殺しはじめていた。

「これは戦争だ」ネタニヤフはダーマーにいった。その声明がイスラエル中に響き渡った。

国家安全保障会議中東調整官で五〇歳のブレット・マクガークは、イスラエルへのロケット弾攻撃のことを、ワシントンDCで二〇二三年一〇月七日午前零時過ぎにホワイトハウスのシチュエーション・ルームから知らされた。イスラエルとは時差が七時間ある。

マクガークは、たいしたことはないと思った。ロケット弾攻撃は、イスラエルではありふれた出来事だった。

ほどなく、午前零時一七分に着信音が鳴り、イスラエル国防軍退役准将のマイケル・ヘルツォグ駐米イスラエル大使からのメールが届いた。「ハマスがイスラエルに対して大量のロケット弾攻撃を開始した。これは戦争です」

つづいて、イスラエル国家安全保障会議議長ツァヒ・ハネグビからメールが届いた。「ハマスが越境侵入も含めた奇襲攻撃を開始した。挑発なき大規模攻撃で、応じないわけにはいかない。あなたがたの強力な公の非難と明確な支援が必要です」

マクガークは、午前一時一二分に応答した。「私たちはあなたがたの味方です」

その晩はずっと起きていた。

侵攻の最初の数時間は、混乱と困惑のせいで判然としなかったが、やがて全貌が明らかになり、想像を絶する恐ろしい出来事だとわかった。[*2] ガザ地区のハマス武装勢力が境界線を越えてイスラエル南部を急襲した。検問所の障害物を突き破り、通信塔を打ち壊し、油断していたイスラエル軍指揮所を攻撃した。そして、ピックアップトラック、バン、ジープ、バイク、パラグライダーまで使って、ハマスの戦闘員三〇〇〇人が農業共同体キブツになだれ込み、家を焼き、寝棚の子供やベビーベッドの乳児も含めた家族全員を虐殺した。ほとんどがパジャマ姿だった。朝食を食べるために座っていたものもいた。ハマスはイスラエル人を撃ち、首を切り落とし、焼き殺し、手足を切り、生きたまま火をつけた。

べつのハマスのテロリスト五〇人が、ガザ地区の境界線から約五キロメートルのレイムで行なわれていた音楽祭を襲撃した。[*3] ジープやバンに溢れんばかりに乗っていたハマス戦闘員が、音楽祭の参加者たちを銃撃し、隠れる場所がほとんどない見晴らしのきく砂漠へ追い込んだ。逃げたり木や藪に隠れたりしようとした若い男女を、戦闘員たちが狙い撃った。

ハマスの戦闘員は女性に対する残虐な性暴力行為も犯し、木に縛り付けてレイプした。[*4] 音楽祭の救護員だったラミ・ダビディアンは後日、シェリル・サンドバーグのドキュメンタリー映画〈Screams Before Silence〉（〈沈黙の前の悲鳴〉。英語版がYouTubeで公開されている）で、そのときのことを述べている。「どの木にも、後ろ手に縛られてくくりつけられている若い女性がいました。彼女たちを殺すものもいれば、レイプしたり虐待したりするものもいました……女たちは脚をひろげられ……やつらは、板や鉄棒など、あらゆるものを陰部に押し込んでいた。三〇人を超える女性が、ここで殺され、レイプされました」

そのドキュメンタリーでインタビューされたべつの音楽祭参加者ラズ・コーエンは、友人のショハムといっしょに隠れた。[*5]「僕のそばにいたショハムがいいました、〝あの男、彼女を刺している。殺そうとしている〟……僕は見たくなかった……つぎに見たとき、彼女はもう死んでいた。その男は、彼女を殺したあともレイプしていた」

そのあとで、ハマスのテロリストたちは、自分たちが殺した女ひとりの遺体をピックアップトラックに乗せてガザ市をパレードした。殺された二二歳のドイツ系イスラエル人、シャニ・ルークは、下着だけの姿だった。戦闘員たちは、「神は偉大なり《アッラーフ・アクバル》」と連呼し、彼女の遺体に唾を吐きかけた。


その一〇月七日の夜、ビビ・ネタニヤフ首相とロン・ダーマーがテルアビブの地下壕で治安部隊や軍の指導部と会っていたときも、イスラエル南部での奇襲攻撃は集落を破壊しつづけていた。

惨事の報告は、一時間ごとに悪化していた。死者数は一〇〇人単位で増えつづけていた。

状況を掌握しているのか？　安全保障内閣の出席者に、ネタニヤフは詰問した。ネタニヤフは、午前六時三〇分に攻撃が開始されたときに、ようやく報せを受けていた。早期警報が最初に発せられたのは、午前三時ごろだったが、首相に知らせるほどには拡大しなかった。情報機関と軍の大失態だった。

「どうして首相を起こさなかったんだ？」ダーマーはきいた。だれもまともに返事できなかった。

非常事態の展開を、ネタニヤフはタカのような目で注視していた。攻撃されている共同体へイスラエル国防軍は赴くのか？　ハマスはガザ地区の外周を越えて侵入したのか？　つぎの攻撃が襲ってくるのか？　私たちにはなにをやる用意があるのか？　外交面ではなにをやる必要があるのか？

バイデン大統領は、サリバン、ブリンケン、オースティン、バーンズを含めた国家安全保障チームに電話をかけた。イスラエルで起きていることについて、わかっている範囲で彼らが最新情報を伝えた。

早急にネタニヤフと話がしたいと、バイデンがいった。「起きたこととハマスについて、最大限に強く非難する必要がある」バイデンはいった。

その日の後刻の電話で、ネタニヤフはバイデンにいった。「イスラエルは勝ちます」ハマスとの戦争に。ネタニヤフは、ハマスの攻撃ではなく、今後起きることに焦点を据えていた。

「あなたがたは、手を出すなとヒズボラにメッセージを送りはじめる必要があります」ネタニヤフは、バイデンにいった。「ヒズボラにアメリカからメッセージを送る必要があります。戦争に参加するな。戦争に参加するな、と。戦争に手を出すな、と」

ネタニヤフは、動揺しているような口調で、ヒズボラのことを心配していた。イランの支援を受けているレバノンの武装勢力ヒズボラが、北からイスラエルを攻撃するおそれがあった。

「この連中は、イスラエルは弱いと思っています」ネタニヤフはいった。「中東では、弱かったら轢《ひ》き殺されます」

「私たちはあなたがたの味方です」バイデンはネタニヤフにそういって、アメリカとイスラエルの軍と情報機関が密接に連携することになると約束した。

ネタニヤフは、つづいてサリバンにじかに電話をかけた。

サリバン国家安全保障問題担当大統領補佐官は、南仏の小さな漁村で、妻のマギー・グッドランダーやふたりの仲のいい友だち数人と短い休暇をはじめようとしていたときに、ハマスの攻撃の警報を受け取った。いまはワシントンDCに戻る途中だった。

「ジェイク、要するにヒズボラを脅しつけてもらいたいんだ」ネタニヤフは、サリバンに懇願した。「あなたがたにそれをやってもらう必要がある。私たちに手出ししたら、あなたがたに手出ししたことになる、と」

ヒズボラは世界最大の非国家主体の戦闘部隊で、兵員は数万人、ミサイルとロケット弾を最大一五万発保有している。

ネタニヤフの口調から、これがイスラエルの存亡に関わる問題だということを、サリバンは察した――攻撃にもっとも脆い過酷な状況なのだ。ネタニヤフは、ほんとうに自分の国を失いかねないと思っているような口ぶりだった。ヒズボラが参加したら、イランも加わるかもしれない。あらゆる勢力が一斉にやってきて、イスラエルを滅ぼそうとするかもしれない。

評判の高い軍と高度な情報網が、イスラエルの抑止策の中核だった。その思い込みが、いま突き崩された。

ホワイトハウスでは、ブレット・マクガークが情報要報を仔細に吟味し、つぎのイスラエル攻撃が行なわれるかどうかを突きとめようとしていた。現地のイスラエル人からの情報も監視していた。「封じ込めた。やつらをすべて封じ込めた」イスラエル側は、ハマス武装勢力についてそういった。数時間後、そうではないことにマクガークは気づいた。「イスラエル国内に、まだハマスが一〇〇〇人もいる！」

まさに戦争の霧――不確定そのものだった。ハマスの蛮行の規模があきらかになるのは、何日もあとのことだった。

その午後、ホワイトハウスのステート・ダイニングルームの演壇で、バイデン大統領はブリンケン国務長官を脇に従えて、イランと、レバノンのヒズボラのようなイランの代理勢力に警告を発した。[*6]

「きょう、イスラエルの人々は、テロ組織ハマスが企てた攻撃を受けています」バイデンはいった。「この悲劇的事態にあたって、私は彼らと世界とあらゆる場所のテロリストに対して、アメリカ合衆国がイスラエルとともに立つことを申しあげたい。私たちは断じて彼らへの支援を怠りません」

バイデンはつけくわえた。「できるだけ明確に、このことを申しあげたい。イスラエルに敵対するいかなる当事者も、この攻撃に乗じて有利な立場を得ようとしてはならない。世界が監視しています」

イスラエルが攻撃の全容をつかむまで、三日かかった。

「私たちは何日も死者を勘定していた」ダーマーはいった。「一〇日のあいだ数字が増えつづけたのは、あらゆる場所に遺体があったからだ」

ハマスはイスラエル人を合計一二〇〇人以上殺し、二四〇人以上の人質を境界線を越えてガザの地下トンネルに連行した。

ホロコースト以降、ユダヤ人の歴史で最大の死者が出た攻撃だった。

目と鼻の先でどうしてこういう攻撃が起きたのだろうと、ロン・ダーマーは必死で考えた。攻撃前日の一〇月六日のイスラエルの情報評価は、ハマスは抑止されているとしていた。ハマスは、イスラエルに攻撃を仕掛けるほど強くはない、と。

ハマスがエルサレムに向けてロケット弾一発を発射したあと、二〇二一年五月にイスラエルはハマスとの激しい戦闘を行なった。そのときにハマスの重要な戦闘能力の大部分を破壊したと、イスラエルは確信した。「一〇月六日には」ダーマーはいった。「[ハマスは]二年前の鞭打ちの刑で痛手を受けたと思い込んでいた」戦いを求めないはずだと考えていた。

ネタニヤフも、ガザ地区の住民がイスラエルで働けるように、政策を変更していた。[*7] 就労許可証を得るガザ地区の住民の数はしだいに増え、一〇月七日には二万人前後になっていた。労働力の増加はイスラエル経済に役立っただけではなく、ガザ地区の経済も大幅に改善された。

ガザ地区の住民がイスラエルで働きつづけられるように、平穏を維持する動機がハマスにはあると、イスラエルの情報は評価していた。暴力行為があれば、検問所を越えられなくなる。

「ハマスはイスラエルとの戦争に踏み切っても得をしないと判断されていた」ダーマーはいった。

それに、ハマスはイスラエルがこの二年間、イランがじかに動かしているガザ地区の小規模なテロ組織「イスラム聖戦」を相手に行なった〝ミニ〟戦闘にも介入しなかった。イスラム聖戦は、イスラエルに向けてロケット弾を発射し、イスラエルは報復として、その組織の指導者数人を狙って殺害した。ハマスは交戦しなかった。

イスラエルの情報アナリストたちは、それもハマスが戦争を望んでいない兆候のひとつだと解釈した。ところがいま、一〇月七日の評価は、奇襲攻撃の準備をするためにハマスは鳴りを潜めていたのだし、イスラム聖戦も攻撃に参加しているとしていた。

「ハマスがイスラエルを滅ぼすことに専念しているのを、ネタニヤフは知っている」ダーマーはいった。「私たちを殺す彼らの意志と能力に、ネタニヤフは一片の疑いも抱いていない。じっさいにこの規模の攻撃計画を立てていたのだ」一〇月七日の攻撃の規模は、これまでの奇襲攻撃のなかで最大だった。

数カ月後、イスラエルの情報評価は、一〇月六日に翌日のイスラエル攻撃計画を知っていたハマスの指導者が三人しかいなかったことを示していた。ハマスは、ごく内輪にしか知らせないことで、イスラエルの情報機関に秘密が漏れないようにしていたのだ。戦闘員三〇〇〇人の大部分は、大規模攻撃が開始される直前にようやく、いつものような訓練演習ではないと気づいた。

もうひとつ、愕然とするような見落としがあった。一〇月七日の攻撃の一年近く前から、自分たちがハマスの攻撃計画を把握していたことを、イスラエルの情報機関はのちに突き止めた。[*8]

「私たちのヒエラルキーのだれがそれを見るか、読んだのか、私にはわからない」ヘルツォグ駐米イスラエル大使がいった。「しかし、だれも信じなかったのだろう。

ハマスはイスラエルを相手に戦うほど強くはないと、だれもがいっていた。ああいうことをやる力はないだろうと」ヘルツォグはいった。「それがいま、私たちの情報機関は攻撃の約一年前に、ハマスのすべての計画を把握していたことがわかっている。

ハマスの計画は漏れなくわかっていた」ヘルツォグはいった。「ロケット弾やあらゆる兵器を使う大規模な越境攻撃——陸軍基地に侵入し、境界線に近いキブツや民間人が住む村や町を襲う。きわめて綿密な計画で、彼らはそれを実行した。訓練も行なっていた」

イスラエルは、その情報に基づいて行動するのを怠り、その結果、侵攻が開始されたとき、境界線近くにはじゅうぶんな兵力の部隊が配置されていなかった。イスラエルの首相付き軍事補佐官はのちに、一五分前の警告ですら、一〇月七日のハマスの攻撃に対するイスラエルの防御能力にとてつもないちがいがあったはずだと述べている。

ところが、イスラエルは完全に不意打ちを食らった。

死者数が確定しないうちに、ネタニヤフ首相とイスラエルの安全保障内閣は、ハマスがいまだかつて経験したことがないような軍事報復の計画を練りはじめた。ネタニヤフは、〝ガザ地区でのハマスに対する決定的勝利〟を望んでいた。ハマスの指導者たちを抹殺し、ガザ地区支配から永久に取り除く。

イスラエルに関して、ダーマーはいった。「一〇月七日に私たちに対してあのようなことをやった組織を一掃できなかったら、存亡にかかわる脅威が浮上し、国の未来すべてが危険にさらされます。なぜなら、イスラエルのまわりを旋回しているハゲタカすべてが、見ろ、おれたちがあれをやっても罰せられることはないと思うはずだからです。

激しく攻撃するだけでは不十分です」ダーマーはつけくわえた。「彼らの戦闘能力を奪うだけでは不十分です。抑止力に依存しているイスラエルのような国では――この手の攻撃をやらないように敵を抑止するには――この手の攻撃を行なったら生き延びられないことを、この地域のすべての敵に示す必要があります」

一〇月七日はイスラエルの生存本能に打撃をあたえたと、ヘルツォグ駐米大使は確信していた。[*9] ヘルツォグは、今回のハマスの攻撃の五〇年前にあたる一九七三年の第四次中東戦争に、伍長として実戦に参加していた。

「この戦争は、一九七三年の戦争では達しなかったレベルまで、イスラエルの存亡に影響をあたえていると思う」一〇月七日について、ヘルツォグはそういった。第四次中東戦争では、イスラエル軍が、エジプト軍およびシリア軍と戦った。やがて休戦になり、キャンプデービッド合意で、エジプトがイスラエルを国家承認した最初のアラブ国家になった。

いまのイスラエルは、それとはまったく異なる侵攻部隊を相手に戦っている。テロ組織のハマスは、イスラエル滅亡に熱意を燃やしている。

「この脅威を取り除かないと、私たちはふつうの生活を営めない」ヘルツォグはいった。「ハマスはこの一〇年間ほど、イランの代理勢力になっているし、ハマスを打ち砕かなかったら、この枢軸が大胆になるだけだ」

ハマスはイスラエルから何千キロメートルも離れている国ではなく、物理的にも心理的にもすぐ隣にいる。

一〇月七日のハマスのイスラエル攻撃の規模は、アメリカの情報機関にとっても意外だった。アブリル・ヘインズ国家情報長官は、報告を仔細に吟味した。一〇月七日より前に、イスラエルとハマスのあいだの緊張が高まっている兆候がいくつかあった。ハマスがこれまでやってきたのと同種の限定的な攻撃が増える可能性があると、アメリカの複数の情報機関が警告していた。だが、一〇月七日の規模の大きさは、青天の霹靂《へきれき》の謀略だった。「疑問の余地なく不意打ちだった」ヘインズは報告した。

ヘインズがことに着目したのは、一〇月七日までの情報のなかに、ガザ地区のパレスチナ人がハマスに対する抗議行動を起こしたという報告があることだった。「きわめて異例だわ」ヘインズは考え込んだ。ガザ地区でハマスによる支配への支持が揺らぎはじめている兆候だった。

アメリカの情報は、むしろイスラエルの北のレバノンを支配しているヒズボラに焦点を絞っていた。「多くの面で、この時期はハマスよりもヒズボラとの緊張が高まっていることに、私たちは着目していました」ヘインズは報告した。

〝ヒズボラは比較的安定した立場にあるが、勢力を拡大している〟ことを、アメリカの情報が示していた。シリアに派遣されたヒズボラの精鋭の戦士たちは、レバノンに戻っていた。また、ヒズボラは、先進的な通常兵器を備蓄していた。

「ナスララは、全面的な拡大に陥るような戦争をイスラエルに対して起こすことができるような立場にはないと、私たちは見ています」ヘインズは、ヒズボラ最高指導者ハサン・ナスララについてそういった。「しかし、一〇月七日までの準備段階で、自分の勢力範囲での自信を深め、イスラエルに圧力をかけました。そして、イスラエルが押し戻しました」

そしていま、ハマスの大規模攻撃の影響が残っているときに、活動を強化しなければならないと、ヘインズは各情報機関にはっぱをかけた。べつの各方面の国境でなにが起きているのかをイスラエルが見極めるのに手を貸すようにと指示した。ヒズボラ、イラン、イエメンのフーシ派、イランとつるんでいるイラクとシリアの武装勢力が、ハゲタカのように旋回している。

43

一〇月七日の翌日、ジェイク・サリバンは中東地域を冷却するための抑止手段か抑止の象徴を探していた。[*1] アメリカの空母よりもうってつけの抑止力はない。

サリバンは、民間人の外交政策顧問でオースティン国防長官の首席補佐官のケリー・マグサメンに電話をかけて質問した。「ウクライナに使うための空母打撃群が、地中海にいるんじゃないか?」空母はウクライナのためにたいしたことをやっていないので、サリバンは忘れかけていた。「〈フォード〉を移動しよう。オースティンの考えを聞いてくれ」

オースティンが同意し、空母〈ジェラルド・R・フォード〉打撃群を東地中海に移動するよう手配した。空母にミサイル巡洋艦と駆逐艦が数隻ずつ付き従っている。イスラエルにもっと接近させるために、サリバンはバイデンに許可を求めた。

「これは私たちにとってスイートスポットだ」空母打撃群の移動について、バイデンはそういった。公に脅したり、越えてはならない一線を宣言したりすることにはならない。単刀直入なメッセージになる。「誇大宣伝の必要はない。ただ移動しろ」危険なことになりかねないようにアメリカと自分を追い込まずにすむので、バイデンはよろこんでいた。リスクなしで報われる。

44

ブリンケン国務長官は、アメリカでは通称ＭＢＡＲで知られているカタール政府の代表であるムハンマド・ビン・アブドルラフマン・アル・サーニー首相兼外相に電話をかけた。

「アメリカ人の人質がいます」切迫した口調で、ブリンケンがＭＢＡＲにいった。「人質がいて、ア、い、い、いメリカ人も人質にとられているんです。私たちの考え方を一変させる出来事になります」ブリンケンは強調した。

ハマスは人質を二四〇人以上捕えていて、子供三三人、アメリカ人一二人がそれに含まれていた。

了解しましたと、ＭＢＡＲがいった。

ペルシャ湾岸にあるカタールは、小国だが裕福で、中東の現実政治《レアルポリティーク》で不相応なほど大きな役割を果たしている。[*1] 世界最大の埋蔵量の天然ガス田が数カ所にあり、購買力平価で見た一人当たりＧＮＩ（国民総所得）は世界最高レベルで、年間ＧＤＰは約二五〇〇億ドルにのぼる。

カタールの四三歳の首長、タミム・ビン・ハマド・アル・サーニーは、イギリスの名門ハロウ校とサンドハースト英陸軍士官学校に学び、イランとの密接な関係を維持し、先ごろイスラエルを残忍に攻撃したハマスのような問題のある政治・軍事組織を財政支援するいっぽうで、カタールの西側との関係を変えていった。タミム首長は、中東でもっとも抜け目のない政治家のひとりと見なされている。

二〇二一年にアフガニスタン政府が崩壊したとき、タミム首長はアメリカが民間人を撤退させるのを支援し、バイデン大統領はカタールを〝非NATOの重要同盟国〟と呼んだ。[*2]

「私たちにはハマスとのチャネルがあります」数日後、ジェイク・サリバンとの電話でMBARはいった。MBARは、タミム首長がもっとも信頼する補佐官だ。二〇一六年から外相をつとめ、二〇二三年三月に首長が首相兼任に任命した。


「私のチームと協働する小集団を立ちあげてください」MBARはサリバンにいった。人質救出活動の核になるアメリカ人とイスラエル人の小集団のことだ。

人質救出がバイデン大統領とアメリカ政治にとってきわめて重要だと知っていたので、サリバンはチャネルを使って交渉するチャンスに飛びついた。

小集団と連絡手段をイスラエルに設けると、サリバンはMBARに告げた。[*3] サリバンは、ビル・バーンズCIA長官、国家安全保障会議中東調整官ブレット・マクガーク、国家安全保障会議法律顧問ジョシュ・ゲルツァーとともに小集団を発足させた。

イスラエルはデビッド・バルネア課報特務庁《モサド》長官を選んだ。


人質を無事に救い出すには、タミム首長とMBAR首相が重要な存在だと、サリバンにはわかっていた。[*4] 何年にもわたり、ハマスの政治部門の指導者はカタールの首都ドーハに拠点を設けており、タミム首長は年間数億ドルをガザ地区のハマスに献金し、支援してきた。イスラエルのネタニヤフ首相も、ガザ地区のハマスを封じ込め、安定させるという理由で、カタールの支援を承認してきた。ハマス指導部をガザ地区に封じ込めれば、パレスチナと「二国家解決」について交渉するようにという圧力が大幅に弱まるので、ネタニヤフにとっては好都合だった。[*5] ハマスを国家の代表だと承認するよう要求されない。この戦略はしばしば、テロ集団ハマスの〝沈黙を金で買う〟と呼ばれた。だが、いまネタニヤフの戦略は明らかに崩壊した。驚くべき偽善のようにも思える。しかし、金で保護を買うのは、中東の指導者たちにとってはありふれた生き方なのだ。

カタールにはハマスとのチャネルがありますと、サリバンはバイデンに最新の状況を伝えて、小集団を立ちあげるという案と、ＭＢＡＲとともに開始した計画の概要を説明した。

「どういうことだ？」バイデンはいった。「人質は私が助け出す。それが私の仕事だ。きみはなんでもやりたいことをやっていいが、私は首長に電話し、シシに電話し、ビビに電話する」シシとは、エジプト大統領アブデルファタハ・シシのことだ。

「人質を助け出すのにだれが責任を負っているか？」バイデンは自説をサリバンに強調した。「私が責任を負っている」

サリバンが小集団の件を進めることを、バイデンは許可した。

「すばらしい」バイデンはいった。「どういうふうに組織してもかまわない。だが、私が責任を感じていて、最終的にそれを達成しなければならないと思っていることを、頭に入れておいてくれ」

人質はたいがいの指導者の感情に訴える根本的な要素で、バイデンにとってはことにそうだった。人質を無事に助け出せば勝利になる。それに失敗したら、大統領の地位に汚点が永遠に残る。

45

バイデン大統領は、イスラエルのネタニヤフ首相との電話をスピーカーフォンにした。オーバル・オフィスのレゾリュート・デスクのまわりに、上級の補佐官たちが集まっていた。二〇二三年一〇月一一日午前九時五五分、ハマスのテロリスト三〇〇〇人がイスラエルの南境界線を突破してイスラエル人約一二〇〇人を虐殺した四日後だった。

ネタニヤフは、ヒズボラに対するイスラエルの先制攻撃をアメリカが全面的に支持するという明確な保証を、バイデンに求めていた。ヒズボラはレバノン南部のイスラエルとの国境沿いで活動する大規模なテロ組織で、イランが支援している。[*1]

ヒズボラがイスラエルを攻撃しようとしていることを示す確実な情報を握っていると、ネタニヤフは主張した。ヒズボラは一五万発ものロケット弾を保有しており、それに比べればハマスの武器庫が貧弱に思えるほどだ。

ネタニヤフは、ヒズボラのミサイル発射基地と軍事拠点すべてに、全力で電撃的な先制攻撃を仕掛けたいと考えていた。

「彼らがあなたがたの都市に対して発射する前に、このロケット弾をすべて破壊できると、本気で思っているのですか？」バイデンはネタニヤフにきいた。「それに、彼らがあなたがたの都市に向けてそんな大量のロケット弾を発射した場合、それを防御できる防空設備があなたがたにあるのですか？これは、そういう状況をもたらして国民を危険にさらしてもいいような瞬間なのですか？」

バイデンはつづけた。「これはたちまちコントロールできない状況を招き、あなたがたの国民の大部分とはいわないまでも、ロケットの射程内の人々がすべて巻き込まれるのではありませんか？」

ヒズボラのロケット弾がイスラエルのあらゆる地域に届くことを示す情報が、バイデンのところにはあった。イスラエルはもっとも広い部分が南北約四七〇キロメートル弱、東西一四〇キロメートル弱で、ニュージャージー州とほぼおなじ広さだった。

「あなたがたがヒズボラに甚大な損害をあたえられることは間違いない」バイデンはいった。「しかし、彼らがあなたがたやイスラエルの都市と国民にあたえる損害もかなり大きいでしょうね。

彼らには豊富に武器があり、イスラエルの大都市のほとんどすべてを射程内に収めています」バイデンはいった。

「私は統合参謀本部議長と話をしたところです。情報機関の人間とも話をしましたし、軍関係者とも話をしたばかりです」バイデンはいった。「あなたがたが考えているこの計画は、うまくいかないでしょう」

バイデンはなおもいった。「これをもっと広い範囲の地域紛争にしないことに同意しませんか？これは大惨事を招きますよ」

「もちろんです、ジョー」ネタニヤフがいった。「私たちもそれは望んでいません。しかし、ほかに方法がないし、これで戦争を短縮できます。戦争が早く終わるんです」

イスラエルとヒズボラの戦争が、イランとの戦争に発展する可能性が高いことを、バイデンは知っていた。ヒズボラは基本的に、二〇〇〇年にイスラエルのレバノン南部占領を終わらせるのに貢献したレバノンの聖職者ハサン・ナスララ議長に率いられている武装組織で、イランの最高指導者アリー・ハメネイ師が強い影響力を行使している。イランは中東で最大の軍隊を擁している。

通信傍受によって、ナスララとハメネイが頻繁に策謀を企んでいることがわかっていた。ふたりともイスラエル国家の殲滅に力を注いでいる。これまでのところ、イランはさまざまな代理勢力を使ってイスラエルを標的にしてきたが、ヒズボラを殲滅するための大規模な軍事活動が行なわれれば、イランはそれを無視できないはずだった。

「いいですか」バイデンはいった。「この一〇月七日のおぞましいハマスの攻撃に対する私たちの目標のひとつは、それをガザ地区のみにとどめて、広い地域戦争にしないことです。あなたがたがやろうとしていることは、確実に地域戦争を引き起こすでしょう」

ハマスがこういうことをやったからには、地域戦争が起こらないとはいい切れないと、バイデンはいった。しかし、「あなたがたがこれを開始したら、間違いなく起きる。だから、ここですこし時間を置きましょう。

ついでに申しあげますが、私たちは参画しません」バイデンはつけくわえた。

誤解があるといけないので、バイデンは肝心な点をくりかえした。「私たち、アメリカ合衆国は、その紛争に参画しません。ですから、あなたがたがヒズボラに対して先制的に戦争を開始した場合、私の支持を当てにすべきではありません。

彼らがあなたがたを攻撃したときには」バイデンはいった。「彼らがイスラエルを攻撃したら、アメリカはかならずイスラエルの安全保障のために立ちあがります。

しかし、このような先制的な戦争をあなたがたが開始したときには、それを支持しません」バイデンはいった。

甚大な被害が生じた一〇月七日のハマスの攻撃以降、アメリカの情報機関はイスラエル北部のレバノンとの国境地帯を厳重に監視していた。ガザ地区のテロ集団ハマスが南でやったのとおなじように、北でヒズボラが国境を越えてなだれ込むかもしれないと恐れて、イスラエルはそこへ部隊を派遣して、防御を強化していた。イスラエルの増強に対応して、ヒズボラも部隊を追加し、精鋭部隊の一部を国境近くに移動した。これ以上ないくらい緊張した状況で、挑発のかすかな兆候を探しながら双方が睨み合っていた。

「まず私たちは、あなたがたとおなじ現状認識ではない」バイデンはいった。「戦争は避けられないと考えてはいません」

バイデンはいった。また、これは自軍によって戦争に追い込まれてはならない時機です。

イスラエルのヨアブ・ガラント国防相は、先制攻撃を主張して奮い立っていた。イスラエル国防軍のヘルジ・ハレビ参謀総長が軍事計画を完成させていたし、めったにない作戦上の好機であることを国家機密に属する情報源と手段が示していた。

イスラエルの将軍たちは、ハマスとヒズボラが同盟を結んで協働するのを恐れていた。一〇月七日の攻撃はイスラエル殲滅のためのより大規模な共同計画の一部かもしれない。ハマスがまず一〇月七日に攻撃してイスラエルを南に引きつけ、つづいてヒズボラが北から壊滅的な打撃をあたえるような攻撃を行なうという筋書きではないか。

ネタニヤフとの電話の前に、バイデンは主だった補佐官たちから説明を受けていた。バイデンは質問した。ヒズボラのイスラエル攻撃を証拠立てるような情報はあるのか？　ビル・バーンズCIA長官、アブリル・ヘインズ国家情報長官、統合参謀本部議長C・Q・ブラウン（二〇二三年一〇月就任）は、全員一致で、ありませんと答えた。

バイデンは、ネタニヤフの説得をつづけた。

民主主義国で政治指導者を選挙で選ぶのには、ひとつの理由があると、バイデンはいった。たしかに軍の助言は受けなければならないが、決めるのはその指導者だし、軍にいわれたからやらなければならないと思ってはいけない。それで決定を下す責任を免れるわけではない。

一五年近く前に、バイデンがオバマ大統領の副大統領だったとき、オバマにアフガニスタン戦争への三万人増員を納得させようとする軍の圧力と激しく戦い――敗北したことがあった。[*2]怒り狂ったバイデンは当時、「私は軍のいいなりにはならない」と宣言し、そのためにアメリカの国防エスタブリッシュメントの大部分の信用をなくすはめになった。

軍と軍の助言への不信は、バイデンの大統領としての手法の一部になっていた。

バイデンはネタニヤフに三つ目の助言をあたえた。「ひと息入れたほうがいい。私たちが対処している事態がどういうものであるのか、私たちのチームが突きとめます。あわてて行動するのではなく、そのあとでじっくり考えた判断を下せばいい」

最後に、とバイデンはいった。あなたがこの戦争をはじめた場合、中東のいたるところにアメリカ人がいます。

中東に兵員と軍に関係する民間人が合わせて四万五〇〇〇人いて、たちどころに攻撃目標になります。

「状況がまだ固まっていません」バイデンはネタニヤフにいった。「彼らの活動区域も決まっていない。ですから、私はそういうアメリカ人にも目を向けなければならない。私たちは中東に関与し、リスクをとっています。これがどういうことなのか、全貌についてあなたと私がしっかりと了解に達していない状態で、私たちの人員をリスクにさらすようなことはやってもらいたくないのです」

ネタニヤフは、ヒズボラへの先制攻撃について、いま閣議をひらいて議論しているといった。

「ひきつづき検討するつもりです」ネタニヤフはいった。「イスラエルの国益に基づいて決定を下します。それはことを進めないという意味ではありません」

ネタニヤフとバイデンは、四〇年前からの知り合いで、まだ若いころ、最初にワシントンDCで会った。バイデンは上院議員に選出されたばかりで、ネタニヤフは一九八〇年代に駐米イスラエル首席公使としてワシントンDCにいた。ふたりの関係はいいときもあれば悪いときもあり、ここ数年は悪いほうだった。だが、先ごろ刊行された回顧録でネタニヤフは、バイデンに二八回言及し、彼以外のイスラエルとアメリカの政敵への厳しい批判とはちがって、めずらしく温かく冗談交じりに描写している。[*3]

バイデンについてネタニヤフは、率直なのをとりわけ高く評価すると書いている。[*4]「ここにはあなたの友人はあまりいないんだよ、相棒」副大統領公邸に招かれたときに、バイデンがそういったのを、ネタニヤフは憶えている。「私は友人のひとりだから、必要なときはいつでも電話してくれ」

いまは長年のあいだに悪化した不信が、ふたりの関係を形作っている。信頼がもっとも必要とされるときに、同盟にひびがはいるくらい深い不信だった。

バイデン大統領の主要補佐官のひとり、ブレット・マクガーク国家安全保障会議中東調整官は、レゾリュート・デスクの正面に座っていた。マクガークは、共和党と民主党の政権四代――ジョージ・W・ブッシュ、バラク・オバマ、ドナルド・トランプ、そしていまのバイデン――にわたって、厳しい危機的状況に対処してきた。最高裁判所でもっとも保守的な裁判官、二〇年前のウィリアム・レンキスト最高裁判事のもとで書記官として働いたことがあるのは、バイデン政権幹部のなかではマクガークだけだった。

マクガークは、党派色のないまったく中道の人物で、バイデンを除けばいまの政権でもっとも経験が豊富だと見なされていた。

マクガークの見るところでは、「典型的な戦争の危機の霧だった。大学の講義で教えてもいいくらいだ」危険は未知の事柄――ヒズボラがなにをやろうとしているのか、やろうとしていないのか――に潜んでいる。しかも、一〇月七日の攻撃以降、軍の勢いが強まっている。ネタニヤフの口調が、いつもほど攻撃的ではないのを聞いて、バイデンに自分と軍が崖っぷちから後戻りするのに手を貸してほしいと思っているのだと、マクガークは確信した。

一〇月一一日の電話を、バイデンは決定的な言葉で結んだ。「これをやってはいけません。あなたは私のことを知っている。お互いに長年の知り合いです。これは間違いです。この道を進んではいけません」

「ご意見はうかがいました」ネタニヤフがいった。「きわめて明確におっしゃった。しかし、私も明確に申しあげたい。私たちは自分たちで決定を下しますし、この話し合いはそれに影響をあたえるでしょうが、それを決めるわけではありません」

バイデン大統領は、この一年半、ウクライナがロシアの侵攻に対して防御できるように、数百億ドル相当のアメリカの兵器をウクライナに提供してきた。[*5] アメリカの将兵がウクライナで戦うことはないと明言していた。いま、中東で数時間後に戦争が起きるかもしれないし、今回はアメリカが引きずり込まれるかもしれない。

オーバル・オフィスにいた補佐官たちのあいだに、不安が漂っていた。バイデンがネタニヤフに対して戦略と政治の両面で絶大な影響力があることを、全員が知っていた。アメリカはイスラエルにとって最大の軍事援助提供国だ。しかし、それと同時に、傍観者である感じもいなめなかった。アメリカはたしかにイスラエルと親密だが、なにをいおうが、どんなことをやろうが、自分たちにとってきわめて重要な国益だという確信に基づいてイスラエルが行動するのを阻止することはできない。

ブリンケン国務長官は、外交関係の基本的な真実を思い起こした。たとえもっとも親密な同盟国であろうと、その国が最後には自分たちで決定を下すのだ。

国家安全保障の仕事に関わってきたこの三〇年で、一度も味わったことがないような世界全体の脆さを、ブリンケンは感じた。イスラエルが攻撃を開始したら、全世界を揺さぶるような戦争が起きるかもしれない。

「私たちはやらざるをえないかもしれません」ネタニヤフは、ついにバイデンにそういった。「やらざるをえないかもしれません」

午前一〇時三五分、バイデンは長官級の秘密保全措置をほどこした電話会議をふたたび招集して、最悪の事態に備えた。ぞっとするくらい不安な状況だった。ベルギーのブリュッセルにいたオースティン国防長官は、NATO本部の秘密が守れる狭い部屋、17号室から電話会議に参加できるように、国防相会議を急いで退席した。

バイデンとネタニヤフの電話会談では語られなかったが、ネタニヤフとイスラエル軍指導部が、ハマスの奇襲攻撃によって、個人として、プロフェッショナルとして、また民族として、とてつもない損害をこうむったことを、バイデンと国家安全保障チームは明確に理解していた。彼らはイスラエルの安全を護るのに失敗し、〝二度と起きない〟というイスラエル国民へのもっとも重要な約束を守れなかった。ヒズボラへの先制攻撃に成功すれば、ことによると力強さをふたたび実感し、必要不可欠な勝利をものにできるかもしれない。

長官級電話会議開始から五分後の一〇時四〇分、ネタニヤフの右腕で分身ともいえるロン・ダーマー戦略問題担当相が、ホワイトハウスのシチュエーション・ルームに電話をかけてきた。[*6] いますぐにジェイク・サリバンと話がしたいと、ダーマーがいった。

サリバンはオーバル・オフィスから呼び出され、イスラエルの閣議から出てきたダーマーの電話を受けた。

「議論の方向は、先制攻撃のほうへ向きつつある」ダーマーがいった。軍全体が、私たちに殺《や》るようにと求めている。バイデン大統領がネタニヤフに攻撃しないよう圧力をかけたことに、ダーマーは激しい不快感をあらわにした。

サリバンはバイデンの主張をくりかえして、文民の指導者と政治指導者は、このために存在しているのだと、ダーマーをいましめた――つかのまの軍事的利益だけではなく、もっと幅広い観点を持たなければならない、と。

いつも冷静な安定した口調で話すサリバンが、声を荒らげた。「あなたがたがやろうと考えていることは危険だ。理性を欠いている」あなたがたの国益にならないし、アメリカの国益にもならない。

「あなたがたの国益になることを決断すべきだ」サリバンはいった。危険が大きすぎる。

サリバンはつづけた。「これがイスラエルにとってよいことだとは思えないし、私たちにとってよいことではないと、根本的にわかっている……これを進めてはならない」なおもいった。「大統領はそのことではとことん本気だ」

午前一一時一三分、サリバンはオーバル・オフィスに戻り、急いでバイデン、ブリンケン、マクガークに、ダーマーに自分がいったことをに報告した。オーバル・オフィスから自分のオフィスへ向かった。

三分後の一一時一六分、ダーマーがヒズボラの件でまたサリバンに電話をかけてきた。マクガークが聞けるように、サリバンはスピーカーフォンのボタンを押した。「彼らが攻撃を開始した。北からパラグライダーが来る。一機が着陸し、一〇月七日の襲撃で殺されただれかの葬式で乱射した。私たちは攻撃を開始する。いまからいっておく。万が一に備えたほうがいい」

ヒズボラのドローンが北の国境を越えて来襲し、空襲警報が鳴っているという報告を受けていると、ダーマーはいった。

「選択の余地はないといっているだけだ」ダーマーはいった。「私たちは攻撃を開始する」イスラエルには、攻撃準備を整えて爆装を積んでいる航空機がある。

三〇分後に出撃すると、ダーマーはいった。

大規模な中東戦争が起きる寸前だった。

「クソ」マクガークは思った。「ヒズボラがほんとうにパラグライダー攻撃を開始したのかもしれない」一〇月七日に、ハマスがパラグライダーを使っていた。

だが、ヒズボラの攻撃を裏付ける情報はなかった。

マクガークは、サリバンを残して、ホワイトハウスの隣にあるアイゼンハワー行政府ビルの326号室の自分のデスクへ走っていった。共和党のブッシュ政権のとき、そこを使っていた。マクガークは、中央軍司令官マイケル・〝エリック〟・クリラに電話をかけた。

「おい、私のJ-2（情報幕僚）は、パラグライダーなどないといっているぞ」クリラが、軍の情報目録を見ながらいった。「こんな攻撃の気配はない。実体がなにもない」

「イスラエルはいつもこういうことをやる」マクガークは思った。「〝情報をつかんだ！　ほらいまにわかる。いまにわかる〟と連中は主張する。しかし、いわゆる情報の五〇%は、まったく出現しない」

マクガークは、途中でジョン・ファイナー国家安全保障問題担当大統領副補佐官から予備のネクタイを借りて、オーバル・オフィスに駆け戻った。

マクガークがクリラに電話をかけていたあいだに、サリバンとブリンケンは、サリバンのオフィスから秘密保全措置をほどこした電話で、ヘインズ国家情報長官、バーンズCIA長官、オースティン国防長官、C・Q・ブラウン統合参謀本部議長に電話をかけた。

「これを私たちは見ているか？」サリバンは彼らにきいた。

いや、見ていないと、情報機関と軍の指導者たちはいった。サリバンはこの情報評価を午前一一時三一分にバーンズとともに再確認した。やはりなにもないと、バーンズが断言した。

だが、ソーシャルメディアとメインストリームのメディアには、ドローンやサイレンの報告があふれていた。数百万人のイスラエル人が、防空壕に向けて走っていた。

サリバンは、イスラエルの閣議からダーマーを呼び出した。

アメリカの情報機関は、こういったものをまったく見ていないと、サリバンはいった。「それどころか、事実ではない」ソーシャルメディアの報告には、まったく裏付けがない。閣議に戻って、偽の報道だと伝えてほしい。

そのあとでサリバンはダーマーの首席補佐官に電話をかけて、閣議でネタニヤフとならんで座っているダーマーに渡すメモを書きとらせた。

「ジェイクからロンへ。きみたちがつかんでいる情報は偽だ。きみたちは戦争の霧のなかで決定を下そうとしている。落ち着け」

それと同時に、マクガークは、ヒズボラの最大の支援者であるイランからのメッセージを、アメリカとイラン革命防衛隊の裏チャネルを通じて受信した。その通信は、信頼できるノルウェーの仲介者経由で届いていた。

イランのメッセージは、「われわれは紛争を望んでいない。なにが起きていても、われわれは紛争を望んでいない」というものだった。

イランが正直だとはいい切れないが、メッセージはアメリカの情報評価と一致すると、マクガークはいった。

「これをガス抜きしましょう」マクガークはいった。

軍事行動の時間枠は縮まりつつあった。

ブリンケン国務長官は、信じられない思いだった。イスラエルは「先制攻撃、もしくは先制攻撃になると思い込んでいたことを、完全に間違った情報に基づいて、あと三〇分で開始するところだった」

午後一時、ダーマーがオーバル・オフィスにいたサリバンに電話をかけてきた。

イスラエル内閣は、レバノンで軍事行動を行なうことに反対することを決議したと、ダーマーはいった。

ほっとしたサリバンは。バイデン大統領に報告した。先制攻撃はありません。

イスラエル国防軍は公式に、北部でドローン、パラグライダー、その他の攻撃があったという情報は誤りだったと発表した。[*7] そういったことは実際には起きていない。

「ミスがあり、調査しているところです」[*8] イスラエル国防軍報道官ダニエル・ハガリ少将がいった。「国民のみなさんには冷静にしていただくことが肝心ですし、現段階では北部で安全保障に関わる重大な事件は起きておりません」

イスラエルの北の国境近くで目撃が報告された〝ドローン〟は、鳥だったとわかった。

ブリンケンは肝が縮む思いで、周囲の人間にいった。「ほんとうにきわどいところだった。この紛争が質の悪い情報をもとに大幅に拡大するおそれがあると思った」鳥のせいでイスラエルはヒズボラとの戦争に巻き込まれていたかもしれない。信じがたいが、ブリンケンはその場でそういう状況を目の当たりにしていた。

その後、ダーマーがサリバンにいった。「まあ、首相も私も断じてこれを支持していなかった。軍が推し進めていたんだ。だから、根本的にこれはいい結果になった」

バイデンはなおも心配していた。「この連中は、物事を明断に考えていない」バイデンはマクガークにいった。「現地に行かないといけない」熾烈な戦域であるイスラエルに空路で赴き、ネタニヤフと彼の戦時内閣とじかに顔を合わせたいと考えていた。

バイデンも補佐官たちも、こんな一日を経験したことはなかっただろうと、ジェイク・サリバンは思った。イスラエルが先にヒズボラを攻撃したら、あっというまに拡大して、中東が戦争に突入しかねない。彼らは五時間一二分のあいだ――その日の午前七時四八分から午後一時まで――その瀬戸際を経験した。ものすごい速度で大惨事に向けて進み、そこからそれた。耳にはいる情報から大惨事になると確信したが、やがてその可能性が薄れるのを目にした。

その晩、ジェイク・サリバンはようやく、八年連れ添っている妻マギー・グッドランダーがいる自宅に帰った。現在、司法省の上級法務官のマギーは、元海軍情報将校だった。

職業人生でもっともストレスが大きい日だったと、サリバンはマギーにいった。いや、一生でいちばんそうだったかもしれない。同盟の管理がこれほど困難な要素をはらみ、リスクに満ちているとは、思ったことがなかった。ストレスが体を蝕《むしば》みはじめていた。食事があまり喉を通らず、よく眠れなかった。

「中東での全面戦争の寸前まで行ったんだ」サリバンはマギーにいった。「そもそも、ヒズボラが攻撃しようとしているからやるしかないと、イスラエルが信じ込んだせいで、火がつきそうになった」

賭けているものが大きいイスラエルが、こういう脆弱な状況に置かれているのを見ると、深く考えさせられ、現実がより明瞭になった。「彼らの感覚――皇帝には服がなく、自分たちは裸で横たわっているという思い――が、根本から実感できた。それは自然のままの感情だ。私たちの国はいま生存の危機にさらされているのではないか？という考えが、彼らの意識の奥底にある。この瞬間にあらゆる物事が、自分たちを押し潰そうとしているのではないか？」

その日の後刻、フロリダ州ウエストパームビーチでの選挙演説で、トランプはヒズボラを〝非常に賢い〟と呼び、イスラエル国防相ヨアブ・ガラントを〝愚か者〟と呼んだ。[*9]
「この愚か者の話を聞いたら、北から攻撃するにちがいない」トランプはいった。
ホワイトハウスはめずらしく前大統領の言動に反応して、トランプの発言を〝危険で動揺を招く〟と評した。[*10]

46

一〇月一二日木曜日の朝、トニー・ブリンケン国務長官はイスラエルに到着して、すぐにネタニヤフに会いにいった。ホワイトハウスがイスラエルになにかを要望するときには、ふたつのやり方がある。国務長官がネタニヤフに会いにいって本心を聞き出すか、あるいはバイデンがネタニヤフに電話をかける。たいがい、どちらもうまくいかない。

きわめて異例なことだったが、ネタニヤフはブリンケンをキリヤの作戦室――意思決定が行なわれる奥の間――にじかに招き入れた。ネタニヤフは、ガザ地区での軍事対応を立案していたイスラエルの政治・軍事指導者たちに、ブリンケンを紹介した。

「私たちは三つのものを必要としています。一に弾薬、二に弾薬、三に弾薬」ネタニヤフがいい放った。ネタニヤフがまず弾薬に焦点を絞ったことは、ブリンケンには意外ではなかった。

一〇月七日の攻撃の胸が悪くなるような映像や生々しい写真が、うしろのスクリーンに映っていた。焼け焦げた遺体、燃え尽きた乳幼児。目をそらすことができなかった。

「私たちはあなたがたの味方です」ブリンケンは、ネタニヤフと安全保障内閣の面々にいった。「私たちはあなたがたの味方です。あなたがたを支援します。すでに連絡系統を設定し、物資を届ける方法を検討しています。作業はすでに進められています」

アメリカはすでに、イスラエルの防空システム、アイアンドーム向けの砲弾とロケット弾を供給していた。[*1] アイアンドームは最長で約七〇キロメートル先から発射されるロケット弾や砲弾を破壊する。イスラエル向けのアメリカの先進的な兵器を搭載した最初の輸送機が、二日前にイスラエル南部のネバティム空軍基地に到着していた。

アメリカは中東で唯一の民主主義国のイスラエルに、毎年三〇億ドル以上の軍事支援を行ない、国防総省はイスラエルの周辺五、六カ所に兵器と弾薬を備蓄している。[*2] これらの備蓄はウクライナに一五五ミリ砲弾を供給するために使われていた。さらに多くがイスラエル向けに輸送されると、ブリンケンはいった。

急を要する問題について、ブリンケンは質問した。「イスラエルはガザ地区の民間人をどうするつもりですか？」

いまもハマスが支配しているガザ地区は、世界中でもっとも人口密度が高い。[*3] エジプト、イスラエル、地中海に囲まれた三六五平方キロメートルの孤立した飛び地に二三〇万人が押し込められている。ガザ市はニューヨーク市よりも人口稠密だった。

その部屋にいたネタニヤフの主な補佐官それぞれが、ネタニヤフとかすかに意見が異なっていることを、ブリンケンは知っていた。ヨアブ・ガラント国防相は政治的にはタカ派だが、ずっと柔軟だ。イスラエル国防軍参謀総長ヘルジ・ハレビもタカ派だが、道理をわきまえている。だが、心的外傷を受けたイスラエル指導部が、どこまで道理をわきまえてくれるかどうか？

ネタニヤフは、ブリンケンの質問の答えを用意していた。「人道回廊を設置しよう」ネタニヤフはいった。「すべてエジプトに連れていって、そこで解放する」

ブリンケンは愕然とした。この状況をアメリカとイスラエルがおなじ観点から見ないだろうということが、最初から不愉快なほど明らかになった。ガザ地区のパレスチナ人をすべてエジプトに追いやる？　それが計画といえるのか？　ブリンケンは一〇年ほど前からエジプトのシシ大統領を知っていたが、シシ大統領は激怒するにちがいない。数十万人か、ひょっとすると一〇〇万人いるかもしれないパレスチナ人が難民になることなど望んでいないし、受け入れられるはずもない。

ブリンケンはすぐさま、パレスチナ人を住んでいた土地から追い出した長い歴史のことを思った。〝ナクバ〟と呼ばれ、一九四八年の第一次中東戦争中に、パレスチナ人が大量強制移住を強いられた。アラブ諸国の指導者たちは、それを重大な歴史的犯罪と見なしている。パレスチナ人の記憶に残る最大の損失だった。ナクバはアラビア語で、大災害を意味する。

「それには数多くの懸念材料があるかもしれませんが、ほかの国とも話し合います」ブリンケンは、イスラエルの指導者たちにいった。これから数日のあいだ、アラブ世界すべての指導者たちと会談する予定だった。

「ガザ地区に民間人がいなければ、そこで人道危機は起こらないでしょう」ダーマーがいった。「ひとりの男――シシ――が邪魔することは許されません」

エジプトのシシ大統領は、ラファ検問所――エジプトとガザ地区のあいだの唯一の検問所――を開放してパレスチナ人をエジプトに入国させることを拒んでいた。エジプトに国境を開放させ、パレスチナ人を押し込んで、二度と帰れないようにしたいというネタニヤフの魂胆を、シシは見抜いていた。

そもそも、イスラエルは前にもそれをやったことがある。一九四八年の第一次中東戦争と一九六七年の第三次中東戦争のあと、パレスチナ難民はヨルダン、レバノン、シリアに逃れ――その子孫が数百万人いる――故郷に帰ることができなかった。パレスチナ難民はイスラエル国外に再定住すべきというのが、イスラエルの立場だった。パレスチナ人の帰還権は、すべての和平交渉で大きな障害になっている。

「エジプトが検問所を開放していないいま、あなたがたは当面、なにをやるのですか？　支援物資を運び込む方法を見つけなければなりませんよ」ブリンケンはいった。

ダーマーは譲らなかった。「人質をとられているあいだは、イスラエルはそれに賛成しません」

「食料や水について、あなたがたはなにか手を打たなければならない」ブリンケンはいった。

「人質をとられている限り、私たちは当面なにもやりません」ダーマーは、ネタニヤフの基本方針とおぼしい文言からぶれずにくりかえした。

ネタニヤフは、自分が話をしていないときは、ダーマーとメモを交換するか、あたりを見まわして安全保障内閣のメンバー――とブリンケン――が発言にどう反応しているかをたしかめていた。一同の緊張の度合いをたえず計っているような感じだった。

「ハマスがISだということを、全世界が明確にする必要があります」ネタニヤフがいった。イラクとシリアのISは、大量虐殺《ジェノサイド》、民族浄化、レイプ、殺人、奴隷化その他の戦争犯罪を行なうことで知られている。「ISには政治部門がない。アルカイダにも政治部門はない。ハマスはISに似ています。

彼らがここで民間人にやったことを、あなたがたは見ましたか」ネタニヤフは論じた。「赤ん坊を殺し、女性を殺した。これはIS並みの残虐行為です。全世界は彼らをISと見なすべきです」

「私たちはそのことについて話し合い、考えるべきです」ブリンケンはいった。「パレスチナ人への人道支援と民間人の保護は道義的責務であるというのが、私たちの観点です。しかし、たとえあなたがたがそれに反対だとしても、戦略的重要事項であることに変わりはありません」

一〇月七日が中東地域にとって地震のような出来事であることを、ブリンケンは知っていた。イスラエルの全面的な軍事対応がどのようなものであるか、わかっているからでもあった。地域の安定を大きく揺るがすことは間違いない。

ハマスが境界線越しになおもガザ地区からイスラエルに向けてロケット弾を発射していたので、ブリンケンはテルアビブにとどまることができなかった。そのため、空路で四五分のヨルダンのアンマンへ行った。

翌一〇月一三日の午前中に、ブリンケンはヨルダン国王アブドラ二世と会談した。[*4]

六一歳のアブドラ国王は、一九九九年に即位し、ヨルダンからハマスを放逐した——ハマス高官をカタールに国外追放し、アンマンにあったハマスの事務所を閉鎖させた。ヨルダンには、二〇〇万人を超えるパレスチナ難民が居住している。

「私たちはこれをやらないようにと、イスラエルにいいました」アブドラ国王はいった。「ハマスに近づいてはいけないといいました。ハマスはムスリム同胞団です」

ムスリム同胞団はアラブ世界で最古のイスラム主義政治組織で、現在のもっとも極端な過激派の一部の源流だった。[*5] エジプトで生まれたムスリム同胞団の流れを汲む暴力的な組織は、ガザ地区のハマスとイスラム聖戦も含めて、さまざまな形やイデオロギーを帯びている。

「ハマスは打倒されるべきです」アブドラ国王は、ブリンケンにいった。「私たちの口からはいえません」明確に区切った。「しかし、私たちはハマスが打倒されるのを支持しますし、イスラエルはハマスを打倒すべきです。

イスラエルはそもそもハマスとベッドをともにすべきではなかったのです。パレスチナ自治政府を交渉相手にして、協力すべきでした」パレスチナ自治政府は、ヨルダン川西岸を統治している。

「イスラエルは何年ものあいだ、ハマスを支えてきました」アブドラ国王はいった。何億ドルもの資金がハマスに流れ込んでいるのをイスラエルは知っていたが、金を注ぎ込めば住民の暮らしが改善され、ガザ地区が安定するという論理に基づいて黙認していた。

それは生き延びるための矛盾した行為であり、リスクを伴っていた。急場しのぎの妥協だった。

数時間後、ブリンケンはカタールのドーハでタミム・ビン・ハマド・アル・サーニー首長と会っていた。その間、近くにあるハマスの政治部門の事務所では、ハマスの政治指導者たちが作業を進めていた。

タミム首長が、ブリンケンにいった。「これはだれも容認できないと、ハマスに説明しました。彼らのやったことをだれも容認できないと。あなたたちにはもう友人はいない。アメリカ人やイスラエル人に、私たちがなにをいうと思っているのか?と」

ロイヤルブルーのカーテンがかけられ、床に厚い絨毯が敷いてある豪奢な部屋に、首長はブリンケンを招き入れた。首長が信頼する政治補佐官MBAR——カタール首相兼外相のムハンマド・ビン・アブドルラフマン・アル・サーニーが加わった。

ふたりともいつもどおり長い白の寛衣を着て、サンダルをはいていた。ブリンケンはアメリカの外交官の制服——ダークスーツにネクタイだった。

ドーハにいるハマス指導者たちが一〇月七日のことを事前に知っていたかどうか定かではないと、タミム首長がいった。

「シンワールが自分の一存でやった可能性があります」タミム首長はいった。「しかし、知っていて、だれにも知らせなかった可能性もあります」

ヤヒヤ・シンワールはガザ地区の最高指導者で、一〇月七日の攻撃の首謀者だという疑いが持たれていた。パレスチナ人のシンワールは、二二年間イスラエルの刑務所で服役し、脳腫瘍の手術を受けて一命をとりとめた。二〇一一年に捕虜交換で釈放され、一〇月七日以降、姿を見られていないが、ガザ地区の地下トンネル網に隠れているのではないかと、イスラエル側は推理していた。

「大統領の代理として、ふたつのことを申しあげます」ブリンケンは首長にいった。「いまあなたがたは人質の件でハマスと交渉しています。人質解放の交渉を行なうチャネルを持つ価値を、私たちは認識しています」ブリンケンは伝えた。「しかし、これが終わったら、ハマスとの関係はこれまでのようなわけにはいきません。断絶します」

「わかっていますし、そうなるでしょう」首長はいった。「もうそれは無用になります。アメリカの障害にはなりたくありません。いまチャネルをあけてあるのは、役に立つとあなたがたが見ているからです。私たちとアメリカの関係は、きわめて重要です」

ブリンケンは驚いた。ハマス指導部の安全地帯をなくすには、長い時間をかけて交渉し、論争しなければならないと思っていたからだ。

だが、タミム首長は、具体的にはいわなかったが、この件が終わってふたたびあなたが会いにきてハマスを始末してほしいといったら、厄介払いするとほのめかしているようだった。

「ハマスは、人質の一部を解放すると、私たちにいいました」首長が話をつづけた。「ハマスが何人か、イスラム聖戦が何人か、捕らえています」

ブリンケンはまたしても驚いた。ハマスが人質を解放する気配を示すのは、これがはじめてだった。

「ハマスは人質の一部を解放する用意があります」タミム首長はつづけた。「しかし、人質が出ていくための人道回廊が彼らには必要です。

移動し、人質を無事に通過させるために、二、三時間、平穏が必要です。しかし、彼らにはそれをやる用意があります。

もちろん、おそらく見返りを求めるでしょうが、やる気があることを彼らは示しました」

イスラエルは、ガザ地区への猛烈な空爆作戦を開始していた。隅から隅までくまなく爆撃し、さらに爆撃する。ブリンケンが訪れたどの地域でも、アルジャズィーラやほかのアラブメディアが、増えつづけるガザ地区の民間人死者数と、瓦礫と化した建物についてテレビで報じていた。ハマスは、人質を移動して渡すために、攻勢を中断するようイスラエルに求めていた。

「イスラエル側に連絡をとろうとしているんですが、だれも話を聞いてくれないんです」ＭＢＡＲがいった。

「ただちにイスラエルに電話をかけて、攻撃を一時休止するよう取り組みます」ブリンケンは、カタール人ふたりにいった。「その決定は、政治レベルで行なわれることになるでしょう。私が取り組みます」

飛行機に戻りながら、ブリンケンはいささか感心していた。カタールの首脳は、一〇月七日からわずか六日のあいだに、人質交渉の下地をこしらえた。驚異的な働きだった。

バーレーンへの機中で、ブリンケンはイスラエルのダーマーに電話をかけた。

「ハマスはこの件で話し合いをはじめる用意がある」ブリンケンは、切迫した口調でいった。「アメリカ人の人質がいる。イスラエル人の人質がいる。私たちはこれを進める必要がある」

つぎに、バイデンとサリバンに電話をかけた。ハマスは人質を解放する用意がある。バイデンとサリバンは、バーンズＣＩＡ長官の主導で小集団の活動を迅速に開始した。

バーレーンに寄ったあと、ブリンケンと疲れ果てたスタッフは、サウジアラビアのリヤドで一泊した。一日のあいだに訪れた四カ国目だった。

翌一〇月一四日の午前中に、ブリンケンは四八歳のサウジアラビア外相、ファイサル・ビン・ファルハン王子に会った。

「ビビはもっと知恵を働かせるべきでしたね」ファイサル外相がいった。「ハマスとこういうことをやらないように、だれもが彼らに注意しました。私たちもビビにいいました。とにかく、ビビはもっと知恵を働かせるべきでした。しかし、私たちはこれをやるなと、彼にはっきりいったんですよ。

ハマスはムスリム同胞団です」外相はつけくわえた。

ブリンケンは、そういう話を何度も聞いていた。アラブ諸国の指導者たちはすべて、自分たちの国で揉め事を起こすハマスに似たたぐいの組織にずっと対処してきたのだと、ブリンケンは気づいた。だからヨルダン国王や、カタールの首長、バーレーンの皇太子、サウジアラビア王室、エジプトやそのほかの国の指導者たちは、これに深い関心を抱いている。テロ組織はイスラエルを葬りたいだけではなく、ほかの国の指導者たちも追い落としたいのだ。

「イスラエルの軍事作戦が私たちすべての安全保障にあたえる影響を、私たちは懸念しています」外相がいった。「ハマス後のほうが、最悪かもしれない」

「ダーイシュを知っていますね」外相がいった——ＩＳを彼らはそう呼んでいる——「ダーイシュは、アルカイダよりも最悪です」

ブリンケンは、紛争後のガザ地区再建にサウジアラビアがどう関与するのかと質問した。

「ビビがめちゃくちゃにしたのを後片付けするのに金を出すつもりはありませんよ」外相はいった。

「イスラエルがこれをすべて破壊したら、私たちはそれを再建する費用は払いません」

ファイサル外相は、再建に投資しても、ふたたび紛争が起きて、自分たちが建て直したものが破壊されるのを恐れていた。

イスラエルがどう対応するかが重要ですと、ブリンケンはいった。バイデンとブリンケンは、公にそれを強調していた。

ブリンケンはつぎに、アラブ首長国連邦へ行き、MBZと略されるムハンマド・ビン・ザーイド・アル・ナヒヤーン大統領に会った。ナヒヤーンは王家の長で、元アラブ首長国連邦空軍将軍だった。「ハマスは抹殺しなければなりません」六二歳のムハンマド大統領はいった。「イスラエルにハマスを殲滅するのに自由な空間をあたえますが、イスラエルは私たちにも自由な空間をあたえないといけません。人道支援を行ないましょう。彼らが民間人を殺さない安全地帯を確保しましょう。西岸では入植者の暴力を抑制しましょう」

戦闘休止はガザ地区の破壊の画像に憤激しているアラブ首長国連邦の市民をなだめるのに役立つという了解が、その要求には含まれていた。

イスラエルに対するムハンマド大統領の公平な要求——互いに自由な空間をあたえること——が、ブリンケンの頭にこびりついた。アラブの指導者たちは、イスラエルがハマスに対してすべきことをする自由を与える準備があるが、イスラエルはガザ地区に人道支援のための空間を創らなければならない。後日、ネタニヤフに対して使おうと思って、ブリンケンはそれを意識にとどめた。

イスラエルはハマスに秘密で財政支援していたと、ムハンマド大統領はつけくわえた。「ハマスを相手にそれをやってはいけないと、私たちはイスラエルに警告しました。ハマスはムスリム同胞団ですから」

アラブ首長国連邦は、サウジアラビアとはちがって、トランプ政権下のアブラハム合意でイスラエルと国交を正常化していた。

空路で出国する前に、ブリンケン国務長官とスタッフは、アブラハム・ファミリー・ハウスという三宗教の複合宗教施設に案内された。中央の非宗教的な共有施設ビジターパビリオンを囲むように、イスラム教のモスク、キリスト教の教会、ユダヤ教のシナゴーグが建設されている。これは共存への道、中東地域のための道を示していると、ムハンマド大統領はブリンケンにいった。

MBSと呼ばれるサウジアラビア皇太子ムハンマド・ビン・サルマンが、会見をためらいがちに了承したので、その晩、ブリンケンはリヤドにひきかえした。

サウジアラビア生まれでアメリカを拠点にしていた反体制派の記者、ジャマル・カショギが、二〇一八年にトルコのサウジアラビア総領事館で惨殺された。死体は骨を切る鋸で切断されていた。その後CIAは、サルマン皇太子が暗殺を命じたと結論を下した。それ以来、アメリカとの関係はかなり悪化していた。バイデン大統領はサウジアラビアを〝のけ者〟と呼んだ。

ブリンケンは、そういうこととは無関係に、サルマン皇太子を中東で交渉しなければならない相手だと見なしていた。サルマン皇太子は権力をがっちり握っているし、唯一のニンジン——イスラエルがほしいただひとつのもの——中東最大の国であるサウジアラビアとの国交正常化の鍵を握っている。

ブリンケンとスタッフたちは、大使館が多い地区にあるラディソン・ブル・ホテルにチェックインし、その日の夜遅くか翌朝早くに会見する用意をしてほしいといわれた。

ブリンケンとスタッフたちはここ数日のあいだに疲れ切り、朝起きたときにどこにいるのかもわからないほどだった。だが、電話のそばで待った。

サルマン皇太子は彼らを寝かせず、一〇月一五日午前七時になってもまだ待たせていた。自分だけがそういう目に遭うわけではないと、ブリンケンは知っていた。ありとあらゆる人間がそれを経験していた。夜のほうが昼間よりも涼しいので、サウジアラビア人は夜型だが、サルマン皇太子はことにそうだった。

ブリンケンにしてみれば、「MBSはただの甘やかされた子供」だった。

ようやく会ったときに、サルマン皇太子はブリンケンに、一〇月七日に起きた問題が消え失せることだけを望んでいるといった。

一〇月七日のハマスの攻撃まで、サウジアラビアとイスラエルは正常化の路線を歩んでいた。サウジアラビアを石油輸出依存から脱して、未来の経済と社会へ変貌させることを目指すという、サルマン皇太子の野心的な〝サウジビジョン2030〟計画の一環でもあった。

その未来像への取り組みに戻りたいが、ガザ地区は平穏でなければならないと、サルマン皇太子はいった。正常化はまだついえていない。いまそれを追い求めるのは、明らかに不可能だ。彼らは戦争を開始しようとしている。だが、どこかの時点で元どおりにしたい。

イスラエルに戻る前に、ブリンケンはカイロに寄り道して、エジプト大統領のシシと会った。シシはブリンケンとふたりだけで会うために、スタッフを追い出した。シシの目標はひとつ——一九七九年にジミー・カーター大統領が仲介したキャンプデービッド合意のイスラエルとの和平を維持することだった。

政策担当次席補佐官トム・サリバン、デレク・ショレ国務省顧問、マシュー・ミラー国務省報道官は、エジプト外相サーメハ・シュクリやアッバス・カメル総合情報庁長官に会いにいった。シシを除けば、カメルはエジプトでもっとも有力な人物で、実質的にシシのために国政の大半を運営している。

カメルは、ガザ地区の地下にあるハマスのトンネルがかなり深く、広範囲に及んでいることを示す情報を、アメリカ人たちに提供した。ハマスはガザ地区で堅固に地歩を固めていると、カメルは説明した。撲滅するのはきわめて難しい。

「イスラエルは総力で一気に攻撃すべきではない。じっくり構えて、やつらが頭を出すのを待ち、首をちょん切ればいい」カメルはいった。

ジョークではないと、アメリカ人たちは気づいた。

47

一〇月一六日の朝、ブリンケンはテルアビブに戻った。バイデンの最初の仕事は、イスラエルの爆弾ですでに荒廃しているガザ地区への人道支援を認めるよう、イスラエルを説得することだった。

イスラエルはその頼みに苦慮するにちがいないと、バイデンにはわかっていた。食料と水を民間人に届けることは、論争にはならないはずだった。しかし、戦争ではあらゆることが圧力をかける武器になる。

ブリンケンは、エルサレムの首相執務室で、ネタニヤフ、ダーマー、そのほかの重要なイスラエル政府高官に加わった。

「あなたがたは人道支援の受け入れを認める必要があります」ブリンケンはいった。

ネタニヤフが感情を爆発させて、それを拒み、徹底的に拒否した。「ハマスを完全に滅ぼさないかぎり、イスラエルの人々はこのナチどもに支援を行なうのを容認しない」ネタニヤフはいった。

「なんの罪もない男、女、子供への支援です。支援を受けられなかったら、彼らは飢え、死ぬでしょう」ブリンケンはいった。「支援の受け入れを認めるのは、正しいことであるとともに、あなたがたの国益にもなります。

先日、あなたがたに会ったあとで、私たちは中東各地へ行きました」ブリンケンはいった。「あなたがたの友人や、友人ではなくあなたがたと敵対している人々に会いました。そして、あなたがたがやっていることを支持するという意見を、何度となく耳にしました。ハマス打倒を彼らは支持しています。彼らはいまそれを公言することはできませんが、あなたがたのやっていることを彼らは支持しています。彼らは安定を望んでいます。これらの国々は、ハマスを毛嫌いしています。

しかし、あなたがたの友人のひとりがいいました。イスラエルに自由な空間をあたえるには、イスラエルが私たちに自由な空間をあたえる必要がある」ブリンケンは、アラブ首長国連邦のムハンマド大統領の言葉を使った。

「だめだ。絶対にだめだ」ネタニヤフはいった。

バイデン大統領は、数日後にイスラエルを訪問する予定だった。[*1] 大統領のイスラエル訪問を中止するという脅しを、ブリンケンはまだ口にしなかった。それは奥の手として温存したかったので、それよりは弱めにいった。「ご存じでしょうが、大統領はこちらに来ます。大統領が来る前に、あなたがたが人道支援を受け入れるという必要があります」

「そんなことをやるのは、大きな間違いだとわかっているはずです」ネタニヤフは、不機嫌にいった。「この国は攻撃された。大統領の訪問が、パレスチナ人を助けるためだと見られるようなことがあってはならないのです。大統領はイスラエルとともに立つためにここに来る。パレスチナ人を助けるための訪問ではありません」

話し合いが二進も三進もいかないことは、全員にわかっていた。ネタニヤフはこのまま交渉をつづけたがったが、ブリンケンは陣容を整え直し、午後に集まりましょうと提案した。

ブリンケンは、ヨアブ・ガラント国防相に会いにいった。一〇月七日の二日後に、ガラントは発言していた。「ガザの完全包囲を命じた。電気、食料、燃料がはいることはない。すべて閉鎖した。私たちは野獣のような人間と戦っているから、それに従って行動している」

「この軍事作戦をどう評価していますか」ガザ地区への総攻撃の計画について、ブリンケンは質問した。「その代償はどのようなものですか? 死傷者は? どれほど長くつづくのですか?」

ガラントはいった。「私には任務があり、それを達成するつもりです。代償は重要ではありません──われわれの側にとっても、あちら側にとっても」

ブリンケンは、骨の髄まで寒気をおぼえた。ガラントは、何人死のうが構わないといっている。ハマスを根絶する任務があり、パレスチナ人が何人死のうがどうでもいい。イスラエル人が何人死のうがどうでもいい。任務を達成するつもりだ、といっている。

なんてことだ、ブリンケンは思った。イスラエルはそういう見方を固めている。

午後五時、参謀本部のあるテルアビブのキリヤ合同庁舎で、ブリンケンはネタニヤフと安全保障内閣に演説する機会をあたえられた。

ブリンケンは、人道支援の受け入れを、あらためて強く主張した。ラファ検問所を通過できるようにしてほしいと、ブリンケンは訴えた。私たちがあなたがたを──人道支援で──手伝います。

「いいですか」ブリンケンはいった。「これが正しいことだという私たちの考えに、あなたがたは賛成ではないかもしれません。私たちはこれが正しいことであり、道徳的義務であるとも考えています。またこれは、あなたがたにとって絶大な戦略的利益でもあります。なぜなら、ハマスに対処する時間と空間がほしいのであれば、無辜《むこ》の男、女、子供に、彼らが必要なものをあなたがたが供給しなかったら、その空間はあっというまにあなたがたが使えないように閉ざされてしまうからです」

「ガザ地区の人々を助けるために一滴でも、一グラムでも運び込まれるのは許されません」ネタニヤフは、平然とつづけた。「これは私の意向ではない。私の連立政権の意向でもない。私たちの国民を虐殺した連中が人質をとっているあいだは、ガザ地区のパレスチナ人に支援を提供することを、この国の人々はだれひとりとして容認できません」

「パレスチナ人は」ブリンケンはいった。「ハマスではない。一〇月七日の攻撃とは無関係の男、女、子供です。

それに、私たちの観点では、支援を行なうのは正しく、道義的義務です」ブリンケンはくりかえした。「ハマスに対処する時間と空間をあなたがたがほしくても、どうしても必要としている人々に支援をあたえなかったら、その時間と空間はただちに閉ざされるでしょう。つまり、あなたがたの安全保障を護り、自衛するために必要だと信じてことをやるには、支援を受け入れなければならないのです」

そういう応酬が二時間つづいた。

「大統領が二日後にここに来るんですよ」ブリンケンはいった。その朝、空港でバイデン大統領の先遣チームと、駐機場にとまっている野獣《ビースト》――黒光りのする重装甲のキャデラックの大統領専用車――

を積んだ輸送機を見ていた。バイデンの訪問はイスラエルのメディアには漏れていたが、公式には発表されていなかった。

「ガザ地区への支援を許可することに、私たちが原則的に同意しなかったら、訪問は発表できません」ブリンケンはいった。

突然、警報が鳴り、アイアンドームから防空兵器が発射されたことを伝えた。イスラエル人全員が立ちあがり、アメリカ人たちも立ちあがって、安全な地下壕に向けて階段をぞろぞろとおりていった。空襲が終わって上に戻れるようになるまで一〇分ほど待つあいだに雑談していると、さきほどまでの会議の緊張がほぐれるのを、ブリンケンは感じた。アイアンドームによってミサイルが破壊される音が真上で聞こえた。

会議室に戻ると、ネタニヤフがいった。「わかりました。同意します。安全保障内閣は同意しますが、全体閣議にかけなければなりません」

全体閣議がまもなくひらかれる。「この閣議で私が議長をつとめなければなりません」ネタニヤフはいった。「ここにいる閣僚たちも、この会議に参加する必要があります。いっしょに来てください」ネタニヤフはブリンケンにいった。「ひと部屋使って、準備してください。私たちはべつの部屋で準備します。このプロセスを交渉しましょう」

ブリンケンは同意した。

午後七時ごろから四時間後まで、ブリンケンは地下六階の防空壕にこもり、チームとともにアメリカの提案を入念にまとめた。デレク・ショレ国務省顧問、バーバラ・リーフ国務次官補（中近東担当）、ステファニー・ハレット駐イスラエル臨時代理大使、そして右腕のトム・サリバン次席補佐官。

トム・サリバンは、地下施設で携帯電話の電波を受信できるように、ときどき駐車場へ行き、ホワイトハウスにいる兄ジェイク・サリバンに電話をかけて、現状を伝えた。バイデンのイスラエル訪問を、ブリンケンがどれくらい交渉材料に使えるか知ろうとした。それがイスラエルにかけられる主な圧力だった。

ブリンケンは、途中でバイデンにもじかに電話をかけた。「支援を受け入れる経路をあけなかったら大統領は来られないと、いえるようにしたいのですが」ブリンケンはいった。

「まったくかまわない」バイデンはいった。「これに同意しなかったら私は行かないと、彼らにいってやれ」

ダーマーが、アメリカのチームと詳細を論じて決定するために、何度か地下壕にやってきて、閣議中のネタニヤフにメモを渡した。ネタニヤフの手書きの修正や提案が記されたメモが、ブリンケンに渡された。ブリンケンは、バイデン大統領がテルアビブに到着する前に、支援物資を積んだ最初のトラック隊がラファ検問所を通ってガザ地区にはいりはじめるようにしたかった。

双方は交渉のやりとりを午前一時までつづけ、そこで閣議が終了した。

ネタニヤフがはいってきた。

「取引はまとまっていない」ネタニヤフが、ブリンケンにいった。

それから一時間一五分、検討がつづけられた。

「いや、だめだ。だめだ」ネタニヤフがいった。「トラックを入れることはできない。トラックを入れることはできない」

「トラックを入れることができないとは、どういう意味ですか?」ブリンケンは聞いた。「どうやって住民を支援するのですか?」

ダーマーがジョークをいった。「荷車とロバでやればいい」

「だめだ。だめだ。この映像、つまりパレスチナ人に物資が渡されるのは」ネタニヤフはいった。「受け入れられない。専門家を派遣するというのは?」

「首相」ブリンケンは、腹立たしげにいった。「専門家を食べたり飲んだりすることはできませんよ。食料と水が必要なんです」

ようやく、応酬が九時間つづいた末の午前二時一五分に、ガザ地区への人道支援をほんのすこしだけ認めることに、ネタニヤフが原則的に合意した。[*2]

この支援を入れないようにしろと、すさまじい圧力を受けていると、ネタニヤフがいった。合意に向けて努力する意図を発表することはできるが、バイデン大統領の訪問後に支援を開始したい。そうすれば、バイデンの圧力でやらされたように見える。それで政治的影響力が得られるし、イスラエルの閣僚と大衆に対する影響力が是が非でも必要なのだと、ネタニヤフはいった。

48

ワシントンDCでは、国家安全保障会議中東調整官のブレット・マクガークが、その晩、一〇月一七日のバイデン大統領のテルアビブへの出発準備に全力で取り組んでいた。

「そこへ行ってこの連中と会わないといけない」一〇月一一日にイスラエルがヒズボラとの大規模戦争の火をつけそうになるのを、きわどいところで回避したあとで、バイデンはマクガークにいった。「この連中は明晰に考えていない」バイデンはいった。ビビ・ネタニヤフやイスラエルの戦時内閣と、じかに会いたい。

だが、大統領の戦域訪問は至難の業《わざ》なので、マクガークはこの一週間、文字どおりオフィスに詰めきりで、手配に追われていた。

マクガークは、ホワイトハウス西棟の管理業務スタッフにいわれた。「ちょっと、あなたのパスポートが必要ですよ」

「クソ」マクガークは急いで車を走らせ、自宅にパスポートを取りにいった。

ホワイトハウスに戻ったとき、イスラエル国防軍がガザ地区の病院を攻撃し、五〇〇人が殺されたという報告が届きはじめていた。マクガークは、居室の大統領専用書斎、条約の間《トリーティールーム》へ行くよう指示された。

ヨルダンにいるブリンケン国務長官が、国王の〝男の洞窟〟――バーはあるがアルコール類はない優雅な部屋――で、アブドラ国王とディナーをともにしていたときに、病院が爆撃されたことが伝えられた。だれもがイスラエルを非難した。

ブリンケンはホテルに戻り、サリバン、ジョン・ファイナー、息を切らしているマクガーク、その他のスタッフとつながっている大統領の電話会議に参加した。

どうすべきだろうか？　訪問を中止すべきか？　バイデンがきいた。

メディアの報道では、イスラエルは病院を爆撃するという恐ろしい残虐行為を犯したような感じだった。[*1]

今回の訪問の一環として会う予定だったエジプトのシシ大統領は、バイデンとの会談をキャンセルした。パレスチナ自治政府の指導者マフムード・アッバスも同様だった。ブリンケンは、アブドラ国王もキャンセルすることを告げた。

バイデン大統領がヨルダンに来ることはできないと、アブドラ国王がいったことを、ブリンケンは伝えた。中東地域全体がバラバラになる恐れがあると、アラブ諸国の指導者たちは感じていた。

「それで」バイデンはきいた。「なにが起きたんだ？　イスラエルが攻撃したのか？」

どの補佐官も答えられなかった。だれにもわからなかった。

新しい情報を常時受け取っているはずだと、バイデンはいった。イスラエル側、国防総省、インテリジェンス・コミュニティと話をして、なにが起きたのか、突きとめよう。答えが出ていない疑問がある。だれが攻撃したのか？

「最初の報道とはちがって、イスラエルではないかもしれません」ブリンケンはいった。「とにかく、わかっていません。いつわかるのかも、明確ではありません」

バイデン大統領は、ヨルダンのアブドラ国王に電話をかけた。

「ジョー」アブドラ国王はいった。「とにかく熱くなりすぎています。おいでいただきたいのですが、彼らは逆上しています」国民の激しい怒りのことをいった。「これは悲劇的な事件です。いまおいでになるのは無理です」

バイデンは、ネタニヤフに電話をかけた。

「私たちはやっていない、ジョー！」ネタニヤフは、喧嘩腰でいった。「これはハマスのロケット弾です。それが病院に落ちた。私たちではないと、いっているんです。証明できます。私には情報があります」

いつもの伝《でん》だと、マクガークは思った。イスラエルはいつも情報をつかんでいるという。「ほんとうかね？」多くの場合、そうではなかった。

「こちらに来てもらう必要があります！」ネタニヤフはいい張った。

「わかった。わかった」バイデンはいった。「私はチームと話をする」

「私は行くべきか？」バイデンはきいた。

通常、大統領の外国訪問には明確なやるべきことのリストがあり、広報の効果を最大限にするように、声明と成果が綿密に定められている。たとえば、一年前にバイデンが中東を訪問したときには、イランの航空機の領空通過を史上はじめて認めることを、サウジアラビアが公表した。

今回、バイデンは戦争中にまったく不確定な状況に飛び込むことになる。それに、ネタニヤフと彼の戦時内閣がガザ地区への人道支援——公式発表されているバイデンの訪問目的——を受け入れるという確実な保証はない。公衆の面前でバイデンに失敗させることになりかねない。

大統領の補佐官たちは、自分の疑念を立証しようとしたり、利点と欠点を見極める能力を示そうとしたりして、いつものように知力の競い合いにいそしんで議論した。

訪問を何日か遅らせるべきではないか？　向こうの現状がわかっていない。なにが起きるかわからない。中東地域があすどうなっているかわからない。イスラエルは病院を攻撃していないといっているが、ほんとうのところはわからない。

「いまキャンセルすることはできないと思う」ブリンケンは主張した。「イスラエルはやっていないといっている。キャンセルしたら、彼らを信じていないように見える。訪問をキャンセルしたら、嘘つきだとおおっぴらにいうのとおなじだ」

バイデンは同意した。「物事を先に進めるには、向こうに行く必要がある」

イスラエルに向かう機中で、バイデンはアメリカの情報要報を受け取った。ロケット弾を発射したのは間違いなくイスラム聖戦で、故障したロケット弾が病院の駐車場に落ちて爆発した。それでもアラブのメディアの大半が、なおもイスラエルを非難しつづけていた。いまから汚名をそそぐのは難しい。

　バイデン大統領は、イスラエルに向かう機中で何時間もかけて演説の草稿を練った。イスラエルについての確信を述べるだけではなく、9・11後にアメリカが犯したミスを忘れないための戒めにしたいと考えていた。

　バイデンはマクガークにいった。「私は戦時の決断を下した。これ以上厳しい決断はない。黒白が明確ではない。深慮が必要だ。慎重にならなければならないし、自分が歩んでいる道が、目的に向かっているかどうか、つねに問いかける必要がある」

　マクガークはそれを〝バイデン・テスト〟と呼んだ。つまるところ、それは常識だった。

　イスラエルが窮乏しているときには、〝ビビではなく〟イスラエルを受け入れたいと、バイデンはいった。しかし、〝過酷な真実〟も口にしなければならないと、マクガークに向かってつけくわえた。

　バイデンは、公に見せる姿とは裏腹に、内輪では憤慨して冒瀆《ぼうとく》的な言葉を吐くことが多い。大統領に就任した最初の年、ある土曜日の午後に、バイデンはオーバル・オフィスからひとりの友人に電話をかけた。「私は五時間も電話をあっちにかけたり、こっちにかけたりしている。世界で最悪のクソ野郎ふたり――ビビ・ネタニヤフとマフムード・アッバスふたりを相手に」イスラエル首相とパレスチナ自治政府の指導者をそうののしった。「世界で最悪のクソ野郎ふたりだ」バイデンは、激しい口調でくりかえした。

　一〇月一八日の朝に、大統領専用機《エアフォース・ワン》がベン・グリオン空港に着陸すると、ネタニヤフが駐機場でバイデンを待っていた。[*2]

バイデンは、レイバンのアビエーター・サングラスを左手からぶらさげて飛行機のタラップをおりると、すぐさま両腕でネタニヤフをハグした。いささか当惑したネタニヤフが、バイデンの背中を叩いた。

テルアビブの通りを車列で走り抜けたとき、イスラエル人が何人も道路脇に並んでいた。恐怖が顔に浮かんでいた。数人がアメリカ国旗をふっていた。異様な光景だった。

ネタニヤフは、午前一一時四〇分にバイデンと報道陣に向けて演説した。[*3]「大統領、イスラエルの国民にとって、真の友人であるあなたがたがイスラエルとともに立つことよりもよいことは、ひとつしかありません。それはこうしてあなたがイスラエルに立っていることです。大統領は、戦時にイスラエルを訪問してくださった最初のアメリカ大統領であります」

「ご覧ください、みなさん」[*4] バイデンはいった。「私がきょうここに来たかった理由はただひとつです。イスラエルの人々、世界の人々に、アメリカ合衆国の立場を知っていただきたかったからです。ハマスがパレスチナのすべての人々の代表ではなく、その人々を苦しめているだけだということを、私たちは胸に刻んでおく必要があります」

ネタニヤフは、戦時内閣と引き合わせるために、バイデン、ブリンケン、マクガークをテルアビブ・プロムナードにある五つ星のケンピンスキー・ホテルの防空壕を兼ねている地下会議室に案内した。[*5]

「ハマスをどういうふうに追討するつもりですか?」バイデンはネタニヤフにきいた。「ハマスを抹殺するとは、どういう意味ですか? 現状はどうですか?

ハマスの指導部を追討するのか、それともガザ地区の戦闘員すべてを消し去るのですか?」

私たちは、彼らを抹殺したいと思っています。ネタニヤフはいった。ひとり残らず。

なるほど、とバイデンはいった。私たちもイラクやアフガニスタンなどで、おなじ手法を採りましたが、ひとつのイデオロギーを根絶するのは困難でした。彼らを追討するやり方によっては、あらたな戦士を生んでしまいます。

野党党首ベニー・ガンツは、アメリカ側の言い回しを使って、私たちが〝どう〟対応するのかが重要なのだと理解していますといった。

ヨアブ・ガラント国防相が、イスラエルの計画のあらましを説明した。ガザ地区を包囲しますと、ガラントがいった。イスラエルはただちに陸軍師団三個をガザ地区に突入させる。イスラエルはなにもガザ地区に運び込ませない。人質が出てくるまで、救援も支援もない。鎮痛剤一錠も入れさせない。それがイスラエルの方針だった。

バイデンは答えた。「私たちはそれに同意できない。それを支持しない。あなたがたはゲートをあけて、人道支援物資を積んだトラックを入れなければならない。

そうせざるをえない」バイデンはいった。

ネタニヤフが渋々同意した。あるいは同意したように見えた。イスラエルの戦時内閣もやがて不本意ながら折れて、二日前にブリンケンが取り付けた〝原則的〟な合意から実行へと移った。

地下壕でバイデンは一同に、一九七三年にイスラエル初の女性首相だったゴルダ・メイアに会ったときの話をした。ネタニヤフとダーマーは、その話を何度となく聞かされていた。

「いつもおなじ話だ」とダーマーはいった。

「大統領、私にもゴルダの話がありますよ」ダーマーはいった。

「きみは彼女に会っていない」バイデンは答えた。ダーマーはまだ幼かったはずだ。

「いや、そのゴルダではありません」ダーマーはいった。「私には子供が五人います。末娘の名前がゴルダです。この戦争の三日目に、私が仕事のために服を着ていると、妻がそばに来て、ガザ地区の境界線の近くの地域で起きたことが、エルサレムの私たちの住んでいる地域で起きたら、私たちの娘ゴルダをどこに隠すかを、私の耳もとでささやきました」

ダーマーの妻ローダ・パガノは、ハマスの攻撃がまた起こるのではないかと恐れていた。ダーマーが帰宅し、自分が殺されていたときに、娘をどこで見つければいいか、教えておきたかった。

部屋のあちこちで、イスラエル人たちが賛成してうなずいた。だれもがおなじ不安と恐怖を感じていた。ハマスの攻撃の数日後、自分たちの住んでいる地区がつぎに襲われるのではないかと、だれもが心配していた。

「心の底からの不安感です」ダーマーはいった。「一〇月七日の心的外傷は、ほんとうにそういうものです。このテロリストたちが、イスラエル国内に押し寄せ、境界線を越えてなだれ込み、地域にやってきて、またおおぜいを虐殺するのではないかというおそれです。

幼い子供たちは、ドアにノックがあっても、怖くて返事ができません」ダーマーはいった。「ドアの向こうになにがあるか、わからないからです。一〇月七日になにがあったのか、子供たちは知っていて、怖がっています。

彼らの人生は、二度ともとには戻らないでしょう」ダーマーはいった。「一〇月八日のイスラエルは、一〇月七日のイスラエルとおなじではないし、もう二度とおなじにはなりません」

バイデンはじっと聞いていた。

「大統領」ダーマーはいった。「ユダヤ人がこの国に来たのは、身を隠すためではありません。私たちは戦いで斃《たお》れるでしょう。これまでもそうだったし、不幸なことに、これからもそうでしょう。しかし、この国で逃げ隠れはしません。ユダヤ人は、身を隠すためにここに来たのではありません。この国が約束していることは、大統領、ユダヤ人が祖先の母国に戻ったことだけではありません」ダーマーはいった。「私たちに自分たちを護る能力があることなのです。イスラエルのその約束は、一〇月七日に根本から破られました。

そして、戦時内閣における私たちの仕事は、その約束を回復することです」ダーマーはいった。「つまり、ハマスと一〇月七日に私たちにああいうことをやったやつらを徹底的に打ち負かさなければなりません」

一時間後の午後五時、バイデンはイスラエルまでの機中でみずから起草した一六分の演説を行なった。[*6]

みずから負った心の傷のことを打ち明けたダーマーは、バイデンが話を聞いてくれたと確信していた。

「この国の人々に対するテロリストの襲撃が、きわめて深い傷を残したことを、私は知っています」バイデンはいった。

「それが一〇〇〇年におよぶ反ユダヤ主義とユダヤ人虐殺が残したつらい記憶と傷を呼びさましました。世界はそのときそれを見て、知っていましたが、なにもしませんでした。私たちは、座視してなにもしないということを、二度とくりかえしません」

アメリカはイスラエル建国以来ずっと、もっとも緊密な同盟国だった。「七五年前、建国のわずか一一分後に、ハリー・S・トルーマン大統領のもとでアメリカ合衆国は、イスラエルを承認した最初の国になりました」バイデンは過去に触れた。

イスラエルのような面積の国にとって、一〇月七日は、「一五回分の9・11です」バイデンはいった。

「しかし、これを警告しておきます。あなたがたはそういう激しい怒りを感じているでしょうが、その怒りに呑み込まれてはいけません。9・11のあと、アメリカ合衆国では激しい怒りが燃えあがりました。そして、正義を追求し、正義をものにしましたが、いくつも過ちを犯したのです」

バイデン大統領は、イスラエルに圧力をかけて、ハマスに流用されないようにするという条件付きで、人道支援を届けるためにエジプトとガザ地区のあいだにあるラファ検問所をひらくことに同意させた。

帰国する機中で、バイデンはエジプトのシシ大統領に電話をかけて、人道支援のトラックが通過できるようにラファ検問所をひらくよう懇願した。

「よし、ネタニヤフが同意しました。こんどはそちらが役割を果たす番です」バイデンはシシにいった。「ゲートをあけてもらわないといけない。トラックを入れてください」

シシ大統領はこれまでずっと、ラファ検問所を開放することに反対していた。難民が国境やエジプト国内に押し寄せるのを受け入れるわけにはいかない。難民の入国を許せば、絶対に出国せず、エジプト国内で動乱を起こす勢力になるにちがいないと、シシはいった。難民のなかにハマスが混じっていて、国境越しにイスラエルを攻撃しはじめたらどうなりますか？　そうなったら、エジプトは戦争に引きずり込まれる。シシの答えは一貫していた。絶対にだめです。

シシの決意が根深いことを、サリバンは知っていた。「シシが夜に寝床にはいって、自分の唯一の仕事はなんだろうと考えるとき、パレスチナ人に国境を越えさせないことだと思うはずだ。以上終わり。シナイ半島に難民キャンプはいらない。

難民をエジプトに入れるくらいなら、彼らに発砲するほうがいいと思っている」サリバンはそう確信していた。

だが、バイデンは電話でシシに、人道支援トラックをガザ地区に行かせるために、ラファ検問所をひらくよう、はっきりと要求していた。

シシがようやく同意した。「やります、大統領。しかし、道路の状態がよくないので、二、三日かかります」シシはいった。まず人道支援トラック二〇台を通す。

電話を切ったとき、バイデンは満足していた。[*7] 自分の訪問は成功だったと思った。たとえ量はすくなくても、人道支援がガザ地区に流れ込む蛇口をあけた。

「要するに、シシは大いなる称賛に値する」バイデンは、機内で記者たちにいった。

そして、最終的にシシは、エジプトがやると約束したとおりのことをやった。[*8]ラファ検問所を開放した。道路が修繕され、バイデンのイスラエル訪問の三日後の一〇月二一日土曜日に、人道支援トラック二〇台がゆっくりと通りはじめた。

だが、ガザの民間人二〇〇万人が必要とする食料、水、医療品の量に比べれば、それは水一滴のようなものだった。それに、一〇月七日から一四日が過ぎていた。ガザ地区の人道状況は、一日ごとに悪化していた。

一〇月七日以前もイスラエルが一六年間、封鎖していたので、ガザ地区に住むパレスチナ人の九五％は清潔な飲料水を手に入れることができず、八〇％が食料を人道支援に頼っていた。[*9]

49

一一月三〇日、サリバンとロイド国防長官は、紅海で武装組織フーシ派の攻撃が増えていることへの対応について、秘密保全措置をほどこした電話回線で四五分話し合った。

やはりイランの支援を受けていて、アラビア半島南端にある疑似国家のイエメンを支配している暴力的な武装組織のフーシ派は、長さ一九〇〇キロメートルの内海である紅海で、商船を頻繁に攻撃していた。[*1] フーシ派は、イランが支援する過激派勢力の政治・軍事同盟「抵抗の枢軸」に属しており、ハマスやヒズボラもその一員である。ホワイトハウスは抵抗の枢軸を〝首がいくつもある怪物〟と呼んでいる。イランはフーシ派を完全武装させていた。フーシ派はガザ防衛のために行動していると主張していた。

オースティンは、差し迫った問題を考慮して克服しようとしていた。段階的拡大をどうやって防止するか、うまく処理するか、回避するか？

オースティンはバイデン内閣の〝最高のスター〟、〝最高の閣僚〟だとサリバンは見なしていた。バイデンはオースティンを信頼している。同僚たちもオースティンを信頼している。軍はオースティンを深く尊敬している。それに、サリバンはたえずオースティンから学んでいた。

「ジェイク、私たちは時計を握っている」この二年間、オースティンは何度もサリバンにそういい、いまもくりかえした。「私たちは時計を握っている」大統領は武力を使うかどうか、いつ使うか、あるいは使わないか、決めることができる。

もうひとつオースティンから学んだのは、アメリカのオーストラリアとの潜水艦協定のあとだ。オーストラリアは当初、フランスから原子力潜水艦を購入することに同意していたが、アメリカとの取引を選んでそれを破棄した。フランスは激怒した。

「フランスの国防関係者からの攻撃は私たちがすべて引き受けて、平身低頭謝った」サリバンはそれを思い出して語った。

「フランスのオースティンのカウンターパートが、オースティンを電話口に呼び出して、アメリカの不誠実な行為を二二分間、痛烈に非難した。それが終わったとき、オースティンは答えた。〝拝聴しました。つぎの話題は？〟」こんどだれかにどなりつけられたら、その流儀でいこうと、サリバンは心に決めた。

べつのときに、サリバンはミリー統合参謀本部議長とオースティンに、国防総省の予算問題を検討するためにホワイトハウスに来てほしいと頼んだ。この問題でサリバンが自分たちの要望を却下するつもりだと、ふたりが察したことに、サリバンは気づいた。オースティンが腰をおろし、穏やかな顔でサリバンを見た。「きみの会議だな」オースティンはいった。

サリバンは、たちまち逃げ腰になった「私たちの望んだとおりになった」サリバンはいった。「しかし、かなり申しわけないと思った」

オースティン国防長官は、イスラエルのヨアブ・ガラント国防相をうまくあしらえる少数の人間のひとりだった。ハマスのイスラエル攻撃後、ふたりは頻繁に話をしていた。

ふたりの電話ではたいがい、オースティンが民間人死傷者のことでガラントを責めた。一〇月七日を持ち出すのが、ガラントのいつもの弁解や防衛機制だった。

「ハマスが私たちにやったことを思い出してくれ」ガラントが、そういう電話のときにいった。「あんな恐ろしい……」

「またそれか！」オースティンはガラントを遮っていった。「あなたが話をしている相手は、このロイドなんだ。正直にいったほうがいい。なにがあったかは知っている。わかっている。わかっている。なにがあったかわかっている。だが、私が聞いているのは、あなたがたがどう対応しているかということだ」こういう軍事行動を、どうして決定したんだ？

50

「イスラエルはなんの罪もない民間人の保護に、もっと手を尽くさなければなりません」[*1]二〇二三年一二月二日、ドバイでひらかれたCOP28（国連気候変動枠組条約第28回締約国会議）に付随する報道関係のイベントで、ハリス副大統領がいった。[*2]

バイデンは、もう十数回を超えているネタニヤフとの電話のほとんどに、ハリスをわざわざ参加させていた。内輪では〝ビビ電話〟と呼ばれている。電話の前後にバイデンとハリスは、ブリンケン、オースティン、サリバンと短い打ち合わせをする。

バイデンはイスラエルのガザ地区への扱いへの公の非難を固く封印していたが、ハリスは単刀直入だった。

「なんの罪もないパレスチナ人がきわめて多数、殺されてきました。率直にいって、民間人の苦難の規模と、ガザ地区からの写真や動画に、激しい衝撃をおぼえます」[*3]ハリスはいった。「ほんとうに心が砕けそうになります」

ハリスは、ネタニヤフに向けて警告した。[*4]「どのような状況であろうと、アメリカ合衆国はガザ地区やヨルダン川西岸からのパレスチナ人の強制移住、ガザ地区の包囲、あるいはガザ地区の境界線の変更を許しません」ハリスはいった。

ＣＯＰ28の最中に、ハリスはエジプト、ヨルダン、アラブ首長国連邦の指導者と会談し、カタール首長を含むそのほかの指導者たちと電話で話をした。気候変動に関する演説を行なうために、走って移動しなければならないほどだった。戦争に対処しようとするには、たえまなく外交圧力をかけなければならない。戦争を終わらせるのは、さらに困難だった。

ヨルダンのアブドラ国王は、ハマスを毛嫌いしてはいるが、イスラエルは民間人の犠牲をもっとうまく抑えるべきで、軍事作戦を中止する必要があるといった。ヨルダンのパレスチナ人は人口が多いし、街路における怒りの抗議行動や不穏な状態の熱気が感じられる。この戦争が長くつづいたら、中東地域全体がさらに不安定になる。

ハリスは機中でバイデン大統領に報告を送った。ガザ地区のパレスチナ人指導者たちが関与してパレスチナ人国家樹立を目指すのであれば、アラブの指導者たちは紛争終結後の計画立案を支持するだろうと書かれていた。イスラエルとガザ地区の指導部が変わらないと、そういったことは実現しない。それが、アラブの指導者たちがほとんど口にしない秘められた前提条件だった。ネタニヤフは戦争への道を進んでいる。パレスチナ人との和平締結を目指していない。

ブリンケンはドバイで、〝事後〟の計画についてアラブの外相たちと話し合っていた。ネタニヤフがガザ地区でいま行なっている軍事作戦を黙認するか、それに加担していると見られたくないので、多くのアラブ諸国はこの話し合いに参加しているのを知られたくなかった。

「いいですか」ブリンケンは、エジプト外相サーメハ・シュクリとヨルダン外相アイマン・サファディにいった。「どのみちこれは終わるだろうし、私たちはそれに備える必要があります。ガザ地区の治安、統治、人道支援、物事の展開など、どうなるかわからない大きな問題がいくつもあります。それにいまから取り組む必要があります」

シュクリとサファディは、反対した。〝事後の事後〟――彼らにとっては、独立したパレスチナ国家の樹立という意味だった――の明確な計画が立てられるまで、〝ガザの事後〟について話し合うことはできない。

アラブ諸国の外相のほとんど全員が、同意していた。ガザ地区のハマスに対処する政治計画がないと、有効な事後計画はあり得ない。イスラエルは軍事計画を誇示しているだけだ。イスラエルがハマスの人間をひとり残らず殺すことはできないし、ハマスの思想を撲滅することもできない。だから、ガザ地区の指導層と治安について、政治計画がなければならない。

イスラエルはハマス――ハマスの概念とイデオロギー――を効果的に打ち砕くことはできないと、彼らは確信していた――パレスチナの今後に関する真の政治的展望がなかったら、それは不可能だ。

それはハリスが受け取ったメッセージの見解でもあった。パレスチナ国家樹立への計画が現実的であるなら、話し合いのテーブルにつく。

ブリンケンは彼らの分析に同意し、パレスチナ国家への道に向けて動くと伝えた。甘い考えだった。

ブリンケンは、イスラエルが軍事作戦を終えたあとのガザ地区の治安状況について、エジプトでシシ大統領とふたりきりで会談した。

「現地に部隊を投入する用意があります」シシがいった。「しかし、アメリカが私たちの側に立ってくれる必要があります。ほかのアラブ国を引き込むことはできます。それをバイデン大統領に伝えていただきたい」

ブリンケンは伝えた。

「わかった。これに肉付けしよう」バイデンはいった。「ガザ地区に米軍を派遣するつもりはないが、アラブ諸国などの任務をどう支援できるか模索できる」

ブリンケン、サリバン、オースティン、C・Q・ブラウン統合参謀本部議長が、計画を草案した。彼らがひねり出したのは、アメリカが指揮統制を支援できるようにエジプトかどこかにアメリカの軍事指揮所を置き、アラブ諸国主導の部隊の指揮所を運営するというものだった。

「ハマスは概念だ。概念を滅ぼすことはできません」後日、ふたたびテルアビブへ行ったときに、ブリンケンはイスラエル戦時内閣に強調した。

「トニー」ダーマーがいった。「ナチズムも概念だし、シャーロッツビルのナチは、ベッド・バス・アンド・ビヨンド（米国の生活雑貨店）で買った松明《たいまつ》を持っているが、ドイツと呼ばれる国家はもう彼らにはない！」

ダーマーは、二〇一七年八月一二日の週末に、点火した松明を持った白人至上主義者たちが、〝ユダヤ人がわれわれに取って代わることはない〟という文言と〝血と土〟というナチのスローガンを唱えながらバージニア大学シャーロッツビルキャンパスに乱入したことを指摘していた。[*5]

「悪い概念を抱くだけならまだしも」ダーマーはいった。「悪い概念に地域を支配されるのは、それとはまったくちがう！

私たちの目標は」ダーマーは論じた。「ハマスをガザ地区支配から取り除くことだ。この軍隊を排除しなければならない」

ブリンケンは、〝事後〟計画に議論を戻そうとした。ハマスを排除したあと、ガザ地区はどうなるのか？　だれが主導するのか？

「パレスチナ人の国ができる？　ありえない」ダーマーはいった。「では、われわれにどうしろというのでのか？　一〇月七日をパレスチナ独立記念日にするのですか？　テロリズムに膨大な褒美として国をひとつあたえるのですか？　イスラエル史上最悪のテロ攻撃、ホロコースト以降最悪のユダヤ人に対する攻撃のあとで、パレスチナ人に国をあたえるのですか？

じつに道理をわきまえた話ですね」皮肉たっぷりに、ダーマーがいった。

話し合いは行き詰まりだと、ブリンケンは悟った。

51

ブレット・マクガーク国家安全保障会議中東調整官は、ガザ地区でハマスに捕えられている人質二五二人について、毎朝カタール首相のムハンマド・ビン・アブドルラフマン・アル・サーニー（ＭＢＡＲ）からの電話を受けていた。

「ブレット」ある電話のときに、ＭＢＡＲがいった。「人質交渉は、これが拡大するのを抑え、時間を稼ぐ手段になる」

「私たちが人質交渉でイスラエルに本気で圧力をかければ」マクガークはいった。「これがうまくいくことがわかります」試しに一度やることを提案した。ハマスに捕えられているイスラエル系アメリカ人の母親ジュディス・ラーナンと娘のナタリーを無事に戻すよう交渉し、それからもっと大規模な交渉を行なう。

カタールはガザ地区のハマスにそれを実行させることができると、ＭＢＡＲは確信していた。マクガークはまだ懐疑的だった。交渉の進捗をマクガークは毎日、サリバンとバイデンに報告し、この先行計画を提案した。

「やってみよう」バイデンはいった。

二〇二三年一〇月二〇日、赤十字のチームがガザ地区にはいり、アメリカ大使館のチームが境界線のイスラエル側でアメリカ人ふたりを出迎えるために待機した。

ワシントンDCでは、マクガークが緊張して、ガザ地区を移動するジュディスとナタリーの動きを追っていた。境界線に接近した最後の瞬間に、ふたりが乗っている車をハマスが爆破するのではないかと心配していた。イスラエルは不安定な六時間の停戦に同意していた。

マクガークの電話が鳴った。境界線のイスラエル側にいるステファニー・ハレット駐イスラエル臨時代理大使からだった。

「彼らはここにいます」ほっとした口調で、ハレットがいった。「ふたりとも健康そうです」

マクガークは、サリバンをオフィスから連れ出して、そのままオーバル・オフィスへ行った。

バイデン大統領は、ジュディスとナタリーと電話で話をした。[*1]

「やあ」バイデンはいった。「あなたたちを助け出すために、私はずっと努力していたんです。あなたたちと話ができてさいわいです。あなたたちが必要なものが得られるようにします」

感情と疲労に呑み込まれていたジュディスは、言葉を失っていた。「ありがとう。ありがとう。ありがとう」とくりかえした。

バイデンは、電話のあとでマクガークに向かっていった。「つづけよう」バイデンはいった。「これをつづけてくれ」

カタールは結果を出した。バーンズCIA長官は、イスラエル側のもっと大規模な人質取引の概要をまとめるために、モサド長官デビッド・バルネアと熱心に共同作業を行なった。マクガークは、MBARと、エジプトの総合情報庁長官アッバス・カメルとの調整を担当していた。どちらもガザ地区のハマスとのチャネルがある。

人質多数の解放を実現する可能性が高まったので、バイデンはもっと長期の戦闘停止に同意するよう、ネタニヤフに圧力をかけた。人質を安全に連れ出すには、休戦が唯一の現実的な方策だった。しかし、休戦はハマスに陣容を立て直し、組織をまとめ直す時間をあたえることになるというのが、ネタニヤフの見方だった。

人質が何人解放されるのか、ネタニヤフは突きとめようとした。

当初、ハマスは一〇人解放すると約束していた。ネタニヤフはもっと数を増やすよう要求した。ハマスが捕らえている女性と子供を全員解放し、捕らえている人質が生きていることを示す証拠を提出するようネタニヤフは要求した。バイデンは、その要求を支持するといった。

ハマスは、人質五〇人の解放を保証すると返答した。見返りに、投獄もしくは身柄拘束されているパレスチナ人の女性とティーンエイジャー一五〇人をイスラエルが釈放するよう求めた。人質の身許についての情報を提供することは拒んだ。

バイデン大統領は、カタール首長に電話をかけた。

「我慢にも限界がある」バイデンはいった。「五〇人の名前と明確な身許が必要だ」年齢、性別、国籍など。「それがないと、進める土台がない」

ハマスは、人質五〇人の身許を確認できる情報を提出した。

イスラエルにいたマクガークは、一一月一四日の戦時内閣の会議で、ネタニヤフがテーブルを叩いていい放つのを見ていた。「絶対に受け入れられない。この条件は、絶対に受け入れられない」

「ビビはいつだって石から血を最後の一滴まで絞り出そうとする」マクガークは思った。

「やつらを屈服させる！」ネタニヤフは叫び、またテーブルを叩いた。

会議を終えて出るときに、ネタニヤフはマクガークの腕をつかんだ。「この取引をまとめる必要がある」ネタニヤフがいった。

政治の大部分は芝居なのだと、マクガークは気づいた。

ネタニヤフはその日にバイデンに電話をかけて、取引に合意すると確言した。

五日後の一一月一九日、MBARはハマスに最後のメールを送った。「これが最後の提案です」MBARはハマスに告げた。返信まで数日待たなければならなかった。カタールのハマス政治部門は、複雑なネットワークを使って、ガザ地区の地下トンネルにいる最高指導者ヤヒヤ・シンワールに手渡しでメールを届けた。

翌々日の一一月二一日の朝、カタールはシンワールが承諾したことを伝えられた。

ハマスはアメリカ人三人を含む人質二五二人のうち五〇人を、一一月二四日から四段階にわたって解放した。[*2] 最初に約束した五〇人から数えて、ハマスがさらに一〇人解放するごとに、ネタニヤフは停戦を一日延長した。一一月三〇日の時点で、アメリカ人ふたりを含む人質一〇五人が無事に戻ってきた。

サリバンはその日に、残っているアメリカ系イスラエル人人質の家族と、ホワイトハウスで会った。やってきた家族もいれば、オンラインで出席した家族もいた。

「堪えがたかった」サリバンはその晩、妻のマギー・グッドランダーにいった。ハマスはまだイスラエル系アメリカ人の人質六人を捕えている。

サリバンは電話を確認した。「休戦は、こっちの時間で今夜の午前零時に終わる」サリバンはいった。ハマスが解放する人質一〇人以上のリストを示さなかったら、そうなる。

「彼らはリストを出すか出さないか、私たちは前向きに連絡を待っている」サリバンはいった。「連絡がなければ、あすには爆弾が投下される」

サリバンは、また電話をみた。

あすのリストが出る障害になっているのは、ハマスにまだ捕えられている女性が、二〇代か三〇代であることだと、サリバンはいった。

「それらの人質の情報をハマスが明かしたくないのは、彼女たちがレイプされたからではないかと、イスラエル側は危惧している」サリバンはいった。「いまもレイプされているかもしれない」それ以外にも、二〇代と三〇代のイスラエル人女性はすべてイスラエル国防軍だとハマスが思い込んでいるという要素もある。イスラエルから譲歩を引き出すのに、そういう人質は貴重だというのが、ハマスの見方なのだろう。

翌日、ハマスはイスラエルに向けてロケット弾を発射し、イスラエルのジェット機がガザ地区のターゲット二〇〇カ所に向けてロケット弾の一斉射撃を放った。

戦争が再開された。

52

二〇二三年一二月二五日、クリスマスの日に、ブレット・マクガークはワシントンDC南東部にあるテラスハウスの自宅で家族と過ごしていた。午前九時に幼い娘が自分のプレゼントをすべてあけ、マクガークがコーヒーカップを持って座っていると、ホワイトハウスのシチュエーション・ルームの当直将校から電話がかかってきた。

「イラク北部のアルビル航空基地に攻撃がありました。イラクの武装勢力が発射したイラン製ドローンの爆弾の破片で、米軍兵士三人が負傷しました」当直将校がいった。「ひとりは重傷です」

一〇月七日から一一週間にわたって、米軍部隊はイラクとシリアで一〇〇回を超えるドローン攻撃を受けていた。[*1]ほとんどがロケット弾かドローンによるものだった。だが、今回は最初の重大な人的損耗だった。

祭日にも勤務していた国家安全保障会議のスタッフと中央軍の幕僚は、大統領にオプションを示せるように、起きたことについて迅速に事実を収集していた。マクガークは、車でホワイトハウスへ行った。

クリスマスを大統領保養地のメリーランド州キャンプデービッドで過ごしていたバイデン大統領は、

国家安全保障チーム、オースティン国防長官、C・Q・ブラウン統合参謀本部議長との電話会議を招集した。軍の指導者ふたりが、攻撃オプションを説明した。イランが支援している武装組織とイラン革命防衛隊の施設、具体的には攻撃の起点であるイラク国内の拠点を攻撃する。攻撃を立案した首謀者四人、いわゆる人的ターゲットを攻撃してもよい。きわめて明確な信号情報と衛星画像を使って、オースティンと国防総省の彼のチームは、その四人の正確な位置を追跡していた。

バイデンは、それぞれのオプションの危険要因について、補佐官たちに質問した。対応は入念に調整しなければならない。まず施設を攻撃し、個々の人間を狙って抹殺するのに最適なチャンスが訪れたら、人的ターゲット攻撃に進めるようにと、バイデンは命じた。

翌朝午前四時四五分に、ドローン攻撃を行なった親イラン武装組織が使用していた施設三カ所に対して、米軍があまり目につかないように空爆を行なった。[*2] 中央軍は、空爆で武装勢力を多数殺したが、民間人死傷者はなかったと発表した。

「この空爆は、今後の攻撃を思いとどまらせるためのものであり、拡大の危険を制限し、民間人死傷者をできるだけすくなくするようなやり方で行なわれました」[*3] バイデン大統領は、マイク・ジョンソン下院議長への書簡でそう述べた。「さらなる脅威や攻撃に取り組むために、アメリカ合衆国は必要で適切な行動を今後も実施する用意があります」

約二週間後、バイデンは人的ターゲットへの攻撃を命じた。ふたりが斃されたあと、イラクとシリアの米軍部隊に対する攻撃は熄《や》んだ。そこでバイデンは攻撃を中止した。武装勢力へのメッセージは明確だった。われわれはおまえたちの位置を正確に突き止めた。また攻撃すれば、おまえたちを殺す。

だが、暴力の脅威が弱まったわけではなかった。

一二月三〇日土曜日、フーシ派が民間の大型コンテナ船〈マースク杭州《ハンジョウ》〉に向けて、弾道対艦ミサイル二発を発射した。[*4] 米海軍のミサイル駆逐艦〈グレーブリー〉が、ミサイルを弾着する前に撃墜した。翌日の大晦日、四隻の高速艇に乗ったフーシ派が、おなじコンテナ船を撃沈しようとした。米海軍のヘリコプター数機が空母〈ドワイト・D・アイゼンハワー〉と〈グレーブリー〉から発艦し、高速艇を撃った。高速艇が応射した。米海軍は小型高速艇のうち三隻を撃沈し、乗組員を殺した。四隻目は逃げた。

バイデン大統領は、米領バージン諸島のセントクロイ島で大統領夫人と例年恒例の新年の休暇を過ごしていた。[*5] ジェイク・サリバンとその妻のマギー・グッドランダーも、大統領夫婦といっしょに旅をしていた。一行はビーチで新年の週末をゆっくり過ごす予定だった。

だが、元旦の朝、バイデン大統領はまたもや、秘密保全措置をほどこした電話会議をやるはめになった。オースティン国防長官、C・Q・ブラウン将軍、ジェイク・サリバン、ブレット・マクガークなどと、イエメン国内でフーシ派に対する直接攻撃を行なうべきかどうか、バイデンは判断しなければならなかった。

そういう性質の攻撃には準備のための時間が必要だと、オースティンとC・Q・ブラウンがいったので、バイデンは即時の攻撃を命じるのは控えたが、立案するようにと指示した。

「これらのターゲットを私たちが攻撃したら、なにが起きる?」バイデンは、補佐官たちに矢継ぎ早に質問を浴びせた。「副次的被害は？　フーシ派はどう反応する？　私たちは、彼らの反応に対する用意はできているのか？　こちら側の人間は守られているのか？　ミサイルによる防御はじゅうぶんなのか？　必要な資源はあるのか？」

二次もしくは三次の影響が発生するようなやり方で武力を行使したくないと、バイデンは明言した。その地域は典型的な一触即発の状態になっているので、あっという間に火がついて燃え広がるおそれがある。

万事、準備をして、開始する構えをしろと、バイデンはいった。

さらに、フーシ派を強く非難し、これ以上攻撃を行なわないように警告することを、同盟国と調整するよう指示した。二日後に、一三カ国が署名した共同声明が発表された。

一月のあいだずっと、フーシ派の攻撃はつづいた。[*6] バイデンはマクガークに、脅しと武力行使に加えて、イランと外交交渉を試みるようにと指示した。中東の扱いには慎重を要する。バイデンは積極的にやりたかったが、積極的過ぎるのは、バイデンの流儀ではなかった。中東が昔のアメリカ西部の開拓地なみになるのは避けたかった。

バイデンは、イランに三つの明確なメッセージを示そうとした。「私たちはここで中東の大規模紛争を求めていない。この紛争をガザ地区だけに封じ込める。イランとの戦争は求めない」バイデンは、マクガークにいった。

「しかし、しかし、だ」バイデンはいった。「これは、大きな〝しかし〟だ。私たちはアメリカの人々を守り、アメリカの国益を守る」

イランに警告しろと、バイデンはマクガークに命じた。「これをやめるか、さもないと」

マクガークは、オマーンの首都マスカットに空路で赴いた。[*7] アメリカはイランとは直接の連絡をとっていないが、オマーンのような仲介者を利用していた。一万一〇〇〇キロメートルを大幅に超えるつらいフライトだった。

「船にミサイルを撃ちつづけているフーシ派をあなたがたはしっかり管理する必要があります」オマーン人を介した、イランの外務次官で核交渉最高責任者のアリ・バゲリ・カニ宛のメッセージで、マクガークは述べた。

その設定がマクガークにはいつも奇妙に思えた。部屋の反対側にいるイラン人たちが見えるし、イラン人のほうからもマクガークが見える。だが、互いに話しかけることはない。オマーン人がメッセージのやりとりを仲介する。しかし、アメリカがイランの最高指導者にメッセージを伝えなければならないときには、それが顔合わせしてやる最善の連絡手段だった。

「私たちは彼らを制御できません」イラン代表が答えた。マクガークは、彼らからこの返答を何度も聞いていた。一時的にではあるが、イランがイラクの米軍に対する攻撃を完全に停止していることを、マクガークは知っていた。だから紅海でも停止できるはずだと、マクガークは思っていた。マクガークは、バイデンの警告を伝えた。

「あなたがたがフーシ派を制止できなかったら、私たちは彼らを直接、ターゲットにします」マクガークはいった。「それに、あなたがたに責任があると私たちは見なしているので、あなたがたも直接、ターゲットにします」

イランがマクガークに言質をあたえるはずはなかった。

その晩、バイデン大統領はフーシ派に対する空と海からの攻撃を命じた。[*8] ミサイルとドローンの発射施設、兵器集積所、レーダーを、精密誘導爆弾で直撃した。海軍の潜水艦一隻がトマホーク巡航ミサイル一基を発射した。アメリカの同盟国五カ国――イギリス、オランダ、オーストラリア、カナダ、バーレーン――が、その対応に参加した。フーシ派が警告で応じた。「アメリカとイギリスは、重大な代償を払う覚悟をしなければならない」

バイデンの入念で計画的な武力行使を示すやり方だと、マクガークは思った。

一週間後、バイデン政権とイギリスは、フーシ派の指導者四人に対する一連の制裁を発表した。個人への制裁に限定したのは、飢餓《きが》と戦争ですでに苦しんでいるイエメンの国民三二〇〇万人への被害を最小限にするためだった。

バイデンは、圧力を強めて、もっと恫喝したかったが、それが限度だった。バイデンの基本的な外交政策の方針は依然として、〝大国はブラフを使わない〟というものだった。だから、ブラフは行なわれない。地域の戦争をこれ以上拡大しないと、バイデンは決意していた。

二〇二四年一月二八日日曜日、シリアとイラクで活動する親イラン武装集団が、砂漠の僻地《へきち》にある米軍の前哨基地、タワー22を無人機で攻撃した。[*9] 同基地はシリア国境に近いヨルダン北東部にある。米軍兵士三人が死亡し、三〇人以上が切り傷から深刻な脳の外傷に至るまでさまざまに負傷した。

「きょう、アメリカの心は重く沈んでいます」[*10] 〝卑劣でまったくもって不正な攻撃〟を非難する声明で、バイデンはいった。「私たちが選んだ時とやり方で犯人すべてに責任をとらせます」と誓った。二月二日金曜日、アメリカ中央軍の部隊が、七カ所でターゲット八五件を攻撃した。[*11] 三カ所はイラク、四カ所はシリアで、イラン革命防衛隊や武装集団とつながりがあった。バイデンはイラン国内を攻撃しなかった。

マイク・ジョンソン下院議長は、バイデンの対応を批判した。[*12]「イランに支援されている武装集団によって米兵三人がヨルダンで悲劇的な死を遂げたことには、明確で力強い対応が求められていた」ジョンソンはいった。「不幸なことに現政権は、イランも含めた世界各国に私たちの対応の性質を伝えるのを、一週間遅らせた。おおっぴらに逡巡し、過度にシグナルを送ったせいで、この数カ月間辛抱してきた連続攻撃を決定的に終わらせる能力が損なわれた。

イランを懐柔する政策が失敗したという現実を、いまバイデン大統領は悟るべきだ」ジョンソンはいった。「平和を推進するために、アメリカは力を印象づけなければならない」

53

二〇二四年一月八日、ブリンケンと主だった補佐官たちは、サウジアラビアの古代のオアシス都市アルウラにある王族の冬季キャンプにいるムハンマド・ビン・サルマン皇太子に会うために砂漠を車で横断していた。[*1] 世界の石油埋蔵量の五分の一を有する国を統轄して全権を握っている三八歳のサルマン皇太子は、そこで保養していた。その週末、皇太子はアメリカの上院議員たちをもてなしていた。ブリンケンは、色とりどりの絨毯やクッションで贅沢に飾られた、だだっぴろいテントにはいっていった。ベビーラクダのバーガー、ラム、チキンなど、王家の料理が一行のために用意されていた。一〇月七日まで、バイデン、サリバン、ブリンケンは、カショギ記者が殺されたことで大きく損なわれていたアメリカとサウジアラビアの関係を立て直すために、何カ月もサウジアラビア側と協力していた。

もうひとつの世界を揺るがす可能性がある一大計画は、いわゆる〝正常化〟の提案だった。それはイスラエルとサウジアラビアが完全な外交、経済、戦略的関係を結ぶことを意味する。正常化が実現すれば、中東のパワーバランスを変える可能性がある。この中東の二強国が外交関係を結べば、地域で最大の軍事力を有するイランによる脅威を、一段と孤立させることができる。

だが、一〇月七日がもたらした精神的打撃や、イスラエルの軍事作戦とガザ地区への容赦ない爆撃によって、サウジアラビアが正常化に向けて進むつもりなのかどうか、あるいはそれが可能なのかどうかをたしかめるのが困難になった。サウジアラビアの国民はガザ地区の壊滅的な人道危機に怒りをたぎらせていた。

床のクッションの上に座ったブリンケンは、サルマン皇太子に直截にきいた。「正常化を模索するつもりはありますか？　それに、現実にそれをやるために、なにが必要ですか？」

中東の二大強国の国交正常化は、地域にとってひとつの転換点になり、外交史におけるブリンケンの立場は、ヘンリー・キッシンジャー並みになる。

「私はそれを追求したいだけではなく、緊急に追求したい」サルマン皇太子はいった。「今後数カ月のあいだに達成を試みる必要があると思います。なぜなら、あなたがたが選挙シーズンにはいるからです。そうなったら、何事もやるのが難しくなる」

アメリカの優先事項と政治を、びっくりするくらい戦略的に理解していた。

サルマン皇太子がつけくわえた。「選挙後になにが起きるか、だれにもわからない。だから、いまが好機だし、私はそれをやるつもりです」

アメリカはサウジアラビアとの防衛協力や、サウジアラビアが原子力発電産業を築くことができるような民生用原子力開発や、経済計画でも、最終合意にかなり近づいていた。[*2]

「私たちが合意をまとめたら」ブリンケンはいった。「正常化を実際にやるために、あなたがたはイスラエルからなにを必要としますか？」

「ふたつのことが必要です」サルマン皇太子はいった。「ガザ地区の静穏と、パレスチナを国家にする明確な政治行程です」

「皇太子殿下、パレスチナ国家についてあなたがたは本音を口にしておらず、ほんとうはそれを望んでいないというのが、イスラエルでの噂です。それはリップサービスであると。ですから、私におっしゃってください」ブリンケンはいった。「ほんとうの答えを」

サウジアラビア王家には、パレスチナの指導者たちのせいで失望を味わった長い歴史がある。

「私がそれを望んでいるか？」サルマン皇太子がいって、心臓の上を叩いた。「それはたいして重要ではありません。必要としているか？　絶対に必要です」

サルマン皇太子はつづけた。「ふたつの理由から必要です。一、私よりも若い世代が、人口の七〇％を占めています。

一〇月七日より前には、彼らはパレスチナやイスラエル‐パレスチナ紛争には、まったく注意を払っていませんでした。一〇月七日から、彼らはそれのみに注意を向けています」サルマン皇太子はいった。「アラブ世界やイスラム世界のさまざまな国も深い関心を抱いていますし、私は国民を裏切りません」

世界中のイスラム教徒が年に数百万人、預言者ムハンマドの生地メッカ巡礼のためにサウジアラビアを訪れる。

サルマン皇太子がイスラム教徒全体とアラブ世界の指導者を自任していることを、ブリンケンは知っていた。

「私はアラブとイスラム教徒の若い人々を裏切りません」サルマン皇太子はいった。

「それをビビにいってもかまいませんか？」ブリンケンはきいた。つぎにイスラエルへ行く予定だった。

「かまいません」サルマン皇太子はいった。

「おっしゃったとおりに？」

「そう、この言葉どおりに」


一月九日、ブリンケンは、白い壁と木の床の殺風景な狭いオフィスで、ネタニヤフ首相とふたりきりで座っていた。膝がくっつきそうなくらい近かった。ネタニヤフは椅子に、ブリンケンはソファに座っていた。ネタニヤフはこのオフィスで何度も動画や写真に撮られていた。

ネタニヤフは疲れ果てているように見えた。やはり疲れていたブリンケンは、間をおかずに、ガザ地区に送られる人道支援はじゅうぶんではないと力説した。何度も対策を講じていると、ネタニヤフが反論した。ビビのいつもの逃げ口上だと、ブリンケンはいらだたしげに思った。

イスラエルは人道支援にほんの小さな対策をいくつか講じていたが、どれも嫌がりながら不承不承やっていた。

イスラエル南部のケレム・シャローム検問所が、ようやく開放された。イスラエルはガザ地区向けの一日分の最低限の燃料供給に同意した。トルコが送ってきて、テルアビブの南の貨物港アシュドッドにとどめられていた小麦粉をガザ地区に運び入れることに、渋々同意した。また、アメリカの小麦粉の貨物も運び入れることに同意した。しかし、表面上、同意しただけだった。

「効率よく迅速に届けなければならないのに、そうなっていません」ブリンケンはいった。民間人の犠牲者数について、ネタニヤフを問い詰めた。イスラエルは、ガザ地区第二の都市のハンユニスでも軍事作戦を行なっていた。

「それはいつ終わるのですか？ 作戦はいつ終了するのですか？」ブリンケンは質問した。「そこは非常に難しい地域ですよ」

ネタニヤフが自己弁護しようとした。

「いいですか、私はMBSから、つまり皇太子から聞いたことを伝えなければなりません」ブリンケンは話題を変えて、話をつづけた。ネタニヤフが見るからに注意を集中し、身を乗り出した。

「彼は正常化を望んでいます」ブリンケンはいった。「緊急に望んでいるのですが、ふたつ必要なことがあるそうです。ガザ地区の静穏と、パレスチナ人の行程を必要としています」

ネタニヤフが活気づいた。「私もこれをやりたい」即座にいった。「ガザ地区の静穏とはどういう意味かね？」

「まあ、彼がいったことしか申しあげられませんが、イスラエル軍が現地に駐留しないということです」ブリンケンはいった。「それはかなり高い障害かもしれないと、私はいいました」

「私はそれに取り組む」ネタニヤフが、臆したふうもなくそういった。そして、ちょっと間を置いた。

「パレスチナ人の行程。それはどういう意味かね？」ネタニヤフは政界入りしてからずっと、パレスチナ国家の独立には、頑として反対してきた。

「それに現実味がないといけません。不可逆的でなければなりません。人々がほんとうに信じられ、受け入れられるものでなければなりません」ブリンケンはいった。「あなたがたが安全保障について自信を抱くことができるような条件が必要だということを、私たちは理解しています。しかし、明確で不可逆的な行程でなければならないのです」

ネタニヤフがいった。「そうか、よし、私たちはなにか工夫できると思う、なにか工夫できるだろう。創造的な言葉遣いで取り組まないといけない」

「いや、ちがいます。あなたは肝心な点を見落としています」ブリンケンはいった。「創造的な言葉遣いでは無理です。現実でなければならない。創造的な言葉遣いでは、あなたがたが一枚の紙切れにどんな逃げ口上を書き記しても、地球上のだれひとりとして信用しないでしょう。そういうやり方はできません」

「いや、ちがう、私たちはなんとか工夫する」ネタニヤフはいった。

ネタニヤフは、そのあとでブリンケンを安全保障内閣の会議に連れていった。つぎの軍事計画をイスラエル人たちがそこで練っていた。

「これが近々終わることはないのは明白だ」一連の準備を考察したブリンケンは、警戒を強めてそう思った。

会議が終わり、一同が席を立って出ていこうとしたときに、ブリンケンはネタニヤフの腕をつかんでいった。「一分だけ、いいですか」

「ああ、かまわないよ」ネタニヤフはいった。

「正常化を追求し、そのために必要なことをやると、あなたがオフィスでいったことと、ここでいま聞いたことは、一致していませんね」ブリンケンはいった。「それではうまくいくはずがない」

「私が工夫する」ネタニヤフはくりかえした。

ブリンケンは、帰国する飛行機からバイデンに電話をかけた。「大統領、聞いてください。今回の旅で、興味深いことを数多く耳にしました」ガザ地区の悲惨な状況、あらたな懸念材料の数々、サルマン皇太子およびネタニヤフとの会話のことを報告した。

「わかった。きみがこっちに戻ってきたら、できるだけ早く集まろう」バイデンはいった。

54

一月一四日、サリバンとブリンケンは、広さ一二五エーカー（約五〇万平方メートル）のキャンプデービッドへ行き、バイデンと昼食をともにした。テーブルを囲んでいたのは、彼ら三人だけだった。地面には雪が積もっていた。美しい日だったが、寒かった。

ブリンケンは、イスラエルとサウジアラビアの正常化合意を追求するというMBSとの会談とネタニヤフの反応の詳細をバイデンに伝えた。

「いいですか、私はこう感じました」ブリンケンは、ネタニヤフとの話し合いについていった。「いまのネタニヤフの遺産《レガシー》は、一〇月七日です。そのレガシーをネタニヤフは望んでいません。たぶんいまネタニヤフが考えているのは、括弧付きの対ハマス勝利をものにすることですが、それははかない、つかのまの実績でしょう。しかし、彼がサウジアラビアとの正常化をもたらすことができれば……」

それがネタニヤフのレガシーを決定づける。ネタニヤフは以前からずっと、中東の近隣国と和平を結ぶことが、イスラエルの安全保障への道のりだと論じてきた。

「そのことが聖杯もしくは黄金の指輪なのです」ブリンケンはいった。「イスラエルは一日目からそれを望んでいた。近隣諸国と正常な関係を結ぶことを」

「おいおい、彼がいま必要なことをやれるわけがない。そうだろう?」バイデンはブリンケンの意見を押し戻した。「そんなことが起こりうるはずがない」

バイデンのたわごと探知器は、赤く明滅していた。

一〇月七日以来、イスラエルの世論調査では、「二国家解決」に反対が六五%だった。[*1] 二〇一二年の世論調査ではイスラエル人の六一%が「二国家解決」を支持していたから、完全に逆転した。

「大統領、おっしゃるとおり可能性は低いです。ビビはいま、これに関してまったくちがう方向へひっぱられていますが、明らかにこれをやりたい気持ちもあります」ブリンケンはいった。「やりたいというより、これを強く望んでいます」

「わかった。正常化の線も追求しよう」バイデンはいった。「たんなる仮説ではなくネタニヤフが現実に決断するような段階に引きあげるために、私たちがサウジアラビアと独自の合意を結べるかどうか、やってみよう。

それが梃子《てこ》になるかもしれない」バイデンはつけくわえた。合意に向けて進むのに必要なことをイスラエルとネタニヤフがやれるかどうか、まだ懐疑的だったが、その提案を試してみるつもりだった。

サリバンとブリンケンが同意した。

アメリカとサウジアラビアの条約の一部に議会の承認を得るという難題もあった。最初の合意の防衛協力は、NATOの第五条の保護には至らないが、日本、オーストラリア、韓国との防衛協定とおなじだった。サウジアラビアが攻撃されたときは、アメリカが防衛に協力することを約していた。

政権初期にバイデンにいわれたことを、ブリンケンは憶えていた。「どの政権もそれぞれの中東危機を抱えている」二〇二一年にガザ地区で一一日間の戦闘が勃発したとき、ブリンケンはバイデンのところへ行き、私たちはこれにチェックマークを付けましたといった。

バイデンはただ笑って、ブリンケンにいった。「有名な最期の言葉だな?」

ブリンケンは三週間後にイスラエルを再訪し、不安にかられてバイデン大統領に電話をかけた。ガザ地区南部のラファに侵攻し、民間人にまぎれているハマスの大隊の残りを壊滅する計画があると、イスラエルの戦時内閣に説明されていた。

ラファには一四〇万人前後の人々がいて、ほとんどが間に合わせのテントに蓋のない下水溝という不潔な環境で暮らしている。ガザ地区北部のイスラエルの軍事作戦によって、そこに押し込められたのだ。彼らには逃げ場がない。

「イスラエルには、この民間人をどうするのかについて、なんの計画もないようです」ブリンケンはいった。「大惨事になることは間違いありません。計画を要求する必要があります」単語と単語が重なり合うくらい早口でしゃべっていた。ブリンケンが不安にかられ、動揺していることは明らかだった。

ブリンケンは、なおもいった。「聞いてください。個人的に、計画がないこんなものを支持するのに関わることはできません」

「イスラエル側に、計画を見せてもらう必要があるといってやれ」バイデンはいった。「きみが戻ってきたら、もっと詳しく話をしよう」バイデンは、そういってブリンケンをなだめた。

二月一一日に、バイデンはネタニヤフに電話をかけた。意見の相違で爆発寸前だったので、三週間ではじめての電話だった。バイデンは、ネタニヤフに対する腹立ちを何度も記者たちにぶちまけていた。一二月には自分とネタニヤフが写っている昔に撮られた写真に書かれた言葉を教えた。[*2]〝ビビ、きみが大好きだが、きみのいうことには、これっぽっちも賛成できない〟。

「いまもだいたいおなじだ」バイデンは指摘した。

そしていま、民間人保護のための明確で信頼できる実行可能な計画が必要だと、ネタニヤフに告げたことを、バイデンは公にした。[*3]それがないようなら、アメリカはラファでの作戦を支持できない。

二月一四日のバレンタインデー、ブリンケンはオーバル・オフィスの外の狭い大統領専用ダイニングルームで、バイデンとふたりだけでランチをともにしていた。

ラファは民間人にとって大惨事になるおそれがあった。「大統領、私たちが話し合ったように、ラファの民間人を安全なところへ移す計画が、イスラエルにはありません」ブリンケンはいった。彼らには逃げ場がない。

イスラエル側はブリンケンに、民間人は海岸沿いにあるアルマワシに行かせると告げた。「しかし、そこはすでに飽和状態です。そこにはすでに二五万人いて、満足な人道支援がほとんどない状態です」

「つじつまが合いません」ブリンケンはいった。「彼らを行かせる場所はありません。まして面倒も見られません」
ブリンケンはつづけた。「しかし、安全な場所へ民間人を移動する計画をイスラエルが考え付いたとしても、ラファには一四〇万人います。すべて移動させるのは無理でしょう」

「五〇万人がラファに残ると、私たちは考えています」ブリンケンがいった。

バイデンは同意した。イスラエルの軍事作戦の一部始終を見てきたが、民間人にひどい危害を加えるにちがいなかった。

「私たちがこれまで見てきたことから推定すると、おそらく子供が一〇〇〇人以上殺され、女性やそのほかの民間人も被害に遭うでしょう」ブリンケンはバイデンにいった。「私たちはそれに関与してはならない」

私たちもアメリカも、かなりきわどい状況に置かれていると、バイデンは腹立たしげにいった。ネタニヤフに対する辛抱が切れかけていた。

ハマスの大隊が四個残っていると、イスラエル側はいっていた。それを殲滅したい。

イスラエル国防軍は「過大評価されている」とバイデンはいった。

「いいですか」ブリンケンはつけくわえた。「たとえその残っている大隊を殲滅できたとしても、私たちの推定では、ハマスには、まだ殺されていない戦闘員や、負傷したために戦場に出ていなかった戦闘員が、一万人以上残っているはずです」

それに加えて、ハマスの正式な構成員が約一三万人いると推定していることを、イスラエル国防軍がブリンケンに告げていた。彼らは武装しておらず、テロ活動にも参加していないが、不意に戦闘に加わる可能性もある。さらに、この数カ月の出来事によって過激化した若者や、親族やコミュニティの仲間をイスラエル軍に殺された人々もいる。

「要するに、イスラエルは、自分たちの血を長期にわたって搾り取る内乱を引き継いだのです」ブリンケンはいった。

「いいか」バイデンはいった。「私が仕事を通じてずっとイスラエルの安全保障に取り組んできたことは知っているだろう」この路線はイスラエルの安全保障を損ねる。「民間人が危害を加えられることになるのを認めることはできない。彼らをこの路線からそらす必要がある。

明確な一線を引くつもりだ」バイデンはつけくわえた。「ラファにその一線を引こう」しかし、バイデンはネタニヤフを信用していなかった。彼らが一線を無視して行動したら？　そのあとは、どうするのか？

ブリンケンがいった。「おおまかにいうと、私たちが検討できる方策は、三種類あります。一、公にイスラエルと決別する。二、国連でなんらかの手を打つ」アメリカはこれまで、人質解放を伴わない休戦に国連で反対してきたが、その立場を修正することはできる。「三、イスラエルのガザ地区侵攻への軍事支援の一部を停止する」

バイデンは明確にいった。「アイアンドームなどのイスラエル防衛の支援中止もしくは一時停止はやらない。イランやヒズボラへの抑止力として温存する必要がある」

アメリカのイスラエル支援がゆらいでいるように見えたら、イランとその代理勢力、ことに北のヒズボラが、戦争にべつの前線を構築してガザ地区の紛争を拡大するきっかけだと見なすかもしれない。

アメリカ国内では、以前はガザ地区でのイスラエルの軍事作戦を大衆が強く支持していたが、それが大きく崩れていた。パレスチナ人の子供が負傷し、殺され、家族が食料や水を探し、住民がテントで野営し、ガザ地区の都市が瓦礫と化す衝撃的な映像を、毎日のニュース報道が見せつけていた。

ガザ地区の民間人死者が増加し、人道支援が届けられていないにもかかわらず、バイデンがイスラエルへの軍事支援をつづけていることが、民主党、労働組合、アメリカの大学のキャンパスで怒りをくすぶらせていた。

「だが、同意する」バイデンは、ブリンケンにいった。「彼らがこれを是正しなかった場合、ガザ地区で直接使用されるような軍事支援を一時停止できるか、そうすべきかを検討する必要がある」

ガザ地区の人道状況の悪化に対する学生主導の抗議行動の波が、アメリカ中の大学で湧き起こり、拡散していた。パレスチナ支援のデモやテント活動を大学当局が取り締まれば取り締まるほど、抗議行動は膨張し、大学職員や大衆も参加するようになった。コロンビア大学では、ベトナム戦争以来はじめて大学側が、学生の大規模な抗議行動を一掃するために警察を呼んだ。[*4] 約一〇〇人が逮捕された。

一部の共和党員は、大学での抗議行動を〝反ユダヤ主義の温床〟と呼んだ。[*5] 大部分は混然としたメッセージで、ガザ地区でのイスラエルの軍事作戦停止の要求が主眼だった。

二月一五日に、バイデンはネタニヤフに電話をかけた。[*6]

「民間人を安全な場所に行かせて面倒を見る計画がなかったら私たちは作戦を支持しないと、私たちは前にいいました」バイデンはいった。

「それをどういうふうにやるのか、計画が見えてきません。つじつまが合わない。どうやって住民の面倒を見るのかということはおろか、あなたがたが民間人をどこへ連れていくのか、私たちには見当もつかない」バイデンはなおもいった。「たとえそれができたとしても、ラファに残った民間人がひどい被害をこうむらないようにする手立ても見当たらない。

しかも」バイデンはいった。「あなたがたは長期の問題を抱え込むことになるから、これはなんの役にも立ちません」

その間、ブリンケンとマクガークは、イスラエルに休戦をずっと要求していた。ふたりはジレンマを抱えていた。「ガザ地区で起きていることを単純にすばやく解決するのは、人質解放を条件に休戦に合意することだとわかっていた」ブリンケンはいった。「その合意を取り付ければ、最短でも六週間の休戦が実現し、延長される見込みもある」

銃をぶっぱなしながらラファに突入しなくても、イスラエルはエジプトと協力して国境を管理し、ハマスになにも再補給されないようにして——ハマスの供給源を断つことができる。

ブリンケンは、バイデンのメッセージをネタニヤフに伝えた。「ラファへの大規模作戦に関して、私たちはあなたがたを支持しません」ブリンケンはいった。

これが招く状況はつぎのようなものです。ハマスがガザ地区に残ってそこを支配するか、あるいはイスラエルがとどまって内乱を引き継がざるをえなくなるか、それともまったくの無政府状態になるか。ハマスによるガザ地区支配を受けいれられないのは、アメリカも同感です。ブリンケンはいった。

「まあ、あなたのいうとおりだろうね」ネタニヤフがいった。「私たちは何十年も、手いっぱいになるだろう」

「それがイスラエルのためになるはずはないでしょう」ブリンケンはいった。ハマスに対抗するには政治的解決策——具体的にはパレスチナ人のリーダーシップ——が必要だと、アラブ人たちはいいつづけていたし、そのとおりだとブリンケンは思っていた。

「パレスチナ人とパレスチナ自治政府でなければならないというのが、私たちの判断です」ブリンケンはネタニヤフに告げた。

「あなたがたはそこに到達しなければならないと、私たちは確信しています。一気にやることはできないかもしれない」ブリンケンはつけくわえた。「エジプト人もアラブ首長国連邦も、パレスチナ自治政府への移行を担う治安部隊の一翼を担うことに、本気で興味があるといっています。私たちがパレスチナ自治政府を訓練できます」

ネタニヤフは、アラブ諸国が参加するという案が気に入っていた。パレスチナ自治政府に関しては、まったく乗り気ではなかった。

「いいですか」ブリンケンはいった。「あなたがたの世界での立場はあぶなっかしいものです。気づいたときには、もう手遅れかもしれない。しかし、あなたがたは、残っている支援者や、アメリカを除けばイスラエルを最大級に支援していた国々——ドイツやイギリス——の支援を失いつつあります。私はそういった国々の外相との話し合いから、支援する気持ちがテーブルの端にあって、いまにも落ちそうだということを察しています。あなたにはそれが見えないのかもしれませんが、知っておく必要があります」ブリンケンは、腹立たしげにいった。
それでもネタニヤフは、ラファ侵攻の軍事作戦という考えから遠ざかろうとはしなかった。
ブリンケンになんの影響力もないことは明らかだった。

そこで、ブリンケンはバイデンに電話をかけた。「この件で、私がビビに電話をかけよう」バイデンはいった。

「ラファにべつのやり方で対処する案がある」バイデンはネタニヤフにいった。「あなたがたの大きな問題――ハマス――に、まったく異なるやり方で対処する。私たちは大規模軍事作戦を支持できないから、その案を聞いてもらわないといけない」バイデンはいった。「それに、民間人を安全なところへ移す計画を、まだ示されていない」

ネタニヤフは、イスラエルの代表団をワシントンDCに派遣することに同意したが、国連安全保障理事会でガザ地区での即時停戦を求める決議案に対して、アメリカが拒否権を行使したあとで、交渉を打ち切った。

ネタニヤフは、それを裏切りだと見なした。

「まったく手に負えない」ブリンケンは、ネタニヤフについてそういった。「しかし、あらゆることを、ビビや閣僚のなかの強硬派、スモトリッチ（財務相）やベングビール（国家治安相）のせいにしたいのは山々ですが、最近イスラエルが表明していることは大部分が、国民の圧倒的多数の姿勢を反映しているというのが、厳しい現実です」

二〇二四年二月一六日、プーチンに対する批判を公に口にしていた反体制派指導者で四七歳のアレクセイ・ナワリヌイが、〝ホッキョクオオカミ〟と呼ばれている北極圏の僻地の刑務所で死亡したと伝えられた。[*7] 死因は明らかではなかった。

「間違いない。ナワリヌイの死はプーチンの差し金だ」[*8] バイデン大統領はいい放った。「ナワリヌイの身に起きたことは、プーチンの残忍さのさらなる証拠だ」

ロシア国内の反体制分子に対する強烈な警告だった。

55

二〇二四年三月一〇日日曜日、キース・ケロッグ退役中将は、電話に出た。トランプからで、スーパーチューズデー後の連絡だった。トランプ政権で最後まで留任した上級補佐官は五人だけで、ケロッグはそのひとりだったことがいまも自慢の種だった。

「選挙運動を本格的に開始するときのために、準備していてくれ」トランプはいった。上機嫌だった。「進撃準備！」

スーパーチューズデーは予想どおりだった。二〇二四年一一月の選挙はバイデンとトランプの再試合になると、だれもが確信していた。トランプは代議員を二二三一人獲得した。共和党の指名に必要な一二一五人を、大幅に上回っていた。

ケロッグは、二〇二四年のトランプの選挙運動を「一〇〇％」支援すると、あらゆる人間にいった。ケロッグにとっては、バイデンの政策とトランプの政策を示されたときに、どっちを採るかという問題だった。

「南部国境。それが第一」ケロッグはいった。「私たちの軍隊が崩壊している。それが第二。さらに、地域紛争を見るがいい。ヨーロッパ対ロシア。中東や、極東を見るがいい。

私はほんとうに、ほんとうに強力に、ドナルド・J・トランプに味方する」ケロッグはいった。「それに、現在のジョー・バイデンの政策には、きわめて、きわめて大きな不安を感じている。トランプの政策は優れているし、なんといっても私は彼のことを知っている」ケロッグはいった。「ジョーはといえば、経験豊富なんだが、国家安全保障の経験はどうかといえば、彼はまったくわかっていない」

スポットライトを浴びていないときのトランプはまったくちがうと、ケロッグはしばしば主張していた。トランプはじっと耳を傾けるし、そこにいる人間すべての意見を聞こうとする。

「オーバル・オフィスのドアが閉まると」ケロッグはいった。「私たちは着席する。そして、私がBOGSATと呼ぶものがはじまる。野郎どもがテーブルを囲んで座り《バンチ・オブ・ガイズ・シッティング・アット・ザ・テーブル》、いいたい放題をいう」

シチュエーション・ルームでの安全保障会議がアフガニスタン問題で熱したとき、トランプが間を置いてテーブルをまわり、全員の意見を聞いたことを、ケロッグは憶えていた。

「わかった、きみはどう思う?」ケロッグからふたつ離れた席の女性に、トランプがきいた。

「大統領、私は速記者なんです」

「いや、ちがう」トランプはいった。「この部屋にいるときは、しゃべるんだ」

そこで、速記者は手短に意見をいった。

トランプは、補佐官たちに責任を負わせるのが楽しいようだった。「まずこんなことをいう。私はこう考えているんだが、きみは反対するか、支持しないといけない」ケロッグはいった。

「圧力を受けてひるむ人間を数多く見た」ケロッグはつけくわえた。「文字どおり縮こまるんだ。そういう会議の場で、私は何度もいったことがある。ほんとうに徹底的な論争だから、ここでポップコーンを売る権利がほしいくらいですよ、と。見ている分にはおもしろかった」

トランプは、大統領としての決断を瞬時に下すことが多かった。「あすまた話し合おう、火曜日の一週間後にしよう、いまから数週間後にしようというふうではなかった」ケロッグはいった。

二〇一八年にトランプがイスラエルのアメリカ大使館をテルアビブからエルサレムに移すと決めたときにトランプはシチュエーション・ルームで、そのために第三次インティファーダ（パレスチナ人による民衆蜂起）がはじまるだろうといった。

「まあ、そのリスクをとろう」トランプは肩をすくめていい、移転を命じた。マスコミでは激論が湧き起こったが、第三次インティファーダがイスラエルで起きることはなかった。

トランプの下品で攻撃的な言葉に難色を示す有権者がいると、ケロッグは考えていた。[*1] たとえば、トランプは共和党の対立候補ニッキー・ヘイリーには〝鳥並みの脳みそしかない〟と何度もいい、運動員がヘイリーのホテルの部屋の外に鳥の餌を入れた鳥かごを置いた。

いまのトランプはだいぶ変わったといって、ケロッグは周囲を安心させた。「彼の意識は正しい位置にある」二期目が手にはいる可能性があるのを見て、本選に備えている。

トランプの閣僚の選択と意思決定も、今回は大幅に異なっていると、ケロッグは確信していた。

「『大統領入門』という本はない」ケロッグはいった。「身をもって仕事のことを学び、よし、こういうやり方でやればいいと気づいたんだ」

二〇一七年について、ケロッグはつけくわえた。「前回、彼はゲートから出走するのが遅れた。みんな新人だったので、私たちは統治を行なう備えができていなかった」ケロッグはいった。いま、トランプもバイデンもホワイトハウスに四年いて、大統領になにができるかを知っている。「この国がいまだかつて経験していないような、最長の総選挙になるだろう」ケロッグはいったが、二〇二四年の長い政治の戦いにトランプの準備はできていると確信していた。

三月にトランプからかかってきた電話で、ケロッグとトランプはひとつの話題からべつの話題へと飛び移った。「リンゴからオレンジへ、それからアンズへ、四五秒ずつ移った」ケロッグはいった。やがてイスラエルの話題になった。

ケロッグは、テルアビブから帰ってきたばかりだった。[*2] ネタニヤフの右腕の補佐官ロン・ダーマーやヨアブ・ガラント国防相との会談について、ケロッグはトランプに最新情報を伝えた。ケロッグは、ネタニヤフともひそかに会っていた。

ビビの心理状態はどうだ？　トランプは、ケロッグにきいた。

「ネタニヤフは戦時の指導者です」ケロッグはいった。「特殊作戦とイスラエル軍の出身です」戦争のことはよくわかっている。

ネタニヤフは、秘密偵察任務に従事するエリート特殊部隊サイェレット・マトカル（参謀本部偵察部隊）で軍務に服していた。その後、一九七三年の第四次中東戦争に参加し、イスラエル国防軍予備役大尉に昇級した。

バイデンはネタニヤフを公に批判しすぎていると、ケロッグはいった。「バイデンとネタニヤフは、ほとんどの案件で意見が合わない」ケロッグはつけくわえた。「あなたが大統領だったときのアメリカ政府は、アブラハム合意をまとめるあいだ、ネタニヤフに皮肉をいうこともありました。しかし、ネタニヤフはバイデンよりもあなたに親密です。

いますぐに二国家解決がありうると思っている人々がいるようなら、それは間違っています」ケロッグはいった。「近い将来にそれが実現することはないし、ユダヤ人のあいだに激しい敵意があるあいだは実現しませんよ」

ケロッグは、一〇月七日に攻撃されたキブツ数カ所を訪れたときのことをトランプに話した。ケロッグが会ったひとりのイスラエル人女性は、パレスチナ人を二度と信用しないといった。一〇月七日に境界線を越えてきた襲撃者のうち数人に見おぼえがあったという。自分のキブツで働いていた男たちだったと、女性はいった。

一〇月七日から五カ月後のいま、パレスチナ人が働くためにイスラエルにはいることは許されていなかった。

イスラエルはこれを〝生存のための戦い〟だと見なしており、聖典の戒律のように扱っていると、ケロッグはいった。

「それを理解しないと、イスラエルで起きていることは理解できません。そして、この政権はそれを理解していない」バイデン政権について、ケロッグはいった。

イスラエルに休戦を求めていることについても、ケロッグはバイデンを批判した。「彼らが休戦に応じるわけがないでしょう」ケロッグはトランプとの電話で、バイデン政権のイスラエル政策をこきおろした。ダーマーが一時間半のふたりきりの話し合いでほのめかしていた。「彼らはラファに侵攻しますよ。大隊を殲滅するつもりです。

彼らはハマスを根絶するつもりです」ケロッグはいった。「根こそぎにするという意味ですよ――ハマスの指導者たちをひとり残らず殺して」

バイデンはネタニヤフをじゅうぶんに支援していないと、ケロッグはいった。「人道支援を最優先の懸案事項にすることはできません」ケロッグはいった。「最優先の懸案事項は、戦闘部隊であるハマスを根絶することです」

電話の向こうで、トランプは沈黙していた。ネタニヤフのハマスへの対処と、ガザ地区でのイスラエルの軍事作戦の画像について、トランプは批判を口にしていた。

「イスラエルはきわめて大きい過ちを犯したと思う」マール・ア・ラーゴでイスラエルのメディアのインタビューを受けたときに、トランプはいった。「電話して、やるな、といいたかった。これらの写真や画像。爆弾がガザ地区のビルに落ちていくのを映した動画のことだ。いや、ひどい画像だと思った。世界中がきわめてひどい画像を見ている。イスラエルは、自分たちが強いことを見せたいのだろうが、時と場合によっては、そういうことはやらないほうがいい」[*3]

主な結論を記した事後報告書を書きますと、ケロッグはいった。一、イスラエル国家とビビ・ネタニヤフ政権を支持する必要がある。二、二国家解決が実現しないことを理解する。それはありえない。

三、イスラエルは休戦を行なうが、人質を連れ出すための短い休戦であること。四、これは戦争である。あなたが見る場面のいくつかは、悲惨であるだろうが、それを受け入れる。五、これはアメリカとサウジアラビアによって解決される。

「中東は壊れています」ケロッグはいった。「分裂していますし、あなたがバランスを回復させなければならないでしょう。あなたはいろいろな人々と話をする能力があるので、できるはずです」

ケロッグは、四ページの事後報告書のプリントアウトを、郵便でトランプに送った。長すぎてトランプは読まないだろうとわかっていた。

「ドナルド・J・トランプにとっては、長すぎる書類だ」ケロッグはいった。「一ページのメモにしないといけない」

前のトランプ政権の閣僚たちは、ワシントンDCのさまざまな大使館を訪れて、新しいトランプ政権はあなたがたの国に友好的で協力的になると触れ回った。

トランプの元国家安全保障問題担当大統領補佐官ロバート・オブライエンと、元CIA長官・元国務長官のマイク・ポンペオは、趙賢東《チョ・ヒョンドン》駐米韓国大使のもとを訪れた。

彼らが推したのは、二期目の政権ではトランプがもっと道理をわきまえて予想がつきやすくなるということだった。

トランプと貴国の関係は〝必要不可欠〟だと、彼らは説いた。たとえば、韓国とアメリカの関係が相互の安全保障に役立つことを、数多くの重荷をともに担うことを、トランプは認識していると語った。

趙大使がいった。「トランプが当選したら、オブライエンは次期国務長官の最終候補者リストに載るでしょう」

冨田浩司駐米日本大使は、トランプはゴルフをやることで日本の前の指導者たちと接近し、〝たいへん巧妙なやり方で〟日本の膨大な投資に関する情報を得ていたと思っていた。

「ここ数年、日本は世界最大の対米投資国です」冨田はいった。

もちろん、トランプはそれを把握していた。

前のトランプ政権の高官たちは、注意深く絆を結び、種を蒔《ま》いていた。彼らは古いネットワークから、新しいネットワークを築いていた。

56

「ねえ、トランプに電話しましょう」リンゼー・グラム上院議員は、三月のサウジアラビア訪問中に、MBSことムハンマド・ビン・サルマン皇太子にいった。一〇月七日以降、中東を五回訪れていたグラムは、イスラエルとサウジアラビアの正常化交渉を続けさせようとしていた――ほとんど達成できない目標に、とてつもない野心を抱いていた。

裕福な石油王国の実質的支配者で、影響力のある三八歳のサルマン皇太子は、補佐官に命じて、約五〇台のプリペイド式携帯電話を入れたバッグを持ってこさせた。バッグのなかをまさぐり、〝トランプ45〟と記された携帯電話を出した。

「やあ、いまリンゼーといっしょにいるんだ」サルマン皇太子がまもなく笑いながらトランプにいった。「調子はどう?」

トランプの話をグラムが聞けるように、サルマン皇太子はスピーカーフォンにした。

「リンゼーは最高だよ」トランプはサルマン皇太子にいった。「あなたにとっては最悪の問題だがね。彼はあなたを王座からひきずりおろせと、私にいったんだ!」

電話の両側で笑いが湧き起こった。

「そうだった」リンゼーは、電話に向かっていった。「［サルマン皇太子のことでは］あなたが正しく、私が間違っていた」二〇一八年に《ワシントン・ポスト》に寄稿していたジャマル・カショギ記者が殺されて遺体を無残に切断されたあと、グラムとサルマン皇太子の関係は悪化した。[*1] CIAはサルマン皇太子が暗殺を命じたと、結論を下した。当時、グラムはサルマン皇太子を〝殺人狂〟と呼び、サウジアラビアに〝超党派の大波〟が押し寄せると警告した。「サウジアラビアで起きることで、サルマン皇太子が知らないことはなにもない」グラムは、二〇一八年一〇月に〈フォックス&フレンズ〉で述べた。「この男が取り仕切っているあいだは、二度とサウジアラビアには行かない。この男はビルをぶち壊す鉄球だ」

いまグラムは、自分のことをサルマン皇太子のきわめて仲がいい友だちだと思っている。

前のサウジアラビア訪問でグラムは、会談のあいだにジェイク・サリバンに電話をかけてほしいと、サルマン皇太子に頼んだ。ネタニヤフとの話し合いについてサルマン皇太子とサリバンの両方に説明するためだった。サルマン皇太子は、〝ジェイク・サリバン〟と記されたプリペイド式携帯電話を出した。

「やあ、私はいまリンゼーといっしょにいるんだ」サリバンとの電話で、サルマン皇太子はいった。

「リンゼーとどこにいるのですか?」びっくりした声で、サリバンがサルマン皇太子にきいた。「サウジアラビアにいる」サルマン皇太子は答えた「彼［リンゼー］はイスラエルから戻ってきたところだ」

今回、トランプとの電話を終えたあとで、グラム上院議員はサルマン皇太子に、イスラエルとの正常化条約の話をサルマン皇太子に押しつけた。

「イスラエルを承認したければ、バイデン政権中にやらなければなりません」グラムはいった。「サウジアラビアとともに戦争をやるという防衛協定をトランプが議会に提出しても、民主党が賛成することはありえないので」

アメリカとの本格的な相互防衛協力の見込みというニンジンを、アメリカはサルマン皇太子の鼻先でずっとぶらさげていた。それが実現すれば、サウジアラビアが攻撃されたときには、アメリカがサウジアラビアを防衛することになる。

「これはでかい取り決めですよ」グラムはサルマン皇太子に念を押した。「イランに対する保険になります。イランにチェックメイトをかけることになります」

サルマン皇太子が、ガザ地区の状況に街路で怒りが湧き起こっていることを指摘した。パレスチナ国家がいずれ実現する見込みがあり、そこに向けて進むのではないかぎり、イスラエルとの条約に調印することは見込めない。しかし、一〇月七日以降、ネタニヤフとイスラエル社会が二国家解決という案にいっそう強固に反対するようになっていることを、グラムは知っていた。

原子力発電も含めてサウジアラビアのエネルギー分野を多様化するために、ウラン濃縮を進めることをいまも望んでいると、サルマン皇太子が口にした。

「まあ、それは難しいでしょうね。あなたがたが爆弾を製造するのを、だれもが恐れていますから」グラムはいった。

「ウランは爆弾製造のために必要なのではない」サルマン皇太子はいった。「爆弾なら、パキスタンから買える」

パキスタンは、核兵器を保有する九カ国のひとつだった。

一〇月七日のハマスの攻撃の数カ月前にグラムは、サウジアラビアやイスラエルと自分が話したことを、オーバル・オフィスでバイデン大統領に説明した。サリバンとブリンケンが同席していた。

「大統領、私はMBSにこういう話をしました」グラムはいった。「イスラエルとの正常化はありうると、私は彼にいいました。大統領の任期中に、私は支持するつもりです、大統領。

私はブリンケンとサリバンにも力を貸そうとしているんですよ」グラムはつけくわえた。「MBSに、イスラエルを承認すれば、アメリカと結びたいと思っている防衛協定に共和党から四五票を集めると私はいいました。トランプがあなたがたの邪魔をしないように。

トランプが法案を提出した場合、民主党は絶対に賛成しませんよ。民主党はビビとトランプを憎悪していますからね」グラムはいった。「イスラエルが私たちに勧めれば、共和党は防衛協定に賛成票を投じるはずです。共和党の四五票が得られます」グラムはいった。「あとはあなたが党幹部に打診しなければなりません」

「それはできる」バイデンがいった、

「いいですか」グラムは押した。「彼がそれを望んでいるのは、私たちの核の傘にはいれるから、核爆弾を製造することを考えなくてすむからです」

「達成できると思っているんだな?」バイデンはグラムにきいた。

「達成できます」グラムはいった。「そちらはどうですか?」

「達成できる」バイデンは答えた。

「大統領、アブラハム合意が、これを可能にしたんです」トランプ政権が中東で実現した、イスラエルとアラブ首長国連邦、イスラエルとバーレーンの国交正常化のことだ。「トランプにもいくぶん功績があります。しかし、あなたの政権中でないと、条約を上院で可決させることはできないでしょうね。サウジアラビアとともに戦争を行なうことについて、民主党の大統領に民主党を説得してもらうわけです」

「それをやろう」バイデンは自信をこめていった。


二〇二三年秋にふたたび中東を訪問したグラムは、バイデン大統領に電話をかけた。かつて親しい友人同士だったバイデンとグラムは、さまざまな取引をいっしょにまとめてきた。副大統領だったころのバイデンは、オバマ大統領にいった。「リンゼー・グラムは、上院でもっとも優れた直観の持ち主です」しかし、やがて共和党のハンター・バイデン攻撃をトランプとグラムが支持し、その友情は終わりを告げた。

「準備は整っています」グラムは電話でバイデンにいった。防衛協定で〝五ヤード・ライン〟に達し、民間原子力の協定では正確な文言の検討を行なっている。

イスラエルのネタニヤフ首相は、会見のとき「クリスマスツリーみたいに明るく輝いていました」グラムはバイデンにいった。「これは実現する寸前です」ネタニヤフとサウジアラビアの代表者が、二〇二三年一一月にテルアビブでひそかに交渉を行う予定になっていた。歴史的瞬間になるはずだった。

しかし、そのとき一〇月七日が起きた。ハマスの攻撃と、ガザ地区でのイスラエルの軍事作戦が、歴史的な平和条約実現の見通しをすべて大きく後退させた。

「これをやるには、休戦しか方法がない」二〇二四年三月、サルマン皇太子との最近の会見後に、グラムはブリンケンとサリバンにいった。「そして、休戦中に協定をまとめる」

57

四月一日月曜日、ホワイトハウスでの会談のあいだに、イスラエル国防軍退役准将のマイケル・ヘルツォグ駐米イスラエル大使は、国家安全保障会議中東調整官ブレット・マクガークを脇に連れていった。

「われわれはたったいま、シリアのダマスカスでＩＲＧＣ（イラン革命防衛隊）のモハンマドレザ・ザヘディ司令官を攻撃して殺害した」ヘルツォグは、ほかにイラン革命防衛隊幹部六人の名前を挙げた。

「なんですって？」マクガークはいった。「どういう結果になるか、よく考えたんですか？」

六三歳のモハンマドレザ・ザヘディは、アメリカがテロ組織と断定しているイラン革命防衛隊ゴドス部隊司令官の准将で、四五年前の一九七九年に起きたイラン革命の二年後に、一九歳でイラン革命防衛隊に入隊した。イランの最高指導者ハメネイ師の親しい友人でもある。ザヘディを殺すのは、イランの中核への攻撃にひとしい。

イスラエルは、スズメバチの巣に棒をつっこんだのだ。

マクガーク、サリバン、ファイナーは、顔を見合わせた。さまざまな感情が入り混じっていた。ターゲットについては、アメリカは理解できる。イラン革命防衛隊は、イスラエルを滅ぼすことに集中しているヒズボラのような代理勢力を操るために存在している。

ヘルツォグ大使は、合法的な自衛行動だと主張した。しかし、イランがどう反応するかをイスラエルは考慮していたかどうかは疑問だと、ホワイトハウスの補佐官たちは思った。

段階的拡大の梯子《はしご》を操るのが自分たちは非常に上手だと、イスラエルが考えていることを、マクガークは長年の経験から知っていた。イスラエル国防軍は綿密に計算された攻撃を行なうことがあり、それを〝行動の自由〟と称していた。アメリカはそれを支持していた。しかし、今回は大きな計算違いだと、マクガークは確信した。

アメリカはイスラエルから事前の警告を受けていなかった。それは好都合だったかもしれないが、今回の攻撃には重大な結果が伴う。

この精密攻撃は、アメリカ製のF-35戦闘機をイスラエルが使用して行なわれていた。

午後六時ごろ、イランがスイスの仲介者を通じて、イランはイスラエルに対して反撃するが、攻撃にはアメリカにも責任があると伝えてきた。イランはその通知で、イスラエルがアメリカの承認を得ないで攻撃することはできないはずだと、述べていた。

親イラン武装勢力からすでに一五〇回以上も攻撃を受けていた米軍部隊が、ただちにふたたび警戒態勢をとった。

午後八時、サリバンとマクガークは、アメリカは攻撃のことを事前に知らされていなかったし、承認しておらず、いっさい関与していないと、イラン側に応答した。アメリカ人やアメリカの施設に対するいかなる攻撃にも対応する用意があると、そのメッセージで警告した。〝私たちはイランとの戦争は望んでいないし、アメリカはそれに関わりたくないし、関わってもいない〟。

午後九時、国家安全保障会議戦略広報調整官ジョン・カービーが、そのメッセージを公にくりかえした。[*1]「明確に申しあげます」ホワイトハウスの演壇からカービーはいった。「ダマスカスでの攻撃に、私たちはいっさい無関係です。いかなる面でも関わっておりません」

緊張がマクガークを蝕んでいた。情報や公の声明から、イスラエルの攻撃をイランが大きな打撃だと見なしていることは明らかだった。

マクガークがほんとうに心配していたのは、ヒズボラがこれを好機と見て、イスラエルに大規模な攻撃を仕掛け、戦争に突入するかもしれないということだった。アメリカは何年ものあいだ、それを阻止しようと努力してきた。

中東地域がふたたび燃えあがり、過熱して、なにが起きるかわからない危険な状態になった。ひとつの疑問が漂っていた。イランはいつ、どのように対応するのか？

三日後の四月四日木曜日、バイデンは秘話回線でネタニヤフと三〇分、話をした。[*2]ブリンケンとマクガークが聞いていた。

「イランがなにか大がかりなことを準備しているのがわかっている」バイデンはいった。「いいかね、ビビ。私たちの意見は異なっている。あなたたちの防衛――イランの攻撃に対するイスラエルの中核の防衛――について、知っておいてもらいたいことがある。私、ジョー・バイデンはあなたたちを支援するから、それに疑問を抱く必要はない。わかるね？」

　イランがどんなことをやろうが、私たちはあなたたちがそれに対して防御するのを手伝う。「イスラエルがイランを攻撃することを、私は支持しない。絶対に。私たちは支持しない」バイデンはいった。

　ガザ地区の状況についての話題に変わった。

「あなたの戦略は？」バイデンはきいた。

「ラファに侵攻しなければなりません」ネタニヤフがそっけなくいった。

「ビビ、あなたには戦略がない。戦略がまったくない」バイデンはいった。

「それは事実ではありません、ジョー」ネタニヤフは応じた。「私たちはハマスを解体しているところです。彼らの大隊の七五％を排除しました。残り二五％を追討しなければなりません。いまそれをやっています。

　それに、ジョー」ネタニヤフはいった。「三週間しかかかりませんよ。ほんとうです。長くはかかりません！　これで戦争は終わります。ラファを掃討しなければなりませんが、それで終わります。三週間かかります。

　期間を区切ります、ジョー」ネタニヤフはいった。「三週間です」

「いや」バイデンはいった。「何カ月もかかるだろう」前にもそういう話を聞いていた。たとえば、ハンユニスでの作戦は三週間かかると、イスラエルは述べた。実際には五カ月近くかかった。

　ネタニヤフは腹立たしげな口調になることがあった。国連も、ほかのすべての国も、全世界がイスラエルを敵視しているかのように。ガザ地区への人道状況はそんなにひどくないと反駁し、疑問を投げかけた。

バイデンは、人道支援に関してイスラエルが実施する必要がある行動を列挙した。もはや外交的に適切な口調ではなかった。

「その地域で物資が溢れるほどにしなければならない。支援の波が殺到しなければならない」バイデンはいった。「それを持続させる必要があるし、人道支援要員が安全に仕事をやれるようなプロセスを設置しなければならない」

バイデンのイスラエルに対する要求は、具体的だった。イスラエルがガザ地区への進入を許すトラックの台数、開放しなければならない検問所の場所。

支援物資を直接ガザ地区に届けるために、アシュドッド港を開放してもらいたいと、バイデンはいった。またヨルダンからガザ地区北部に物資をじかに運び込めるように、高速道路に直結しているエレズ検問所を開放してもらいたい。

「北部へのトラック一〇〇台を含めて、一日にトラック三五〇台を走らせたい」バイデンはいった。

一〇月七日の攻撃以前は、ガザ地区に食料や医薬品を運ぶために、トラック五〇〇台が境界線を越えていた。イスラエル国内では、トラックがガザ地区北部にはいるのを防ぐために道路を封鎖する抗議行動が行なわれていて、支援に反対しているのがネタニヤフだけではないことを示していた。ガザ地区内では、憂慮すべき飢餓の兆候が現われていた。

ワールド・セントラル・キッチン事件のようなことが二度と起きないために、人道支援がイスラエル国防軍や司令部部隊と同居できるように、衝突回避要員が手配りする必要があると、バイデンはいった。イスラエルのドローンがワールド・セントラル・キッチンの支援車輛縦隊を誤って攻撃し、アメリカ人ひとりを含む国際援助機関関係者七人が死んだことを指していた。[*3] 車輛縦隊はガザ地区向けに輸送された食料一〇〇トン以上をおろした直後だった。

「あなたたちがそれをやらず、成果が見えなかったときには、私を失うことになります」バイデンはいった。「関係を断ちます」

バイデンにはめずらしい断定的な発言だった。

続いてバイデンは人質交渉に話題を転じた。七〇人前後のイスラエル人が、ガザ地区の地下のトンネル網でハマスに拘束されていると、アメリカは考えていた。

ビル・バーンズCIA長官とともに人質交渉のアメリカ側の窓口になっていたマクガークは、ハマスがさらなる人質解放に同意していれば、何カ月も前に休戦が実施されていたはずだと考えていた。人質交換の提案が、ドーハとエジプトのハマス政治指導者たちによって何度か承認されるのを、マクガークは見ていた。だが、そういったハマスの代表がネットワークを通じて、トンネル内にいるガザ地区最高指導者のヤヒヤ・シンワールに提案を伝えると、「この提案をわれわれは拒絶する」という返事がもどってきた。

イスラエル側は、そのことに完全に逆上していた。人質の女性、年配者、負傷者の解放と見返りに、イスラエルは全面的休戦を提案していたのだ。それをシンワールは拒絶した。

そしていま、バイデンはネタニヤフに、ハマスに対してもっと前向きな提案を行なうよう圧力をかけた。ハマスがほしがっているものを提供するので、この取引はうまくいく可能性が高いと、バーンズはバイデンに助言していた。

つぎのような提案だった。ハマスは人質四〇人を解放する。イスラエルは終身刑を宣告されている一〇〇人も含めて、パレスチナ人九〇〇人を釈放する。

マクガークは、驚天動地な提案で、どう想像力を働かせてもネタニヤフが同意しそうにはないと思った。イスラエルは終身刑の一〇〇人を、〝テロリスト〟だと見なしている。多くはイスラエル人を殺していた。

「人質を連れ戻すには、大きな代償を払うだけの価値がある」バイデンは、ネタニヤフにいった。さもないと人質はトンネル内で死ぬはずだと、ふたりにはわかっていた。

ネタニヤフは、その提案をするといった。

バイデンとネタニヤフの電話のあとで、人道支援に関してやる必要があるとバイデンがいったことに対して、イスラエル政府は四ページの一覧表を発表した。[*4]
ブリンケンはよろこんだが、腹立たしかった。「この四ページは、一二月に大統領がビビとの電話でやるように求めたことと、一言一句ちがわない」ブリンケンはいった。「彼らが一二月に実際にやっていたら、私たちの立場はまったくちがっていたかもしれない」
翌四月五日、シンワールが仲介を通じて返事をした。断わる。

シンワールはイスラエルの刑務所で何年も服役し、ヘブライ語を学び、イスラエルを滅ぼすことに一生を捧げると誓っていた。[*5] 徹底したイデオローグのシンワールは、ガザ地区の地下トンネルの居住区に隠れ、人質を楯に身を守っていると考えられていた。イスラエル軍は、トンネルの奥の家具がそろっているシンワールのスイートをいくつか見つけていた。快適な寝室とシャワーがあった。シンワールが逃げる直前に手書きした黒板を、イスラエル国防軍の兵士たちが見つけたこともあった。

アメリカの情報や、そのほかの直接の観察によって、ガザ地区の地下には何層にも重なっていて数百キロメートルにおよぶ迷路のようなトンネルがあることがわかっていた。[*6] シンワールは頑としてトンネルを出ようとはせず、地下の王国で暮らしているようだった。頭上のガザ地区の住民がどうなろうと知ったことではなく、自分の大義のためにパレスチナ人の最後のひとりまで犠牲にするつもりなのだと、情報からわかっていた。

「死の願望がある人間と交渉するのは難しい」バーンズは、シンワールについてそういった。

シンワールは戦争が自分の有利になりつつあると考えているのだと、イスラエルとアメリカの情報アナリストは、結論を下した。イスラエルはますます評判を落とし、孤立している。人質交換と見返りに休戦するというイスラエルの提案を、シンワールははねつけた。そのため、イスラエルは、人質を救出するには交渉と軍事的圧力を組み合わせるのが唯一の方法だと考え、〝ラファに侵攻せざるをえない〟と主張している。

アラブ首長国連邦の指導者で、ＭＢＺことムハンマド・ビン・ザーイド・アル・ナヒヤーン大統領は以前、マクガークにいったことがある。「イスラエルは、私たちがアラブ世界で周知していることを学ぶ必要がある。復讐には時間をかける。辛抱強くやる。それがよりよい手法なのだ。ラファに突入して破壊するのは、じっさいにシンワールを殺すことができたとしても、イスラエル人の利益にはならない」ムハンマド大統領はいった。

時間をかけるのだ、とムハンマド大統領は助言した。

イスラエルはシンワールを殺すと決意しているが。シンワールはすでに自分を殉教者だと見なしている。

いっぽう、テヘランでは四月五日に、ザヘディ司令官とイスラエルの攻撃で殺されたそのほかのイラン革命防衛隊幹部六人の葬儀に、イラン人数千人が集まっていた。[*7] 〝エルサレムに向かう道にある殉教者〟と、棺《ひつぎ》を運ぶトラックに書かれていた。葬儀に集まった人々は、〝イスラエルに死を〟や〝アメリカに死を〟と書かれたプラカードを持っていた。イランの最高指導者ハメネイ師は、イスラエルに代償を払わせると誓っていた。

イラン革命防衛隊航空宇宙軍のアミール・アリ・ハジザデ司令官が、イスラエルに対する大規模ミサイル攻撃を強く主張していることを、アメリカの情報が示していた。最高指導者のハメネイ師は大規模な戦争に巻き込まれることを望まず、いつもなら実利を重んじるのだが、友人のザヘディがダマスカスで殺されたことに激怒し、ハジザデを制止していなかった。

四月九日、イランはスイスの仲介者を通して、ふたたびメッセージを送っていた。〝イランはアメリカをターゲットにする意図はない〟が、イスラエルに対するイランの対応に挑むようであれば西アジアの米軍基地を脅かすと述べていた。

弾道ミサイルを含む各種のミサイルとドローンを用いてイランが歴史上前例のない攻撃を準備していることを、その晩にあらたな情報が示した。

四月一〇日午前一〇時〇分、サリバンは長官級を招集した。オースティン国防長官、C・Q・ブラウン統合参謀本部議長、エリック・クリラ中央軍司令官が、防衛準備について長官たちに説明した。イランのモハンマド・バゲリ参謀総長とじかに連絡することに、長官たちが同意した。じかに連絡するというのは、きわめて異例なことだった。C・Q・ブラウンが、バゲリに書簡を送って、自制を求め、イランが計画しているような攻撃は全面的な中東戦争に拡大するおそれがあると警告した。

クリラ将軍と軍事調整将校たちが、防御の準備のために空路でイスラエルに向かった。オースティン国防長官は、空母〈アイゼンハワー〉をイスラエルに近い紅海北部に移動するよう命じた。ミサイル駆逐艦〈アーレイバーク〉と〈カーニー〉の二隻と戦闘機も派遣した。フランス、イギリス、サウジアラビア、ヨルダンが、イスラエル防衛に協力することに同意した。

58

四月一三日土曜日、東部標準時で午後三時〇分に、イランはトゥルー・プロミス作戦を開始した。第一波は無人機《ドローン》一五〇機の群れで、イスラエルに到達するまで七時間かかる。つぎは巡航ミサイル三〇基で、約三時間ないし四時間で到達する。最後に弾道ミサイル一一〇基が空に上昇した、ターゲットにわずか一二分で到達する。

ドローン、巡航ミサイル、弾道ミサイルは、すべてイスラエルに同時に到達するように発射されていた。

サウジアラビア国防相がクリラに、サルマン皇太子と彼の弟の許可を得ていないので、アメリカはサウジアラビアの領空に侵入できないと知らせた。マクガークはサルマン皇太子にメッセージを送った。「攻撃が開始されました。あなたがたの領空にはいる必要があります。どうか国防相に指示してください」サルマン皇太子が命令を下し、領空をアメリカのF‐15戦闘機のために開放した。

バイデン大統領は、ウィルミントンからホワイトハウスに戻り、最初のミサイルが発射された午後五時一五分に、ジェイク・サリバン、ジョン・ファイナー、ブレット・マクガーク、フィル・ゴードンらとともにシチュエーション・ルームにいた。オマーンにいたクリラ将軍がスクリーンに映っていて、彼らが見ているものをリアルタイムで解説した。国内を出張していたハリス副大統領も、リモートで会議に加わっていた。

アメリカの監視システムは、世界のどこから発射された弾道ミサイルでも探知できる。弾道ミサイルは宇宙まで上昇してから、大気圏に再突入し、時速二万四〇〇〇キロメートルで飛翔する。

「大統領」クリラがいった。「弾道ミサイル三〇基を確認しています」飛行中だという意味だった。

シチュエーション・ルームのスクリーンに、ミサイルは黄色い条《すじ》として映っていた。まるで一九八〇年代の映画か、古いコンピューターの戦争ゲームのように見えた。バイデンは、黄色い条がイスラエルに向けて動いているのを見守った。情報や報告から、イランのミサイルが高性能だということがわかっていた。

「大統領、私たちは十中八九、ミサイル三〇基を打倒できます」オースティン国防長官がいった。

約三分後、さらに三〇基のミサイルがイランから発射された、その数分後に、また三〇基。まもなくミサイル一一〇基がイスラエルに向けて飛翔していた。気が遠くなるような数だった。予想していたよりもはるかに多い。

バイデンはひどく静かだった。テーブルの上座で椅子にじっと座り、無言でミサイルを見ていた。

マクガークは、バイデン大統領を仔細に観察していた。ジョージ・W・ブッシュ大統領の国家安全保障問題担当大統領補佐官だったスティーブン・ハドリーが、かつてマクガークに、こういう状況では、なにを考えているか読み取るために大統領を観察するといいといったことがあった。

一一〇基もの弾道ミサイルを打倒しようとした国は、歴史上、一カ国もなかったと、マクガークは気づいた。ターゲットに命中するのがたとえミサイル三〇基だけだったとしても、イスラエルはきわめて断固たる方法で対応しなければならない。その結果、大規模な中東戦争は避けられないだろう。

そのとき、統合防衛が開始された。

「いま見えているものはなんだ？」バイデンが、防衛作戦ネットワークを通じて話をしているクリラにきいた。

接近する無人機に対して、キル・バスケット（防空システムの個々の兵器の探知と迎撃が可能な範囲）が準備されていた。

弾道ミサイル防衛は、イスラエルにいるアメリカの軍事調整官が主導していた。あれらを撃墜しろ、これらを撃墜しろ、イギリスはこれらをやる、サウジアラビアはこれらを引き受ける。驚異的な統合防衛作戦だった。

目の前で歴史が創られていた。史上初めてイランがイスラエルを直接攻撃し、史上初めて米軍がイスラエルを直接防衛していた。サウジアラビアとヨルダンがイスラエル防衛に参加していた。前代未聞だった。イランに対抗する勢力の大きな変化だった。

やがて、悪い報せが届いた。「イスラエルに四基弾着を確認しました」クリラ将軍が報告した。ミサイル四基がイスラエルでターゲットに命中したという意味だ。部屋の緊張が高まった。なにに当ったのか、あと何基が防衛を潜り抜けるか、見当がつかなかった。

イランが軍事作戦終了を宣言したとき、アメリカと同盟国はイランのミサイルとドローンのほぼすべて、三〇〇近くを迎撃して撃ち落とし、共同防衛能力の絶大な力が実証された。[*1] 故障を起こしたイランのミサイルも多かった。七歳の女児ひとりがひどい怪我を負ったが、イスラエルが受けた被害はびっくりするくらい軽微だった。死者はなく、大きな損害も生じなかった。

　だが、バイデンはネタニヤフのことをよく知っていた。イスラエルは対応するだろうし、またイランとの戦争の瀬戸際に戻ってしまう。バイデンは自分の直観を口にした。ビビに、ここでやめろといおう。イラン革命防衛隊幹部を狙って殺し、きみたちがこれをはじめたのだ。イランが対応し、私たちは大規模な死傷者が出るのを防いだ。彼らはきみたちを傷つけられなかった。ここで終わらせよう。

　バイデンは、スクリーンのハリス副大統領を見あげた。

「きみの意見は？」

「それが正しいでしょう」ハリスはいった。「この勝利をつかむよう、ビビにいってください」

　バイデンとネタニヤフは、午後九時に電話で話をした。イスラエルでは午前四時だった。

「つぎにやるときには、時間をかけてもっとよく考えよう」バイデンはいった。「なぜなら、きみたちは勝ったというのが、私の見方だからだ。レバント（シリア、レバノン周辺）できみたちはＩＲＧＣ（イラン革命防衛隊）の指導者たちを攻撃して殺した。イランがありったけの兵器をきみたちに向けて放った。そして、私たちはサウジアラビア、ヨルダン、フランス、イギリスとの連合でそれを打倒した。じつに見事だった。きみたちはつぎの行動をとる必要はない。なにもやるな」

「私たちは一〇〇基もの弾道ミサイルで攻撃されたんですよ」ネタニヤフはいった。「私は中東で生きているんです。これに我慢することはできない。対応しなければなりません」

「勝利をつかむんだ」バイデンは助言した。イランに対するイスラエルの攻撃的行動に、アメリカはいっさい関与しないと、くりかえした。

「私たちは攻勢には加わらない」バイデンはいった。

ネタニヤフはいった。「はっきり申しあげます。私たちは自分たちで決定を下します。イスラエル国家は、自衛のために必要なことをなんであろうとやります」

ネタニヤフとの電話を終えると、バイデンはシチュエーション・ルームの補佐官や閣僚にいった。

「彼はなにかをやるだろうが、それを制限するには、なにもやるなというしかない」


イスラエル内閣は、どう対応するかを議論した。テヘラン郊外への攻撃を含む幅広いオプションを検討した。スモトリッチ財務相など内閣の強硬派は、イランの核施設を排除する機会だと主張した。それは却下された。

四月一八日、イスラエルのガラント国防相はサリバンに、イスラエルは〝小規模な精密報復対応〟を行なうと知らせた。イランが面子《メンツ》を維持して事態が沈静するように、イスラエルは攻撃のことを公表しないといった。

そのあとで、イスラエルは裏チャネルでイランに伝えた。「われわれは対応するが、この対応で終わりになると考えている」

イランがイスラエルの攻撃後に発射する可能性を考えて、ミサイル三〇基に燃料を注入したことを、アメリカの情報が示していた。米軍は、またしてもイスラエル防衛の構えをとった。

四月一八日午後八時、イスラエルはイランの主要核施設があるイスファハン郊外の防空システムを攻撃した。

イスラエル軍のパイロットたちは、イランの防空システムに探知されることなく、先進的なミサイルを発射した。

それによってイスラエルは、いつでも好きなときに精密照準で攻撃できることを、イランに示した。だから、これをやめよう。

ブレット・マクガークは、自分のオフィスでそのミサイルを見ていた。小さな黄色い条が、リアルタイムでスクリーンに軌道を描いていた。

精密に調整された攻撃が、小さな爆発を起こした。ソーシャルメディアがさっそく取りあげた。イスファハンで爆発音を聞いたと、だれかが投稿した。あれはなんだったんだ？

アメリカのテレビは、大規模な戦争が勃発すると報道していた。[*2] 記者たちがホワイトハウスを質問で攻め立てた。なにが起きているんだ？　サリバンとファイナーは、国家安全保障会議とホワイトハウスの報道チームに緘口令《かんこうれい》を敷いた。イスラエルがイランに報復したとアメリカ政府関係者が発言したら、大々的に報道され、イランは対応せざるをえないと思うかもしれない。

イランの公式チャネルで発表されたメッセージは、何事もなかったというものだった。なにも起きていないと、イラン側は述べた。クアッドコプター――アマゾンでだれでも買えるようなローターが四つの小さなドローン――が爆発し、損害はなかった。

イランは領空を民間機が飛行することをふたたび許可した。マクガークはほっとした。対応しないという合図だった。

終わった。中東戦争をまた回避した。

59

二〇二四年春、ビル・バーンズCIA長官は一〇回目のウクライナ訪問を行なった。[*1] CIAはウクライナに大量の情報支援を提供していたが、ウクライナは堂々たる情報機関を育てあげたと、バーンズは確信していた。

バーンズはゼレンスキー大統領とひそかに会い、その後、報告した。「彼は老けて、疲れていた。たいへんな緊張にさらされているからだ。しかし、強靱な回復力を失ってはいない。いまも戦争開始直後と変わらずしぶといように見えた」

「私たちは防御用軍需品が枯渇しかけています」ゼレンスキー大統領は、用心深くいった。「砲弾もです」ウクライナへの支援継続という問題が、自分にはどうにもできず、理解もできないアメリカ議会の厳しい党派対立によって行き詰まっていることをゼレンスキーは深く懸念していた。

バーンズがウクライナに到着したのは、ある過酷な戦闘の敗北から三日後だった。[*2] ウクライナ東部の都市アウディーイウカは、ずっと堅守されていたが、弾薬不足のためにウクライナ軍は撤退を余儀なくされた。この敗北は、ロシアが戦争で決定的優位を得つつあることを、ウクライナ人と西側諸国に示した。

バーンズは、ウクライナ軍特殊部隊の司令官と話をした。

「私たちは可能なかぎり長く激しく戦ってきました。私たちの弾薬が尽き、彼らが進撃してきたのです」

バーンズはワシントンDCに戻り、連邦議会の議員たち、ことにウクライナ支援の予算に反対している共和党の下院議員たちと果てしない話し合いを続けた。「予算案を通さないと、第二のアウディーイウカが起きる。ウクライナ人の勇気と粘り強さの問題ではない。弾薬が尽きていることが問題なのだ」それは戦争の敗因になる。「いまや、単純な問題だ」

二〇二四年四月末にウクライナの弾薬が枯渇することを、バーンズは知っていた。この戦争では、アメリカ合衆国《アンクル・サム》が支援してくれることが、一貫して塹壕の兵士たちの希望の源だった。アメリカの支援が弱まれば、前線のウクライナ軍将兵の士気も弱まる。

ロシアがこの戦争に勝てばその影響は甚大で、ことはウクライナにとどまらず、ヨーロッパだけではなく全世界に及ぶと、バーンズは確信していた。

中国がきわめて大きい要素だと、バーンズは思った。習近平が注視している。

「習近平が世界をどう見ているかが重要だ」バーンズはいった。「ウクライナでの戦争の一年目、習はかなり節度を守っていた。彼はウクライナがあれほど激しく反撃するとは思っていなかった。バイデン大統領がやっているほど私たちがウクライナを強く支援するとは、思っていなかった。私たちの情報が信頼できることが判明した。そのため、習は台湾の事案想定に関して、すこし躊躇した」

アメリカがウクライナから遠ざかると見られたら、習の野望が燃えあがり、自信を深めるにちがいないと、バーンズは確信していた。「つまりいまの事態に多くのことが賭けられている」

バーンズは、つづいてもっとも重要な論点を述べた。「習を抑止したいのであれば、私たちがウクライナに踏みとどまり、領土征服の戦争に対抗できることを示さなければならない」

二〇二一年の上院での指名承認公聴会の際に、バーンズは述べた。[*3]「敵対的で略奪的な中国指導部は、私たちの最大の地政学的試練になっています」

三二年間外交官をつとめたバーンズは、二〇一九年に刊行された回顧録『*The Back Channel*』（『裏チャネル』未邦訳）に、〝平和と戦争のあいだのグレーゾーンをたくみに動きまわること〟がなによりも重要だと書いている。[*4]

ＣＩＡ長官としてバーンズは、そのグレーゾーンで生きて、戦争を回避しようとしていた。だが、戦争は起きてしまった。

60

バイデン大統領は、本国にずっと近いべつの戦争に直面していた。アメリカ合衆国とメキシコの国境で。

「悪魔のようだ」アレハンドロ・マヨルカス国土安全保障長官は、アメリカ南部の約三二〇〇キロメートルにおよぶ国境を監督している国土安全保障省の運営に対する共和党の攻撃を、内輪で腹立たしげに歯を食いしばってそう描写した。

国土安全保障長官は、政府では大統領に次ぐ過酷な仕事だといわれることもある。キューバからの移民のマヨルカス長官は六四歳、身長一七三センチ、禿頭で、国境でなだれを打って起きている危機に対処していた。

二〇二四年の選挙が近づくにつれて、国境は目につく影響の大きい政治ターゲットになった。移住者数千人が大型トレーラーに乗り込み、土埃の立つ道路を歩いて、メキシコを横断する光景、家族が俄《にわか》作りの筏《いかだ》でリオグランデ川を渡り、ほとんど妨害されずに国境のフェンスを乗り越える光景を、ニュースチャンネルが流した。

二〇二二年と二〇二三年、南部国境で身柄を拘束された移住者の数は、年間二〇〇万人を超えた。[*1]

この記録的な数の移住者の大部分は、中米の人々だった。国境を越える移住者は、バイデン大統領が就任した二〇二一年一月の一カ月七万五三一六人――この数でもすでに厄介な問題だった――から、二〇二三年には二四万九七八五人に急増していた。

バイデンは大統領就任の初日から、トランプの強硬的な移民政策を廃止し、アメリカの移民管理をもっと優しく人道的な手法に変えると約束した。[*2] バイデンは、カマラ・ハリス副大統領に、〝中米の北部三角地帯（グアテマラ、ホンジュラス、エルサルバドル）から来る移住者の根本的原因〟に取り組むよう命じた。バイデンが副大統領だったころに責任を負っていた職務だった。ハリスにとって絶好の機会だというものもいれば、バイデンは副大統領に毒杯を押しつけたのだというものもいた。

トランプの〝ゼロ寛容政策〟の多くは、残酷だと見なされていた。たとえば、国境で子供を親と別れさせ、子供一万三〇〇〇人以上を付き添いなしで国外追放した。特定の国のイスラム教徒がアメリカに入国することを禁じた。また、トランプは国境沿いに壁を築こうとしたが、ほとんど果たせず、効果はなかったとおおかたに見なされた。

バイデンの政策は、アメリカへ移住し市民権を取得することに対し、合法的な筋道を創ることを主眼としていた。だが、移住者数十万人が国境を越えて押し寄せるようになると、アメリカの国内感情はたちまち変わり、政治的な猛火が燃えあがった。

トランプが掲げた〝来るな〟という看板を、バイデンが〝アメリカにようこそ〟へと書き換えたと、共和党は非難した。二〇二四年一一月の選挙に先駆けて、共和党が出したテレビ広告のうち二七で〝侵略〟という言葉が使われた。

バイデンは、国境管理を改善する予算がないと、共和党を非難した。「下院共和党は、私の包括的な計画を検討することを拒んだ。さらに、国境の安全を守るために私が請求した追加予算三五億ドル、移民・関税執行局の亡命担当官を二〇〇〇人、移民審査官を一〇〇人増員するための予算の請求をはねつけた」二〇二三年一月五日に、バイデンはいった。

さらに、二〇二四年にバイデンは、それまででもっとも厳格な国境管理手段を含んでいた超党派の国境政策合意をトランプが葬り去ったことを非難した。トランプはその法案が民主党への〝贈り物〟になると反対し、共和党のマイク・ジョンソン下院議長は、その法案は「即時廃案」になるといった。「私の前任者は議員たちに電話して、その法案を阻止するよう要求したと聞いています」二〇二四年三月七日の一般教書演説で、バイデンはいった。「彼はそれが私に対する政治的勝利になると思ったのです」共和党員たちはその発言にブーイングで応じ、バイデンの〝国境開放政策〟は〝軟弱〟だと嘲った。ウクライナ支援補正予算案に共和党の賛成を得る見返りの一部として交渉された超党派の法案によって、とどこおっていた案件約三〇〇万件を処理するために、移民・関税執行局の職員一五〇〇人と移民審査官一〇〇人を増員する資金が調達できた。

バイデンが大統領に就任してから、六〇〇万人以上が違法に南部国境を越えた。人類史上最大の人間の移動だった。

アメリカに一年以上滞在した人を、よそに移動させるのはかなり難しいことを、記録が示していた。

トランプは、南部国境を越えてくる人々のことを、「囚人、殺人犯、麻薬密売人、精神科に通院していた人間、テロリスト、最悪の人間だ」と描写していた。

「場合によっては、人間でもないというのが、私の意見だ」二〇二四年三月のオハイオ州での集会で、トランプはいった。「こいつらはケダモノだ。よし、私たちはこれを食いとめなければならない」

バイデンは一般教書演説で、トランプの誇張した表現を非難した。「私は移民を〝わが国の血を汚す〟などと悪者扱いしない」バイデンはいい放った。「私は家族を引き裂かない。信仰を理由にアメリカ入国を禁じない」

だが、アメリカ国民の八〇%近く、民主党支持者の七三%が、メキシコとの国境を越えてくる膨大な数の移住者の扱いについて、バイデンの手法に反対している。[*3] どこの国よりも多くの移民が住むアメリカ合衆国はいま、移民はどうあるべきかということで、激しく分断している。

ニューヨーク市長で民主党員のエリック・アダムズは、ニューヨーク市に移住者が殺到していることについて、バイデンへの批判をくりかえしている。[*4] ニューヨーク市は膨大な数のホームレスを抱え込んでいるうえに、移住者四万二〇〇〇人以上の住宅を用意しなければならない。

「大統領とホワイトハウスは、この問題に関してニューヨーク市を失望させました」アダムズはいった。「人々が働けるようにすることが、私たちが真っ先にやるべき対策のひとつだと、私は考えています」（難民申請者に対する就労許可証の発行が遅いために申請者が施設から出られず、ニューヨーク市に財政負担が生じていた）

衝撃的な動画によって、これまでにない国籍の人々が南部国境にやってきていることも明らかになった。歴史的に、南部国境にやってくる移住者の大多数はメキシコや中米の人々が占めており、地域的な現象だった。いまでは大陸間の人間密輸ネットワークが隆盛になったために、中国やインドも含めた遠い国々からもやってくる。

メキシコとの国境にこうした膨大な移住者が流れ込むことには、数多くの理由がある。[*5] アメリカ国内の雇用機会は、急上昇していた。バイデン政権の一年目に六七〇万人分の雇用が増えた。第二次世界大戦後に就任した大統領で、これほど雇用が増えた政権はなかった。就任一年目以外のすべての年においてだ。アメリカ国内の求人件数と、国境での逮捕者数に強い相関関係があることを指摘する研究もある。

アメリカの世論調査は、良好な経済機会、バイデン大統領の移住者を歓迎する政策、移住者の母国での暴力の脅威が、移住者を引き寄せる大きな要素だと、アメリカの有権者が確信していることを示している。

独裁主義政権の隆盛、ギャングの暴力、一部の国における経済状況の悪化、食料と水の不足や自然災害により移住を強いられるといったような気候難民など、地球全体や地域の要因も、影響を及ぼしている。ソーシャルメディアの普及によって、国境を越える方法を知るのも容易になった。

「根本的に、私たちのシステムには、現在の移住者に対処できるような仕組みがない」マヨルカス国土安全保障長官は、NBCニュースで述べた。「私たちのシステムが最後に改善されたのは一九九六年だった」政治が閉塞状態であるために、議会は数十年間、包括的な移民法を成立させることができなかった。

共和党主導の下院国土安全保障委員会はマヨルカスが元凶であるとして弾劾訴追決議案を賛成多数で可決し、二〇二四年二月一三日火曜日の本会議でも二一四票対二一三票という一票差で可決した。既存の移民法を執行することを「故意かつ計画的に」拒み、議会に嘘をついて国境は安全だといい、大衆の信頼に反した「反逆罪と不品行」によって、マヨルカスは告発された。アメリカの閣僚で弾劾訴追されたのは、マヨルカスでふたり目にすぎない。マヨルカス弾劾訴追に伴う下院共和党の怒りのこもった報告書は、マヨルカスが「カルテル、犯罪者、アメリカの敵をつけあがらせた」と結論を下していた。

下院民主党は、二九ページの反論で述べた。「委員会の共和党議員たちは、スパゲティを壁に投げつけて、なにがへばりついたかを見るにひとしいプロセスで、曖昧かつ前例のない理由をでっちあげて、マヨルカス長官を弾劾訴追した。MAGA主導の弾劾訴追は根拠のない、いかさまだし、議会に残った理性的な共和党議員少数にはそれがわかっている――たとえ、そのことを認めないとしても」

しかし、壁にへばりついたスパゲティは、アメリカの政治を動かすことができる。壁はもとから汚れていたわけではない。それが不愉快な現実だった。

二〇二四年一月三日、マイク・ジョンソン下院議長が、共和党議員六四人を引き連れて、南部国境のテキサス州イーグルパス国境検問所へ行き、大々的な政治宣伝が行なわれた。

「驚天動地の思いでした」そこでの記者会見で、ジョンソンはいった。「ひとつだけ完全に明白なことがあります。アメリカは記録的レベルの入国者数で、我慢の限界です」バイデン大統領は、トランプ前大統領の〝メキシコに残れ〟政策を復活させ、違法な越境を阻止するために、国境の壁建設やそのほかの備えをふたたび実行すべきだと、ジョンソンはいった。違法入国は、前月だけでも二五％増えた。

共和党議員たちは、バイデンをいいように非難したが、それはバイデンの身から出た錆でもあった。

トランプの政策を廃止したあと、バイデンは有効でより人道的な代案を提示していなかった。だから共和党は、壁のスパゲティを指差すことができた。

民主党が支配する上院は、マヨルカスに対する弾劾訴追を棄却した。だが、国境をめぐる政治戦争は、膠着状態に陥っていた。バイデンはあらたな資金と立法が必要だと強く主張していたが、ジョンソン下院議長と共和党は、トランプの政策を復活させれば、大統領と行政府の行動によって違法越境は飛躍的に減らせるはずだといった。

当然ながら、トランプは影響力を行使した。「私たちの党の指導者として、アメリカを裏切るこのおぞましい国境開放を支持する可能性はゼロだ」トランプは、ラスベガスの選挙運動集会でいった。「私はそれとどこまでも戦う。上院議員の多くは、うやうやしくいおうとしている。私が悪いのだと。かまわないと、私はいう。どうぞ私を非難してくれ。さあどうぞ」

トランプは大統領ではないが、彼の影響はバイデンに影を落としているだけではなく、共和党を完全に支配していた。

ごくふつうのアメリカ人は、トランプに影響力があるのを、完全には理解していないかもしれないが、議会は理解している。トランプが小指をふると、共和党は膝を屈して従う。

バイデンのホワイトハウスにとって移民問題で明るい日は、移民のニュースがまったくない日だけだった――なにひとつ報じられない日。そんな日はめったになかった。

61

「あなたはウクライナの戦いの要です」二〇二四年四月一七日、私はニューヨークのポーランド総領事館の陽が当たる明るい部屋で、ポーランドのアンジェイ・ドゥダ大統領にいった。

ウクライナと五三〇キロメートルの国境を接しているので攻撃されかねないと、ポピュリストで右翼の大統領が危惧しているかどうか、知りたかった。ロシアがウクライナを奪取したら、それがポーランドにどういう意味を持つでしょうか？

五二歳で、髪を短く刈り、縁なし眼鏡をかけたドゥダは、力強く表現豊かな自信を備えている。目を輝かせ、両手の動きで発言を強調する。ドゥダが九年間、大統領をつとめているあいだに、アメリカの政権は三度変わった――オバマ、トランプ、そしてバイデン。ドゥダはアメリカ大統領三人すべてと良好な関係だったことが自慢だが、ことにトランプと親しかった。

「私の最大の政治的願望は、ロシアがウクライナで勝たないことです」ドゥダはいった。「私の国ポーランドとこの地域の安全保障にとって、それが絶対にもっとも重要です。しかし、全世界の安全保障にとっても重要であると確信しています。

ウクライナは私たちの隣国ですし、ウクライナがロシアに屈しないで、主権を有する独立国であり続けることが、私たちにとって根本的に重要です」ドゥダはいった。「私たちはロシアの占領がなにを意味するか、ロシアの恐怖がなにを象徴しているか、知っています。ウクライナを助けなければならないと、わかっています」ドゥダは身を乗り出して、強調するために人差し指で前のデスクを叩いた。

ポーランドは、北の国境をロシアの飛び地カリーニングラードと接し、北東の国境の一部をベラルーシと接している。[*1] どちらにもロシアの核兵器が備蓄されている。ロシアがウクライナの支配を握ったら、つぎはポーランドが狙われるかもしれないと、ドゥダは考えているのではないか？

ロシアのウクライナ侵攻から二六カ月のあいだ、ポーランドの人々は戸口で起きている戦争とともに暮らしてきた。「アメリカのあなたがたは、おなじように感じてはいないでしょう」ドゥダはいった。

ポーランドの家庭は、ウクライナ人数百万人を家やコミュニティに受け入れていた。[*2] 空路でやってきた世界の指導者が、一二時間かけて列車でキーウに行く便宜を図っている。ウクライナで活動できない大使館の設置を許可し、大部分がアメリカ発の膨大な量の軍事装備や人道支援物資をポーランド国境からウクライナに送り込むために、軍事施設を提供している。

一九三九年のことを考えてほしいと、ドゥダは私にいった。

第二次世界大戦中、ヒトラーとスターリンは、ポーランドを攻撃して占領する秘密協定を結んだ。ポーランドはまず一九三九年九月一日にドイツに攻撃され、九月一七日にソ連に攻撃された。「私たちはなんの助けも得られなかった」ドゥダはいった。ポーランドの人々は、それを憶えている。一九三九年には連合国はポーランドを支援しなかった。
「私たちは一九九九年にNATOに加盟しましたが、一七年のあいだNATO部隊はポーランドにはまったく駐留しませんでした」ドゥダはいった。「そこで、私はいいました。よし、NATOに加盟したのは結構だが、ポーランドにNATO部隊がいないのはどういうわけだ?」信じられないという口調だった。

オバマ政権時に米軍将兵がはじめてポーランドに配置されたが、恒久的な駐留ではなく交代制だった。トランプ政権とバイデン政権でも、その政策が続けられた。

ロシアの侵攻直前の二〇二二年二月初旬、バイデン大統領は米軍の精鋭一七〇〇人をポーランドに派遣した。つづいて第82空挺師団から三〇〇〇人がヨーロッパに展開し、東ヨーロッパ強化のために、そのうち数百人がウクライナとの国境に近いポーランドのジェシュフに配置され、ルーマニアとドイツにも配置された。二〇二二年三月上旬にバイデンはハリス副大統領をワルシャワに派遣した。プーチンの侵攻から二週間ほどしかたっておらず、東ヨーロッパのNATO加盟国へのロシアの不当な横撃をアメリカは許さないことをあらためて意思表示したのだ。

ドゥダはいった。[*3] バイデンは「私の国に対する取り組みに関して、一〇〇%信頼できる。私たちはまだ攻撃されていなかったが、アメリカは早くも部隊を派遣してくれた」ドゥダはいった。

バイデンは電話でドゥダに、アメリカはポーランドを支援するとみずから約束していた。
「私たちはつねにポーランドを守ります」バイデンはドゥダに告げた。
「感情の面でも個人的にも、ものすごく重要だった」ドゥダはいった。

一カ月前の三月一一日、ドゥダ大統領は《ワシントン・ポスト》に寄稿し、NATO加盟国に国防予算をGDPの二%から三%に増加するよう求めた。[*4]

ポーランドは現在、GDPの四%を国防に支出し、その金額は年間二七〇億ドルを超えていた。アメリカは三・四九%、八六〇〇億ドル相当を支出している。しかし、NATO加盟国の多くは、フランス、スペイン、カナダを含め、二%の目標に達していない。

二月にサウスカロライナ州での選挙運動集会で、NATOを頻繁に批判していたトランプ前大統領は、払うべきものを払っていない同盟国をロシアが攻撃しても放置すると述べた。[*5]

トランプは、ある大統領――名前はいわなかった――が質問したことがあるといった。〝えー、大統領、私たちが払うものを払っておらず、ロシアに攻撃されたら、あなたがたは私たちを守ってくれますか？〟

トランプは答えた。[*6]「いや、私はあなたたちを守らない。それどころか、なんでもやりたいようにやれと、彼らをそそのかすだろう」聴衆は喝采した。

ドゥダは、《ワシントン・ポスト》にもっと如才ない言葉遣いで書いた。[*7]「ロシア連邦は戦時経済体制に移行した。軍事費に年間予算の三〇%近くを充てている」いまは脅威が高まっているので、NATO加盟国が国防予算を増やすべき時機だと、ドゥダは論じた。

当然ながら、NATO加盟国のなかで国防予算の比率が最大級なのは、ポーランド、エストニア、リトアニア、フィンランド、ルーマニア、ハンガリー、ラトビアなど、ウクライナの戦争にもっとも近い東ヨーロッパの国々だった。[*8]

「ロシアが戦争に勝つことがあってはならない」ドゥダはいった。「それがもっとも重要なことです。私たちが相手にしているのは、おおぜいの人々を殺しているロシアの残忍な帝国主義なのです」ドゥダはいった。「それに、いまこの帝国主義の牙は、ジョージア人の血やウクライナ人の血で、真っ赤に染まっている」ドゥダがいうのは、ロシアによる二〇〇八年のジョージア侵攻と、二〇一四年と二〇二二四年のウクライナ侵攻のことだった。

「私たちは軍事テクノロジーで、常時、ウクライナを支援する必要があります」ドゥダはいった。ロシアはアメリカとNATOが保有する現代的な兵器と戦っても勝てないだろうと、ドゥダは確信していた。しかし、それらの兵器を前線のウクライナ軍に届けなければならない。

ウクライナは、弾薬や兵器の深刻な不足に見舞われるおそれがあった。六〇八億ドルという莫大なウクライナ支援法案は、六カ月近くアメリカ議会で行き詰っている。ロシアはあらたな支配地をものにしつつある。

トランプは、ウクライナに支援を送る指導者たちを〝いいカモ〟だと呼んだ。ウクライナを支えるのは納税者の金の無駄遣いだし、ウクライナは腐敗しているし、ロシアの勝利は避けられないと主張し、あらゆる支援法案に〝拒否権〟を行使しようとした。議会を通す前にマール・ア・ラーゴの承認を得なければならないことに、バイデン大統領はいらだっていた。

ドゥダ大統領は、ロシアを撃退するために、ウクライナはなんとしても長距離弾薬（射程の長い砲弾やミサイル）

と航空機が必要だといった。ロシアが戦場に投入できる兵員は、ウクライナよりもはるかに多い。「ウクライナは、ロシア軍を遠ざけておけるときには、つねに勝っています」ドゥダは説明した。「直接衝突があるようなときには、そういった衝突ではあいにくロシア側がつねに勝ちます。なぜなら、ロシア側は、ウクライナ兵一〇人に対してロシア兵一〇〇人が死んでも痛痒《つうよう》を感じないからです。彼らにとっては、勝つことだけが重要なのです」ロシアは将兵を、取り換えがきく消耗品だと見なしている。

「この連中はモスクワやサンクトペテルブルクの年少者ではありません」ドゥダはいった。「ロシアのエリート一家出身ではありません。この連中は、シベリアの僻地《へきち》や、ロシアの僻地の人々で、ロシアはそれを召集して死地に追いやっているのです。彼らが死んでも、ロシアになんの損失もありません」

二〇二二年二月に戦争がはじまったあと、プーチン大統領と話をしたことはありますかと、私はきいた。

「いいえ」ドゥダは答えた。

「なぜですか?」

「他人を殺し、盗賊のようにふるまう人間と、話をすることはできません」

ポーランドのドゥダ大統領は、キーウでゼレンスキー大統領に支援を提案するために、ロシアが侵攻を開始する数時間前の二〇二二年二月二三日も含めて、ウクライナを四度訪問していた。

「別れの挨拶をした瞬間のことは、私の人生が終わるときまで忘れられないでしょう」ドゥダはいった。「二度と会えないかもしれないと、ゼレンスキーが私にいい、彼らが生き延びられるように私たちはあらゆる手を尽くすと、私が彼にいったときのことを。

私たちはポーランドとして、NATOとして、自由世界として、ウクライナを独りぼっちにはしません」ドゥダはそういって、テーブルを叩いた。

おなじ四月一七日の夜、トランプ前大統領は、トランプタワーのペントハウスで、ドゥダ大統領を二時間半のステーキディナーでもてなした。[*9] セントラルパークとマンハッタンを見おろす豪奢なペントハウスには、純金がふんだんに使われている。トランプは、ポルノ女優への口止め料に関する業務記録改竄《かいざん》の件で刑事裁判に出廷するために、ニューヨークに滞在していた。

補佐官たちによれば、ウクライナ支援継続の重要性についてドゥダがトランプに熱心に説いた内容は、その日の先刻に私が聞いたのとおなじだった。

ひとりの補佐官はいった。ポーランド大統領が〝私の国を助けてください〟と論じるのを聞いていると、感動せずにはいられなかった。それに、ロシアの脅威――ウクライナだけではなく、ポーランド、ヨーロッパ、あらゆる地域の民主主義への脅威――についての説明に、感情的に強く惹きつけられた。

トランプは、ドゥダに数多くの質問をした。ロシアはウクライナについて、どういう意図があるのか？　ロシアがウクライナを奪取した場合、より広範囲の戦争が起きる可能性はあるのか？

「つぎは私たちです」ドゥダはトランプにいった。

その後数日、トランプはめずらしくウクライナ支援批判に関して沈黙を守り、アメリカ・ファーストの主張で支持基盤を煽ることもやらなかった。

ドゥダとのディナーのあとで、トランプは自分のソーシャルメディアのトゥルース・ソーシャルで述べた。[*10]「ウクライナの生存と力は、私たちよりもヨーロッパにとってより重要だが、私たちにとっても重要だ！」

とにかく、ウクライナ支援ははじめて〝重要〟だとされた。

二〇一七年七月六日、ドゥダ大統領は、当時大統領だったトランプを招待し、ワルシャワ蜂起記念碑の前で演説するよう求めた。労働運動「連帯」を率いて、ソ連の支配からポーランドを解放した元ポーランド大統領レフ・ワレサも出席した。

「私たちの防衛が」トランプはいった。[*11]「資金を投入することだけではないのを、忘れてはなりません。それは意志を投入することでもあるのです。

私たちの時代の根本的な問題は、西側に生き延びる意志があるかどうかということです。ポーランドは私たちの心のなかにあります。ポーランドが打ち破られてはならないのとおなじように、西側もけっして、絶対に打ち破られてはならないと、きょう私は世界に聞いてもらうべく宣言いたします」

群衆が唱えた。「ドナルド・トランプ！　ドナルド・トランプ！」

「彼の大統領としての最高の演説だった」リンゼー・グラム上院議員はいった。「ロナルド・レーガンとよく似ている」

バイデン大統領、ミッチ・マコネル上院共和党院内総務（ケンタッキー州選出）、チャック・シュ－マー民主党上院院内総務（ニューヨーク州選出）は、ウクライナ支援法案についてマイク・ジョンソン下院議長と数カ月のあいだ真剣に話し合っていた。

ジョンソンは、法案を成立させるようトランプを説得しようとしていた。強力な国家安全保障は、伝統的に共和党の背骨で、アメリカの国家安全保障は世界の国家安全保障と結び付いているという信念が、そこに含まれている。しかし、トランプが唱道している孤立主義のアメリカ・ファーストの見解が、議会の共和党議員のあいだに楔《くさび》を打ち込んでいた。トランプがゴーサインを出せば、議会の共和党の抵抗は消滅すると、ジョンソンにはわかっていた。

バイデンは自分のチームに、「ジョンソンを狙った攻撃をできるだけ減らして、共和党に幅広く行動を促せ。ジョンソン議長と密接な連絡を維持しろ」と命じた。[*12]

バイデンは、アブリル・ヘインズ国家情報長官、ビル・バーンズCIA長官、ジェイク・サリバン国家安全保障問題担当大統領補佐官に、ウクライナ情勢全体の情報と、行動しない場合の国家安全保障上のリスクをジョンソンにひそかに説明するよう命じた。ウクライナが戦争に負けて、プーチンが行軍を続けたなら、ウクライナ、ヨーロッパ、自由世界にどのような影響があるか、詳細な実例を彼らがジョンソンに提供した。

「ウクライナは、支援を受けられなかったらロシアとの戦争に負けます」サリバンはジョンソンにいった。それが結論だった。バイデン大統領は、下院と上院の指導部とも会って、みずからおなじメッセージを推した。

いっぽう、サウスカロライナ州選出のリンゼー・グラム上院議員も、ウクライナ支援法案についてトランプに圧力をかけ、せめて〝ほうっておく〟ことに同意するよう促した。

グラムは、ウクライナをもっと支援する必要があると思っていたが、上院で何回も法案を阻止していた。グラムは四月に、支援の一部をウクライナへの返済免除条件付き融資にしてはどうかと、トランプに提案した。

「大統領」グラムはいった。「ウクライナはいい投資です。彼らは返済できるかもしれませんし、手助けしたのをあなたが後悔することは絶対にありません。

前にこれをやった人物は、結局、世界を大戦に巻き込みました」グラムは、第二次世界大戦のヒトラーについて、トランプにそういった。

「プーチンは途中でやめませんよ。モルドバを狙うでしょう。彼は進み続けます。弱くはならず、どんどん強くなります」グラムはいった。「大統領、この男はやめませんよ。これで褒美を手に入れたら、もっと欲しがるでしょうね。それに、つぎは台湾です。そのことは、私がここに座っているのとおなじくらいたしかです」

そのとおりだと思う、とトランプはいった。「弱さは不当な攻撃を生み出す」

トランプはグラムに、「融資に賛成する」し、ジョンソン議長が支援の一部を無利子の返済免除条件付き融資にする法案に取り組むことに「賛成する」といった。

トランプと何度か話し合ったあと、ジョンソンは親しい補佐官に、前大統領がウクライナに資金を注ぎ込む甲斐はないと考えているのは明らかだといった。支援法案は下院共和党会議とトランプとの結束を保つのに重要だと指摘すると、トランプはようやく同調した。「全員の利益になります」ジョンソンは論じた。トランプは自分の利益になると判断し、〝拒否権〟を撤回した。

四月二〇日土曜日、アメリカ下院は三一一対一一二という圧倒的多数で、前例のない六〇八億ドルのウクライナ支援を、九五三億ドルの海外援助法案の一環として可決した。ウクライナ支援六〇八億ドルのうち一〇〇億ドルが、返済免除条件付き融資の形をとった。

下院で投票が行われていたとき、八二歳のミッチ・マコネル上院共和党院内総務は、テレビのインタビューで語った。[*13]「私がここにいるあいだでも、最高の一日に数えられる」マコネルは上院議員を三九年つとめている。

「とにかくこの一件については、私たちは孤立主義者に対する形勢を逆転した」マコネルは、共和党のアメリカ・ファースト派について、そういった。

そのあと、法案は四月二三日に上院を七九対一八で通過した。[*14]「今夜、上院の超党派の多数が、下院に続いて、この重要な変曲点で歴史の要求に応えました」バイデン大統領はいった。

翌日、バイデンは法案に署名した。[*15]「数時間後には、装備をウクライナに送りはじめます。防空のための軍需品、砲、ロケット兵器、装甲車輛の弾薬を」バイデンはいった。ゼレンスキーがソーシャルメディアで、支援には長射程のATACMS（陸軍戦術ミサイルシステム）が含まれていることを認めた。

ウクライナにとっては遅すぎる支援ではなく、これが転換点になりそうだった。

62

イスラエルはいまもラファでの大規模作戦を計画していた。バイデンはネタニヤフに、イスラエルのつぎの行動を慎重に考えるよう警告した。

「これまでの二週間に起きたことは、勝負の流れを一変させている」バイデンは、個人用の秘話電話でいった。「私たちは、サウジアラビア、ヨルダン、西側同盟国とともに、あなたたちの防御を手伝った。この同盟を大切に育むのか、あるいはそれを無駄にしてしまうのかは、つぎのあなたたちの行動によって決まる」

アメリカの軍事同盟が弾道ミサイル一〇〇基を撃ち落とすのを、サウジアラビアは目の当たりにした。イスラエルとの協定の話し合いを復活させたいと熱望している。

イスラエルがラファに突入したら、これまでの進展をすべて、ネタニヤフは危険にさらすことになる。

「なにもかもが逆転するのを見ることになる」バイデンは、ネタニヤフにいった。「私たちと絶交するリスクもあり。サウジアラビアは無関係でいようとするだろう。エジプトと断交するリスクもある」

ジェイク・サリバンは、ロン・ダーマーとイスラエル国家安全保障会議議長ツァヒ・ハネグビに、何週間ものあいだそのメッセージを強調していた。「ラファに突入したら、血まみれの惨状になる」ビデオ通話で、サリバンはいった。

「ラファに突入せざるをえない」ダーマーはいい張った。「三週間しかかからない」

「でたらめだ」サリバンはいった。イスラエルの楽観的な見通しに対してつねに懐疑的だったし、信用していなかった。

サリバンはダーマーとハネグビに、攻撃の手をゆるめて、人道状況の改善と人質交渉をまとめることに専念するよう促した。ラファの国境管理をエジプトと協力し、シンワールのようなハマス指導者を追討し、ラファへの地上侵攻を延期したほうがいい。

われわれはそれを考慮すると、ダーマーはいった。

ビル・バーンズCIA長官とブレット・マクガークは、カタールのムハンマド・ビン・アブドルラフマン・アル・サーニー首相兼外相――MBAR――に、いまもハマスにとらわれているアメリカ系イスラエル人四人のうちひとりの生存の証拠を強く要求した。

四月二二日、ハマスはホワイトハウスに、二四歳のハーシュ・ゴールドバーグ＝ポリンの動画を送ってきた。一〇月七日のハマスの攻撃の最中に、ゴールドバーグ＝ポリンは音楽フェスティバルの会場にいた。隠れようとしたが、ハマス戦闘員が手榴弾を投げつけた。ゴールドバーグ＝ポリンは手榴弾を拾いあげて投げ返したが、手榴弾が爆発し、左腕の一部が吹っ飛ばされた。

マクガークは、ゴールドバーグ＝ポリンの動画を見た。トンネル内での生活の一端を映した貴重な動画で、感情を揺さぶられた。若い男が、白い壁を背景に、椅子に座っていた。「やあ、母さん、父さん。僕はこのガザに二〇〇日くらいいる。母さんと父さんを愛してるし、毎日考えてるよ。僕が無事だというのを知ってもらいたい。生きてるけど、ここは楽じゃない。毎日母さんと父さんのことを考えてるし、できるだけ家に帰りたい。いま、祭日の前にも母さんと父さんのことを考えてる。何度も何度も願ってるし、僕をできるだけ家に帰らせるためにあなたがたがあらゆることをやってるのはわかってる。母さんと父さんに会えないのは淋しいし、早く会いたい。愛してる」

ハマスはその後、動画を公表した。人質を取り戻す見込みがあるしるしだと、ＭＢＡＲはいった。[*1]

二日後の四月二四日、バイデン大統領は、五〇日間、ハマスの人質になっていた四歳のアメリカ国籍の少女、アビゲイル・イーダンを招待した。

ハマスの戦闘員たちは、一〇月七日にアビゲイルの家族の家に侵入し、彼女の目の前で母親と父親を射殺した。[*2] 六歳と一〇歳のきょうだいが、二階のクローゼットに一四時間隠れていた。父親はアビゲイルをかばっていたときに撃ち殺され、遺体の下から這い出したアビゲイルは、隣の家へ行った。その日の後刻、ハマスはアビゲイルをそこの五人家族とともに人質にした。

いま、アビゲイルはオーバル・オフィスでレゾリュート・デスクのまわりを這い、姉や兄といっしょに遊んでいた。[*3] 子供三人はいま、テルアビブの叔母のもとで暮らしている。バイデンは一家をアメリカに招いていた。

ホワイトハウスの外の芝生で、ブレット・マクガークは四歳のアビゲイルを乗せたブランコを押した。

63

「プーチンの力がすこしも弱められていないと主張するのは、きわめて難しいと思います」アブリル・ヘインズ国家情報長官は二〇二四年に、ロシアのプーチン大統領について報告した。「だからといって、彼の危険性が減ったわけではありません」

女性としてはじめてアメリカの情報機関すべてを統括するスパイの親玉になった五四歳のヘインズは、ロシアについて慢心すべきではないと警告した。

「この戦争には何千億ドルも注ぎ込まれています」ヘインズはいった。「第二次世界大戦以来、最大の死傷者で三〇万人を超えます。

私たちはロシアの地上軍を、何年分も後退させました」ヘインズはいった。ウクライナ軍は「まさに血と勇気で」アメリカとヨーロッパ諸国の後押しを受けて、プーチンがロシアを戦時経済体制にして、国防産業への投資を倍増せざるをえないように仕向けました。

「プーチンがわずかな領土を得るために前線で膨大な人員と装備を失うのはやぶさかでないのは信じがたいと、私たちの軍事アナリストはいっています」

ロシアによる侵攻前のプーチンは、ソ連の大きな過ちのひとつは過剰な国防費だと長年にわたり主張していた。それがソ連経済を滅ぼしたのだと。

「いま、プーチンは基本的におなじ行動をとっています」ヘインズは当惑した口調でいった。「きわめて異常に思われます」

それに、彼らは私たちが予想していたよりも経済制裁にうまく対処していますが」ヘインズは指摘した。「ロシア経済には重大な亀裂がいくつもあります」

国際経済を担当し、ロシアに対する経済制裁の多くを考案したダリープ・シン国家安全保障問題担当大統領副補佐官によれば、本格的な苦境が訪れるのは今後だという。[*1]「急上昇するインフレと利上げが、ロシア経済の成長をかならず窒息させます」シンはいった。「資本が減り、テクノロジーが低下し、人材が枯渇して、今後一世代にわたりロシア経済は縮小し、弱まり、生産性が落ちるでしょう」

前線に補給を行なうために、プーチンは中国、北朝鮮、イランなどの外国から兵器を調達しなければならなくなる。[*2]

「彼らは再編しようとしています」ヘインズはいった。「私たちは主にそういったことすべてを追跡し、供給を阻止する重要なチャンスを突きとめようとしています」

この経済、テクノロジー、情報の影の戦争では、アメリカはロシアと直接対決し、敵の力を弱めることができるし、とんでもない計算違いを犯すリスクはきわめて小さい。

それでも、危険要因がまったくないわけではない。

「アメリカとロシアは、世界の核兵器の九〇%を保有しています」ヘインズはいった。「そんな核兵器の備蓄がある国が、衰えていると感じるようなことは、望ましくありません。そんな核兵器を備蓄している国を瀬戸際に追いつめたら、相手が核兵器を使わざるをえなくなるリスクが高まります」ヘインズはいった。

それはウクライナ戦争でバイデンと政権上層部が直面しているジレンマの核心だった。ロシアがミスを犯せば犯すほど、プーチンは無理をする。戦争がロシア経済とロシア軍に大きな代償を科せば科すほど、プーチンは大きな犠牲を厭《いと》わなくなるように見える。

バイデン大統領は、補佐官たちにいった。「相手がこっちの体を突き抜けるしかないと思うまで、相手をコーナーに追いつめてはいけない。逃げ道を残しておくんだ」

だが、プーチンは現代のロシア皇帝になり、偉大な大国ロシアの救世主になるという自分の理想を追求し、木のてっぺんに向けて登っている。そこからおりてくる方法を見つけるのが、きわめて難しくなっている。

「失うものがすくなくなったという事実によって、彼は弱くなると同時に、ずっと危険になるおそれがある」ヘインズは警告した。

二〇〇〇年にロシアのジャーナリスト三人に口述筆記させたプーチンの回顧録『プーチン、自らを語る』は、ロシア大統領プーチンの頭のなかを覗くのに信頼できる資料だ。[*3]「戦争ではつねに数多くの過ちが犯されると私は思う」プーチンはジャーナリストたちに語った。「それは避けられない。しかし、戦っているときには、周囲の人間がつねに過ちを犯しているかどうかを考えていたら、絶対に勝てない。現実的な態度でいなければならない。そして、勝利だけを考え続ける。

犬は相手が怖がっているのを察したときに咬みつく。ここにもそれが当てはまる。こちらが不安にかられると、敵は自分たちのほうが強いと考える。そういう状況で功を奏するのはたったひとつ――攻勢に出ることだ。先に殴り、敵が立ちあがれないくらい激しく叩きのめさなければならない*4」

64

「私が有罪判決を受けたほうが、選挙でもっと有利になると、みんながいうんだ」ニューヨークでの口止め料裁判のさなかに、トランプは自分の弁護士だったティム・パーラトアへの電話でいった。

「しかし、ティム」トランプはいった。「有罪判決は受けたくない」

トランプは、二〇一六年の大統領選挙前に、ポルノ映画スターのストーミー・ダニエルズに口止め料を払ったことを隠蔽するために業務記録を三四カ所改竄したとして、刑事告発を受けていた。公判は二〇二四年四月一五日に開始されていた。

一月六日の議会襲撃とマール・ア・ラーゴでの文書不正持ち出しに関する司法省の捜査で、一年以上トランプの弁護人をつとめてきたパーラトアは、トランプの選挙運動がマンハッタンの法廷における意思決定に影響していると確信していた。[*1] それが二〇二三年五月にトランプの弁護士をやめた理由のひとつだった。パーラトアはトランプに他意はなかった。

「私が弁護をやめた理由は、彼の取り巻きがよくない人間ばかりだったからだ」パーラトアはいった。彼らは、なにが依頼人にとって最大の利益になるかということよりも、毎日二四時間のニュースを気にかけている。

電話越しのトランプの意見が、パーラトアに不快な気持ちを思い出させた。この公判は典型例だと思った。

「ストーミー・ダニエルズへの口止め料支払いそのものは、違法ではありません」パーラトアは、トランプに説明した。「下品かもしれないが、違法ではない。

あなたが抱えている問題は、マイケル・コーエンが請求書の扱いを知らなかったことです」パーラトアはいった。「請求書の項目がどこまで詳細でなければならないかを定めている法律はありません。なんのための支払いかがわかれば、それでいいのです」

マイケル・コーエンはトランプの以前のフィクサーで、公判でトランプに不利な証言を行なう主要証人だった。

「本物の弁護士が請求書をどう作成するか、説明しましょう」パーラトアはいった。

「私ならこう書きます。必要経費立替金一三万ドル、必要経費立替金二万ドル、手数料三万ドル。これで合計請求額は一八万ドルになります。だれもそれを不正な業務記録だとはいえないし、詳しく調べられることもないでしょう。

業務記録改竄などありません」パーラトアはいった。「正しい請求書です」

「私をからかっているのか？」トランプは腹立たしげにいった。「四二万ドルではなく、一八万ドル払えばよかったのか？」（トランプはコーエンに弁護士費用とダニエルズへの口止め料として四二万ドルを支払い、全額を弁護士費用と偽った）

そうです、大統領。パーラトアはいった。「私が発行する請求書に手数料と必要経費立替金を書き入れます。私の会計士は手数料を私の収入と見なし、必要経費立替金はそうではないと見なして処理します」

「なんてこった」トランプはいった。

二〇二四年五月三〇日、業務記録改竄三四件について、陪審全員一致の評決でトランプは有罪宣告を受けた。[*2] 前大統領が重罪犯の有罪判決を受けるのは、これがはじめてだった。

トランプの選挙陣営はただちに、公判、マーチャン判事、バイデン大統領、民主党を攻撃した。[*3]「これは不正な恥ずべき裁判だ」法廷を出たあとで、トランプはいい放った。「ほんとうの評決は、一一月五日に国民によって下される」

パーラトアはその発言を斥けた。ニューヨーク州のファン・マーチャン判事とは法廷で直接やりとりしていたし、トランプの裁判をすばらしい腕前で主宰したと思っていた。

トランプが抱えている問題は司法制度ではないと、パーラトアは考えていた。弁護士を選んだときの判断がお粗末だったのだ。

「内向きになって、ひどい弁護士を雇ったせいで有罪になったというよりは、アルビン・ブラッグ地方検事や民主党全国委員会のせいだ、バイデンとスタッフ全員がやったことだというほうが、政治的にずっと好都合でしょう」パーラトアはいった。アルビン・ブラッグは、トランプに対する訴追を行なったニューヨーク地区検事だった。

トランプの刑事事件の担当弁護士で、評決後に公に有罪判決を「予期していた」と述べたトッド・ブランチ弁護士について、パーラトアは指摘した。「彼には勝つための計画がなかった」パーラトアはいった。

評決の二四時間後には、トランプが有罪判決を受けたことで、トランプ陣営の選挙運動資金が五〇〇〇万ドル以上増えた。[*4]

「私にはなんの罪もない」[*5]トランプは声明で述べた。「それに、いいんだ。私は私たちの国のために戦っている。憲法のために戦っている。私たちの国全体が、いまは不正操作されている」

65

「彼らは大統領の地位をぶち壊そうとしている」[*1] 二〇二三年一二月のインタビューで、共和党の執拗な追及について、ハンター・バイデンはいった。共和党は、ハンターがアルコールとクラックの中毒との戦いでもがいていることを、何度もくりかえし誇大にいい触らしていた。「父が対処できないような苦痛を味わうと知っているから、私を潰そうとしているんだ」

バイデンのもっとも親密な同僚によれば、共和党のハンターへの攻撃は、〝大統領を生きたまま食い荒らし、苦痛を味わわせている〟ようだったという。バイデンはほとんど毎日、ハンターに電話してようすを聞いていた。

「おい、息子。調子はどうだ、相棒?」そういう電話で、バイデンはハンターにきいた。「そこでがんばっているか? 調子はいいんだろう?」

五四歳のハンター・バイデンは、二〇二四年の夏と秋のかなり注目を浴びている刑事裁判の対象になっていた。[*2] 銃器を購入して所持する際に、麻薬使用について虚偽申告したという連邦法違反の刑事告発について、ハンターは無罪の答弁を行なった。その公判は六月にデラウェア州で開始された。脱税に関するもうひとつの公判は、大統領選挙直前の九月に予定されている。

ハンターと父親の絆はほんもので、ずっと続いていると、べつの親密な同僚がいった。バイデンは最初の妻と娘を自動車事故で亡くし、その後、長男のボーが脳腫瘍で亡くなった。共和党の容赦ないハンターへの攻撃は、政治や政策への攻撃よりもずっと深い影響をバイデンに及ぼしていることが多かった。

「ジョーがもっとも心配していること、さらにいえばジルがもっとも心配していることは、刑事告発やハンターのノートパソコンについての馬鹿げた事件や下院監視・説明責任委員会の公聴会だけではない。これがすべて終わったときに、そのあとの人生を前向きに進められるように、「ハンターの」心身の健康を保つことだ」

「ハンターは罠にかかったと感じている」安定した生活に戻る道はないとでもいうように、ハンターが過去から逃れようともがいていることについて、その友人はいった。「彼は文字どおり壊れている。それを自分でもわかっている」

バイデン大統領は、ハンター調査のために特別検察官を任命したメリック・ガーランド司法長官に、内輪で怒りをあらわにした。「ガーランドを選ぶべきではなかった」バイデンはある同僚にいった。だが、側近たちはガーランドによる特別検察官の任命を強く推奨した。

バイデン大統領は、ハンターへの司法省の調査には手を出さないと、公に約束していた。ときどきハンターの弁護士アビー・ローウェルにようすを聞き、ハンターを弁護していることに礼をいった。

「アビーと話をさせてくれ」二〇二二年一二月、バイデンはハンターにそういって、彼の電話を持ち、ローウェルと話をした。「きみがやっていることがたいへんありがたい。つづけてくれ。つづけてくれ」

ホワイトハウスの法律顧問たちとハンターの弁護士チームのあいだには、緊張が生じていた。ホワイトハウスの法律顧問たちは、ハンターがおとなしくして、公の場で目立たないようにすることを望んでいた。判決は法廷に任せればいい。

「父親の広報チームは、ハンターが消え失せるのを望んでいる」ある同僚がいった。

ハンターは、〝生き残ること〟に集中していた。

「いまのハンターは、二度と中毒に陥らないことだけではなく、正常な暮らしを望んでいる。だから、こんなに激しく戦っているんだ」公判について、その同僚はいった。

回顧録『*Beautiful Things*』[*3]（『美しい物事』未邦訳）でハンターは、クラック中毒――ハイとロー、混沌、誘惑、悪行――について述べている。

「クラックをこしらえるのには慣れないといけないが、ロケット科学ではない」〝クラックをやる〟と題した第七章で、ハンターは書いている。

「〝鐘の音が鳴る〟のを経験した――最高のクラックをやったということだ。この世のものとは思われない存在になったような究極の感覚だった。

その後三年間、やったりやめたりして、そのハイを追求した」二〇一七年から二〇二〇年にかけてのことを、ハンターはそう書いた。

ハンターと妻のメリッサ・コーエンには、ボー・バイデン・ジュニアという幼い息子がいて、亡くなった兄ボーにちなむその名前をふたりは縮めて〝ボーイー〟と呼んでいた。

共和党が何年ものあいだ頻繁にハンターを攻撃することに自責の念をおぼえたバイデン大統領は、近しい同僚にいった。「すべて私の責任だ。私が大統領にならなかったら、ハンターの身にこういうことはいっさい起きなかったはずだ。

これは絶対に消え去らない」バイデンはこぼした。

二〇二四年六月一一日、ハンターは連邦法で重罪の銃器関連の三件すべてで、有罪判決を受けた。バイデン大統領はいった。「この裁判の結果を受け入れるし、ハンターは控訴を考慮しているが、私は司法プロセスをこれからも尊重する」トランプとは一線を画した。

「ジルと私は、愛情と支援を胸に、つねにハンターと家族全員のそばにいる。何事もそれを変えはしない」

66

秘密はつねに存在する、そして、秘密は人間関係でとりわけかなり重要である場合が多い。主要人物は、お互いのことをどう思っているのか？　舞台裏でなにが、だれにも気づかれず、想像もされずに進んでいるのか？　どんな原動力が、明確に示されることなく、目に見えずに働いているのか？

イスラエルのネタニヤフ首相に対するバイデン大統領の憤懣と不信は、長年のあいだにつのり、二〇二四年春にとうとう爆発した。[*1]

「ビビ・ネタニヤフのクソ野郎。あいつは悪党だ。クソったれの悪党だ！」もっとも親密な同僚に、バイデンはひそかにいい放った。「クソったれの悪党だ！

あいつはハマスのことなんかなんとも思っていない。自分のことしか考えていない」

ネタニヤフへの敵意と不信に囚われていたバイデンは、ネタニヤフはしじゅう嘘をつくといった。

ネタニヤフは、地球上でもっとも人口密度が高いガザ地区に推定四万五〇〇〇発の爆弾を投下して、全域を破壊していた。[*2]ガザ地区の住民の半数に近い四七％、二二〇万人は、一八歳未満の年少者だった。ガザ地区に投下される爆弾のうち数百発は、巨大な二〇〇〇ポンド爆弾だった。第二次世界大戦中の最悪の爆撃とほぼおなじような惨状が起きていた。

ネタニヤフはいまもハマスの構成員をひとり残らず殺すといい続けている。それは不可能だとバイデンはネタニヤフにいい、イスラエル向けのアメリカの攻撃兵器の輸送を中止すると、内密でも公でも脅した。

イスラエルは戦略を変更して、もっと入念に狙いを定めた先進的な作戦でハマスを追討すると、ネタニヤフはバイデンに約束した。一九七二年にミュンヘンでイスラエルのオリンピックチーム一一人を殺害したパレスチナ人テロ組織「黒い九月」を一年かけて追い、殲滅したときのように、もっと組織的で辛抱強いやり方を再現します。

戦略なしにロケット弾を発射し、砲撃しながら、歩兵大隊が突入することはやらないし、都市部に大型爆弾を投下するようなことはやめます。だが、ネタニヤフはまさにそういうことをやるよう命令を下していた。

一〇月七日以前、ネタニヤフの政治指導力は破綻していた。[*3] 詐欺と収賄で刑事告発され、何度もそれを延期していた。イスラエルの司法の独立を弱めるような法律と司法の改革を強引に進めたと、多方面から批判されていた。ネタニヤフは、首相の座を追われる寸前だった。

だが、一〇月七日にハマスの大規模攻撃が行なわれると、ネタニヤフはイスラエルの情報機関と治安機関の大失態という問題を押しのけて、強力な戦時の指導者として復活した。[*4] イスラエルは首相を支援するために結集した。進行する戦争が、ネタニヤフを守った。

バイデン大統領は友人たちに、ネタニヤフはいま政治で自分を救い、投獄をまぬがれるために、必死になっているといった。

ネタニヤフの指導力が持続していることが、バイデンには驚きだった。

「どうして政権内で反乱が起きなかったんだ?」バイデンはいった。「ネタニヤフを投票かなにかで解任するくらい強力な政権内での反乱だ! やつをあそこから追い出せ!」

戦後のガザ地区や中東地域のための計画を立てるのに、ネタニヤフが時間をかけていないと、バイデン大統領は厳しく批判した。秘話電話でネタニヤフと何度も話をしたし、この六カ月間、ブリンケンが会談後に報告したことから、それを知っていた。

ホワイトハウスは、バイデンとネタニヤフの電話が有益で、友好的で、結果をだしていることを示すような形で、メディアにその概要を発表していた。

「彼が一番に信じているのは、自分がイスラエルの救い主だということでしょうね」アブリル・ヘインズ国家情報長官は、ネタニヤフについてそういった。「二番目は、これまでにやってきたことのせいで自分がレガシーを失い、一〇月七日の首相だと記憶されるのを望んでいないということでしょう。現在の意思決定には明らかに彼の政治的な思惑が盛り込まれているというのが、私の見解です」ヘインズは報告した。

一〇月七日直後の時期、バイデンはネタニヤフにガザ地区への地上侵攻を行なわないようにと圧力をかけた。それでもイスラエルは突き進んだ。ガザ地区に持続的な人道支援を行なうのを許可するよう、バイデンはネタニヤフに圧力をかけたが、イスラエル軍の猛爆撃のために、支援物資を届けるのはほとんど不可能になった。

ガザ地区の人道危機は、拡大の一途をたどっていた。

ブリンケン国務長官は、週七日・二四時間態勢でずっと働いていた。ネタニヤフの駆け引きと策謀のせいで、精神的にも肉体的にも疲れ果てていた。

バイデンはネタニヤフに、ラファへの軍事侵攻を行なわないよう警告した。ネタニヤフは、延期し、議論し、民間人を安全な場所に移す計画を示した。だが、結局、イスラエル軍を送り込んだ。

「あいつは嘘つきのクソ野郎だ」バイデンは、内輪でネタニヤフをそう罵った。「あいつの手下は一九人のうち一八人が嘘つきのクソ野郎だ」

公にきっぱりとネタニヤフと絶交したら、イスラエルの安全保障を危険にさらすと、バイデンは判断していた――一〇月七日以降、イランとヒズボラが目を光らせているので、それは避けたかった。

ネタニヤフはイスラエルの軍事攻撃を拡大し、五月下旬にガザ地区南部の人口稠密なラファ検問所近くを地上部隊で攻撃し、テント生活をしていた民間人数十人を殺したあとで、謝罪しなければならなかった。[*5] ネタニヤフはそれを〝悲劇的な事故〟だといった。死者が出た攻撃には、アメリカ製の弾薬が使われていた。ラファ検問所はイスラエルによって民間人の安全地帯に指定されていた。二〇二四年五月末までに、ガザ地区で三万五〇〇〇人以上が殺されていた。[*6]

ネタニヤフの最大の政敵で、三人で構成される戦時内閣のひとりベニー・ガンツが、六月九日に戦時内閣から離脱した。ネタニヤフはいっそう連立内閣の極右メンバーへの依存を強めた。

「不幸なことにネタニヤフ氏は、私たちがこの進行中の痛ましい危機を正当化できるような真の勝利を達成するのを妨げています」ガンツはいった。ネタニヤフにイスラエル総選挙の予定を決めるよう求めた。世論調査では、ガンツがネタニヤフを打ち破るはずだった。

一〇月七日のハマスのイスラエル攻撃は、「イスラエル国家の歴史上もっとも巨大な情報と作戦の失態だった」サリバンはいった。「イスラエルの情報機関は、当然それを知っていなければならなかった。起こる前に知らなかったとしても、阻止できていたはずだった。ドイツ国防軍が攻めてきたわけではないのだ」第二次世界大戦のドイツの侵攻のことだ。「テニスシューズをはいた二〇〇〇人が、見通しのきくところをやってきたのだ」ガザ地区での戦争は、イスラエル国防軍の傷ついた評判を立て直すのに、まったく役立っていない。

六月にイスラエル軍は、ガザ地区で囚われていた人質四人を救出したが、救出作戦中にパレスチナ人二七四人以上が殺された。[*8] さらに、数百人が負傷した。人質が人口稠密なヌセイラトの難民キャンプで民間人に囲まれていたからだと、イスラエルはハマスを非難した。

バイデン大統領は、いまのところ中東の広い範囲におよぶ戦争を抑止できているが、ガザ地区の人道危機を防ぐためにイスラエル政府を制御するのには失敗している。アメリカの対イスラエル政策を変えるつもりはなく、何十億ドルもの軍事支援をネタニヤフに提供しつづけている。

バイデンは、イスラエルとともに、どんどん擦り切れそうになっている綱を渡っている。

67

二〇二四年の選挙が近づくなかで、大統領職をめぐる政治の戦いでは暴力のことを多くのアメリカ人が懸念していた。

「本土でテロ攻撃が起きたら、バイデンはゲーム、セット、マッチを失う」リンゼー・グラム上院議員は心配した。トランプが勝つ。

「ほんとうに攻撃に脆弱になっている。だれもが9・11を思い出している。バイデンは国境に関して、さまざまな問題がある。彼が世界を脆くしてしまったので、崩れてきて私たちの本土に害を及ぼすかもしれない」

トランプは、南部国境の危機を、恐怖を煽る選挙運動の中心に据えた。*1「イランからおおぜいの人々が来る。中国からおおぜいの人々が来る。ロシアからおおぜいの人々が来る。じつに興味深い」

二〇二四年二月一〇日にサウスカロライナ州の集会でトランプはいった。「ほとんどが一八歳から二五歳までの男だ。つまり、戦闘に参加できる年代だ。つまり、彼らはなにかを企んでいるし、私たちはそれに耐えられない。彼らは私たちの国を破壊している。このファシストの集団が」トランプは、バイデン政権についてそういった。「彼らは私たちの国を破壊している」

「トランプはますます突飛になっている」グラムは観察を述べた。「あの訴訟。だれだって、動揺するはずだ」

トランプの言葉はどんどん激しく、攻撃的になって、訴追や捜査を行なっているアルビン・ブラッグやジャック・スミス、自分を非難する元高官に仕返しをすると誓った[*2]。

アメリカの歴史上もっとも危険で予想がつかない選挙戦のたぐいになりつつあった。

「バイデンは自分の運命をコントロールできなくなっている」グラムはいった。「彼の運命は運命の手に握られているようなものだ。たったひとつの出来事が、選挙を変えかねない」

「私が今まで見たなかでもっとも奇妙な選挙サイクルだ」グラムはつけくわえた。「しかし、私はみんなにいいたい。あなたたちは一一月のことを心配している。私はあすの朝のことを心配している。攻撃されることを心配している」

68

「あんたはおれのターゲット・ナンバー1だ」二〇二四年春の公開イベントで、男が薄笑いを浮かべて、マーク・ミリー前統合参謀本部議長の顔にくっつきそうなくらい顔を近づけた。

「こんなことを相手にしているひまはない」ミリーは応じて、歩き去った。

こういう脅しを受けるのは、これがはじめてでも最後でもなかった。ミリーは二〇二三年九月末に、統合参謀本部議長を辞任した。メディアの報道は、トランプの大統領としての最後の年にミリーがアメリカ合衆国の憲法に基づく秩序を守るために努力したと認識していた。[*1]

その報道に腹を立てたトランプは、議会議事堂襲撃事件が起きた一月六日の二日後に、ミリーが裏チャネルで中国人民解放軍のトップである李作成参謀長に電話をかけたことを述べた。これについて私はロバート・コスタとの共著『国家の危機』で報道した。

「不安定な事態に見えるかもしれません」[*2]アメリカは安定していて、崩壊するおそれはないと安心させるために、ミリーは李将軍にいった。「私たちは一〇〇％安定しています。すべて順調です」

ミリーは議会で宣誓証言し、「私たちはあなたがたを攻撃しません」と中国に確約するための電話だったと告げた。[*3]それに、アメリカが極度に不安定になった瞬間に、安定を強化するためだった。

しかし、トランプはミリーの電話を、「きわめて害がある行為で、いまにして思えば、**死をもって罰するべきだった！**　この裏切り行為によって、中国とアメリカの戦争が起きたおそれもあった」と言及した。[*4]

退役後、ミリーは絶え間なく殺すという脅しを浴びせられた。トランプが何度も激しく名誉を傷つけようとすることも一因だろうと、ミリーは思っていた。

「彼は暴力的な話術で人々を暴力に駆り立てる」ミリーは妻にいった。「しかし、彼はそれを暗示の才を使ってやるんだ。一月六日にやったのが、まさにそれだった」

前統合参謀本部議長のミリーは、退任後も二年間は二四時間態勢の警護を提供される。だが、追加の予防措置として、かなりの費用を個人として支出し、家に防弾ガラスと爆風除けのカーテンを取り付けた。

「こいつらを現役に戻して、軍法会議にかけてやる！」大統領として最後の年の二〇二〇年に、トランプはオーバル・オフィスでどなった。

オーバル・オフィスにいた当時の統合参謀本部議長のマーク・ミリーとマーク・エスパー国防長官は、愕然としてトランプを見た。

退役大将ふたりが、マスコミでトランプを激しく個人攻撃していた。トランプは激怒した。

「とんでもない裏切りだ！」[*5]トランプはどなった。

最初に批判したのはウィリアム・マクレイブン退役海軍大将だった。マクレイブンはアメリカ特殊作戦コマンドの司令官で、一〇年前にアルカイダの指導者ウサマ・ビンラディンを殺害する急襲を監督した。二〇二〇年二月、《ワシントン・ポスト》への寄稿で、マクレイブンは述べた。

「アメリカ人である私たちは怯えるべきだ――この国の未来について、心から不安にかられるべきだ。善良な男性や女性が真実を口にできないとき、事実が不都合なとき、誠実さや個性が軽視されるとき、大統領のエゴと自己防衛本能が国家安全保障よりも重要であるとき――そういうときには、邪悪が勝利を収めるのを阻止するものがなにも残っていない」

それより前に《ニューヨーク・タイムズ》で発表された寄稿でマクレイブンは述べた。「オーバル・オフィスに新しい人間がはいる潮時だ――共和党でも、民主党でも、無党派でも――早いほうがいい。私たちの共和国の運命は、それに懸かっている」

ふたり目の高名なトランプ批判者は、スタンレー・マクリスタル退役陸軍大将だった。マクリスタルは、一〇年前にアフガニスタンに駐留する米軍とNATO軍を指揮した。マクリスタルは、先ごろCNNに出演し、トランプを「不道徳」で「不正直」だといった。

トランプは激怒した。

共和党と民主党の大統領たちに仕えた四つ星（大将）が、トランプを激しく攻撃するために、遠い過去から蘇った。

トランプは批判に応じずにほうっておくことができない。仕返しを望んだ。

アメリカの最高司令官である大統領には、退役将官をはるかにしのぐとてつもない力がある。彼らを現役に復帰させ、軍法会議にかけることも権限に含まれている。だが、アメリカの歴史でそれが行なわれたのはほんの数回だし、きわめて重大な犯罪に対する措置だった。たとえば、二〇一七年に退役少将が告発されたのは、一九八〇年代に現役だったときに未成年者を六回レイプしたからだった。

ミリーとエスパーはトランプに、その路線をとらないようにと助言した。[*6] 秀でた軍歴を残している将校に対してそのような攻撃的な行動をとれば、反動を食らうおそれがあります。マクレイブンとマクリスタルには、伝統と法律に則って、意見を述べる権利があります。彼らを現役に戻すようなことは歴史的に前例がないし、彼らの大統領についての発言がよけい注意を惹きます。

トランプは、耳を貸そうとしなかった。

「大統領」ミリーはいった。「私は将官の行状と規律に責任を負っています。私が処理します」

トランプがさっと首をまわした。「ほんとうにやるのか?」疑わし気にきいた。

「完璧に処理します」ミリーは請け合った。

「わかった。処理してくれ」トランプ大統領はいった。

そのあとで、ミリーはマクレイブンとマクリスタルにみずから電話をかけ、トランプがなにをやろうと話していたかを警告した。きみたちは公の舞台からおりる潮時だ。「言葉を慎め」ミリーはいった。トランプがほんとうに現役に復帰させる権限を行使したら、自分にはどうにもできない。

二〇二四年六月、ミリーは心配していた。トランプが再選されたら、今度はミリーも含めた退役将官を現役に復帰させ、不忠の罪で軍法会議にかけるかもしれない。

「トランプは、自分がやろうとしていることをしゃべり、遊説して、宣伝する」ミリーは同僚たちに警告した。「彼が口にすると、彼だけではなく周囲の人間がそれをやろうとする」

「あの男に責任をとらせよう」あけすけにものをいうトランプの忠臣で元首席戦略官のスティーブ・バノンが、ビデオポッドキャスト〈ウォー・ルーム〉でミリーについてそういった。一月六日の議会議事堂襲撃事件を調査する下院特別委員会からの罰則付き召喚状に応じなかったバノンは、議会侮辱罪で禁錮四カ月の刑期についたところだった。


大統領としての最後の年に、トランプは軍隊をアメリカ国民に対して使うのに乗り気になった。二〇二〇年夏の〝黒人の命も大切《ブラック・ライブズ・マター》〟運動の抗議行動も、そうやって潰そうとした。

「ただ撃てばいいんじゃないのか？」[7]トランプ大統領は、二〇二〇年六月一日に、ワシントンDCでの抗議行動について、エスパー国防長官にいった。「脚を撃つとか、そんなことをやれば？」

「部隊を派遣するつもりだ」[8]二〇二〇年六月三日の電話でのインタビューで、トランプは熱した口調でいった。抗議行動の要旨――ひとりの警官によって黒人ひとりが残虐に殺されたこと――に関わることには、まったく興味がないようだった。抗議行動の参加者たちのせいで自分と自分の政権が弱く見られるということばかりを気にしていた。

二〇二〇年六月、トランプとのべつのインタビューで、私はいった。[9]「私たちにはひとつ共通点があります。白人で、社会的地位が高い。私の父は弁護士で、イリノイ州で判事をつとめました。それに、大統領の父上がなにをやったか、お互いに知っています。

高い社会的地位には人を孤立させて洞窟に閉じ込めるようなところがあるとは思いませんか」私はきいた。「私がそうです——社会的地位が高い白人の多くは——洞窟のなかにいる。ですから、この国の人々、ことに黒人が感じている怒りや痛みを理解するには、洞窟から脱け出す必要があるのではないですか？」

「いや」トランプは鋭い声で答えた。「でもそれは他人の受け売りじゃないのかな。ワーオ。ちがう。そんなことはまったく感じていない」

「ほんとうですか？」

「私は歴史上のどの大統領よりも、黒人コミュニティのためになることをやってきた。もちろんリンカーンはべつとして」（奴隷解放宣言をしたリンカーンは共和党の大統領。当時の民主党は奴隷制度支持だった）

ミリーとエスパーは、その夏、首都に現役将兵一万人を投入するとトランプが命じるのを、どうにか思いとどまらせた。[*10]

エスパーはトランプに、それには数多くの難題が伴うと説明した。精鋭部隊をワシントンＤＣに展開するには後方支援が欠かせません。日にちがかかります。単純に命令すればすむことではありません。

「きみがこれを指揮してくれ、将軍」[*11]トランプが、ミリーに向かっていった。

ミリーは、〝撃たないで〟というように両手を挙げた。[*12]「私は顧問です、大統領。部隊は指揮していません」ミリーはいった（統合参謀本部議長は軍事顧問で米軍部隊を指揮する権限はない）。

怒り狂ったトランプが立ちあがり、だれも手伝おうとしないとわめいた。

「私たちは弱く見られる」[*13]トランプはふたりをどなりつけた。「きみたちは負け犬だ！　きみたちはみんなクソ負け犬だ！」

「私たちはどす黒い一線を越える寸前のようだった」[*14]エスパーは二〇二二年五月に刊行された回顧録『A Sacred Oath』（『神聖な誓い』未邦訳）に書いている。「過去にもこの瀬戸際までは歩いていったことはあったが、これほどの重大事で、これほど怒りをこめて近づいたことはなかった。

私たちがみんないなくなったら、なにが起きていただろうと、私は思った」[*15]私たちとは、アメリカの軍をアメリカの市民に対して使用することも含めた愚かで危険な決定から、トランプを何度も引き戻した閣僚たちのことだ。

トランプ政権の最後の年、ミリーとエスパーは、米軍を国内の法執行問題から遠ざけるために、絶大な努力を払っていた。

二〇二四年の選挙運動遊説で、トランプと補佐官たちは早くも、再選されたらアメリカ国内での米軍の使い道について、さまざまな可能性を売り込んでいた。

一例をあげるなら、移民危機への解決策として、「アメリカ史上最大の国外追放作戦を国内で行なう」と、トランプは提案した。[*16]

「事態の収拾がつかなくなったら、軍隊を使うのに私はなんの痛痒もない」[*17]二〇二四年四月の《タイム》誌のインタビューでトランプはいった。「私たちの国には法と秩序がなければならない。

この者たちは一般市民ではない。[18] 不法に私たちの国にいる。これは私たちの国への侵略だ。やらなければならないことをやるしかない」トランプはいった。

トランプのスピーチライターで移民政策顧問のスティーブン・ミラーは、移住者を国外追放するまで待機させる大規模なキャンプを建設するという話をしていた。

「軍隊が駆り集めてキャンプに入れ、正規の書類がない移民一一〇〇万人以上を国外追放する」トランプの元移民・関税執行局長官代理のトム・ホーマンはいった。

こういった極端な発言は、第二次世界大戦中の日系アメリカ人向けの敵国人収容所を思い出させる。そこは〝移住センター《リロケーション》〟と呼ばれていた。

トランプはアメリカ合衆国を何度も戦争の〝瀬戸際〟に押しやったと、エスパーは述べている。[19]「私が国防長官をつとめた一八カ月近くのあいだに何度も、大統領かホワイトハウスの彼の上級補佐官の一部が、外国の国内もしくはその国に対するなんらかの軍事行動を提案した」エスパーは回顧録で述べている。

バイデン大統領の国防長官はひとりだけ――ロイド・オースティンだけだった。トランプは、二〇二一年一月にホワイトハウスを去るまで、五人の国防長官を使った。

ジェームズ・マティス元国防長官は、在任中、トランプが北朝鮮と核戦争をはじめるのではないかと心配して、トレーニングウェアで寝ていた。[20] その脅威に対処する秘密保全措置をほどこした国家的事件機密会議に、いつでも出られるようにしていたのだ。北朝鮮がＩＣＢＭを発射したらアメリカを脅かすミサイルを撃墜する権限を、トランプはあらかじめ国防長官に一任していた。

「彼（金正恩）が撃てば、彼（マティス）が撃つ」[21] 北朝鮮の指導者金正恩に関するインタビューで、トランプは私にいった。

この核兵器に関する軽率な態度と、衝動的で好戦的な外交に、トランプの国家安全保障問題担当大統領補佐官たちは肝が縮む思いだった。

マティスはひそかにワシントン大聖堂へ行き、アメリカを守るために北朝鮮に対して核兵器を使用しなければならなくなる可能性のことで祈り、覚悟を決めようとした。

私の取材に基づくなら、トランプの言動が――大統領の任期中も、その後も――国家安全保障に対するリスクになることがままあった。トランプの元主要閣僚や上級補佐官たちは公に、トランプは二度と大統領になるべきではないし、候補者にもなるべきではないと述べている。

以下の人々もそこに含まれている。マイク・ペンス前副大統領、マーク・エスパー元国防長官、マーク・ミリー前統合参謀本部議長、ジョン・ボルトン元国家安全保障問題担当大統領補佐官、ジェームズ・マティス元国防長官、ダン・コーツ元国家情報長官、ジョン・ケリー元大統領首席補佐官、ミック・マルバニー元大統領首席補佐官代行、レックス・ティラーソン元国務長官。

69

二〇二四年七月、バイデン大統領のレガシーとアメリカにとって最大のリスクは、八一歳のバイデンが再選への出馬を決めたことだった。[*1] 一一月の選挙で勝ち、四年の任期をつとめたら、八六歳でホワイトハウスを去ることになる。バイデンはすでに衰えの兆候を現わしていた。勤務中は堂々とした大統領でいることができた。それ以外のとき、ことに夜は、かなり思考が乱れているように見えた。「一日の半分、彼は疲れ果てている」ずっとバイデンと接触がある友人のひとりが、二〇二三年一二月に私にいった。「声にそれが現われている」

孤立がそれに輪をかけていると、その友人はいった。「大統領の職務そのものが孤立している。上院や政界で四〇年もいっしょだった人々と話をする機会がない。彼らは前とはちがって、バイデンにあまり会いにこない」

歴史家も歴代の大統領たちも、大統領の職務が孤独であることを、かなり多岐にわたって書いている。大統領は権力と責任の大部分を担い、補佐官、閣僚、家族はその重荷をほとんど分かち合うことができない。

二〇二三年に、バイデンのもっとも親密な同僚のところへ、ハリス副大統領から電話があった。

「マダム副大統領、お元気ですか?」

「私は元気よ」ハリスがいった。「電話したのは、頼みがあるから——というより、お願いがあるのよ——大統領ともっとしょっちゅう話をしてくださらない? 大統領はほんとうにあなたが好きなのよ。あなたはいまよりも頻繁に、彼と話をするべきよ」

バイデンの同僚は、ハリス副大統領に率直にいった。じつは、バイデンが私のところへ電話をかけてくるのは、安心して話ができるからなんです。〝ジョー・マンチンはほんとうにクソったれ《ファッキング・アスホール》だ〟というようなことを、好きなようにいえるからです。マンチンはウェストバージニア州選出の民主党保守派上院議員で、無党派になり、重要法案でバイデンの難儀の種になっていた。

ハリス副大統領は笑った。「まだ彼が私といっしょにいて苦にならない理由は、それしかないかもしれないわね」ハリスはいった。「だって、彼のまわりには、最低のクソ野郎《マザーファッカー》って正確に発音できるのは、私しかいないから」


バイデンが副大統領退任後に機密文書を不正に持ち出さなかったかどうかを捜査したロバート・ハー特別検察官が、二〇二四年二月に調査結果の検察報告書を公表した。[*2] バイデンのことを、「記憶力が弱い思いやりのある善意の年配者」だとした。イスラエル危機のさなかの一〇月八日と九日の二日間に五時間行なった事情聴取のあいだ、バイデンには〝顕著な〟記憶力の問題があったと、ハーは指摘した。

バイデンの事情聴取の筆記録によれば、バイデンはつぎのようにたずねた。[*3]

「いつ大統領選出馬を宣言したんだっけ？」

「副大統領じゃなくなったのは、いつだったっけかな？」

「二〇〇九年っていうのは、まだ副大統領だったときか？」

筆記録すべてを同情的に読むと、バイデンのあやふやな記憶の全容が、さらに筋道だって描き出される。

バイデンは二度、〝FAX〟という言葉を思い出せなかった。[*4]

「えーと、プリンターがあって、それから――なんていったかな、あの機械は……」ホワイトハウスの法律顧問が二度とも、〝FAX〟だと教えた。

ハーは、起訴手続きを続行しない理由のひとつとして、「犯意をはっきり意識していなければ行なえないような重罪について、陪審に有罪の評決を下すべきだと納得させるのは難しいだろう――評決が出るころには、前大統領は八〇代の半ばになっている」[*5]

バイデンは激怒した。

「私は善意だし、年配者だが、自分がなにをやっているかは承知している！」[*6]司法省がハーの報告書を公表したあと、バイデンは記者団に断言した。その二〇二四年二月八日の夜、ホワイトハウスの記者会館でバイデンはガザ地区の人道状況について質問され、エジプトのシシ大統領を、「メキシコ大統領」だといい間違えた。自分の記憶は「たしか」だと弁解した直後のことだった。

二月下旬、二〇〇九年からバイデンの主治医をつとめる、ウォルター・リード軍医療センターのケビン・オコナー博士は、神経科医ひとり、整形外科医ふたり、理学療法士ひとりとともに、バイデンを診察した。[*7] バイデンは「責務に適している」と、オコナーは判断した。

オコナー博士は公開報告書で、バイデンには「顕著な脊椎関節炎、軽度の足の骨折後の関節炎、軽度の足の感覚性末梢神経障害」があると指摘していた。[*8] それで歩き方がぎこちないのだ。バイデンは、二〇二〇年一一月にジャーマンシェパードと遊んだときに小さな骨折を起こしたことがあった。

バイデンは左腰にも不具合があり、それもぎくしゃくした歩き方の原因だと、オコナーは述べていた。バイデンは理学療法を受けていた。週に四回か五回の筋トレとストレッチもつづけていた。

オコナー医師はさらに述べていた。きわめて綿密な脳神経系の検査によって、脳卒中、多発性硬化症、パーキンソン病、筋萎縮性側索硬化症（ＡＬＳ）など、小脳その他の中枢神経障害に相当するものは認められなかった。この検査は、両足の軽度の末梢神経障害の裏付けにもなった。彼は運動麻痺の兆候はまったく示していないが、温冷覚には微妙な差異が生じている。

だが、テレビのバイデンを見ただけで、ほかの経験豊富な医師たちは、何年もかけて進行するパーキンソン病の初期症状を示している可能性があると述べている。顔の表情のなさ、弱々しい声、ゆっくりした機械的な動作は、その初期の兆候であるかもしれない。

二〇二四年三月のバイデン大統領の一般教書演説は、公職中でもっとも力強い演説だったと見なされ、年齢と認識能力についての憶測はつかのま鎮静化した。[*9] バイデンは、移民政策の件でマージョリー・テイラー・グリーン共和党下院議員などのヤジを受け流し、トランプ前大統領に超党派の移民法案を邪魔するなと要求した。「私の前任者がこれを見ているようなら、政治をもてあそんで議員に法案を妨害しろと圧力をかけるのではなく、私に賛成して、法案を通せと議会にいってもらいたい」バイデンはいった。「私たちはいっしょにそれを実行できる」ジェームズ・ランクフォード共和党下院議員は、「そのとおりだ」とつぶやいた。

　しかし、テレプロンプターを使わずにインタビューや記者会見を受けているバイデンを見ていると、肝心な点をいうのにだらだら時間をかけていて、歯をじわじわと抜かれるようなじれったさを感じずにはいられない。声が弱々しいので、いっそう老いているように見える。


　三〇人ほどが出席した二〇二四年五月一〇日のシリコンバレーでの資金集めパーティが終わったあとで、出席者たちが内密に不満を口にして、小規模なイベントなのに、バイデンがテレプロンプターを使ったのは〝奇妙だった〟といった。*10

　あるハリウッドのスタジオのCEOは、バイデンのところへ行き、率直な助言をした。

「あなたは選挙運動を台無しにしています」CEOはバイデンにいった。「あなたが立ちあがって歩くたびに、みんな〝年取っている〟と思います。歩いているのを撮影されるような状況を避けたほうがいい」

　バイデン大統領がカメラの前で歩くのを避けるのは難しい。しかし、大統領専用ヘリコプター《マリーン・ワン》に向けてバイデンが芝生を歩くときに、ぎくしゃくした歩き方が目につかないように、ホワイトハウスは警護官でまわりを囲むようにした。

　バイデンの年齢に合わせて、もうひとつの目につく調整がなされた。足を滑らせることがないようにテニスシューズをはき、転びにくいように大統領専用機《エアフォース・ワン》のタラップを段の幅が狭いものに換えた。どんな八一歳の高齢者にも必要な理にかなった予防措置だった。

しかし、ふつうではない予防措置もいくつかあった。バイデンの選挙陣営は、インタビューの質問事項を提案するか許可制にすることが多くなった。記者が稀なチャンスにバイデンに質問しようとするとき、質問が攻撃的か追及になる場合にそなえて、ホワイトハウスの補佐官がマイクをつかむこともあった。

バイデンの首席補佐官ジェフ・ザイエンツとの会合で寄付者たちが、六月二七日に予定されていたトランプとの討論会の準備について質問した。「まもなく討論会ですね。大統領は休養をとれるのですか？　よく眠れていますか？」ひとりの寄付者がきいた。

「大統領は精力的にスケジュールをこなしています」ザイエンツは告げた。「大統領はスタッフ任せではなく、何事もご自分でやろうとします。スタッフはコントロールしようとするのですが、なかなかうまくいきません」

二〇二四年六月初旬まで、閣僚や上級補佐官たちのあいだでは、バイデンの年齢は業務遂行能力ではなく見かけの問題として検討されていた。バイデンはずっと吃音と戦ってきたし、公の報道関係のイベントで失言することで有名だった。大統領は公のイベントで見せる姿とはちがってすこぶる有能なのだと、補佐官たちは力説した。

コリン・カールは、バイデンが副大統領だった時期（二〇一四〜二〇一七年）に二年半、国家安全保障問題担当副大統領補佐官をつとめ、二〇二一年から二〇二三年七月までオースティン国防長官の国防次官（政策担当）をつとめて、バイデンの外交政策の考え方を知っていた。カールは一〇年近くバイデンを見守り、二〇二三年夏まで頻繁に交流していた。

バイデンは、カールやほかの補佐官に何度かいったことがある。「私の悪いところは、本心を口にすることではない。本心をすべてさらけだして口にすることだ」

「彼はスタッフに守られているという感じがあった」二〇二四年六月初旬に、カールはいった。「それがひとつの印象を生み、共和党によってますます強調された。彼は年老いて、ぼんやりしているのを、スタッフが車椅子に座らせて舞台まで押していくのだという印象だ。彼はじつは政府を動かしていないのだと。

確かに、彼は前よりも年をとった」カールはいった。「前よりも疲れていることが多くなった」だが、バイデンの舞台裏での姿がまったく異なることを、カールは知っていた。「彼は精神面では弱っていないし、世界のことがよくわかっている。それに彼の外交政策を好むものも嫌うものもいるが、本人の外交政策なんだ。一〇〇％。アフガニスタンにせよ、ウクライナにせよ、ガザ地区にせよ。ジェイク・サリバンの政策ではない。トニー・ブリンケンの政策ではない。ロイド・オースティンの政策ではない。それはジョー・バイデンの政策だ。

バイデンは自分のチームをぐいぐい押す。難問を突き付ける。彼を納得させたり、説得したりすることはできる」カールはいった。「しかし、根本は、好き嫌いはともかく、四〇年もしくは五〇年におよぶ経験を通じて、彼が論理的に判断した政策なのだ」

「彼は鋭敏だ」二〇二三年九月三〇日に辞任するまで統合参謀本部議長をつとめたマーク・ミリーは、バイデンの会議中の取り組みについてそう述べた。「ジェイク・サリバンは、ほとんど法律事務所みたいなものだ。彼はこういう資料を大量に渡すんだ。ジェイクが相手だと、一週間分の宿題をあたえられる。まあ、それはいいことだし、たいがい三センチか五センチの厚さのバインダーだ。どの会議でも、バイデン大統領とともに出席すると。大統領はかならず宿題を終えているようだった。大統領は資料を読んでいた。それがはっきりとわかった。そして、ちょっとしたメモを出すか、ノートパソコンの蓋をあけて、首尾一貫した活発な議論をやりとりさせる。かならずそうなる。バイデン大統領は、つねにそんなふうだった。

私はバイデン大統領とともに何度も会議に出席したが」ミリーはいった。「居眠りするのは一度も見たことがないし、眠っているような感じで目を閉じるのも見たことがない。題材が知的でおもしろいものではないとき、彼の半分の年齢なのに居眠りする人間を私は見ている。

彼はつねに活発な質問をやりとりして熱心に参加していたし、聞き上手でもあった。ひとのいうことを途中で遮るようなことはやらなかった。そういうことはやらずに、話し手のいい分にじっと耳を傾けていた。

相手の意見に賛成ではないかもしれないが、じっと聞いていた」ミリーはさらにつけくわえた。「私たちの推奨することをやるかどうか決めていなくても、彼はつねに聞いていた。

自制心を失うのは、一度も見たことがない」

ジェイク・サリバン国家安全保障問題担当大統領補佐官は、自分が仕えているバイデンは、副大統領時代といまでは肉体面で異なっていると、周囲に語った。「しかし、ちがいをほんとうに推し量るのは難しい。私は徐々に変わるのを見ているので」

「なにかをこっそり録音したいと思ったことは、一生に一度もなかった」二〇二三年一一月四日、夫のサリバンがバイデン大統領とブリンケン国務長官と電話で話をするのをそばで聞いていたあとで、元海軍情報将校で司法省高官のマギー・グッドランダーがいった。

「そんなことは、一度も考えなかった」グッドランダーはつけくわえた。でも、「勤務中のジョー・バイデンの声を聞いたら」、「善意で理性的な」人間なら、彼が最高司令官らしくふるまっているかどうかを疑問に思うことはないはずだと、グッドランダーはいった。

その日はグッドランダーの誕生日だったので、「ジョー・バイデンが話をするのを聞きたい」と、サリバンに頼んだのだ。

グッドランダーは、サリバンにきいた。テレビで見るバイデンは痛々しいのに、こういうときにはまったく正反対なのは、どういうわけ?

「わからない」サリバンはいった。「私にも説明がつかない」

世論調査は、アメリカ人の八〇％、有権者登録を行なっている人々の七三％が、バイデンは高齢だから有能ではないと考えていた。[*11]

「大衆は、ジョー・バイデンがやってきたことに、本当に目を向けていない」コリン・カールはいった。「彼らは諸物価が高すぎるという感情にとらわれている。それに、彼が大統領だから非難する。世界は混沌としていると感情的に思い、彼の功績を評価していない」

つぎのアメリカ大統領は、敵対する勢力の団結と相互依存も含めたあらたな危険の数々と対処しなければならない。

「大変動の枢軸」とカールはそれを呼んだ。「ロシア、中国、イラン、北朝鮮は、主にふたつのことによって、つながりを強めている」

四カ国のうちの三カ国——ロシア、イラン、北朝鮮——に対する制裁で、この三カ国は、いっそう中国に依存するようになった。制裁とアメリカの金融システムに対して脆弱にならないように、経済的に結び付く方法も見つけようとしている。

「ウクライナ戦争後の傷ついたロシアがなにをやるか、見当がつかない」カールはいった。プーチンは、ロシア社会を根本から国家主義と軍国主義がもっと濃厚な独裁国家に作り替えるのに、ウクライナでの戦争を利用している。

「彼は最悪の状況を乗り越えたと、自分にいい聞かせていると思う」プーチンについて、カールはいった。「それに、結局、ロシアは西側の最強のパンチを食らっても無事だった、と」

だが、現実はそれとは程遠かった。

アメリカの情報機関は、二〇二二年二月の侵攻後、ロシアは戦争開始前の陸軍の兵力の八七％を失ったと推定していた。ウクライナ戦争でロシア軍将兵三一万五〇〇〇人が死ぬか、負傷した。「プーチンの軍隊は大打撃を食らった」カールはいった。戦争があす終われば、ロシアはウクライナの一八％を占領していることになる。「その地域を占領するために、一〇万人ないし二〇万人のロシア軍部隊が、長期間、ウクライナから動けなくなる」

ほとんどだれにも理解されていないが、バイデンはさまざまな面で成功を収めていると、カールはいった。

「彼は国防費を削減しなかった。国防はきわめて堅固なままだ。民主党は毎年、国防予算に八〇〇〇億ドル以上を計上しつづけている。[*12]

それに、同盟国への時間や労力の投入もある。ウクライナ戦争直前と開始後、あらゆる物事がＮＡＴＯに注ぎ込まれた。

バイデンの大統領としての職務の特徴は、同盟の強化に集中したことだった。[*13] イギリスを七回訪問して古い絆を強化し、ベトナムのようなかつての敵国を訪問して新しい絆を堅固にし、インド太平洋でアメリカの同盟国と貿易相手国との関係をさらに強固にした。

バイデンは、戦域を二度訪問した。[*14] ウクライナ戦争一周年の時期にひそかにポーランドに赴いて、ゼレンスキー大統領と会うために夜行列車でキーウへ行った。さらに、ハマスのイスラエル攻撃の一日後、ガザ地区からイスラエルに向けてロケット弾が発射されつづけているときに、テルアビブに降り立った。

経験的証拠をじっくり検討すると、二〇二三年夏以降、バイデンの年齢が一部の公のイベントで理路整然とふるまう能力に明らかに影響を与えていたことが示されていた。二〇二四年六月初旬には、バイデンのそういう状態が悪い方向に向かいはじめたように見えた。

70

投票日まで四カ月ほどになった六月二七日、バイデン大統領は、ジョージア州アラバマのＣＮＮスタジオで、大統領討論会の舞台ですり足ぎみにぎこちなく歩いていた。アメリカ史上最年長の大統領になっていたバイデンは、蒼ざめ、疲れ、弱々しく、ほとんど幽霊のように見えていた。バイデンはそのあとで、言葉につかえ、しどろもどろになって、任期中のアメリカ大統領として最悪かもしれない公の場での言動を歴史に残すことになる。それがバイデンの政治的生き残りに危機をもたらした。

トランプ前大統領は、バイデンより三つ若いだけだが、舞台ではバイデンと正反対の印象をあたえた。トランプは、引退したアメフト選手のようにどっしりとした重みのある足どりで演壇へ行き、落ち着き、満悦した態度で、仰向いた。

大統領候補ふたりは、握手をかわさなかった。

経済、外交政策、環境、移民についてお決まりの質問をされたバイデンは、言葉を見つけて明瞭なセンテンスにするのに苦労していた。声は弱々しくかすれ、ほとんど聞こえなかった。赤字財政について質問されたバイデンはいった。

「アメリカには兆万長者《トリリオネア》が一〇〇〇人――いや、億万長者《ビリオネア》が――います。それでなにが起きていますか？　彼らはじつのところ八・二％の税金しか納めていません。彼らが二四％か二五％、それだけの人数で税金を納めたら――五億ドル――失礼、五〇〇〇億ドルになります。つまり一〇年間で。私たちは、えっと、彼が創った赤字を帳消しにして……私たちは個人ひとりひとりが、新型コロナウイルスで私にやれたことに資格が得られるように、失礼……私たちがやらなければならないことすべてに資格が得られるように……つまり、私たちはついに克服します……メディケアを」[*1]

思考が雑然と乱れ、混乱していた。

権威を取り戻そうともがいている悲しく衝撃的な光景だった。

大統領としての統率力は、影も形もなかった。質問を受けたとき、バイデンは、心の内面の戦いに抗って、思い出し、注意を集中して単純な思考をまとめようとするかのように、目を閉じていた。トランプが話をしているとき、バイデンはしばしば口をぽかんとあけ、目を見ひらき、視線がぼやけていた。

トランプの主張は、例によってとんでもない誇張、誤った考え、嘘を混ぜ合わせたものだった。さかんに攻撃したが、活気があり、堂々としているという印象をあたえた。バイデンは反撃して議論に持ち込むことができなかった。トランプの表情は、彼が本領を発揮していることを物語っていた。「あのセンテンスの最後に彼がなにをいったのか、まったくわからない」[*2]南部国境についての質問に指定時間を超過してバイデンが答えたあとで、トランプはいった。「なにをいったのか、本人にもわかっていないいんじゃないかな」

討論が終わる前に、民主党のパニックは最高潮に達していた。[*3]

今後四年のことがあるので、バイデンの国を率いる能力に対する大衆の信頼は大きく崩れた。民主党指導層と献金者たちは、バイデンに出馬を取り下げるよう要求しはじめた。ナンシー・ペロシ前下院議長を含めて、バイデンに近い政界の盟友たちの多くが、圧力をかける運動を開始した。

バイデンは当初、討論会はただの「調子が悪い夜」だと軽くあしらっていた。[*4]〝民主党の仲間たち〟への二ページの書簡でバイデンは、「このレースに踏みとどまってしっかり取り組み、最後までレースを走りつづけ、ドナルド・トランプを打倒する」と宣言した。

だが、たとえ些細であっても失敗であることに変わりはなく、選挙運動の士気が落ちるだけではなく、民主党全体の選挙の見通しにも悪影響があることを、バイデンの補佐官たちは知っていた。大統領選挙だけが重大なのではない。下院と上院の両方で、共和党の赤い波が高まれば、トランプは絶大な権力を握ることになる。

五一〇〇万人が視聴し、バイデンに出馬取りやめを要求する潮流が押し寄せる原因になった大失敗の討論会から一週間しかたっていない七月四日、バイデンとブリンケンは、オーバル・オフィスのそばの小ぶりなダイニングルームで、ひっそりとランチをともにした。

ブリンケンは、激しい責任感をおぼえていた。ブリンケンはこれまで二二年以上、バイデンと密接に仕事をやってきただけではなく、バイデンに深い敬意と愛情を抱いていた。ブリンケンがどんな意見をいっても、それがバイデンと国のためだということ以外、なんの政治目的もない。バイデンがそう理解していることを、ブリンケンは知っていた。

そうはいっても、国務長官になったいまも、ブリンケンはつねに下の立場だった。だがいまは、その立場を脱却し、バイデンがとどまるにせよ離脱するにせよ、そのすべての理由をバイデンのために徹底的に詳しく調べ上げなければならない。

このランチは、ふたりがお互いに本音を打ち明ける試練のときだった。

「大統領のレガシーが危険にさらされるのは望ましくないと、私は思っています」ブリンケンはいった。そして、自分の理論を述べた。「その人について書くときに、かならず書かれるひとつのセンテンス。それがレガシーです」ひとつのセンテンスだけです。

「大統領がとどまると決断し、再選で勝利を収めれば、すばらしいことです。踏みとどまって再戦に敗れたら、それがそのセンテンスになります」

それが厳しい現実だった。過酷だが、事実だ。

「ほんとうの問題は」ブリンケンはいった。「あなたがほんとうにあと四年間やりたいのかということです」

これから職務を果たす能力は完全にあると思うと、バイデンはいった。それは事実だと、ブリンケンは思った。バイデンの認知能力の低下をスタッフが隠しているなどという憶測は馬鹿げている。きわめて厳しい問題を処理するバイデンの能力を、ブリンケンは日々目の当たりにしていた。しかし、この先、バイデンは年を取り、体力も弱くなるいっぽうなのだ。

選挙運動の風向きが急に変わり、もとには戻らないかもしれません、とブリンケンはいった。「いまのところ、大統領と大統領の能力の話ばかりです」ブリンケンはなおもいった。「それでは一一月に勝つのは難しい。なぜなら、もう一度トランプと対決するか、あるいは勝利を収められるような強力で説得力のある政治目標がなければならないからです。しかし、この疑問がもっとも大きい疑問であるかぎり、それは難しいでしょう」

ハンターの苦闘が、部外者や大衆が気づいているよりも激しくバイデンの感情を揺さぶっていることを、ブリンケンは知っていた。バイデンの近しい友人のひとりは、それを〝ほんとうの戦争〟と呼んでいた。ウクライナやイスラエルの戦争よりも、バイデンに大きな影響をあたえているという意味だ。罪の意識がバイデンにのしかかっていた。バイデンが大統領でなかったなら、〝私のすばらしい息子〟、〝私のかわいい息子〟は、こんな厳しい吟味にさらされることはなかっただろうと、バイデンはいうにちがいない。バイデンの心は張り裂けそうだった。

ハンターが抱えている数々の問題がつきまとって、バイデンは「バランスを崩し、そのことが頭から離れず、力を奪い取っていた」。

ブリンケンには幼い子供がふたりいるので、「ハンターが奈落の底にいて、父親が必死でそこからひっぱりあげ、たぐり寄せようとしている」ことを思うと、胸が詰まりそうになることがあった。バイデンはハンターを守ろうとしたが、守れなかった。

この決定があなたのレガシーになります。なにを考えていますか？　事態をどう見ていますか？

ブリンケンはきいた。

トランプに打ち勝つことが最大の関心事だと、バイデンはいった。私は一度それをやった。だれなら勝てる？　その時点でバイデンは、ハリスのほうが自分よりもトランプに対して勝ち目があるとは思っていなかった。勝てそうな候補が、ほかに見当たらなかった。どう思うかと、バイデンはブリンケンにきいた。

「大統領にはすばらしいレガシーがあります」ブリンケンは、バイデンの偉大な業績を列挙した。二〇二〇年にトランプを打ち負かした。新型コロナウイルスをアメリカが切り抜け、どの国よりもめざましい経済回復を遂げた。「立法の実績は、ＬＢＪ（リンドン・ジョンソン）や、もしかするとＦＤＲ（フランクリン・ルーズベルト）にもひけをとりません」国際関係を修復し、ふたたび活気づけた。当初の目標をまさに達成したのです。

「私はこれを長いあいだ近くで見てきました」大統領の判断、問題を解決してゆく能力は、きわめて力強く、健全です。

「今後の四年間、おなじことができるとお思いですか？　その質問に答える必要があります。いま仕事をきちんとやっているというのとは、まったくちがいます。私はそのことを懸念しています」

　二年ないし四年のあいだに自分がどうなるかという疑問が、バイデンの意識に間違いなくあるはずだと、ブリンケンにはわかっていた。

　いまの当面の疑問は、選挙運動だった。「いいですか、難儀なのは、これを毎日、これから三カ月のあいだやらなければならないことです」ブリンケンはいった。

「人々はつねにプリズムを通してこれを見るでしょう。厳しいですよ。現職の大統領であるあなたとその能力が問われているようでは、状況はかなり厳しい。なぜなら、本来なら対立候補のトランプとその能力が問われなければならないはずだからです」

一生ずっと大統領を目指していたバイデンが、レースにとどまるほうに傾いていることが、ブリンケンにはわかっていた。

バイデンには、〝冬のライオン〟の特質があった。年老いた指導者が、危機に際して自分とおなじように職責を果たせる人間がいるとは思えず、自分はまだ必要不可欠であり、指揮できると思い込む。だが、バイデンはその問題に先入観を持っていないようだった。

話し合いが終わったとき、大統領は選択肢を徹底的に吟味するはずだと、ブリンケンは確信していた。バイデンの有名なプロセスのひとつは、徹底的な議論と、全員に意見を表明させることだった。とりわけ、ふたりの上級顧問、マイク・ドニロンとスティーブ・リチェッティには意見を求めるはずだ。

七月九日から一一日にかけてワシントンDCでひらかれたNATOサミットでのバイデンの言動は、適性に関するさまざまな問題を蒸し返してしまった。NATOの記者会見で外交政策を掌握していることを示そうとしたときに、不幸にもいい間違えて、ウクライナのゼレンスキー大統領を「プーチン大統領」と紹介し、その晩の話題を独占するはめになった。

つぎの政治的大地震まで、一カ月を切っていた。

71

七月一三日土曜日、ペンシルベニア州バトラーでの集会でトランプの演説がはじまってから数分後に、銃を持ったひとりの男、二〇歳のトーマス・マシュー・クルックスが、近くの建物の屋根から発砲しはじめた[*1]。トランプは、耳を右手で叩いた。

「伏せろ！　伏せろ！」シークレット・サービスの警護官たちが叫んだ。トランプは演壇の陰で四つん這いになった。血が耳を覆い、頬を流れ落ちた。警護官たちがトランプを囲み、舞台の外に移動させようとせかした。

「待て、待て」トランプはいい張った。右の拳を宙に突きあげて、口先で唱えた。「戦え《ファイト》、ファイト、ファイト」

観衆がどっと喝采をあげて、連呼した。「USA、USA、USA！」

観衆のひとり、消防団長のコリー・コンペラトーレが、クルックスの銃弾から家族をかばったときに被弾して亡くなった。銃撃のあいだに、ほかにふたりが負傷した。

その晩、トランプは退院した。翌日曜日の朝にニュージャージー州ベッドミンスターにある自分のゴルフクラブで、リンゼー・グラムとプレイする予定だったので、グラムに電話をかけた。

「おい、きみはあすプレイすればいい」トランプはいった。「私はできそうにない」

「なにをいっているんですか?」グラムはびっくりしていった。ゴルフのことを考えるとは、信じがたかった。「ゴルフのことなら気にしなくていいですよ。私はよくドタキャンされるので」雰囲気を明るくしようとして、グラムは笑った。「しかし、こういうのははじめてだ」

あしたは一八歳の末息子バロンと過ごすと、トランプはいった。「バロンはひどく動揺している」トランプはいった。「バロンもメラニアも」

日曜日に、そのあとで会いましょうと、グラムはいった。ふたりは共和党全国大会のためにミルウォーキーへ空路で行く予定だった。

機内のトランプは、白くて四角い大きな包帯を耳の上に巻き、上機嫌のようだった。一部始終を話した。移民の数を記した図表を見ようとして首をまわしたときに、ビュンという音が聞こえ、なにかが耳に激しく当たった。血が流れた。

「犠牲になった男性のことを気にしていた」と、グラムは思った。

トランプの顧問たちが、選挙運動の戦略について話しはじめた。

「バイデンが候補にとどまることはありえません」グラムはいった。「ありえない」機内にいた全員が、反対意見だった。バイデンは最後までやるだろうし、民主党は彼から離れないだろう。

トランプは黙っていた。全員が、トランプの顔を見た。

わからないと、トランプがいった。

トランプに近しい人間は、暗殺未遂で彼が動揺しているのを察した。銃弾は一センチくらいの差で、トランプの命を奪うところだったのだ。トランプは変わったのか？　顧問たちは、〝結束を呼びかけるメッセージ〟に、共和党全国大会向けの演説を書き直していた。

七月一九日の午後一〇時三〇分過ぎ、白い包帯を耳に巻いたトランプが舞台に歩いていって、観衆に投げキスをした。[*2]　平静を求めるメッセージから、演説をはじめた。

「私たちの社会の不和と分断は癒されなければなりません」トランプはいった。「私たちはアメリカ人として、単一の運命と共通の天命という絆で結ばれています。私たちはともに上昇します。あるいは崩壊します。私はアメリカの半分のためではなく、アメリカのすべてのための大統領になるべく立候補しています。なぜなら、アメリカの半分のために勝っても、そこに勝利はないからです」結束しようという力強い詩だった。

だが、それで終わりではなかった。二〇分後にトランプはいつもの格闘技ファイターの論理に戻り、九〇分の演説の残りをそのまま続けた。

「これは私たちの国の歴史上、もっとも重要な選挙になるだろう」トランプは宣言した。「ヨーロッパと中東でいま、戦火が燃え盛っている。台湾、朝鮮半島、フィリピン諸島、アジア全域で紛争の懸念材料がひろがり、覆いかぶさっている。そして、私たちの惑星は第三次世界大戦の瀬戸際にある。

いまの兵器はもう戦場を行き来する陸軍の戦車ではないし、互いに撃ち合うわけでもない。これらの兵器は壊滅のための兵器であり……変革の時機だ。いまの政権では問題の解決に近づくことができない。私たちはきわめて手強く、きわめて凶暴な人々を相手にしている。

アメリカ史上最悪の大統領一〇人を選ぶとしたら。考えてほしい。最悪の一〇人だ。彼らすべてをひっくるめても、バイデンがあたえた損害には達しない。バイデンはこの国に考えられないほどの損害をあたえた。考えられないほどだ」


二日後、べつの大地震が選挙戦を揺るがした。七月二一日日曜日、新型コロナウイルス陽性のためにリホボスビーチで隔離されていたバイデン大統領が、再選を目指す選挙から撤退すると発表した。[*3]バイデンは、カマラ・ハリス副大統領を代わりの民主党大統領候補として支持した。二〇二五年の大統領就任式まで、バイデンは大統領としてとどまる。

バイデン大統領がハリスと話をしたのはその日曜日の朝で、ハリスは出馬準備に数時間しかあたえられなかった。

真実がきわめて明確に表面化するとき、アメリカの政治は迅速に動くことがある。バイデンはトランプとは異なり、厳しい真実を受け入れることができて、自分の野心とは裏腹になにが国民の利益になるかを見極めた。バイデンは年老いて、選挙戦を最後までやり抜くのは無理だった。

政治的大地震の夏がいつ終わるのか、明らかではなかった。

「大統領がなさったことを、信じられないくらい誇らしく思います」ブリンケンはバイデンにいった。「大統領のような地位にある人間の多くに、そういうことができるとは思えません」こういう状況のもとで大統領の権力をあきらめるのは、まるでシェイクスピアの戯曲の登場人物のようです。「これが大統領にとって、大統領のレガシーにとって、国の未来にとって、適切なことだと、私は思います」

ブリンケンはそのあとで友人に、その日のバイデンの行動でもっとも重大な意味があったのは、ハリスをただちに候補として支持したことだと語った。「党内のとんでもない内輪揉めを、それによって回避した。全員がハリス応援でひとつにまとまった。バイデンは太鼓判を捺《お》したんだ。

それに、おそらく二〇一六年に自分がオバマ大統領からそういう扱いを受けなかったことを、思い出したんだろう」ブリンケンはいった。「そのとき、バイデンはがっかりした。だから今回は、副大統領を選ぶのが、正常で自然な流れだと思ったんだ」自分のつぎはハリスの番だから。

72

ビル・バーンズCIA長官は、〝とぎれとぎれの睡眠〟と呼ぶものにたえず悩まされていた。中東が地域全体の紛争の爆発的拡大、ロシアの陰謀、一一月の選挙前のアメリカ国内でのテロ攻撃のリスクの増大を心配していた。

現在、世界各地で行動しているもっとも活動的で強力なテロ組織、「イスラム国ホラサン州」（IS－K）が、アメリカ国内での攻撃を計画していることを、二〇二四年七月の情報が示していた。「対外活動を企てていることがわかる」バーンズは報告した。「大部分はヨーロッパに向けられている。しかし、一部がアメリカに向けられている」

IS－Kとつながりのある凶暴な攻撃計画が、この年にドイツ、スウェーデン、その他の国で何度もひそかに阻止され――南西アジアと中央アジアから発生したこのIS系テロ組織の活動範囲と危険性が高まっていることを示していた。

「脅威の流れが強まり、かなり不安を催す」バーンズはいった。

三月二二日にモスクワのコンサートホールで一三〇人以上が死亡し、さらに数百人が負傷した虐殺事件は、IS－Kの犯行だった。[*1] CIAはIS－Kの計画をひそかに傍受して、攻撃前にロシアに警告していた。モスクワのアメリカ大使館は三月七日に警戒情報を発出し、アメリカは「過激派がコンサートを含む大規模な集会を標的とする差し迫った計画を立てているという報告を受けている」と警告した。[*2] ＣＩＡは標的になるおそれがある場所として当のクロッカス・シティ・ホールも挙げていた。ロシア大統領ウラジーミル・プーチンは警告を斥けた。この二〇年間にヨーロッパで起きたテロ攻撃のなかで、もっとも死傷者が多かった。プーチンはウクライナに非難を浴びせようとした。

アメリカはとてつもなく高い情報収集能力を発揮することがある。バーンズＣＩＡ長官は、なにがロシアを襲うかをプーチンよりもずっと明確に知ることができたときに、何度もそれを実感した。一例を挙げるなら、ワグネルの総帥プリゴジンが寄せ集めの反逆者たちにモスクワに向けて行軍するよう命じた時点の〝二週間以上前に〟、ＣＩＡはその反乱を見通していた。

モスクワのテロ攻撃の一カ月後、アメリカの移民・関税執行局は、タジキスタン出身の八人をニューヨーク、フィラデルフィア、ロサンゼルスで逮捕した。[*3] ＣＩＡがＦＢＩと密接に協力し、ＩＳ－Ｋとの結び付きを突きとめた成果だった。八人は南部国境からアメリカに入国して、難民申請していた。

アメリカの情報機関は、アルカイダ系とＩＳ系の過激派がテロ攻撃を目論んでいる西アフリカのサヘル地域からの脅威についても懸念していた。先ごろのブルキナファソでのクーデターや、マリとニジェールから米軍が追放されたことで、その地域の情報収集が妨げられていた。ＣＩＡは現在、クーデター前とはレベルも種類も劣る機能だけで活動している。

バーンズは、自分たちの視界にあるそのほかの欠落についても心配していた。それには、過激化した個人という危険も含まれている。〝一匹狼の攻撃者〟は、ほとんどなんの前触れもなく不意に現われて、爆発物を起爆したり、銃撃を開始したりするおそれがある。

海外にいるアメリカ人に対するものも含めて、アメリカ合衆国に対する脅威は、テロ組織だけにとどまらない。二〇二三年一〇月七日のハマスによるイスラエル攻撃以後、イランのような国々は早くもバーンズがいう〝リスク選好《アペタイト》〟の増大を明らかに示している。

イスラエル－ガザ地区戦争はいまもきわめて〝燃えあがりやすい状況〟で、いまにも爆発して、全面的な中東戦争になるかもしれないと、バーンズは頻繁に警告していた。最大のリスクは、イスラエルの北のレバノンとの国境越しに第二戦線が勃発することだった。ヨルダン川西岸でも第三戦線が生じるかもしれない。

「この九カ月間で私がもっとも意外に思ったことのひとつは」バーンズは指摘した。「西岸が爆発しなかったことだ」

あるいは、イランとの第四戦線が生じるおそれもある。イスラエルに対する大量の弾道ミサイル攻撃は、イランの最高指導者と政権のリスク選好があらたに強まったことを示している。

「［イランの］反応の規模は、確実にとぎれとぎれの睡眠の大きな原因になっている」バーンズはいった。

前年の一〇月、クリストファー・レイFBI長官が上院国土安全保障・政府問題委員会で、トランプ政権下の二〇二〇年一月にイラン革命防衛隊ゴドス部隊のガセム・ソレイマニ司令官が暗殺されたあと、イラン政府はアメリカ政府の〝現在と過去の〟高官を狙う陰謀の立案を続けていると証言した。*4

トランプの七月一三日の選挙運動集会前にシークレット・サービスは、トランプに対する特定されていない脅威が存在することを、バイデン政権から警告されていた。イランは、前大統領暗殺未遂にはいっさい関与していないと否定した。

ジェイク・サリバン国家安全保障問題担当大統領補佐官も、本土への脅威のことを絶えず心配していた。「夜の眠りを明らかに妨げているのは、人工知能《AI》と先進的な兵器が組み合わさることだ。それが私たちの敵国と、彼らの危害を加える能力になにをもたらすか、テロリストの集団になにをもたらすか」サリバンはいった。「人工知能革命には途方もないビジネスチャンスがあるが、じつは非常に深刻なリスクも伴っている」

アメリカの情報機関は、ロシアが二基目のコスモス２５７６衛星を打ち上げるかどうかを厳しく監視している。ロシアのその最新鋭宇宙兵器に、今回は核兵器が搭載される。それを使用するのはプーチンの最後の手段だとしても、「私たち全員が度肝を抜かれるくらい怯えるはずだ」バーンズはいった。

六月に中国を訪問したバーンズは、中国のカウンターパートたちに説明した。「これは無分別きわまりない行為になります」バーンズは彼らに警告した。「地球の低軌道にある各国の衛星すべてが破壊されます。中国、ロシア、ヨーロッパ、私たちのものまで……理論的には、すべての国のＧＰＳシステムが損害をこうむります」

バーンズは、その脅威の蓋然性が高いとは思っていなかったが、夜に電話が鳴ると、そういったたぐいのことを心配した。

中国での話し合いに関するバイデン大統領宛の秘密扱いの長い報告書で、バーンズは指摘した。「ロシアと北朝鮮の軍事協力がますます強化され、金正恩が活気づいているため、中国は多少不安にかられています」北朝鮮の指導者の金正恩は注目を浴びないと無謀なことをやる傾向がある。中国はそれを懸念していた。金正恩のミサイル開発計画はかなり進んでいるが、原材料は外国に依存している。そのため、ＣＩＡはひそかにその貿易を妨害することができる。

いっぽう、北朝鮮の核開発計画はおおむね国産で進められ、もはや外国の支援やテクノロジーには依存していない。いまのところ、北朝鮮にはアメリカに到達する大陸間弾道ミサイル（ＩＣＢＭ）で核兵器を有効かつ正確に展開する能力がないが、その能力にかなり近づいている。金正恩はここ数年、それに力を集中している。ロシアと北朝鮮の軍事協力にはそういうリスクもあると、バーンズは判断していた。兵器供給と戦闘能力の流れが、双方向に流れかねない。

バーンズＣＩＡ長官は、金正恩がその手の能力にどれほど近づいているかを懸念していた。「論理的にも理性的にも、彼がそれをやるはずはありません」バーンズは報告した。核弾頭を搭載したＩＣＢＭをアメリカに向けて発射することはやらないという意味だった。「それをやることからは抑止されるでしょう。しかし、その能力を有することは、非常に厄介です」

バーンズはその危険性を「無計画で不注意な段階的拡大」だと描写した。

アメリカ合衆国と世界の安定にとって、極度に危険な時機だと、バーンズは確信していた。あらゆる警報システムで赤いライトが明滅している。

73

「暗殺未遂から一週間たったら、だれもがもうそのことを忘れかけている」トランプの上級顧問で広報ディレクラーのジェイソン・ミラーが、七月二五日に憤然といった。ミラーはトランプのもっとも親しい側近で、MAGAの主唱者でもあり、二〇一六年の選挙にも二〇二〇年の選挙にも参加したベテランだった。銃撃の直後数日間、トランプは支持者に救世主のように崇められ、資金集めと世論調査が急上昇した。

だが、バイデンが選挙戦からおりると、見出しと注目がハリス副大統領に移った。左翼のリベラルの陰謀に加担しているとミラーが信じているメディアの一部が、ハリスの頭に王冠を乗せた。

「民主党は要するに彼を政治の火葬場に追いやった」ミラーはバイデンについてそういった。「不埒きわまりない！　やつらは彼を追い出し、割増退職金として六カ月分の自由世界のリーダー役をあたえてやるとは」ミラーはいった。

「この先、彼は経済、国境、その他について、なにをやるつもりだ？　まして国際問題はどうする？　六カ月後に辞めるとわかっているのに、国際問題に取り組めるわけがない。ネタニヤフやこの連中、あるいはゼレンスキーが、どうしてトランプに会いたがっていると思うんだ？　バイデンがいなくなるとわかっているからだ。自分に力がないのを認めた人間が、外交問題でなにかを達成できるはずがない」

じつのところ、バイデンは選挙運動をハリス副大統領と副大統領候補のミネソタ州知事ティム・ウォルズに任せたおかげで、自由に動けるようになり、統治に集中して、六カ月のあいだにかなり実績をあげられる可能性があった。

トランプの選挙運動の第一の任務は、カマラ・ハリスを定義することだった。激しい直接攻撃スタイルだ。「ハリスは無能で過激なリベラルだと定義するように、迅速に行動しろ」ミラーはいった。「大統領は昨夜の演説で、それを一〇回攻撃した」

七月二四日、ノースカロライナ州シャーロットの集会で、トランプはいい放った。[*1]「いま私たちには敗北を喫するあらたな犠牲者、嘘つきのカマラ・ハリスがいる」さらにハリスを「急進的な左翼の変人」、「アメリカ史上もっとも無能で極左の副大統領」、「バイデンが引き起こした大惨事すべての背後にいた超リベラルの原動力」だと呼んだ。

「トランプの世界では、私たちは繊細な表現力を重視しない」ミラーはいった。

しかし、戦略はあるのですか？

「有権者の大部分は」ミラーは説明した。「[ハリスを]真剣ではなく、準備不足だと見なしており、私たちはそれを無能と呼んでいる」トランプの選挙戦略は、トランプをそれとは正反対だと示すことだという。なにかに――経済、国境、街路の犯罪、世界の混乱に――腹を立てているようなら、トランプに投票しよう。「私にもう一度やらせよう」

バイデンを攻撃するために用意した物事すべてを、おなじ度合いで彼らはハリスに投げつけた。「忘れてはいけない」ミラーはいった。「彼女は北部三角地帯の不法移民の根本的原因に取り組むことになっていた。それに失敗した。彼女はプーチンのところへ行き、ウクライナに侵攻しないように念を押すことになっていた。それに失敗した。つまり、カマラ・ハリスには、外交問題の方程式にそういう膨大な影響力を及ぼすことはできない。

プライムタイムにテレビ出演する準備もできていないと思う」ミラーはなおもいった。「準備不足で、反論するか、あるいは自分の展望を開陳できないと、あっという間に食い殺される。ハリスはプライムタイムへの準備ができていないと思う。これは厳しい。

この選挙戦は、最後まで格闘になるだろう」ミラーはいった。

全米黒人ジャーナリスト協会の集会でトランプ前大統領は、自分がエイブラハム・リンカーン以降でもっとも黒人にとって最高の大統領だったという信念をくりかえした。[*2] カマラ・ハリスは〝突然〟黒人のアイデンティティを取り入れたとトランプは主張し、聴衆が愕然として息を呑んだ。

「彼女のことはだいぶ前から知っていた。ほとんど直接にではなく、間接的に」トランプはいった。「彼女はつねにインドの伝統を受け継いでいるといい、インドの伝統だけを宣伝していた。彼女がたまたま黒人に変わるまで、何年ものあいだ彼女が黒人だとは知らなかった。いま彼女は黒人として知られたいと思っている。だから、私にはわからない。彼女はインド人なのか？　それとも黒人なのか？」

ハリスの亡くなった母はインド出身で、父親はジャマイカ出身だった。[*3] ハリスは、もっとも有名なHBCU（歴史的黒人大学）の一校、ワシントン州のハワード大学を卒業しているし、最古の歴史的黒人ソロリティ——アルファ・カッパ・アルファ——に所属している。

「私たちはどちらも尊重する」トランプは続けた。「しかし、彼女はそうではないようだ。なぜなら、ずっとインド人だったのに、突然、方向を変えて進み——黒人になった。それをだれかが調べてみるべきだと思う」

インタビューのあとで、トランプは民主党と共和党の批判の波を浴びた。[*4] トランプは、トゥルース・ソーシャルに書いた。「たいがい声明の形をとっているが、無作法で意地の悪い質問が、多いようだ。しかし、私たちはそれを**叩き潰す！**」

ハリス副大統領は、トランプの言葉をほとんど取りあげなかった。[*5]「いつもの古めかしいショー——不和を招く無礼な言葉」だと、その晩の演説でいった。「アメリカの人々は、もっとましな言葉を聞くべきでしょうね」

74

七月二五日、カマラ・ハリスに続いて副大統領公式執務室の大きな木のドアからはいったイスラエルのビビ・ネタニヤフ首相は、自分が会っている相手は民主党の大統領候補ではなく次期大統領になる可能性が高いと、とにかくその時点では思っていた。

ホワイトハウスを見おろすアイゼンハワー行政府ビルの優美な旧世界風の部屋で、ハリス副大統領と彼女の上級スタッフで国家安全保障会議中東調整官のブレット・マクガークが、ネタニヤフ、ロン・ダーマー、マイケル・ヘルツォグ駐米イスラエル大使と向き合って着席した。部屋の片側にはセオドア・ルーズベルトが使っていたデスクがあった、ウォーターゲート事件のときにニクソンがそれを使い、テープレコーダーを隠した。そのデスクには秘密の引き出しがあり、歴代副大統領がサインしていた。バイデンのサインはことに大きく、乱雑な走り書きだった。

ハリスは、「イスラエル国家への生涯の支援」と「イスラエルの安全保障への万全の取り組み」をあらためて述べて、イスラエル人たちを歓迎した。

「私たちの会談ではつねにこのことが理解されるべきです」ハリスはネタニヤフに請け合った。幼い少女だったころ、イスラエルに木を植えるためのお金を青い箱に入れていたと、ハリスは語った。ユダヤ人の夫ダグ・エムホフは、バイデン政権の反ユダヤ主義との戦いを主導している。

ハリスは話を続けた。しかし、ガザ地区で起きていること、パレスチナ人の苦難、外部でそれがどう受け止められているかは、イスラエルにとってきわめて有害です。「アメリカ人、ことに若いアメリカ人、もっとも新しい世代が、私の世代やもっと前の世代とおなじように、イスラエルを支持していると思い込んではいけません」ハリスは警告した。ガザ地区の現在の戦争と人道状況が、反イスラエル感情を生み出し、それが強まっています。「現在では大衆は視覚情報を受けます」ハリスはいった。「ガザ地区の写真を見ると、彼らの考え方はそれに影響されます」

イスラエル人たちは、ハリスの口調は批判的ではなく、観察を述べているように思った。「痛烈な批判ではなかった」と、ヘルツォグ大使はいった。ハリスは、「これは私が受けている説明と報告です」といっていた。

「ガザ地区の人道状況に困惑しています」ネタニヤフに目を向けて、ハリスは続けた。「とんでもないことです。人々は飢えています。衛生状態は耐え難い。ガザ地区西部では、四〇〇〇人にひとつの割合でしかトイレがありません」

ネタニヤフは、衛生に問題があることを認めた。「それに対処する命令を下しました」ネタニヤフはいった。ガザ地区のパレスチナ人が飢えていることは否定した。

「ガザ地区に飢餓はありませんし、人々を飢えさせる政策などありません」ネタニヤフはいった。「一人当たりのカロリーも含めて、ガザ地区に運び込まれる食料の量は、基準を満たしています。しかし、食料すべてが目的の場所に到達するわけではありません。ハマスが人道支援物資に手をつけているからです。ハマスは食料を盗んでいます。ハマスは……」

「わかりました。細かいことは検討しましょう。しかし、そういう認識があることは否めません」ハリスはいった。

「イスラエルはガザ地区の人々のためにテントを購入しました」ネタニヤフはつけくわえた。

ハリスは、西岸にまつわる問題に移った――一九六七年からイスラエルが併合して占領しているヨルダン川西岸のパレスチナ人の領土のことだ。そこには二〇〇万～三〇〇万人のパレスチナ人が住み、イスラエル国籍のユダヤ人四〇万人前後が入植するか、前哨基地に配置されている。

「そこは時限爆弾です」ハリスはいった。「イスラエルの入植地の一部が大幅に拡大しています。入植のために土地が割り当てられています。あなたがたは違法な前哨基地五カ所を合法化したばかりです。入植者の暴力が増えています」

ネタニヤフがその非難をきっぱり否定しなかったことに、国家安全保障問題担当副大統領補佐官のフィル・ゴードンが気づいた。

「入植地は拡大していません」ネタニヤフが、たいしたことではないというようにいった。「外側にひろがっているのではなく、充実しているだけです。西岸ではユダヤ人が襲撃されている。それが主眼であるべきです」

「私たちがつかんでいる全体像は、あなたがたがつかんでいるものとは異なります」マイケル・ヘルツォグ大使がいった。「イランは西岸で騒乱とテロ活動を扇動しようとしています。彼らは大量の武器をイスラエル領内にひそかに運び込んでいます」

「私は人質奪回と停戦に力を注いでいます」ネタニヤフがそういって、ガザ地区の戦争に話題を戻した。「しかし、ハマスに勝利をもたらすわけにはいきません。ハマスがガザ地区で権力を握り続けたら、それはハマスにとって勝利になります。イスラエルにとっては敗北です。イスラエル政府は、右寄りだろうと左寄りだろうと、それは受け入れません。だれも受け入れません。私だけではなく。

人質を解放する取引を私たちは望んでいますし、それを達成するために一定の期間の停戦という犠牲を払うのにやぶさかではありません」ネタニヤフはいった。「あなたがたの政権は、私たちが停戦を望んでいるといっていますが、それには戦争終結という含みがあり、その過程で人質が解放されるという意味です」イスラエルはそれを受け入れることはできません。

ハリスは、バイデンの政策の方針をくりかえし述べた。だれもハマスが権力を握ることは望んでいない。「パレスチナ人に政治的解決と最終的に国家を樹立する見通しをあたえるのが、適切な方策だと、私たちの政権は考えています」ハリスはいった。「パレスチナ自治政府を弱体化させず、統治と治安と事後計画に取りかかることが、お互いの利益になるでしょう」とハリスはいった。

「まあ、そういうことをいまやるのは無理でしょう」ネタニヤフはいった。「私たちを攻撃したものたちに褒美をあたえるように見えますから」

「イスラエルにとって厳しい状況です」ネタニヤフはいった。イスラエル系アメリカ人も含めて、まだ人質三〇人が生きていると判断していた。ネタニヤフは人質と交換する服役中のハマス要員をイスラエル側が選びたいと考えており、さらにこの取引で生きている人質をできるだけ多く解放させることに固執していた。

「わかりました。これは重要な問題です」ハリスはいった。「しかし、完璧にこだわりすぎて失敗するのは避けましょう。これも含めて、想定されるあらゆる問題について、完璧な解決策を提示したら、人質は死に、状況はさらに悪化するでしょう」

取引は望んでいると、ネタニヤフはくりかえした。「だれも、取引を望まなかったと私を非難することはできません」

約四〇分後、会談は温かい雰囲気で友好的に終わった。ハリスはバイデンの政策から離れなかった。「会談そのものは緊張した感じではなかった。よかった。結構だった」ヘルツォグ大使はいった。「すべてが合意されたわけではなかったが、対話がなされ、互いの話に耳を傾けるというように進められた。私たちは対応した。通常の政策検討だった。国に報告するようなことはなにもない」

その晩の記者会見でハリス副大統領は、ガザ地区の民間人に対するイスラエルの扱いを激しく批判し、停戦を要求した。*1

「この悲劇的事態を前にして、目をそむけることはできません」ハリスはいった。「私たちはこの苦しみに無関心でいることはできません。それに、私は黙っていません」

まさに非難だった。

イスラエル側は、完全な方針変更だと見なした。「彼女は、公では厳しいところを見せたいんだ」ヘルツォグはいった。「しかし、内密の場では厳しくなかった」

ネタニヤフは、この公式発表を見て激怒した。

「彼は動揺していた」ヘルツォグはいった。「それにはれっきとした理由がある。イスラエルとアメリカのあいだに隙間《すきま》があることが察知されたら、人質取引とハマスの思考にマイナスの影響がある。ハマスは、時間が自分たちに味方していると確信する。イスラエルとアメリカのあいだに隙間があり、最終的にアメリカと国際社会はイスラエルを制止し、ガザ地区での戦争を終わらせられると確信している」ヘルツォグはいった。ハマスにいま影響を及ぼしている唯一の事柄は、「地上の私たちの軍の圧力と、エジプト－ガザ国境を私たちが乗っ取っていて、［ハマスが］大量の物資をひそかに運び込むのを阻止していることだ」

一〇月七日以降、バイデンはネタニヤフに対し、〝イデオロギーを根絶するのは困難だ〟と警告してきたが、警告どおりになった。ガザ地区のイスラエルが破壊して掃討したと報告された地域に、ハマスが出現しはじめていた。暴力の終わりのないくりかえしと化していた。

おなじ日にオーバル・オフィスでネタニヤフ首相と九〇分会談したバイデン大統領は、ハリスとはまったく逆の手法を採った。記者団の前でネタニヤフを批判しなかった。「私たちには話し合うことが山ほどあります」バイデンはそういっただけで、ネタニヤフはバイデンの長年のイスラエル支援に感謝した。

「大統領、私たちは四〇年のつきあいですし、大統領はゴルダ・メイア以降、五〇年にわたりイスラエルの首相を知っておられる」ネタニヤフは記者団の前でいった。

バイデンは笑みをうかべた。「ところで、ゴルダ・メイア首相と最初に会ったときのことだが……

彼女は私のとなりに補佐官を座らせた。ラビンという名前だった」イツハク・ラビンは、その後、イスラエル首相に就任した。「それほど前からのつながりなんだよ」バイデンはいった。「そのとき私はまだ一二歳だった」齢をごまかしてジョークにした。

「バイデン大統領は、いまも深く関与しているし、いまも采配をふっている」ヘルツォグ大使はいった。「それに疑問の余地はない。

これまでは、ハリス副大統領が私たちの問題に影響力があると思ったことはなかった。会談に同席することはあったが、影響力はなかった。いまは大統領候補だから、すこしは関与している。とにかく公の顔では」ヘルツォグはいった。「彼女は、なんというか、バイデンとはちがって、人道状況や人間の苦しみなどについていてイスラエルを批判している進歩的な路線に近いといっておこう。バイデンがそれに関して取り組もうとしていないとか、気にかけたりしていないとか、言及していないというわけではない。だがわかるだろう。これは最終的に、物事をどのような枠組みで見るか、どのようなところに力点を置くかで決まるんだ」

パレスチナの保健機関は、ガザ地区におけるイスラエルの地上と空の作戦で三万九〇〇〇人以上――そのほとんどが民間人――が殺され、ガザ地区の住民二三〇万人が家から追い出されたと報告していた。

内密の場では外交官のように如才なく、公の場では押しが強いというのが、ハリスの手法だった。そして、それがイスラエルに衝撃をあたえているのは明らかだった。

75

二〇二四年の最初のころに、トランプの補佐官ひとりが、マール・ア・ラーゴのトランプの執務室の外でうろうろしていた。

トランプは、ロシアのウラジーミル・プーチン大統領に私用電話をかけるといって、その補佐官を執務室の外に追い出していた。補佐官によれば、トランプとプーチンは何度も電話で話をしていて、二〇二一年にトランプがホワイトハウスを去ったあと、七回くらいそういうことがあったという。

私が七月に、トランプとプーチンの電話について知っているかと、選挙運動の上級顧問ジェイソン・ミラーにきくと、ミラーはこう答えた。「ふむ、えー、知っているわけではないが」

トランプはいまもプーチンと話ができるんですね?

「お互いに連絡をとる方法は知っていると思う」ミラーはいった。

ウクライナ戦争を終える方法を話し合っているんですか?

「いやまあ、トランプ大統領はそれをとめるといったし、とめられると思う。就任前にとめることができると思う」ミラーはいった。トランプは、集会でもそう公に述べている。

現在のアメリカ政府の明確な承認なしで私人が係争中の外国と交渉することを、ローガン法は違法としている。

「しかし、それを決めるのはプーチンだ」私はミラーにいった。そうでしょう?

「いや」ミラーがいった。「それを決めるのはトランプ大統領だと思う。なぜなら、プーチンとゼレンスキーがそれを終えるように圧力をかける急所を握っているからだ。

ふたりが話し合っているとは聞いていなかったので、それはやめさせる」ミラーはつけくわえた。

「しかし、ふたりは、トランプが大統領だったころから四年以上の付き合いだ。やめさせる」電話について、ミラーはくりかえした。「それに、彼らが連絡をとっていることや、事前になにかを話し合っていることはいわないように用心する」

「戦争を終わらせる目的で?」

「しかし、それは実現しないだろう。つまるところ、トランプ大統領が一一月五日に勝利するまでは、実現しない。それに、勝つのははっきりしている」ミラーはいった。「一一月五日以降、トランプ大統領は就任するまでにそれを解決するか、ほぼ解決するだろう」

つじつまが合わなかった。トランプは就任前に電話会談で戦争を解決できるだろうと、公に発言している。

「電話を一本ずつ」ミラーはいった。「できると思う。彼は急所を知っている。両方に作用する動因を知っているし、それぞれに一本ずつ電話をかけて、それをやれると思う」プーチンとゼレンスキーのそれぞれに、という意味だ。

二〇二五年一月二〇日に大統領としての宣誓を行なう前に、トランプがプーチンと意思の疎通を図れば、さらなる大地震になる。しかし、トランプにもっとも近しい補佐官は、トランプがそれをどう計画して実行する可能性があるかを詳しく説明する。

トランプは、さまざまな世界の指導者たちと会いつづけ、翌七月二六日金曜日には、イスラエルのネタニヤフ首相が、マール・ア・ラーゴのトランプのもとを訪ねた。

国家安全保障局（NSA）を含めたアメリカの情報機関一六局をすべて監督するアブリル・ヘインズ国家情報長官は、トランプとプーチンの七回にわたる接触について、慎重にはぐらかした。「プーチンとのすべての連絡について知っているというつもりはありません」ヘインズは報告した。「トランプ大統領がやったかもしれないこと、やらなかったかもしれないことについて話をするつもりはありません」

私の二〇二〇年のインタビューで、当時大統領だったトランプは、ロシアのプーチン大統領や中国の習近平国家主席のような独裁者に親近感をおぼえると豪語し、北朝鮮の指導者金正恩の〝ラブレター〟を見せた。

トランプとプーチンとの関係は、二〇一七年から二〇一九年にかけて二年半にわたりトランプの国家情報長官だったダン・コーツを困らせた。

「彼がプーチンとどういう取引をしたのか、プーチンになにをいったのか、いまだに私にとっては謎だ」二〇二四年五月に、コーツはいった。「不可解な謎で、いまだに解けていない」

コーツは、アメリカのスパイ組織とそのもっとも重要な秘密の中枢神経系の頂点で、トランプの国家安全保障関連の側近に加わっていた。トランプの言動を最前列で見ていた。

「彼は意思の疎通を図り、プーチンについてけっして悪いことはいわず、プラスのことをいっていた。私は気味が悪かった」コーツはいった。

「脅迫されていたのか?」コーツはそのときに思った。突き止めることはできなかった。だが、なにかがあることはたしかだった。

「プーチンは人を操る」バーンズCIA長官はいった。「プロフェッショナルとして、それをやる訓練を受けていた」プーチンは、世界の指導者たちのあいだで、人を操る名人だと見なされていた。二〇一六年の選挙前に、プーチンはロシア語でトランプを評した。トランプは〝輝かしい《ブリリアント》〟と思うといったのだと訳された。

「もとのロシア語は色彩に関する言葉で、知性を褒めたのではない」バーンズは明確に説明した。

「トランプ主義には、プーチンが魅力を感じる部分がある」バーンズは同僚たちにいった。「たしかに、ウクライナに関しては、トランプがゼレンスキーとウクライナを裏切る可能性がかなり高いと予想しなければならない。その観点からは魅力的だ」トランプの指導力が予測できず、気まぐれであることをプーチンがどう見ているかを判断するのは、もっと複雑になる。プーチンと習近平は、それには魅力を感じていない。

「だが、プーチンには計画がある」バーンズはいった。「[トランプが]大統領だったときとおなじように、トランプをもてあそぶつもりだ」

五月二三日にトランプは、一一月に自分が大統領に選ばれれば、ロシアの刑務所に収監されていた《ウォール・ストリート・ジャーナル》のエバン・ゲルシュコビッチ記者をプーチンは解放するだろうと宣言した。

トランプは、トゥルース・ソーシャルに書いた。「ロシアで身柄を拘束されている《ウォール・ストリート・ジャーナル》の記者エバン・ゲルシュコビッチは選挙後ただちに、私が就任する前に解放される。彼は**無事に帰国し、家族のもとへ帰る**。

ロシア大統領ウラジーミル・プーチンが、私のためにそれをやってくれるが。ほかのだれかのためにはやらない。それに、**私たちはなにも支払わない！**」

プーチンがそうする理由を、トランプは明らかにしなかった。

クレムリンの報道官ドミトリー・ペスコフは、トランプの主張について質問されると、プーチンは「当然ながらドナルド・トランプと連絡はとっていない」と述べた。

バイデン大統領と、サリバン、七カ国以上が何カ月もひそかに交渉して、エバン・ゲルシュコビッチは八月一日に、アメリカ人のポール・ウィーランとアルス・クルマシェワとともに、ロシアの刑務所から解放された。彼らの解放は、冷戦後最大の身柄交換で、二六人が自由の身になった。

大統領討論会でトランプ前大統領は、自分がオーバル・オフィスにいたら、プーチン大統領は「絶対にウクライナに侵攻しなかったはずだ」と主張した。[*1]「なにが起きたか、あなたがたに話そう。「バイデンが」アフガニスタンでひどい失敗を犯した」トランプはいった。「ひどい屈辱、私たちの国の歴史で最大の政治的屈辱だった。プーチンはそれを見て、あまりにも無能なのに気づき……それに気づいたときにいったんだ。さてどうする？　侵攻して私のものを手に入れたらどうだろうか——それが彼の夢だった。それについて、彼の夢について、私は彼と話をした。ちがいは、彼は絶対にウクライナに侵攻しなかったはずだということだ。私がオーバル・オフィスにいたら、絶対にやらなかっただろう」

トランプ政権について三冊の本を書き、八時間以上もトランプをインタビューして明らかになったのは、彼が自分の利益になると確信していることを口にしたりやったりするということだった。トランプに関する最初の本、『FEAR　恐怖の男』では、大規模な経済危機か国家安全保障上の危機を引き起こすような行動にトランプが署名しないように、政府高官たちがデスクから書類をよそに持っていく〝神経衰弱〟が暴かれた。

首席補佐官だったジョン・F・ケリー退役海兵隊大将の言葉が、この本に引用されている。トランプは「馬鹿だ。どんなことで彼を説得しようとしても無駄だ。彼は正気ではない。私たちは狂気の町にいる」

経済顧問のゲーリー・コーンは、トランプを「プロ級の嘘つき」と呼んだ。

トランプの顧問弁護士ジョン・ダウドは、二〇一六年の選挙へのロシアの介入に関するモラー捜査でトランプに、発言が信頼できないので、証言したら「オレンジ色のつなぎを着せられる」だろうし、「クソったれの嘘つきだ」といった。

《ニューヨーク・タイムズ》のマギー・ハバーマンは、私の著書『FEAR 恐怖の男』は「トランプのホワイトハウスを、権謀術策と裏切りが渦巻き、制御を失うことが多い運営だと描いていて」、同書が「トランプ大統領とその政権を揺さぶったのは、ひとつには著者が現在と過去の政府関係者多数と話をしたからである」と評している。

リンゼー・グラム上院議員は、私はトランプがいいもしないことをでっちあげはしないし、ほかのだれの発言も間違って伝えはしないと、当時のトランプ大統領に請け合った。二冊目の『RAGE 怒り』のためのインタビューを受けることに、トランプは同意した。

「前の本でもきみと会っていればよかった」二〇一九年一二月五日、レゾリュート・デスクの向こうで赤紫色の椅子に座っていたトランプ大統領がいった。

トランプは、前のデスクに小道具を並べていた。デスクの中央には判事任命命令書が積んであった、片側には北朝鮮の指導者金正恩と交わした親書のバインダー、反対側にはトランプが金正恩と並んで立ち、握手して笑みを浮かべている大きな写真があった。

トランプの戦争は新型コロナウイルスのパンデミックで、彼の演技は性格を表わしていた。[*2] これらのインタビューは、真実に忠実ではなく、再選のことだけを考え、本物の危機に対処する備えのない人物をあらわにした。

トランプは国家安全保障担当の補佐官たちに、ウイルスは人命を危険にさらし、アメリカにとって大きな脅威だと警告されていたが、それに対応する計画を立てようとはしなかった。大統領のたぐいまれな行政権をどうやって駆使して、アメリカ国民の命を救うことを優先させるのか、わかっていなかった。反抗的な声明を出して、過小評価し、ウイルスに対処する責任をかわした。憐みの念はなかった。勇気もなかった。

「ああ、計画はあるよ、ボブ」[*3]二〇二〇年四月に、新型コロナウイルスについてトランプはいった。「つまり、それがどういうものかわかっている」

国家の危機のとき、人々は大統領にリーダーシップを求めます。「これは戦争だ」トランプはいった。

アンソニー・ファウチ博士と膝詰めで詳しい指導を受けましたかと、私はきいた。ファウチはアメリカきっての感染症の専門家だ。ファウチは、アイゼンハワーのような存在ではないのですか？

「そういう時間はあまりなかったんだ、ボブ。このホワイトハウスは忙しい」トランプはいった。

二〇二〇年夏までに、アメリカ国内で新型コロナウイルスのために約一四万人が死に、やがて死者数は一一〇万人に達した。

「きみにもやがて計画が見えるはずだ、ボブ。私には一〇六日ある」[*4]二〇二〇年七月に、トランプは私にいった。一〇六日後に大統領選挙が行なわれる。

トランプ自身の世論調査員によれば、新型コロナウイルスについて有効な対策を行なわなかったことが、二〇二〇年の選挙で負けた原因だった。

私は一度トランプにきいたことがある。「大統領の仕事とはなんですか？」トランプはいった。

「人々を護ることだ」

適切な答えだが、トランプはそれをやるのを怠った。

ドナルド・トランプは、大統領として不適切な人物であるだけではなく、国を率いるのに適していない。トランプは、犯罪者だった大統領のリチャード・ニクソンよりもずっとひどい。私が指摘してきたように、トランプは恐怖と怒りによって統治してきた。それに、大衆と国益に無関心だった。

トランプはアメリカ史上最悪の無謀で衝動的な大統領で、二〇二四年に大統領候補としても、まったくおなじ性格を実際に示している。

76

七月末に、中東地域の血圧はまた急上昇した。「ビビ、どういうことだ？」バイデンが、ネタニヤフを電話でどなりつけた。イスラエルが人口稠密なベイルート郊外でヒズボラ最高幹部のファド・シュクル司令官を狙って殺害し、民間人がすくなくとも三人死に、ほかに七四人が負傷した。[*1] 三日前にゴラン高原のサッカーグラウンドへロケット弾攻撃が行なわれ、イスラエル人の子供一二人が殺されていた。イスラエルは、シュクルをその攻撃の首謀者だと見なしていた。

「ヒズボラは一線を越えた」[*2] レバノン領内での攻撃後、イスラエルのガラント国防相はソーシャルメディアでの声明で述べた。

「国境付近で殺《や》るのならまだしも」バイデンはネタニヤフにいった。「ベイルートとは論外だ！」

一二時間とたたないうちに、イスラエルはハマスの最高指導者イスマイル・ハニヤが、イラン大統領マスード・ペゼシュキアンの就任式のためにテヘランにいたときに暗殺した。ハニヤは、殺される数時間前にペゼシュキアンと握手しているところを撮影されていた。イスラエルは数カ月間にハニヤが泊まった迎賓館の部屋に爆弾を仕掛けたようだった。[*3]

イランの最高指導者ハメネイ師は、イスラエルに報復を行なうよう命じた。

「世界中でイスラエルはならず者国家、ならず者行為者だと見なされている」バイデンはネタニヤフに向かってどなった。

「相手はハニヤです」ネタニヤフはいった。「大物テロリストのひとりです。恐ろしい男です。チャンスがあったから、私たちはそれに乗じただけです」

カタールに住んでいたハニヤは、ハマス側で停戦交渉の意思決定に関わっていた重要な交渉役でもあった。

「相手にあたえる打撃が激しいほうが、交渉がうまくいくものです」ネタニヤフはいった。

イスラエルのレバノンとテヘランでの攻撃は、何カ月もの過酷な裏チャネルでの停戦交渉をひっくり返した。

「いっぽうの当事者がもういっぽうの当事者の交渉役を暗殺したら、仲介役がことを成就できるわけがない」交渉に取り組んでいたカタールのムハンマド・ビン・アブドルラフマン・アル・サーニー首相兼外相――MBAR――が、ソーシャルメディアで述べた。

「彼のいうとおりです」ブリンケンはバイデンにいった。イスラエルは、怒り狂うスズメバチの巣一カ所だけではなく、もう一カ所にも棒をまともに突っ込んだ。

「私たちが対峙している相手はガザ地区のハマスだけではない。イランとイランの枢軸すべてと、イランの代理勢力すべてに対峙している」ヘルツォグ駐米イスラエル大使は、イスラエルの行動を弁護して、内密にそういった。「だれもが私たちを撃っている。イスラエルを撃っている。フーシ派が撃っている。ヒズボラは一〇月八日からずっと毎日撃っている。イラクとシリアのシーア派武装勢力もだ」ヘルツォグはいった。「イランそのものも撃っている。大規模ミサイル攻撃があった。ふたたび私たちを攻撃するかもしれない。イランはヨルダン川西岸にも前線を敷こうとしている。ヨルダンで騒擾《そうじょう》を扇動し、最終的にそこの政権を転覆しようとしている。

彼らは私たちに面しているすべての前線にいる」ヘルツォグはいった。「私たちは七カ所の前線でイランの枢軸と戦っていると、イスラエル人はいうだろう。それらに加えて、イスラエル国家に対する国際前線があると私はいいたい。イスラエルは非合法だとする反ユダヤ主義の勢力、私たちの生存権を認めない勢力。それが大学のキャンパス、ソーシャルメディア、国際刑事裁判所、国際司法裁判所にあるのがわかっている。私たちが飢餓を武器に使っているという中傷、〝血の中傷〟（ユダヤ人迫害を扇動する際に使われる作り話）もある。私は長年、イスラエル国防軍の軍服を着ていた。

そういう勢力がすべての前線にあるから、イスラエルの生存に関わっているとイスラエル人は感じている。イスラエルをいじめるのが、いまは最新流行になっているようだ」ヘルツォグはいった。「血の匂いを嗅いだら寄ってくる人間がいる」

八月の最初の二週間、サリバン、オースティン、ブリンケンは、イスラエルに対する報復の可能性を弱めようとして、昼夜を分かたず働いていた。

「私たちが危険に対処するにあたって、大統領はあいにく論理よりも体で憶えたように反応する傾向があった」中東地域が全面戦争の瀬戸際まで行った一〇月一一日と四月一三日について、サリバンはいった。「私たちはアメリカの資産を配置することで、イランと間接的にヒズボラにメッセージを送り、イスラエルと連携し、そのあとで、ここから脱け出す唯一の方法は停戦しかないという事実をだれもが直視するように仕向けるべきだ」

オースティン国防長官は、イスラエルを防衛する即応性を高めるために複数の部隊を移動して態勢を固めるよう指示した。空母打撃群二個を中東地域に配置し、巡洋艦と駆逐艦の駐留を増やし、イスラエルの防空を支援するために戦闘機の一個飛行隊を中東に追加した。イランが決定した出方を見届けるために待機していた。

「近々、イスラエルに対する大規模な攻撃を見ることになるだろう」八月中旬に、サリバンはいった。「まぎれもなくその可能性がある。

これから脱け出す唯一の方法は停戦だ」サリバンは結論を下した。

77

一九九一年の湾岸戦争を報じる著書『司令官たち――湾岸戦争突入にいたる〝決断〟のプロセス』に私は書いた。[*1]「戦争に踏み切る決断は、世界と、おそらくさらに重要なことに決断した国自体に、その国家がどういうものであるかを特徴づける。一国の政府にとってこれほど重大な課題はないし、これよりも正確な国のリーダーシップの尺度はない」

本書『WAR　3つの戦争』は、戦争を防ぎ、戦争が起きたときには拡大を防ぐための努力と決断を描いている。

前にもまして私は、戦争にまつわる決断は国家の指導者たちを特徴づけると、私は考えている。ベトナム戦争での米軍の死者は五万八二二〇人だった。ベトナム戦争はバイデンの世代、私の世代にとって、とほうもなく大きな出来事だった。バイデンは軍隊経験や戦争に反対した経験はない。上院議員だったころにくりかえし、現実問題として〝ずさんな政策〟だと述べている。

バイデンは戦争容認や反戦の気運の影響を受けていない。上院議員だったときにバイデンは、ベトナム戦争に反対しているのは、倫理ではなく現実的な事柄によると述べている。膨大な死者が出ているし、なにもうまくいっていない。

二〇〇九年、副大統領だったバイデンは、アフガニスタンに三万人増派するというオバマの政策に激しく反対したが、聞き入れられなかった。アメリカが〝ベトナムに閉じ込められた〟過去にアフガニスタンが似ているというのが、オバマに反対する主な論拠だった。不可欠ではない戦争にアメリカが参加して米軍が戦うのを回避することが、バイデンの主張の根幹をなしていた。

二〇二一年に大統領に就任したときには、アメリカが攻撃されないかぎり、外交政策の問題を解決するために米軍を派遣するのは国益にならないと、バイデンは固く信じるようになっていた。ベトナムからアフガニスタンやイラクに至るまで、軍隊という包帯による手当ては失敗続きだった。

二〇二一年一二月八日——ロシアのウクライナ侵攻の数カ月前——は、バイデンの大統領の職務でもっとも重要だった日々に数えられるだろう。ジェイク・サリバンとともにオーバル・オフィスにいたバイデンはいった。「私はウクライナに米軍を派遣しない」そのあとで、それを公に宣言した。「検討もしていない」大統領専用ヘリコプター《マリーン・ワン》に向けてホワイトハウスの芝生を歩くときに、バイデンはいい、あらたな外交政策の方向を定めた。[*2]

戦争が開始され、ロシアが侵攻したとき、バイデンはその言葉を押し通した。[*3] アメリカはウクライナに膨大な情報支援と数十億ドルの軍事援助を行なった。精神的にも支えて、ロシアの侵攻を非難した。ヨーロッパ駐留の米軍を増加し、NATO同盟国が攻撃されたら第五条によって保護するという確約を維持した。NATO——世界最強の軍事同盟——を動員し、ウクライナに派兵することなくウクライナを支援した。

「アメリカ合衆国と同盟国は、このようにますます力強く、前にもまして団結し、決意を強め、目的意識を高めたことが明らかになるでしょう」[*4]二〇二二年二月に、バイデンはいった。「そして、ウクライナに対するプーチンの不当な侵略は、経済的に、また戦略的に、ロシアに高い代償をもたらすことになります。私たちが間違いなくそのようにします。プーチンは国際社会の舞台でのけ者になります」

「ジョー・バイデンは、二一世紀ではじめて、アメリカの兵士を戦争に送り込んでいないといえる大統領だ」サリバンはいった。「たしかに戦争はいくつもある。私たちはそれを戦っていない。

バイデンは、ウクライナを本格的に支援し、兵器と首尾一貫したレベルの支援で彼らを支える自分の能力は、国が戦争に引きずり込まれることはないと国民に断言できることが土台になっていると思っている」サリバンはいった。「バイデン大統領は、アメリカのウクライナ支援を持続するために不可欠な〝パーミッション・ストラクチャー〟（反対する相手に合理的な理由を示し、自尊心や価値観を傷つけられたと思わせずに意見を変えさせること）をほとんど創りあげた。

トランプが大統領だったら、いまウクライナで戦争は起きていないか？　たぶん起きていないだろう。なぜか？　戦争がないのは、プーチンがキーウにいるはずだからだ」サリバンはいった。「トランプはプーチンを手招きしてキーウに入れるだろう。なぜなら、こういう独裁者について、トランプの基本的な考え方は、彼らに好き放題をさせる、というものだからだ」

「部隊を危険地帯に送り込まなければならないときには、つねに厳しい決断を迫られる」ロイド・オースティン国防長官はいった。「私は八回測って一回切る（「念には念を」を意味する「二回測って一回切る」ということわざよりも、さらに慎重だという意味）。複雑な要因は理解している。戦闘能力も理解している、それでも、部隊を戦闘に送り込むことを決断するのは、つねにつらい。

有能でありたいというのが、バイデンの原動力だ」オースティンはいった。「それに、最善の結果が出るのを望んでいる。部隊を戦闘に送り込まなければならないようなら、そうするだろう。しかし、そうする必要がないか、べつの方法で目標を達成できるようなら、それをやるだけの技倆が彼にはあるし、そうする勇気もある」

バイデンは成果を挙げる最善の方法を見つけることに専念していると、オースティンは思っていた。「彼はやらなければならないことをやる。成功を収めるのに、部隊をつねに戦闘に投入する必要があるとはかぎらない。それをバイデンは実証した」

もっとも衝撃的で残酷なテロ攻撃だった二〇二三年一〇月七日のハマスによるイスラエル襲撃に対し、アメリカはイスラエルに大量の支援を提供した。艦船と空母打撃群を動かし、情報機関の資産を投入したが、米軍部隊がガザ地区に足を踏みいれることはなかった。

二〇二四年四月、イランがイスラエルに向けて発射した弾道ミサイルと無人機《ドローン》を、米軍は撃ち落とした。イギリス、フランス、サウジアラビア、ヨルダンの連合軍でイスラエルを防御することに成功した。米軍部隊がイランと直接交戦することはなかった。これらの決断が、バイデンの経験に根付いた。

バイデンは、地上軍を戦争に投入しないというアメリカの外交政策を強化した。そして、とにかく当面、世界は大国間戦争に陥らずにすんだ。

「それはあすには当てはまらないかもしれないが、きょうには当てはまるというのは、至当だと思う」ジェイク・サリバン国家安全保障問題担当大統領補佐官はいった。「大統領は本土の安全を護ってきた。それについて私たちは華々しいウィニングランはやっていない。しかし、最高司令官の職務はなにか？　本土の安全を護ることだ。そして、大統領はそれをやった」

エピローグ

バイデン大統領に関するこの本の取材は、私にとってこれまでの本とは大幅に異なる経験だった。これまでの本に登場したニュース価値のある場面の多くは、行政府の権力の失態、誤った運営、不正、腐敗の報道で、ニクソンとトランプの両大統領に関する本に、もっとも頻繁に記されている。

私はよく冗談半分にいうのだが、朝に目を覚ましたときに最初に頭に浮かぶのは、「あいつはなにを隠しているのだろう?」ということだった。私の経験では、隠されている物事はたいがい重大で、歴史に残るようなこともある。

しかし、バイデンに関する本書『WAR　3つの戦争』は、責任のあるやりかたで国益に沿うように行政府の権力の梃子を行使した、大統領と中核の国家安全保障チームの誠実な善意の努力の内情を、ほぼリアルタイムで捉えている。本書で明らかになっているように、優秀な統治の中心にはチームワークがある。

バイデン大統領が築いて四年近く機能させている中核の国家安全保障チームは、バイデン大統領の遺産《レガシー》になるだろう。彼らは数十年の経験にくわえて、人間としての良識ももたらした。ウクライナで戦争が起きることを世界に警告し、ウクライナにロシアから自衛するのに必要な武器を供給するいっぽうで、イスラエル－ガザ戦争の段階的拡大《エスカレーション》を抑えるために、情報を原動力とする外交政策をバイデンと彼のチームが追求したことを、本書は物語っている。

このチームは、ジェイク・サリバン国家安全保障問題担当大統領補佐官、ジョン・ファイナー国家安全保障問題担当大統領副補佐官、ビル・バーンズCIA長官、アブリル・ヘインズ国家情報長官、トニー・ブリンケン国務長官、ロイド・オースティン国防長官、マーク・ミリー前統合参謀本部議長から成っていた。

本書が示しているように、失態やミスもあった。もちろん、物語の全貌はまだわかっていない。しかし、現在入手できる証拠を見るかぎり、バイデン大統領とこのチームは、着実で目的意識が明確なリーダーシップの手本として、これから先おおいに研究されるにちがいないと思う。

読者への覚書

本書のためのインタビューはすべて、〝ディープ・バックグラウンド〟というジャーナリストの基本ルールの下で行なわれた。つまり、情報はすべて使用してよいが、情報を提供した人物についてはなにも明かさない。

描写されている出来事に直接関わったか、じかに目撃した人々のインタビュー数百時間をもとに本書は書かれている。ほぼ全員がインタビューの録音を承諾した。登場人物の言葉、思考、結論の正確な引用は、本人、直接の知識がある同僚、政府もしくは個人の文書、カレンダー、日記、メール、会議のメモ、発言記録その他の記録が情報源である。

バイデン大統領とトランプ前大統領は、本書のためのインタビューを拒否した。

謝辞

本書で私が書かなかった戦争がある。数多くの政治的地震の時期にこの本を書き終えるための戦争のことである。サイモン&シュスター社のジョナサン・カープCEOは、叡智と安定の力となり、この二年半におよぶ膨大な冒険的企てのあいだずっと、私の思考の幅をひろげ、取材の方向性を変え、たえず書き直しを求めた。

ジョンが私の編集長であることは、きわめて幸運だった。彼は私がいまだかつて会ったこともないくらい経験が豊かで聡明な編集者で、些細な言葉の選択から、展開のペース、口調、公共の利益などのもっと大きい問題に至るまで、あらゆる物事を指揮して徹底的に調べる。トランプの暗殺未遂、バイデンの選挙戦撤退、カマラ・ハリス副大統領の前例のない登場など、政治がきわめて早いスピードで変化するなか、彼は私に全幅の信頼を置いてくれた。

それに対処しろというのが、ジョナサン・カープのいつもの反応だった。もっと取材しろ、もっと情報源を増やせと、私に要求した。組み直せ。書き直せ。彼はあらゆるニュースを追い、フルタイムの政治コンサルタントとしても、私が知っているなかで最高の洗練された精緻な理解力を備えている。かつては若くして成功した青年だったが、いまは押しも押されもせぬ出版業界の指導的存在だ。私は彼から多大な恩恵を受けている。たとえ彼が僻地に旅行しているときでも、電話をかければつねに連絡がとれる。

妻のエルサは、《ワシントン・ポスト》の元記者、《ニューヨーカー》誌の元スタッフライターで、私がこの本を書くのを手伝うためにこの二年間のほとんどを割いてくれた。正直にいえば、私の著書二三冊のうち二〇冊に、彼女は生活のかなりの部分を割いている。『WAR 3つの戦争』は彼女がいなかったら完成しなかっただろう。エルサは私のインタビュー数百件の筆記録を読んだ。詳細を思い起こすよう私に頻繁に要求した。この人物ともう一度話をしなさい。これらの疑問にはまだ答えが出ていない。この場面をほかの場所に移動しなさい。こっちの場面と結び付いているのがわからないの？　なにが重要かを見抜く生まれつきの勘に恵まれているエルサは、いつもインターネットの最新情報のメールの嵐を私に提供して、「これを見た？」ときく。私が要約を探そうとすることを見抜いているので、エルサはもっと直截な指示のメールをよこす。「これを最後まで全部読みなさい」

エルサのニュースに関する勘は比類がない。一節を何度となく編集する。エルサの手書きの提案が一ページにタイプされた語数を超えることもままある。それに、往々にしてもとの文章よりも洞察が鋭い。

エルサは、しじゅう大量の本も読んでいる。私が知っているだれよりも読書量が多い。私がディナーにしようというと、たいがい「この章を読んでいる途中なの」とエルサはいう。ネタニヤフの回顧録かもしれないし、コルム・トビーン（『巨匠――ヘンリー・ジェイムズの人と作品』で多数受賞しているアイルランドの作家・ジャーナリスト）の作品かもしれない。つまり、五分か一〇分たってその章を彼女が読み終えるまで、ディナーはおあずけだ。長い章だと、もっと待つことになる。本を読んでいるときに家が火事になったら、彼女は章を読み終えてから

911に電話するのではないかと、私はときどき思う。

エルサはヘンリー・ジェイムズの信奉者だし、「人間の人生で大切なことが三つある。第一はやさしいこと、第二はやさしいこと。そして第三はやさしいこと」とヘンリー・ジェイムズは述べている。とてもやさしい。とても厳しい。しかし、情愛も深い。私たちは一九八〇年——四四年前からいっしょにいる。彼女は私たちふたりの人生と私の仕事すべての根幹をなしている。

毎日、ときには毎時間、私は家族のことを思う。彼女たちが自分の活動に知力、原動力、情熱を注いでいるのを見るのは、父親としてこのうえなく喜ばしい。私の娘ディアナは、カリフォルニアで臨床心理学の博士号を得るために学んでいる。もうひとりの娘ターリはニューヨークに本部がある銃による暴力を調査する組織、ザ・トレースを運営している。ターリの夫ゲーブ・ロスと私の孫ゼイディとセオも、絶えず私にうれしい驚きをもたらしてくれる。疲れを知らないエネルギーと寛大な精神で私たち全員の世話をしてくれるローザ・クリオロに感謝する。

ずば抜けた技倆を備えた原稿整理担当フレッド・チェイスは、テキサスの自宅からワシントンDCへ来て、一〇日間私の家に泊まり、午前五時三〇分から原稿を何度となく読み、言語の技倆と世界の知識をしばしばすべての段落に加味する。フレッドは事実かどうかを見抜く異才で、ミスや不正確を嗅ぎ分けるためにつねに働いている〝嗅覚性探知器〟を備えている。

弁護士でカウンセラーのロバート・R・バーネットは、ワシントンDCの出版界の王様だ。私たちの友情は三五年におよぶ。彼はつねに賢明で、熱心で、つねに力を貸してくれる。順番を待たなければならないことがしばしばあるが、彼が依頼されたことやコンサルタントとの業務を途中でやめることはぜったいにない。彼のメールは「いま電話できるかい？」というものが多い。

サイモン&シュスター社の宣伝ディレクターのジュリア・プロサーは、テレビ、ラジオ、ポッドキャスト、ソーシャルメディアで本書の内容を世界にひろめる独創的な方法を見つける凄い名人だ。一冊の本を売り込み、宣伝する計画を考えるとき、彼女はとてつもなく大きく考え、私の作戦戦略をすべて、私の手から奪ってしまう。いやたまげた！

編集と製作の全工程を監督し、サイモン&シュスター社のチームや私のアシスタントのクレア・マクマレンと密接に協力して、私が見たこともないような短期間で本書が確実に印刷されるようにしたキンバリー・ゴールドスタインにおおいに感謝している。

アシスタントのクレア・マクマレンについては、本書の冒頭で述べたが、ここであらためて彼女の名前を挙げたいほど感謝している。彼女は膨大な量の作業を担ってくれた。クレアがいなかったら、本書は完成しなかっただろう。最大級の感謝をクレアに捧げる。

私は一九七一年から丸五三年、《ワシントン・ポスト》で働いてきた。現在の肩書はアソシエイト・エディターだが、私はもう編集に携わっていないので、これは《ワシントン・ポスト》の厚情による。憲法修正第一条（言論の自由）を具現する存在の《ワシントン・ポスト》が、私は大好きだ。私の主な連絡相手は、すばらしいジャーナリストで優れた人物の国内ニュース・エディターのフィル・ラッカーだ。アメリカ政界に関する彼の知識は、気が遠くなるほど奥深い。

幅広い経験とジャーナリストとしての知能が高いマット・マレーがエグゼブティブ・エディターであることは、私たちにとってきわめて幸運である。マネジング・エディターのマテア・ゴールド、ラッカー、編集者と記者の強力なチームが、《ワシントン・ポスト》のジャーナリズムの新しい黄金期を築いている。

《ワシントン・ポスト》の写真部に心から感謝する。ロバート・ミラー副ディレクターとトロイ・ウィッチャー写真ディレクターは、私のアシスタントのクレアとともに長時間働き、本書の主な登場人物と主題を生き生きとしたものにするために最適な写真を探してくれた。また、実務の面ではジェニファー・ロックウッドとケイトリン・ドーランに深く感謝する。

ロバート・コスタには、格別に感謝している。きわめて深い謝意を捧げたい。コスタとは二〇二一年に『国家の危機』を共著した。現在、コスタはCBSニュースの選挙報道責任者である。彼ほど政治ニュースを高度に深く掘り下げるジャーナリストは、ほかにはいない。それに、コスタはニュースも生み出す。二〇二四年八月のバイデン大統領とのインタビューでは、アメリカの民主主義に懸念を抱いているし、来る選挙でトランプが負けたときには平和的な権力移行は期待できないとバイデンがコスタに述べ、世界中の注目を浴びた。現職の大統領が、選挙によって民主主義が壊れるかもしれないと警告したのだ。

最後に、揺るぎない支援と技倆を提供してくれたサイモン&シュスター社のそのほかの幹部や専門家に感謝したい。エリサ・リブリン弁護士は、私が厄介なことに巻き込まれないように気を配ってくれた。エグゼクティブ・エディターのプリシラ・ペイントンとジョナサン・ジャオは、週末を返上して、正確で思慮深い批評を提供してくれた。アソシエート・パブリッシャーのアイリーン・ケラディ、マーケティング担当のスティーブン・ベッドフォード、編集部のマリア・メンデス、シニア・マネジング・エディターのアマンダ・マルホランドに感謝する。

索引については、いつもながら信頼できるリチャード・シュラウトと才能溢れるピラー・ワイマンに感謝する。校正者の三人、デビー・フリードマンとグレゴリー・ラウゾンとロブ・ステルニツキー、オーディオブック・プロデューサーのカレン・パールマンとエルサ・ショコフ、アート・ディレクターのジャッキー・シュウ、ブックデザイナーのポール・ディッポリト、地図デザイナーのデイビッド・リンドロス、製作マネジャーのベス・マグリオン、製作エディターのリザ・ヒーリー、電子ブック担当のミカエラ・ビーラウスキーに感謝する。

本を書くのにもっとも重要なのはチームワークだ。これほど多くの才能ある人々の協力が得られる私はまことに運がいい。

訳者あとがき

本書『WAR　3つの戦争』は、アフガニスタン撤退以後にバイデン大統領が関わった、ロシアのウクライナ侵攻とイスラエルとハマスの戦いを詳述している。メディアで報じられない舞台裏の情報もかなり盛り込まれている。そして、バイデンはもうひとつの戦い——二〇二〇年の大統領選挙の結果を認めようとしないトランプを相手どった二〇二四年の大統領選挙——にも挑んでいた。

これらの戦争が台湾、朝鮮半島、フィリピン諸島、アジア全域にひろがる懸念材料に影響を及ぼすおそれがあると判断したトランプは、「私たちの惑星は第三次世界大戦の瀬戸際にある」と宣言した。バイデン政権にも漠然とおなじ危惧を抱いていた高官がいたが、トランプの洞察はもっと具体的で、グラム上院議員の「つぎは台湾です」という言葉を強く肯定し、そのとおりだと思う、と述べた。大統領当選後、トランプがさっそくゼレンスキー大統領およびマクロン大統領との三者会談を実現し、ロシアのプーチン大統領や中国の習近平主席との接触をはかろうとするなど、外交に重点を置いて活動している背景には、そういった展望があるだろう。

バイデン政権もけっして手をこまぬいていたわけではなく、インテリジェンス・コミュニティはプーチン大統領のウクライナ侵攻の意図をかなり前から察知していた。演習と称してウクライナ国境付近に大規模なロシア軍が集結しているという物的証拠もあった。バイデン政権は、さまざまな経路でプーチンにじかに警告するとともに、同盟国やウクライナにも情報を伝えて注意を促した。

しかし、ウクライナ侵攻はあまりにも常軌を逸しているので、プーチンがほんとうにやるのだろうかと疑う意見が多かった。NATO加盟国だけではなく、ウクライナも当初は確実な情報に基づくアメリカの判断を疑ったほどだった。

ウクライナには米軍部隊を派遣しないというのが、バイデン大統領の揺るぎない方針で、ロシアの侵攻前から、紛争地域への派兵は行なわないと明言していた。しかし、軍事支援は莫大な規模で行なった。当初はウクライナが短期間で失陥してアメリカの最新鋭兵器がロシアの手に落ちるのを恐れて、供与する兵器の種類を制限していたが、ウクライナが善戦するうちに、この方針は徐々に変わっていった。

興味深いのは、各種の最新兵器が使用されるいっぽうで、一九九〇年代に開発された一五五ミリ榴弾砲の砲弾をウクライナ軍が大量に消費していることだ。砲撃戦という概念は現在の米軍では重視されていないので、砲弾の調達にアメリカは苦労した。兵器システムの供与には、言語のちがいや訓練という壁もある。たとえばF－16戦闘機がロシアによる侵攻開始時点でウクライナに送られていたとしても、すぐに使用できるわけではなかった（現在は、機数はすくないものの使用されている）。ウクライナが運用しやすいドイツ製のレオパルト2戦車をNATO加盟国が供与することにも厄介な問題があったが、それが克服され、実戦で活躍するようになっている。そういった兵站（後方）の問題をバイデンのチームがたくみに解決していったことも描かれている。

バイデン政権は、ガザ地区を支配するイスラム過激派組織ハマスが二〇二三年一〇月七日にイスラエルへの越境奇襲攻撃を行なったことにより激化したイスラエルのガザ地区攻撃にも対処しなければならなかった。領土を侵され、国民を多数殺されたイスラエルのネタニヤフ首相は、ハマスを抹殺すると断言していた。しかし、人口密集地のガザ地区では、イスラエルの空爆によって死傷者が膨大な数にのぼり、食料や水が不足して人道危機が拡大していた。バイデン大統領は、そういう状況を改善するために、イスラエルを訪問した。いっぽう、バイデン政権のブリンケン国務長官は、人質解放の交渉を進めるために、ハマスとの連絡があるカタールのタミム首長と会談するなどの外交努力を重ねていた。ブリンケンが何度も耳にした〝ハマスはムスリム同胞団だ〟という意見からも、中東の主要国がハマスを危険な存在だと見なしていることは明らかだった。

ウクライナ侵攻の戦況が予想どおりに進展しないため、ロシアは戦術核の使用を考慮しはじめた。バイデン大統領は、ロイド・オースティン国防長官を通じて、ロシアのショイグ国防相にそのことを警告した。バイデン政権は当面、核戦争を回避することに成功した。

イスラエル政府上層部は、ガザ地区のハマス殲滅を目指すいっぽうで、北の国境を接しているレバノンのテロ組織ヒズボラを先制攻撃することを検討していた。北と南の二方向から攻撃されるのを恐れたからだ。ヒズボラにはハマスとは比べ物にならないくらい大量の兵器がある。そうなったら、中東全域に戦火がひろがりかねない。バイデン政権はイスラエルを制止しようとした。

ウクライナとガザ地区のこれらの危機は、バイデン政権の対応によって一時的に大幅な拡大は抑えられたものの、状況は日々変化していて、いまも予断を許さない。シリアのアサド政権崩壊と、それにつづくイスラエル軍によるシリアの軍事施設への攻撃、ゴラン高原での緩衝地帯を管理下に置いたことは、その顕著な例だろう。

本書を一読すればわかるように、バイデン政権について特筆すべきなのは、ホワイトハウスのチームが、こういった世界の危機を熟慮して、迅速に対応したことだ。トニー・ブリンケン国務長官、ロイド・オースティン国防長官、ジェイク・サリバン国家安全保障問題担当大統領補佐官がホワイトハウスのチームの中核だが、インテリジェンス・コミュニティのアブリル・ヘインズ国家情報長官とビル・バーンズCIA長官も、バイデンに適切な情報を提供し、積極的な対外活動を行なうなどしている。カマラ・ハリス副大統領は、オーストラリアの潜水艦調達問題でアメリカと不仲になっていたフランスのマクロン大統領と会談するなど、外交で重要な役割を果たしている。

バイデンはトランプを名前で呼ばず、〝私の前任者〟と呼んでいた。バイデンにとって最大の国内問題はトランプだったのかもしれない。〝議会を通す前にマール・ア・ラーゴの承認を得なければならないことに、バイデンはいらだっていた〟とあるように、トランプ前大統領はいまも共和党に絶大な影響力がある。プーチンとのつながりもつづいている。

プロローグにある著者とカール・バーンスタインによる一九八九年のトランプへのインタビューは、トランプの人物像を描いていてたいへん興味深い。当時は、トランプが大統領どころか、時代を画する政治家になるとは思われていなかったが、〝トランプ主義〟の起源が垣間見える。本書では、トランプが大統領選挙出馬に至った心境、リンゼー・グラム上院議員とのやりとり、暗殺未遂事件などが、効果的に差し挟まれている。また、ウクライナとガザ地区の戦争についてのトランプの洞察は鋭い。

それも読みどころだろう。

大統領選挙運動の終盤、バイデンは年齢による衰えが目立つようになり、二〇二四年七月に選挙戦から撤退するとともに、カマラ・ハリス副大統領を代わりの候補として支持すると発表した。ハリス支持が急激に高まり、民主党も精いっぱい支援したが、準備期間が短かったことは否めなかった。

本書のカバーにはおもな登場人物六人、ジョー・バイデン、カマラ・ハリス、ウラジーミル・プーチン、ウォロディミル・ゼレンスキー、ドナルド・トランプ、ベンヤミン・〝ビビ〟・ネタニヤフの顔写真が掲載されている。ここで名前を挙げたバイデンのおもな補佐官以外の補佐官たちも、何人か口絵写真に載っている。バイデンの国家安全保障チームは個性も才能も豊かで、『WAR　三つの戦争』を一所懸命、誠実に戦った。このチームを編成したことはバイデンの遺産《レガシー》のひとつだろう。本書ではこういった脇役の活躍も目覚ましい。しかし、アメリカ政治には、ドナルド・トランプの大きな影がのしかかっている。本書ではこういった状況が効果的に描かれている。ボブ・ウッドワードの数多い著作のなかでも屈指の読みごたえのある傑作だといえよう。

二〇二四年一二月

伏見　威蕃

《口絵写真クレジット》

AFP ＝時事 : 19
Amanda Andrade-Rhoades (for *The Washington Post*): 15
Associated Press: 8
Loay Ayyoub (for *The Washington Post*): 21
Arthur Bondar (freelance photographer): 10
Jabin Botsford (*The Washington Post*): 3, 4, 11, 25, 26
Andrew Caballero-Reynolds (AFP ＝時事): 27
Demetrius Freeman (*The Washington Post*): 9
Wojciech Grzedzinski (for *The Washington Post*): 14
Andrew Harnik (Associated Press): 24
Haiyun Jiang (*The Washington Post*): 6
Nicholas Kamm (AFP ＝時事): 23
Heidi Levine (for *The Washington Post*): 13
Jacquelyn Martin (Associated Press): 16
Jonathan Nackstrand (Associated Press): 5
Alexey Nikolsky (Reuters/Aflo): 12
Adam Schultz (Official White House Photo): 20
Adam Schultz (Official White House Photo via Associated Press): 7
Patrick Semansky (Associated Press): 1
Brendan Smialowski (AFP ＝時事): 2
Trump Campaign Office Handout (Anadolu via Getty Images): 28
Megan Varner (Getty Images): 29
Evan Vucci (Associated Press): 17, 18
Alex Wong (Getty Images): 22

《カバー写真クレジット》

Vladimir Putin: Reuters/Aflo
Volodymyr Zelensky: Chris McGrath/Getty Images
Joe Biden: Samuel Corum/Getty Images
Kamala Harris: Michael A. McCoy/Getty Images
Donald Trump: Mary Altafeer-Pool/Getty Images
Benjamin Netanyahu: Sean Gallup/Getty Images

Meeting with Israel's Netanyahu," PBS News, July 25, 2024.

第 75 章

1 Louis Jacobson and Maria Ramirez Uriibe, "Read: Biden-Trump debate Transcript," CNN, June 28, 2024.
2 Bob Woodward, *Rage* (New York: Simon & Schuster, 2020).（邦訳：『RAGE　怒り』）
3 Bob Woodward, *The Trump Tapes* (New York: Simon & Schuster, 2022), p. 276.
4 Ibid., p. 397.

第 76 章

1 Ronan Bergman, Adam Rasgon, Euan Ward et al., "Israel Says It Killed Hezbollah Commander in Airstrike Near Beirut," *The New York Times*, July 30, 2024.
2 Tamara Qiblawi et al., "Israel Says Its Beirut Strike Killed Hezbollah's Top Military Commander, Who It Blames for Golan Heights Attack," CNN, July 30, 2024.
3 Ronan Bergman, Mark Mazzetti and Farnaz Fassihi, "Bomb Smuggled Into Tehran Guesthouse Months Ago Killed Hamas Leader," *The New York Times*, August 4, 2024.

第 77 章

1 Bob Woodward, *The Commanders* (New York: Simon & Schuster, 1991), p. 34.（邦訳：ボブ・ウッドワード『司令官たち』石山鈴子、染田屋茂訳、文藝春秋）
2 John Wagner and Ashley Parker, "Biden Says U.S. Ground Troops 'Not on the Table' for Ukraine," *The Washington Post*, December 8, 2021.
3 Joseph R. Biden Jr., "President Biden: What America Will and Will Not Do in Ukraine," *The New York Times*, May 31, 2022.
4 "Remarks by President Biden on Russia's Unprovoked and Unjustified Attack on Ukraine," The White House, February 24, 2022, Whitehouse.gov.

Faces Risks in Wartime Visit to Israel," *The New York Times*, October 16, 2023.

第 70 章

1 "Biden-Trump Debate Transcript," CNN, June 28, 2024.
2 Ibid.
3 "'Political H-Bomb': Trump-Biden Debate Scored by Bob Woodward, Legendary Pulitzer-Watergate Reporter," MSNBC, June 28, 2024.
4 "Read the Letter President Biden Sent to House Democrats Telling Them to Support Him in the Election," Associated Press, July 8, 2024.

第 71 章

1 以下も参照。Renée Rigdon, Amy O'Kruk, Marco Chacon et al., "Minute-by-minute: Visual Timeline of the Trump Assassination Attempt," CNN, July 26, 2024, cnn.com.; Michael Levenson, "What we Know about the Assassination Attempt Against Trump," *The New York Times*, July 30, 2024.
2 "Read the Transcript of Donald J. Trump's Convention Speech," *The New York Times*, July 19, 2024.
3 ジョー・バイデン（@JoeBiden）の2024年7月21日午後1時46分のXへのポストを参照。以下も参照。Katie Rogers, Michael Shear, Peter Baker and Zolan Kanno-Youngs, "Inside the Weekend When Biden Decided to Withdraw," *The New York Times*, July 21, 2024.

第 72 章

1 Jessie Yeung, "Who Are ISIS-K, the Group Linked to the Moscow Concert Hall Terror Attack?" CNN, March 26, 2024.
2 "Security Alert: Avoid Large Gatherings Over the Next 48 Hours," U.S. Embassy & Consulates in Russia, March 7, 2024; Guy Faulconbridge, "US Embassy Warns of Imminent Attack in Moscow by 'Extremists,'" Reuters, March 8, 2024.
3 Josh Campbell, "8 Tajikistan Nationals Arrested In Los Angeles, New York and Philadelphia. Some May Have ISIS Ties, Sources Say," CNN, June 12, 2024.
4 Graham Allison and Michael J. Morrell, "The Terrorism Warning Lights Are Blinking Red Again," *Foreign Affairs*, June 10, 2024.

第 73 章

1 Louis Jacobson and Maria Ramriez Uribe, "Fact-Checking Donald Trump's Rally in Charlotte, N.C.," PolitiFact, July 24, 2024.
2 Daniel Dale, "Fact Check: Trump's Lie that Harris 'All of a Sudden' Embraced A Black Identity," CNN, July 31, 2024.
3 Ibid.
4 Stephen Fowler, "Trump Attacks Kamala Harris' Racial Identity at Black Journalism Convention," NPR, July 31, 2024.
5 Ibid.

第 74 章

1 Aamer Madhani, "Watch: Harris Outlines Steps in Gaza Cease-fire Proposal After

13 Ibid.
14 Ibid., p. 5.
15 Ibid., p. 6.
16 Isaac Arnsdorf, Nick Miroff and Josh Dawsey, "Trump and Allies Planning Militarized Mass Deportations, Detention Camps," *The Washington Post*, February 21, 2024.
17 "Read the Full Transcripts of Donald Trump's Interviews With TIME," *TIME*, April 30, 2024.
18 Ibid.
19 Esper, *A Sacred Oath*, p. 5.
20 Bob Woodward, *Rage* (New York: Simon & Schuster, 2020), p. 76.（邦訳：ボブ・ウッドワード『RAGE　怒り』伏見威蕃訳、日本経済新聞出版）
21 Woodward, *The Trump Tapes: Bob Woodward's Twenty Interviews with President Donald Trump*, p. 62.

第 69 章

1 以下を参照。Anne Linskey and Siobhan Hughes, "Behind Closed Doors, Biden Shows Signs of Slipping," *The Wall Street Journal*, June 4, 2024.
2 "Report on the Investigation Into Unauthorized Removal, Retention, and Disclosure of Classified Documents Discovered at Locations Including the Penn Biden Center and the Delaware Private Residence of President Joseph R. Biden, Jr.," February 5, 2024, Justice.gov.
3 以下を参照。"Read: Transcript of President Joe Biden's Interview With Special Counsel Robert Hur," March 12, 2024, CNN.
4 以下も参照。Charlie Savage, "How the Special Counsel's Portrayal of Biden's Memory Compares With the Transcript," *The New York Times*, March 12, 2024.
5 "Report on the Investigation Into Unauthorized Removal, Retention, and Disclosure of Classified Documents Discovered at Locations Including the Penn Biden Center and the Delaware Private Residence of President Joseph R. Biden, Jr.," February 5, 2024, Justice.gov., p. 220.
6 "Remarks by President Biden," Briefing Room, February 8, 2024, Whitehouse.gov.
7 Kevin O'Connor, D.O, RAAFP, "Memorandum: President Biden's Current Health Summary," February 28, 2024, Whitehouse.gov.
8 Ibid.
9 "Remarks by President Biden in State of the Union Address, U.S. Capitol," March 7, 2024, Whitehouse.gov.
10 Zach Montague, "Biden Courts Wealthy Donors on West Coast Fund-Raising Trip," *The New York Times*, May 10, 2024.
11 "Cross-Tabs: February 2024 Times/Siena Poll of Registered Voters Nationwide," *The New York Times*, March 2, 2024.
12 以下を参照。"Department of Defense Releases the President's Fiscal Year 2024 Defense Budget," March 13, 2023.
13 "Remarks by President Biden and NATO Secretary General Jens Stoltenberg Before Bilateral Meeting," June 17, 2024, Whitehouse.gov.
14 Peter Baker and Michael Shear, "Biden's Surreal and Secretive Journey into a War Zone," *The New York Times*, February 20, 2023; David Sanger and Peter Baker, "Biden

第 66 章

1 その他の例は以下を参照。Michael Hirsh, "From 'I Love You' to 'Asshole': How Joe Gave Up on Bibi," *Politico*, March 22, 2024.
2 "The IDF Is Accused of Military and Moral Failures in Gaza," *The Economist*, April 11, 2024.
3 Raf Sanchez, "Israeli Leaders Lash Out at Biden's Criticism as Judicial Overhaul Plan Sparks a Rare Public Rift," NBC News, March 29, 2023; Patrick Kingsley, "The Netanyahu Trial, Explained," *The New York Times*, February 8, 2021.
4 Kevin Liptak, "Biden Hints Netanyahu Is Dragging Out Gaza War for Political Survival," CNN, June 4, 2024.
5 Bilal Shbair et al., "Carnage and Contradiction: Examining a Deadly Strike in Rafah," *The New York Times*, June 14, 2024.
6 "Gaza Death Toll: How Many Palestinians Has Israel's Campaign Killed," Reuters, May 14, 2024.
7 Jake Lapham, "Israeli War Cabinet Minister Benny Gantz Quits Emergency Government," BBC, June 9, 2024.
8 Mohammad Jahjouh, Jack Jeffery, and Kareem Chehayeb, "How an Israeli Raid Freed 4 Hostages and Killed at Least 274 Palestinians in Gaza," Associated Press, June 10, 2024.

第 67 章

1 "Speech: Donald Trump Holds A Political Rally in Conway, South Carolina," February 10, 2024, rollcall.com.
2 以下も参照。Jake Traylor, "What Trump Is Promising Supporters He'd Do In A Second Term," NBC News, February 18, 2024.

第 68 章

1 以下も参照。Jeffrey Goldberg, "The Patriot: How General Mark Milley Protected the Constitution from Donald Trump," *The Atlantic*, November 2023.
2 Bob Woodward and Robert Costa, *Peril* (New York: Simon & Schuster, 2021), p. xiii.(邦訳：『国家の危機』)
3 Phil Stewart and Patricia Zengerle, "Under Fierce Republican Attack, U.S. General Milley Defends Calls with China," Reuters, September 28, 2021.
4 Brian Klaas, "Trump Floats the Idea of Executing Joint Chiefs Chairman Milley," *The Atlantic*, September 25, 2023.
5 Mark T. Esper, *A Sacred Oath* (New York: William Morrow, 2022), p. 474.
6 Ibid., p. 474.
7 Ibid., p. 1.
8 Bob Woodward, *The Trump Tapes: Bob Woodward's Twenty Interviews with President Donald Trump* (New York: Simon & Schuster, 2022), p. 329.
9 Ibid., pp. 341–342.
10 Woodward and Costa, *Peril*, pp. 89, 99–100（邦訳：『国家の危機』）; Esper, *A Sacred Oath*, pp. 333–340.
11 Esper, *A Sacred Oath*, p. 338.
12 Ibid.

14 Ibid.

15 "Remarks by President Biden on the Passage of H.R. 815, the National Security Supplemental," State Dining Room, April 24, 2024, Whitehouse.gov.

第 62 章

1 Ibrahim Dahman and Eyad Kourdi, "Hamas Releases Video of Hostage Hersh Goldberg-Polin in Proof He Survived Oct. 7 Injuries," CNN, April 25, 2024.

2 Emily Mae Czachor, "Abigail Mor Edan, the 4-Year-Old American Held Hostage by Hamas, Is Now Free. Here's What to Know," CBS, November 27, 2023.

3 Michelle Stoddart, Justin Gomez, and Fritz Farrow, "Biden Says Meeting with 4-Year-Old Girl Orphaned and Held Hostage by Hamas a Reminder of Work Needed to Free Remaining Hostages," ABC, April 25, 2024.

第 63 章

1 Walter Pincus, "Russia Sanctions 101—Via a Top White House Advisor," *The Cipher Brief*, June 4, 2024.

2 以下を参照。Yoonjung Seo and Helen Regan, "North Korean Factories Making Arms for Russia Are 'Operating at Full Capacity,' South Korea Says," CNN, February 28, 2024.

3 Vladimir Putin, *First Person* (New York: PublicAffairs, 2000), p. 7.（邦訳：プーチンほか述、N・ケヴォルクヤン、N・チマコワ、A・コレスニコフ著『プーチン、自らを語る』高橋則明訳、扶桑社）

4 Ibid., p. 168.

第 64 章

1 "Trump's Former Lawyer in the Docs Case Explains Why He Left," *Politico*, June 16, 2023; Kaanita Iyer, "Former Key Trump Attorney Says He Left Because of Legal Team Infighting," CNN, May 20, 2023, cnn.com.

2 "Donald Trump Found Guilty on All Counts in New York Hush Money Trial," *The Washington Post*, May 30, 2024.

3 Philip Bump, "Trump Insists His Trial Was Rigged...Just Like Everything Else," *The Washington Post*, March 31, 2024.

4 Shane Goldmacher, "Trump Announces Nearly $53 Million Fund-Raising Haul After Guilty Verdict," *The New York Times*, May 31, 2024.

5 Sarah Burris, "'I'm A Very Innocent Man': Trump Attacks Rule of Law After 'Rigged' Guilty Verdict," *RawStory*, May 30, 2024.

第 65 章

1 モビーによるハンター・バイデンへのインタビュー。*Moby Pod*, December 2023.

2 Bella Isaacs-Thomas and Joshua Barajas, "Read the Full Hunter Biden Indictment over Federal Gun Charges," PBS, September 14, 2023; "Grand Jury Returns Indictment Charging Robert Hunter Biden with Three Felony Tax Offenses and Six Misdemeanor Tax Offenses," Department of Justice, December 7, 2023.

3 Hunter Biden, *Beautiful Things* (New York: Gallery Books, 2021), p. 145.

4 Jeffrey C. Mays, "Mayor Adams Criticizes Biden in Rare Public Rebuke over Migrant Crisis," *The New York Times*, April 19, 2023; Emma G. Fitzsimmons, "In Escalation, Adams Says Migrant Crisis 'Will Destroy New York City,'" *The New York Times*, September 7, 2023.

5 Alex Nowrasteh, "The U.S. Labor Market Explains Most of the Increase in Illegal Immigration," Cato Institute, November 16, 2023, Cato.org.

第61章

1 Michal Kranz, "How the Russia-Ukraine Crisis Is Turning Poland into a Strategic Player," *Foreign Policy*, February 23, 2022.

2 Elisabeth Zerofsky, "Poland's War on Two Fronts," *The New York Times Magazine*, April 4, 2023.

3 以下も参照。"In White House Visit, Polish President Pushes NATO to Ramp Up Spending, Calls on U.S. to Fund Ukraine," Associated Press, March 12, 2024.

4 Andrzej Duda, "NATO Members Must Raise Their Defense Spending to 3 Percent of GDP," *The Washington Post*, March 11, 2024.

5 Edward Helmore, "Trump Says He Would Encourage Russia to Attack NATO Allies Who Pay Too Little," *The Guardian*, February 11, 2024.

6 Ibid.

7 Duda, "NATO Members Must Raise Their Defense Spending to 3 Percent of GDP."

8 Derek Hawkins, "See Which NATO Countries Spend Less Than 2 Percent of Their GDP on Defense," *The Washington Post*, February 12, 2024.

9 Jill Colvin and Monika Scislowska, "Poland's President Becomes the Latest Leader to Visit Donald Trump as Allies Eye a Possible Return," Associated Press, April 18, 2024.

10 ドナルド・J・トランプ（@realDonaldTrump）の2024年4月18日午後1時55分のトゥルース・ソーシャルへのポスト。"Why isn't Europe giving more money to help Ukraine? Why is it that the United States is over $100 Billion Dollars into the Ukraine War more than Europe, and we have an Ocean between us as separation! Why can't Europe equalize or match the money put in by the United States of America in order to help a Country in Desperate need? As everyone agrees, Ukrainian Survival and Strength should be much more important to Europe than to us, but it is also important to us! GET MOVING EUROPE! In addition, I am the only one who speaks for "ME" and, while it is a total mess caused by Crooked Joe Biden and the Incompetent Democrats, if I were President, this War would have never started," TruthSocial.com.

11 "Remarks by President Trump to the People of Poland," The White House, July 6, 2017, Trumpwhitehouse.archives.gov.

12 以下も参照。Liz Goodwin, Yasmeen Abutaleb, and Tyler Page, "Aid to Ukraine Seemed Dead. Then Secretive Talks Revived It," *The Washington Post*, April 24, 2024; 以下も参照。Vivian Salama, "Why Donald Trump Didn't Sink Mike Johnson's Ukraine-Aid Bill," *The Wall Street Journal*, April 22, 2024.

13 Mary Clare Jalonick, Stephen Groves, and Farnoush Amiri, "Senate Overwhelmingly Passes Aid for Ukraine, Israel and Taiwan in Big Bipartisan Vote," Associated Press, April 23, 2024.

第 57 章

1 Jonathan Landay and Idrees Ali, "No U.S. Involvement in Strike on Iran's Damascus Mission, White House Says," Reuters, April 2, 2024.
2 "Readout of President Joe Biden's Call with Prime Minister Netanyahu of Israel," The White House, April 4, 2024, Whitehouse.gov.
3 Adam Rasgon and Aaron Boxerman, "What We Know About the Israeli Strike That Killed 7 Aid Workers in Gaza," *The New York Times*, April 2, 2024.
4 "Statement from National Security Council Spokesperson Adrienne Watson on Steps Announced by Israel to Increase Aid Flow to Gaza," The White House, April 4, 2024, Whitehouse.gov.
5 Neri Zilber, "'Dead Man Walking': How Yahya Sinwar Deceived Israel for Decades," *The Financial Times*, November 5, 2023; Jo Becker and Adam Sella, "The Hamas Chief and the Israeli Who Saved His Life," *The New York Times*, May 26, 2024.
6 Marco Hernandez and Josh Holder, "The Tunnels of Gaza," *The New York Times*, November 10, 2023.
7 "Vowing Revenge, Iran Pays Homage to IRGC Generals Killed in Strike Blamed on Israel, *The Times of Israel*, April 5, 2024.

第 58 章

1 Joseph Federman and Jon Gambrell, "Iran Fires Drones and Ballistic Missiles at Israel in Massive Retaliatory Attack," PBS, April 13, 2024; Madiha Afzal et al., "The Impact of Iran's Attack on Israel," *Brookings*, April 15, 2024, brookings.edu.
2 Kathleen Magramo, Elizabeth Wolfe, and Aditi Sangal, "Iran Targeted in Aerial Attack," CNN, April 18, 2024; Courtney Kube, Mosheh Gains, and Dan De Luce, "Israel Carries Out Limited Strikes on Iran, with the Extent of Damage Unclear," NBC News, April 19, 2024.

第 59 章

1 Adam Entous and Michael Schwirtz, "The Spy War: How the C.I.A. Secretly Helps Ukraine Fight Putin," *The New York Times*, February 25, 2024.
2 Carlotta Gall, Marc Santora, and Constant Meheut, "Avdiivka, Longtime Stronghold for Ukraine, Falls to Russians," *The New York Times*, February 17, 2024; Julian E. Barnes, "Biden Administration Blames Congress for Fall of Ukrainian City," *The New York Times*, February 17, 2024.
3 "Statement for the Record Senate Select Committee on Intelligence, Director of CIA Nominee William J. Burns," February 24, 2021, Intelligence.senate.gov.
4 William J. Burns, *The Back Channel* (New York: Random House, 2019), p. 431.

第 60 章

1 "CBP Releases December 2023 Monthly Update," U.S. Customs and Border Protection, January 26, 2024.
2 Michael D. Shear, Hamed Aleaziz, and Zolan Kanno-Youngs, "How the Border Crisis Shattered Biden's Immigration Hopes," *The New York Times*, January 30, 2024.
3 "How Americans View the Situation at the U.S.-Mexico Border, Its Causes and Consequences," Pew Research Center, February 15, 2024.

11 "U.S. Strikes Over 85 Targets at 7 Sites in Iraq and Syria Against Iran's Forces and Proxies," *The New York Times*, February 2, 2024.
12 マイク・ジョンソン(@SpeakerJohnson)の2024年2月2日午後6時34分のXへのポスト。"My statement regarding the U.S. strikes in Syria and Iraq," X.com.

第53章

1 Nick Allen, "Antony Blinken Meets MBS in Lavish Desert Tent and Says Saudi Crown Prince Is Determined to Keep Gaza Conflict from Spreading as Fears Grow of a Wider Middle East War," *Daily Mail*, January 8, 2024, Dailymail.co.uk.
2 Stephen Kalin and Michael Gordon, "U.S. to Offer Landmark Defense Treaty to Saudi Arabia in Effort to Spur Israel Normalization Deal," *The Wall Street Journal*, June 9, 2024.

第54章

1 Benedict Vigers, "Life in Israel After Oct. 7 in 5 Charts," Gallup, December 22, 2023, Gallup.com.
2 Kevin Liptak and MJ Lee, "Biden Growing More Frustrated with Netanyahu as Gaza Campaign Rages On," CNN, February 12, 2024.
3 Andrea Shalal, "Biden Urged Israel's Netanyahu to Protect Civilians in Rafah—White House," Reuters, February 11, 2024.
4 Anna Oakes and Claudia Gohn, "Inside the Columbia University Student Encampment—And the Crackdown," *Rolling Stone*, May 1, 2024.
5 Jacey Fortin, "Campus Protests: Republicans Accuse University Leaders of 'Giving In' to Antisemitism," *The New York Times*, May 23, 2024.
6 "Readout of President Biden's Call with Prime Minister Netanyahu of Israel," The White House, February 15, 2024, Whitehouse.gov.
7 Anna Chernova, Christian Edwards, and David Shortell, "Jailed Russian Opposition Figure Alexey Navalny Dies, Prison Services Say," CNN, February 16, 2024.
8 "Remarks by President Biden on the Reported Death of Aleksey Navalny," Briefing Room, February 16, 2024, Whitehouse.gov.

第55章

1 F. Amanda Tugade, "Birdcages and 'New Blood': Tensions Between Nikki Haley, Donald Trump Boil Over After Republican Debate," October 1, 2023.
2 Lt. Gen. (Ret.) Keith Kellogg, "After Action Report: My Visit to Israel," America First Policy Institute, March 15, 2024.
3 Omer Lachmanovitch and Ariel Kahana, "Trump to Israel Hayom: Only a Fool Would Have Not Acted Like Israel on Oct. 7," *Israel Hayom*, March 25, 2024.

第56章

1 Niels Lesniewski, "Lindsey Graham Wants to 'Sanction the Hell Out of Saudi Arabia' Until Crown Prince Is Ousted," Roll Call, October 16, 2018; Mariana Alfaro, "Lindsey Graham Meets with Saudi Crown Prince, Reversing Past Criticism," *The Washington Post*, April 11, 2023.

Dubai, December 2, 2023, Whitehouse.gov.
2 Humeyra Pamuk, "Blinken Pushes Arab States to Discuss the Future of Gaza," Reuters, December 1, 2023.
3 以下も参照。TOI staff, "VP Harris: Suffering in Gaza 'Devastating'; Israel Must Do More To Protect Civilians," *The Times of Israel*, December 3, 2023.
4 以下も参照。Nandita Bose and Steve Holland, "US VP Harris Urges Israel to Protect Gaza Civilians," Reuters, December 2, 2023.
5 Meg Wagner, " 'Blood and Soil': Protesters Chant Nazi Slogan in Charlottesville," CNN, August 12, 2017.

第51章

1 以下も参照。David Nakamura, "Biden Hails Freed U.S. Hostages as Family Awaits Reunion," *The Washington Post*, October 21, 2023.
2 報道は以下。Alexander Ward, "How a Secret Cell Got Hamas to Release 50 Hostages," *Politico*, November 21, 2023; Aaron Poris and Miriam David-Hay, "Freed from Hell: Timeline of Hostage Releases During the Israel-Hamas War," *The Jerusalem Post*, December 3, 2023.

第52章

1 Meghann Myers, "U.S. Troops in Iraq and Syria Have Faced over 100 Attacks Since October," *Military Times*, December 21, 2023.
2 "Biden Orders Strike on Iranian-Aligned Group After 3 U.S. Troops Injured in Iraq," NPR, December 25, 2023.
3 "Letter to the Speaker of the House and President Pro Tempore of the Senate Consistent with the War Powers Resolution (Public Law 93-148)," Briefing Room, January 12, 2024, Whitehouse.gov.
4 "U.S. Says It Shot Down 2 Missiles Launched from Houthi-Controlled Areas," Reuters, December 30, 2023.
5 Lisa Friedman, "Biden Begins Weeklong Vacation in Caribbean to Ring in the New Year," *The New York Times*, December 27, 2023.
6 Christian Edwards, "Who Are the Houthis and Why Are They Attacking Ships in the Red Sea?," CNN, February 4, 2024; Agnes Chang, Pablo Robles, and Keith Bradsher, "How Houthi Attacks Have Upended Global Shipping," *The New York Times*, January 21, 2023.
7 Farnaz Fassihi and Eric Schmitt, "Iran and U.S. Held Secret Talks on Proxy Attacks and Cease-Fire," *The New York Times*, March 15, 2024.
8 Joseph Clark, "U.S., Partners' Forces Strike Houthi Military Targets in Yemen," U.S. Department of Defense News, January 12, 2024, Defense.gov; "Statement from President Joe Biden on Coalition Strikes in Houthi-Controlled Areas of Yemen," Briefing Room, January 11, 2024, Whitehouse.gov.
9 Eric Schmitt, "3 American Soldiers Killed in Drone Strike in Jordan, U.S. Says," *The New York Times*, January 28, 2024.
10 "Statement from President Joe Biden on Attack on U.S. Service Members in Northeastern Jordan Near the Syria Border," Briefing Room, January 28, 2024, Whitehouse.gov.

Jordanian King in Amman," Reuters, October 13, 2023.

5 ムスリム同胞団から分派した代表的なイスラム過激派には、イスラエルの排除を目指すハマス（イスラム抵抗運動）、レバノンのシーア派イスラム主義武装組織ヒズボラ、スンニ派ジハディスト率いるイスラム主義武装組織アルカイダ（9・11テロを実行した）、イラクとシリアで活動する「イスラム国（IS）」（ISISやダーイシュとしても知られる）などがある。

第47章

1 以下も参照。Yasmeen Abutaleb, Tyler Pager, and John Hudson, "Biden to Travel to Israel on Wednesday," *The Washington Post*, October 16, 2023.

2 以下も参照。Vera Bergengruen, "For Antony Blinken, the War in Gaza Is a Test of U.S. Power," *Time*, January 11, 2024.

第48章

1 Julian Borger, "Hundreds Feared Dead After Blast at Gaza Hospital as Biden Set to Fly In," *The Guardian*, October 17, 2023.

2 Franklin Foer, "Inside Biden's 'Hug Bibi' Strategy," *The Atlantic*, October 17, 2023; David Leonhardt and Ian Prasad Philbrick, "Biden's Trip to Israel," *The New York Times*, October 17, 2023.

3 "Remarks by President Biden and Prime Minister Netanyahu of Israel Before Bilateral Meeting, Tel Aviv, Israel," The White House, October 18, 2023, Whitehouse.gov.

4 Ibid.

5 "President Biden and Prime Minister Netanyahu Meet with Israeli War Cabinet," C-SPAN, October 18, 2023; Isabel Kershner, "To Fight Hamas, Israel's Leaders Stopped Fighting One Another. For Now," *The New York Times*, December 14, 2023.

6 "Remarks by President Biden on the October 7th Terrorist Attacks and the Resilience of the State of Israel and its People," Tel Aviv, Israel, October 18, 2023, Whitehouse.gov.

7 以下も参照。Tamara Keith, "Biden Says His Tel Aviv Trip Was a Gamble. Tonight, He Has Another High-Stakes Moment," NPR, October 19, 2023.

8 Nidal Al-Mughrabi and Aidan Lewis, "First Aid Convoy Enters Gaza Strip from Egypt," Reuters, October 21, 2023.

9 Christina Bouri and Diana Roy, "Analysis: How Bad Is the Humanitarian Crisis in Gaza Amid the Israel-Hamas War?," PBS, November 19, 2023; "Israel: Unlawful Gaza Blockade Deadly for Children," Human Rights Watch, October 18, 2023.

第49章

1 Luis Martinez, "U.S. Navy Destroyer in Red Sea Shoots Down Cruise Missiles Potentially Headed Toward Israel: Pentagon," ABC, October 20, 2023; Matina Stevis-Gridneff and Aaron Boxerman, "Yemen's Houthis Hijack a Ship in the Red Sea," *The New York Times*, November 19, 2023.

第50章

1 "Remarks by Vice President Harris on the Conflict Between Israel and Hamas,"

3 Michael D. Shear, "Political Pressures on Biden Helped Drive 'Secret Cell' of Aides in Hostage Talks," *The New York Times*, November 21, 2023.
4 Nima Elbagir et al., "Qatar Sent Millions to Gaza for Years—With Israel's Backing. Here's What We Know About the Controversial Deal," CNN, December 12, 2023; Batrawy, "Freeing Hostages, Hosting Hamas: Qatar's Influence in Israel-Gaza War, Explained."
5 Mark Mazzetti and Ronen Bergman, "Buying Quiet: Inside the Israeli Plan That Propped Up Hamas," *The New York Times*, December 10, 2023.

第45章

1 以下も参照。Nicholas Casey and Euan Ward, "What Is Hezbollah, the Group That Poses a Threat to Israel from the North?," *The New York Times*, October 19, 2023; Kali Robinson, "What Is Hezbollah?," Council on Foreign Relations, October 14, 2023; Rund Abdeifatah et al., "A History of Hezbollah," NPR, March 28, 2024.
2 Bob Woodward, *Obama's Wars* (New York: Simon & Schuster, 2010)（邦訳：ボブ・ウッドワード『オバマの戦争』伏見威蕃訳、日本経済新聞出版）; Bob Woodward and Robert Costa, *Peril* (New York: Simon & Schuster, 2021).（邦訳：『国家の危機』）
3 Benjamin Netanyahu, *Bibi: My Story* (New York: Threshold Editions, 2022).
4 Ibid., p. 428.
5 John Wagner and Ashley Parker, "Biden Says U.S. Ground Troops 'Not on the Table' for Ukraine," *The Washington Post*, December 8, 2021; Zachary Wolf, "Here's What Biden Has Said About Sending U.S. Troops to Ukraine," CNN, February 24, 2022.
6 Allison Hoffman, "Bibi's *My Stoy* Brain: Meet Ron Dermer, Israel's New Ambassador to the U.S.," *Tablet*, September 20, 2011.
7 Emanuel Fabian and Amy Spiro, "90-Minute Panic over Mass Drone Invasion in Northern Israel Proves to Be False Alarm," *The Times of Israel*, October 11, 2023.
8 Ibid.
9 Soo Rin Kim, Lalee Ibssa, Kendall Ross, Mary Bruce, and Adam Carlson, "Trump Criticized for Calling Hezbollah 'Very Smart' as He Talked of Potential Risk to Israel," ABC News, October 12, 2023.
10 Isaac Arnsdorf, "Trump Faults Netanyahu, Calls Hezbollah 'Very Smart' Amid Israel War," *The Washington Post*, October 12, 2023.

第46章

1 Jim Garamone, "U.S. Flowing Military Supplies to Israel, as Country Battles Hamas Terrorists," U.S. Department of Defense News, October 10, 2023.
2 Oren Liebermann and Natasha Bertrand, "U.S. Eyes Weapons Stockpiles as Concern Grows About Supporting Both Ukraine and Israel's Wars," CNN, October 11, 2023; Eric Schmitt, Adam Entous, Ronen Bergman, John Ismay, and Thomas Gibbons-Neff, "Pentagon Sends U.S. Arms Stored in Israel to Ukraine," *The New York Times*, January 17, 2023.
3 Jiachuan Wu, Joe Murphy, and Nigel Chiwaya, "The Gaza Strip's Density Visualized," NBC News, October 10, 2023.
4 写真については以下を参照。Humeyra Pamuk, "U.S. Secretary of State Blinken Meets

Meat Grinder: A Moment of Truth for Russia's Wagner Group in Bakhmut," May 17, 2023, *Der Spiegel*, Spiegal.de/international.
3 Lazaro Gamio, Marco Hernandez, and Josh Holder, "How a Rebellion in Russia Unfolded over 36 Hours," *The New York Times*, June 24, 2023.
4 Ibid.
5 以下も参照。Simon Sebag-Montefiore, "What Prigozhin's Death Reveals About Putin's Power in Russia," *Time*, August 24, 2023.
6 Paul Sonne and Michael C. Bender, "Putin, Citing Trump 'Persecution,' Wades Back Into U.S. Politics," *The New York Times*, September 12, 2023.
7 Phil McCausland, "Trump Says He's Pleased By Putin's Praise: 'I Like That He Said That,' " NBC News, September 15, 2023, nbcnews.com.

第42章

1 Mark Landler, "Viewed Warily by Democrats, a Netanyahu Ally Is a Key Conduit to U.S." *The New York Times*, November 7, 2023.
2 以下を参照。"Maps and Videos Show How the Deadly Surprise Attack on Israel Unfolded," *The Washington Post*, October 8, 2023; Andres Martinez, "Here's a Timeline of Saturday's Attacks and Israel's Retaliation," *The New York Times*, October 8, 2023.
3 Eliza Mackintosh et al., "How a Rave Celebrating Life Turned into a Frenzied Massacre," CNN, October 14, 2023, cnn.com.
4 Bret Stephens, "Sheryl Sandberg Screams Back at the Silence," *The New York Times*, April 30, 2024; Jeffrey Gettleman, Anat Schwartz, and Adam Sella, "'Screams Without Words': How Hamas Weaponized Sexual Violence on October 7," *The New York Times*, December 28, 2023; Lucy Williamson, "Israel Gaza: Hamas Raped and Mutilated Women on 7 October, BBC Hears," BBC, December 5, 2023.
5 *Screams Before Silence*: Anat Stalinsky/Sheryl Sandberg, YouTube, 2024, screamsbeforesilence.com.
6 "Remarks by President Biden on the Terrorist Attacks in Israel," Briefing, State Dining Room, October 7, 2023, Whitehouse.gov.
7 以下も参照。"Israel Sends Hundreds of Gazan Laborers Held Since Oct. 7 Back into Strip," *The Times of Israel*, November 3, 2023.
8 Ronen Bergman and Adam Goldman, "Israel Knew Hamas's Attack Plan More Than a Year Ago," *The New York Times*, November 30, 2023.
9 以下も参照。"Israeli-Palestinian Conflict Timeline," Council on Foreign Relations, November 13, 2023, education.cfr.org.

第43章

1 "U.S. Moves Carrier Strike Group to Eastern Mediterranean," US CENTCOM Press Release, October 8, 2023.

第44章

1 Joel Simon, "How Qatar Became the World's Go-To Hostage Negotiator," *The New Yorker*, November 16, 2023.
2 Aya Batrawy, "Freeing Hostages, Hosting Hamas: Qatar's Influence in Israel-Gaza War, Explained," NPR, November 2, 2023.

第 38 章

1 以下も参照。David Sanger, Jim Tankersley, Michael Crowley, and Eric Schmitt, "In a Sharp Reversal, Biden Opens a Path for Ukraine to Get Fighter Jets," *The New York Times*, May 19, 2023.

第 39 章

1 Devlin Barrett and Perry Stein, "Garland Names Special Counsel for Trump Mar-a-Lago, 2020 Election Probes," *The Washington Post*, November 18, 2022.
2 Ibid.
3 "Former President Trump: 'I Am Your Justice...I Am Your Retribution,'" C-SPAN, March 4, 2023.
4 Carrie Johnson, "Trump Indicted In Case of Alleged Mishandling of Government Secrets," NPR, June 8, 2023.
5 Anders Hagstrom, "Bill Barr Says Trump's Indictment is 'Very Damning' if 'Even Half of It is True," Fox News, June 11, 2023.
6 Ken Bredemeier, "Biden Embarking on Late June Fundraising Effort," *VOA News*, June 19, 2023.

第 40 章

1 以下を参照。Victoria Kim, Gaya Gupta, and John Ismay, "Here's What Cluster Munitions Do and Why They Are So Controversial," *The New York Times*, July 6, 2023.
2 以下も参照。Aaron Blake, "Biden's Complicated History on Cluster Munitions," *The Washington Post*, July 7, 2023; David Smith and Luke Harding, "Joe Biden Defends 'Difficult Decision' to Send Cluster Munitions to Ukraine," *The Guardian*, July 8, 2023.
3 "Cluster Munitions Use in Russia-Ukraine War," Human Rights Watch, May 29, 2023.
4 以下も参照。Mstyslav Chernov, *20 Days in Mariupol*, Associated Press/PBS *Frontline*, 2023; Katharina Krebs, "At Least 290 Civilian Bodies Found in Irpin Since Russian Withdrawal, Mayor Says," May 3, 2022; "Commission of Inquiry Finds Further Evidence of War Crimes in Ukraine," *U.N. News*, October 20, 2023; Masha Gessen, "The Prosecution of Russian War Crimes in Ukraine," *The New Yorker*, August 1, 2022.
5 Deborah Amos, "Russia Deports Thousands of Ukrainian Children. Investigators Say That's a War Crime," NPR, February 14, 2023; Yousur Al-Hlou and Masha Froliak, "46 Children Were Taken from Ukraine. Many Are Up for Adoption in Russia," *The New York Times*, June 2, 2024; "Situation in Ukraine: ICC Judges Issue Arrest Warrants Against Vladimir Vladimirovich Putin and Maria Alekseyevna Lvova-Belova," Press Release, March 17, 2023.
6 以下も参照。Mike Stone, Trevor Hunnicutt, and Simon Lewis, "Tortured Path to U.S. Decision to Send Ukraine Cluster Munitions," Reuters, July 10, 2023; John Hudson and Anastacia Galouchka, "How Ukraine Is Exploiting Biden's Cluster Bomb Gamble," *The Washington Post*, August 21, 2023.

第 41 章

1 Jim Heintz, "Russian Mercenary Boss Yevgeny Prigozhin Challenged the Kremlin in a Brief Mutiny," Associated Press, August 27, 2023.
2 Christian Esch, Christina Hebel, and Alexander Chernyshev, "Yevgeny Prigozhin's

13 以下も参照。"Russia's Shoigu Holds Second Call with U.S. Defense Secretary in Three Days," Reuters, October 23, 2022.

14 "IAEA Says No Sign of 'Dirty Bomb' Work at Ukrainian Sites; Kyiv Hails Report," Reuters, November 3, 2022.

15 David Sanger, "Biden Says Russian Use of a Nuclear Weapon Would Be a 'Serious Mistake,'" *The New York Times*, October 25, 2022.

16 Maroosha Muzaffar, "Nuclear Weapons Must Not Be Used Over Ukraine, China's President Says in Clear Response to Russia," *The Independent*, November 5, 2022.

17 Peter Beaumont, Luke Harding, Pjotr Sauer, and Isobel Koshiw, "Ukraine Troops Enter Center of Kherson as Russians Retreat in Chaos," *The Guardian*, November 11, 2022; Steve Rosenberg, "Putin Can't Escape Fallout from Russian Retreat in Ukraine," BBC, November 11, 2022.

18 "CIA Chief William Burns Meets with Russian Spy Boss Sergey Naryshkin," Al Jazeera, November 14, 2022.

第36章

1 Bess Levin, "Report: Donald Trump Is Blaming Everyone but Himself for the Midterms. And, Yes, That Includes Melania," *Vanity Fair*, November 9, 2022.

2 Chris Cillizza, "Donald Trump Said the Trumpiest Thing Possible About the Election," CNN, November 9, 2022.

3 Caroline Vakil, "Trump: Midterms 'Somewhat Disappointing' but Still 'Very Big Victory,'" *The Hill*, November 11, 2022.

4 "Former President Trump Announces 2020 Presidential Bid," November 15, 2022, rev.com.

5 Ibid.

第37章

1 "Fact Sheet: One Year of Supporting Ukraine," February 21, 2023, Whitehouse.gov.; "U.S. Security Assistance to Ukraine," Congressional Research Service, February 27, 2023, Crsreports.congress.gov.

2 Max Hunder and Jonathan Landay, "Russia Launches Biggest Air Strikes Since Start of Ukraine War," Reuters, October 11, 2022.

3 Chris Gordon, "NASAMS Arrive in Ukraine in US Bid to Bolster Air Defense," *Air & Space Forces Magazine*, November 7, 2022.

4 "PATRIOT Air and Missile Defense System for Ukraine," Congressional Research Service, January 18, 2023, Crsreports.congress.gov.

5 Kevin Liptak and Maegan Vazquez, "Zelensky Delivers Impassioned Plea for More Help Fighting Russia on the 'Frontline of Tyranny,'" CNN, December 21, 2022.

6 John Ismay and Thomas Gibbons-Neff, "Artillery Is Breaking in Ukraine. It's Becoming a Problem for the Pentagon," *The New York Times*, November 25, 2022.

7 Charlie D'Agata, Agnes Reau, and Tucker Reals, "Meet Ukraine's 'Sappers,' Working to Clear Ground Retaken from Russian Troops Who 'Mine Everything,'" *CBS Mornings*, July 18, 2023.

2 "Leopard 2 Main Battle Tank, Germany," *Army Technology*, April 24, 2024, Army-technology.com; Jack Piccone, "Everything You Need to Know About the Leopard 2 Battle Tank," *SlashGear*, January 20, 2024.
3 Lara Seligman, Paul Mcleary, and Erin Banco, "'These Are Not Rental Cars': As Ukraine Pleads for Tanks, the West Holds Back," *Politico*, September 22, 2022.
4 David Martin and Eleanor Watson, "U.S. Poised to Send Tanks to Ukraine," CBS, January 25, 2023.
5 Matthew Mpoke Bigg, "'Tragedies Are Outpacing Life': In a Video Address at Davos, Zelensky Mourns the Dead and Pleads for Help," *The New York Times*, January 18, 2023.
6 "Remarks by President Biden on Continued Support for Ukraine," Briefing Room, January 25, 2023, Whitehouse.gov.

第35章

1 Huw Dylan, David V. Gioe, and Joe Littell, "The Kherson Ruse: Ukraine and the Art of Military Deception," Modern War Institute, October 12, 2022; Julian Barnes, Eric Schmitt, and Helene Cooper, "The Critical Moment Behind Ukraine's Rapid Advance," *The New York Times*, September 13, 2022.
2 "Basic Principles of State Policy of the Russian Federation on Nuclear Deterrence," June 2, 2020, No. 355.
3 "Read Putin's National Address on a Partial Military Mobilization," *The Washington Post*, September 21, 2022.
4 Joshua Berlinger, Anna Chernova, and Tim Lister, "Putin Announces Annexation of Ukrainian Regions in Defiance of International Law," CNN, September 30, 2022.
5 "Remarks by President Biden at Democratic Senatorial Campaign Committee Reception," New York, October 6, 2022; David Sanger and James McKinley Jr., "Biden Warned of a Nuclear Armageddon. How Likely Is a Nuclear Conflict with Russia?," *The New York Times*, October 9, 2022.
6 Alex Horton, "U.S., Russian Defense Chiefs Hold First Talks in Months," *The Washington Post*, October 21, 2022; "Senior Military Official Holds a Background Briefing," October 24, 2022, Defense.gov.
7 Sophia Ankel and Tom Porter, "How Sergei Shoigu, Putin's Embattled One-Time Bestie, Rose to the Top of Russia's Military and Survived the Wagner Rebellion That Called for His Head," *Business Insider Africa*, June 26, 2023.
8 "Readout of Secretary of Defense Lloyd J. Austin III's Phone Call with Russian Minister of Defense Sergey Shoygu," Defense Release, October 21, 2022; Horton, "U.S., Russian Defense Chiefs Hold First Talks in Months."
9 Andrei Soldatov and Irina Borogan, "The Man Behind Putin's Military," *Foreign Affairs*, February 26, 2022.
10 Eric Schlosser, "What if Russia Uses Nuclear Weapons in Ukraine?," *The Atlantic*, June 20, 2022.
11 Guy Faulconbridge, "Analysis: What Is Russia's Policy on Tactical Nuclear Weapons?," Reuters, October 17, 2022; Karoun Demirjian, "Here Are the Nuclear Weapons Russia Has in Its Arsenal," *The Washington Post*, October 6, 2022.
12 以下も参照。"Joint Statement by Foreign Ministers of France, the United Kingdom and the United States—Ukraine," October 24, 2022.

Treaty Organization, May 13, 2022. Nato.intl.

13 "NATO Secretary General: We Will Welcome Finland as the 31st Member of Our Alliance," North Atlantic Treaty Organization, April 4, 2023, Nato.intl.

14 Krisztina Than and Niklas Pollard, "Sweden Clears Final Hurdle to Join NATO as Hungary Approves Accession," Reuters, February 26, 2024.

第30章

1 Lindsay Wise, "Lindsey Graham Calls for Russians to Assassinate Putin," *The Wall Street Journal*, March 4, 2022.

2 Mary Clare Jalonick, "White House Disavows Graham's Call for Putin Assassination," Associated Press, March 4, 2022.

3 Rebecca Shabad, "Sen. Lindsey Graham Defends Calling for Russians to Assassinate Putin," NBC News, March 4, 2022.

4 Josh Dawsey, "Trump Muses on War with Russia and Praises Kim Jong Un," *The Washington Post*, March 6, 2022.

第31章

1 "Secretary Antony J. Blinken and Secretary Lloyd Austin Remarks to Traveling Press," U.S. Department of State, April 25, 2022.

2 "Austin Meets with Nations to Intensify Support for Ukraine," U.S. Department of Defense, April 26, 2022.

3 Simon Shuster, *The Showman* (New York: William Morrow, 2024), p. 242.

第32章

1 以下も参照。Hunter Biden, *Beautiful Things* (New York: Gallery Books, 2021); Bob Woodward and Robert Costa, *Peril* (New York: Simon & Schuster, 2021), pp. 36–38.（邦訳：『国家の危機』）

第33章

1 Patrick Kingsley and Isabel Kershner, "Israel's Government Collapses, Setting Up 5th Election in 3 Years," *The New York Times*, June 20, 2022.

2 Andrew Carey and Amir Tal, "Trump Accuses Netanyahu of Disloyalty for Congratulating Biden After 2020 Win: 'F**k him,' " CNN, December 11, 2021.

3 Patricia Zengerle, "After Delay, U.S. Senate Overwhelmingly Approves $40 Billion in Ukraine Aid," Reuters, May 19, 2022.

4 以下も参照。Valerie Hopkins, "Tending Russia's Dead as They Pile Up in Ukraine," *The New York Times*, May 29, 2022.

5 Lisa Mascaro, "GOP Splinters Over $40 Billion Supplemental Funding For Ukraine," PBS News, May 16, 2022.

6 Ibid.

第34章

1 "Coalition Government, CDU Agree Military Spending Hike," DW, May 30, 2022; Peter Hille and Nina Werkhäuser, "The German Military's New Shopping List," DW, June 3, 2022.

Washington Post, August 24, 2022; Michael Schwirtz et al., "Putin's War," *New York Times*, December 16, 2022, nytimes.com/interactive.
23 Adam Shreck, "As Russians Retreat from Outskirts of Kyiv, Ukrainians Document Atrocities," Associated Press, April 6, 2022; Yousur Al-Hlou et al., "Caught on Camera, Traced by Phone: The Russian Military Unit That Killed Dozens in Bucha," *The New York Times*, December 22, 2022; Simon Shuster, "A Visit to the Crime Scene Russian Troops Left Behind at a Summer Camp in Bucha," *Time*, April 13, 2022.

第28章

1 Steve Bannon, *War Room*, February 23, 2022; Jackson Richman, "Steve Bannon and Erik Prince Praise Putin and Russia for LGBTQ Intolerance: 'Putin Ain't Woke,'" *Mediaite*, February 24, 2022.
2 Dan Spinelli, "Putin Invaded Ukraine, and Steve Bannon Says That's a Good Reason to Impeach Biden," *Mother Jones*, February 25, 2022.
3 Ibid.
4 Tucker Carlson, "Americans Have Been Trained to Hate Putin, and Will Suffer Because of It," Fox News, February 23, 2022.

第29章

1 David Vergun, "Russia's Grand Strategy for Ukraine Takeover Unmet, DOD Official," U.S. Department of Defense News, June 14, 2022, Defense.gov; Seth G. Jones, "Russia's Ill-Fated Invasion of Ukraine: Lessons in Modern Warfare," Center for Strategic & International Studies, June 1, 2022, Csis.org.
2 "Support for NATO Membership Soars to 76 percent," Yie Poll, May 9, 2022; Stine Jacobsen and Johan Ahlander, "Russian Invasion of Ukraine Forces Swedes to Rethink NATO Membership," Reuters, March 4, 2022.
3 Jonathan Masters, "How NATO Will Change if Finland and Sweden Become Members," Council on Foreign Relations, June 29, 2022, Cfr.org.
4 Jason Horowitz, "He Knows Putin Well. And He Fears for Ukraine," *The New York Times*, February 13, 2022.
5 Colleen Long and Aamer Madhani, "Finnish Leader Meets Biden, Weighs NATO as War Deepens," Associated Press, March 4, 2022.
6 Emily Rauhala and Adela Suliman, "Russia Threatens to Move Nukes to Baltic Region if Finland, Sweden Join NATO," *The Washington Post*, April 14, 2022.
7 "Sweden Says It Received U.S. Security Assurances if It Hands in NATO Application," Reuters, May 4, 2022.
8 "Statement by Denmark, Iceland and Norway on Finland and Sweden's Decisions to Apply for NATO Membership," Ministry of Foreign Affairs, May 18, 2022.
9 "Prime Minister Signs New Assurances to Bolster European Security," U.K. Government, May 11, 2022, gov.uk.
10 "Finland NATO: Russia Threatens to Retaliate over Membership Move," BBC, May 12, 2022.
11 "Remarks by President Biden, President Niinistö of Finland, and Prime Minister Andersson of Sweden After Trilateral Meeting," May 19, 2022. Nato.intl.
12 "Long-Planned NATO Exercises Across Europe Get Underway," North Atlantic

and 'Savvy' for Ukraine Invasion," *Politico*, February 23, 2022.

第 27 章

1 "Special Report: Russia's War on Ukraine, One Year On," CNN, February 23, 2023, edition.cnn.com/interactive.
2 Andrew Osborn and Polina Nikolskaya, "Russia's Putin Authorizes 'Special Military Operation' Against Ukraine," Reuters, February 24, 2022.
3 Isabelle Khurshudyan, "An Interview with Ukrainian President Volodymyr Zelensky," *The Washington Post*, August 23, 2022.
4 Simon Shuster, *The Showman* (New York: William Morrow, 2024), p. 7.
5 Ibid.
6 以下も参照。Erin Banco, Garrett M. Graff, Lara Seligman, Nahal Toosi, and Alexander Ward, " 'Something Was Badly Wrong': When Washington Realized Russia Was Actually Invading Ukraine," *Politico*, February 24, 2023.
7 Andrew Restuccia, "Trump Calls Putin's Invasion of Ukraine Smart, Blames Biden for Not Doing Enough," *The Wall Street Journal*, February 24, 2022.
8 Shuster, *The Showman*, pp. 16–17.
9 Ibid., p. 18.
10 以下も参照。Banco et al., " 'Something Was Badly Wrong': When Washington Realized Russia Was Actually Invading Ukraine."
11 Ibid.
12 "Full Transcript of Zelensky's Emotional Appeal to Russians," Reuters, February 23, 2022.
13 "Special Report: Russia's War on Ukraine, One Year On," CNN.
14 Valerie Hopkins, "In Video, a Defiant Zelensky Says, 'We Are Here,' " *The New York Times*, February 25, 2022.
15 Banco et al., " 'Something Was Badly Wrong': When Washington Realized Russia Was Actually Invading Ukraine."
16 Paul Sonne, Isabelle Khurshudyan, Serhiy Morgunov, and Kostiantyn Khudov, "Battle for Kyiv: Ukrainian Valor, Russian Blunders Combined to Save the Capital," *The Washington Post*, August 24, 2022.
17 "Ukrainian Soldier on the Battle That 'Changed the Course of the War,' and What He Fears Russia Will Do Next," CBS, April 7, 2022.
18 Liam Collins, Michael Kofman, and John Spencer, "The Battle of Hostomel Airport: A Key Moment in Russia's Defeat in Kyiv," *War on the Rocks*, August 10, 2023, Warontherocks.com.
19 Simon Shuster, "2022 Person of The Year: Volodymyr Zelensky," *Time*, December 7, 2022.
20 "Unprotected Russian Soldiers Disturbed Radioactive Dust in Chernobyl's 'Red Forest,' Workers Say," Reuters, March 29, 2022.
21 Nicole Werbeck, "Satellite Images Show 40-Mile-Long Russian Military Convoy Nearing Kyiv," NPR, February 28, 2022; Luke McGee, "Here's What We Know About the 40-Mile-Long Russian Convoy Outside Ukraine's Capital," CNN, March 3, 2022.
22 Paul Sonne, Isabelle Khurshudyan, Serhiy Morgunov, and Kostiantyn Khudov, "Battle for Kyiv: Ukrainian Valor, Russian Blunders Combined to Save the Capital," *The*

Prepare for Worst in Ukraine," CBS News, February 12, 2022.
4 "Pentagon Press Secretary John Kirby Holds Briefing on Russia's Activities in Ukraine," PBS, January 14, 2022.

第23章

1 Paul Sonne, "Biden Predicts Putin Will 'Move In' to Ukraine Because 'He Has to Do Something,'" *The Washington Post*, January 20, 2022.
2 "Remarks by President Biden in Press Conference," Briefing Room, January 19, 2022, Whitehouse.gov.
3 ウォロディミル・ゼレンスキー（@ZelenskyyUa）の2022年1月20日午前9時29分のX上でのリプライ。X.com.
4 Asma Khalid, "How Biden Is Trying to Clean Up His Comments About Russia and Ukraine," NPR, January 20, 2022.
5 報道は以下。Max Seddon, Christopher Miller, and Felicia Schwartz, "How Putin Blundered into Ukraine—Then Doubled Down," *Financial Times*, February 23, 2023.

第24章

以下も参照。Bob Woodward, *The Trump Tapes: Bob Woodward's Twenty Interviews with President Donald Trump* (New York: Simon & Schuster Audio, 2022), p. 16.

第25章

1 "Press Briefing by Press Secretary Jen Psaki and National Security Adviser Jake Sullivan," James S. Brady Press Briefing Room, February 11, 2022, Whitehouse.gov.
2 "Putin Gave No Indication in Macron Call He's Preparing Invasion, French Presidency Official," Reuters, February 12, 2022; "Ukraine Crisis: Macron Says Putin Pledges No New Ukraine Escalation," BBC News, February 8, 2022.
3 Erin Banco, Garrett M. Graff, Lara Seligman, Nahal Toosi, and Alexander Ward, "'Something Was Badly Wrong': When Washington Realized Russia Was Actually Invading Ukraine," *Politico*, February 24, 2023.
4 "Remarks by Vice President Harris at the Munich Security Conference," Hotel Bayerischer Hof, February 19, 2022, Whitehouse.gov.
5 Simon Shuster, *The Showman* (New York: William Morrow, 2024), pp. 219–220.
6 Ibid., p. 221.
7 Ibid.

第26章

1 "The President Held a Meeting of the Russian Federation Security Council at the Kremlin," The Kremlin, February 21, 2022, en.kremlin.ru.
2 以下も参照。Shaun Walker, "Putin's Absurd, Angry Spectacle Will Be a Turning Point in His Long Reign," *The Guardian*, February 21, 2022.
3 "Fact Sheet: Executive Order to Impose Costs for President Putin's Action to Recognize So-Called Donetsk and Luhansk People's Republics," February 21, 2022, Whitehouse.gov.
4 "Full Interview: President Trump with C&B from Mar-a-Lago," *Clay & Buck*, February 22, 2022, clayandbuck.com; Joseph Gedeon, "Trump Calls Putin 'Genius'

China," *Military Times*, March 14, 2022;
- Eric Schmitt, "More Russian Mercenaries Deploying to Ukraine to Take on Greater Role in War," *The New York Times*, March 25, 2022;
- Steve Holland and Michelle Nichols, "Exclusive—Photos Show Russian Attacks on Ukraine Grain Storage—U.S. Official," Reuters, April 1, 2022;
- Shane Harris, "U.S. Intelligence Document Shows Russian Naval Blockade of Ukraine," *The Washington Post*, May 24, 2022;
- Natasha Bertrand, "U.S. Assesses Russia Now in Possession of Iranian Drones, Sources Say," CNN, August 30, 2022.

5 Mark Trevelyan, "Putin Says Russia Has 'Nowhere to Retreat' over Ukraine," Reuters, December 22, 2021.

第19章

1 Paul Sonne, Ashley Parker, and Isabelle Khurshudyan, "Biden Threatens Putin with Economic Sanctions if He Further Invades Ukraine," *The Washington Post*, December 7, 2021; Ben Gittleson, Molly Nagle, and Sarah Kolinovsky, "Biden Confronts Putin over Ukraine in High-Stakes Meeting," ABC News, December 7, 2021.

2 Patrick Reevell, "Russia Makes Sweeping Demands for Security Guarantees from US Amid Ukraine Tensions," ABC News, December 17, 2021; Hibai Arbide Aza and Miguel González, "US Offered Disarmament Measures to Russia in Exchange for De-escalation of Military Threat in Ukraine," *El País*, February 2, 2022.

3 Bob Woodward, *The Trump Tapes* (New York: Simon & Schuster, 2022), pp. 172–73.

4 Robert Burns, Aamer Madhani, and Hope Yen, "AP Fact Check: Trump Distorts Obama-Biden Aid to Ukraine," Associated Press, March 27, 2022.

第20章

1 John Wagner and Ashley Parker, "Biden Says U.S. Ground Troops 'Not on the Table' for Ukraine," *The Washington Post*, December 8, 2021.

2 Institute for the Study of War, understandingwar.org.

3 Amy Mackinnon and Jack Detsch, "Ukraine's Military Has Come a Long Way Since 2014," *Foreign Policy*, December 23, 2021.

第21章

1 David Smith, "Biden and Putin Exchange Warnings During Phone Call Amid Rising Ukraine Tensions," *The Guardian*, December 30, 2021.

2 David E. Sanger and Andrew E. Kramer, "Putin Warns Biden of 'Complete Rupture' of U.S.-Russia Relationship over Ukraine," *The New York Times*, December 30, 2021.

3 Steven Pifer, "Watch Out for Little Green Men," *Brookings*, July 7, 2014, brookings.edu.

第22章

1 Erin Banco, Garrett M. Graff, Lara Seligman, Nahal Toosi, and Alexander Ward, "'Something Was Badly Wrong': When Washington Realized Russia Was Actually Invading Ukraine," *Politico*, February 24, 2023.

2 Simon Shuster, *The Showman* (New York: William Morrow, 2024), p. 11.

3 Margaret Brennan, "New Details About Russian 'False Flag' Plan Prompts U.S. to

第16章

1 Sarah Kolinovsky, "Harris Heads to Paris to Soothe Tensions With French After 'Submarine Snub,' ABC News, November 8, 2021; "France Deplores 'Stab In The Back' By US Australia over Subs Contract," France24, September 16, 2021.
2 Chris Whipple, *The Fight of His Life* (New York: Simon & Schuster, 2023), p. 213.

第17章

1 "Secretary Antony J. Blinken at a Press Availability at the Organization for Security and Cooperation in Europe (OSCE)," Stockholm, Sweden, December 2, 2021, State.gov; "Secretary Blinken: Remarks to the First Session of the OSCE Ministerial Council Meeting," December 2, 2021, Osce.usmission.gov.
2 "Who is Sergei Lavrov, Russia's Foreign Minister?," Reuters, November 14, 2022.
3 "Statement by Mr. Sergey Lavrov, Minister of Foreign Affairs of the Russian Federation at the 28th Meeting of the OSCE Ministerial Council," Stockholm, December 2, 2021, Osce.org.
4 Ibid.
5 "What Are the Minsk Agreements on the Ukraine Conflict?," Reuters, December 6, 2021; Marie Dumoulin, "Ukraine, Russia and the Minsk Agreements: A Post-Mortem," European Council on Foreign Relations, February 19, 2024, Ecfr.eu.
6 Ibid.
7 "Secretary Antony J. Blinken at OSCE, Session 1 Remarks," Stockholm, Sweden, December 2, 2021, State.gov.

第18章

1 "PDNSA Jon Finer's Remarks at the 2023 Intelligence and National Security Summit," transcript, July 14, 2023.
2 Massimo Calabresi, "Inside the White House Program to Share America's Secrets," *Time*, February 29, 2024.
3 以下も参照。Julian Barnes and Helene Cooper, "U.S. Battles Putin by Disclosing His Next Possible Moves," *The New York Times*, February 12, 2022.
4 Shane Harris and Paul Sonne, "Russia Planning Massive Military Offensive Against Ukraine Involving 175,000 Troops, U.S. Intelligence Warns," *The Washington Post*, December 3, 2021. 以下は、秘密区分を低減した例である。
- Natasha Bertrand and Jeremy Herb, "First on CNN: US Intelligence Indicates Russia Preparing Operation to Justify Invasion of Ukraine," CNN, January 14, 2022;
- Katie Bo Lillis, Natasha Bertrand, and Kylie Atwood, "How the Biden Administration Is Aggressively Releasing Intelligence in an Attempt to Deter Russia," CNN, February 11, 2022;
- Secretary Antony J. Blinken on Russia's Threat to Peace and Security at the UN Security Council," U.S. Department of State, February 17, 2022;
- Bill Chappell, "The U.S. Warns That Russia Has a 'Kill List' of Ukrainians to Be Detained or Killed," NPR, February 21, 2022;
- Aamer Madhani, Josh Boak, and Matthew Lee, "US Warns Chinese on Support for Russia in Ukraine War," Associated Press, March 14, 2022;
- Aamer Madhani and Josh Boak, "U.S. Official: Russia Seeking Military Aid from

第13章

1 Steven Pifer, "How Ukraine Views Russia and the West," *Brookings*, October 18, 2017, brookings.edu.

2 Olga Onuch and Javier Perez Sandoval, "A Majority of Ukrainians Support Joining NATO. Does This Matter?," *The Washington Post*, February 4, 2022; Pifer, "How Ukraine Views Russia and the West"; "Ukraine's President Signs Amendment on NATO, EU Membership," Associated Press, February 19, 2019.

3 Erin Banco, Garrett M. Graff, Lara Seligman, Nahal Toosi, and Alexander Ward, "'Something Was Badly Wrong': When Washington Realized Russia Was Actually Invading Ukraine," *Politico*, February 24, 2023; Avril Haines, "A Conference on Today's Competitive Geopolitical Landscape—In Honor of Robert Jervis," February 17, 2023, dni.gov.

4 ウラジーミル・プーチンが2005年4月25日にロシア連邦議会で行なった年次教書演説。en.kremlin.ru.

5 以下を参照。Fred Kagan, Institute for the Study of War, understandingwar.org.

6 Yaroslav Trofimov and Jeremy Page, "In Leaving Afghanistan, U.S. Reshuffles Global Power Relations, *The Wall Street Journal*, September 1, 2021.

第14章

1 "Remarks by President Biden in Press Conference: Rome, Italy," Briefing, La Nuvola, October 31, 2021, Whitehouse.gov.

第15章

1 Julian E. Barnes and Pranshu Verma, "William Burns, a Career Diplomat, Is Biden's Choice to Head the C.I.A.," *The New York Times*, January 11, 2021; Nahal Toosi, "The Putinologist: CIA Chief's Long History with Putin Gives Him Special Insight," *Politico*, May 30, 2022; Robert Draper, "William Burns, a C.I.A. Spymaster with Unusual Powers," *The New York Times*, May 9, 2023.

2 以下を参照。William J. Burns, "A World Transformed and the Role of Intelligence," Ditchley Annual Lecture, July 1, 2023, cia.gov.

3 以下も参照。Natasha Bertrand, Jim Sciutoo, and Kylie Atwood, "CIA Director Dispatched to Moscow to Warn Russia over Troop Buildup Near Ukraine," CNN, November 5, 2021; William J. Burns, "The Global Threat Landscape," Georgetown University, February 2, 2023.

4 SWIFTについて詳しくは以下を参照。Christian Perez, "What Does Russia's Removal from SWIFT Mean for the Future of Global Commerce?," "Removing Russian Banks from the SWIFT System Is Accelerating a Global Economic Realignment," *Foreign Policy*, March 8, 2022.

5 Erin Banco, Garrett M. Graff, Lara Seligman, Nahal Toosi, and Alexander Ward, "'Something Was Badly Wrong': When Washington Realized Russia Was Actually Invading Ukraine," *Politico*, February 24, 2023.

6 Joe Biden, "Why I Chose Lloyd Austin as Secretary of Defense," *The Atlantic*, December 8, 2020.

7 Simon Shuster, *The Showman* (New York: William Morrow, 2024), p. 211.

Anniversary of Ukraine's Independence," President of Ukraine, August 24, 2021, president.gov.ua.

3 Andrew Hammond, Historian and Curator, International Spy Museum, interview with British Defense Attaché, USA, Rear Admiral Tim Woods, *SpyCast*, Episode 612, November 22, 2023, thecyberwire.com/podcast.

第 11 章

1 "Putin's Road to War," *Frontline* (Episode 18), PBS, March 15 and April 12, 2022.

2 Serhii Plokhy, *The Russo-Ukrainian War: The Return of History* (New York: Norton, 2023), pp. 118–134; Wojciech Konończuk, "Russia's Real Aims in Crimea," Carnegie Endowment for International Peace, March 13, 2014.

3 Kylie Atwood, "Blinken Becomes Biden's Top Diplomat After a Friendship Forged over Decades," CNN, January 26, 2021.

4 "A Memorandum on the Delegation of Authority Under Section 506(a)(1) of The Foreign Assistance Act of 1961," The White House, August 27, 2021; "Joint Statement on the U.S.-Ukraine Strategic Partnership," Briefing Room, September 1, 2021, Whitehouse.gov.

5 Eric Tucker, "US Commits $60 Million in Aid to Ukraine Before WH Visit," Associated Press, August 31, 2021.

第 12 章

1 "Remarks by President Biden and President Zelenskyy of Ukraine Before Bilateral Meeting," Briefing Room, September 1, 2021, Whitehouse.gov.

2 "Ukraine Election: Comedian Zelensky Wins Presidency by Landslide," BBC, April 22, 2019.

3 Ashley Fetters Maloy, "What Zelensky's TV Show, 'Servant of the People,' Reveals About Him, and Ukraine," *The Washington Post*, March 22, 2022; James Poniewozik, "Volodymyr Zelensky Is Playing the Role of His Life," *The New York Times*, June 22, 2023.

4 David L. Stern and Anton Troianovski, "He Played Ukraine's President on TV. Now He Has Taken Office as the Real One," *The Washington Post*, May 20, 2019.

5 2019 年 5 月 20 日のウォロディミル・ゼレンスキーによる大統領就任演説。

6 "Full Document: Trump's Call with the Ukrainian President," *The New York Times*, October 30, 2019.

7 Bob Woodward, *The Trump Tapes: Bob Woodward's Twenty Interviews with President Donald Trump* (New York: Simon & Schuster, 2022), p. 136.

8 Simon Schuster, *The Showman: Inside the Invasion That Shook the World and Made a Leader of Volodymyr Zelensky* (New York: William Morrow, 2024), pp. 138–39.

9 Ibid., p. 139.

10 Woodward, *The Trump Tapes*, p. 157.

11 Ashley Parker and Anne Gearan, "Biden Backs Lasting Support for Ukraine as Both Nations Move on from the Trump-Era Obsession with Kyiv," *The Washington Post*, September 1, 2021.

12 William J. Burns, *The Back Channel* (New York: Random House, 2019), pp. 232–33.

2 "Agreement for Bringing Peace to Afghanistan Between the Islamic Emirate of Afghanistan Which Is Not Recognized by the United States as a State and Is Known as the Taliban and the United States of America," U.S. Department of State, February 29, 2020.

3 詳しくは以下を参照。Bob Woodward and Robert Costa, *Peril* (New York: Simon & Schuster, 2021), pp. 334–40, 376–91.（邦訳：『国家の危機』）

4 "Remarks by President Biden on the Way Forward in Afghanistan," Treaty Room, April 14, 2021, Whitehouse.gov.

5 Anna Gearan, Karen DeYoung, and Tyler Pager, "Biden Tells Americans 'We Cannot Continue the Cycle' in Afghanistan as He Announces Troop Withdrawal," *The Washington Post*, April 14, 2021.

6 Kylie Atwood, "Bush Calls Afghanistan Withdrawal a Mistake, Says Consequences Will Be 'Unbelievably Bad,'" CNN, July 14, 2021, cnn.com.

7 "Donald Trump, Wellington, Ohio, Rally Speech Transcript: First Rally Since Leaving Office," rev.com.

8 Michael D. Shear et al., "Miscue After Miscue, U.S. Exit Plan Unravels," *The New York Times*, August 21, 2021; Jonathan Swan and Zachary Basu, "Scoop: Milley's Blunt Private Blame for the State Department," *Axios*, September 29, 2021; Mark Mazzetti, Julian E. Barnes, and Adam Goldman, "Intelligence Warned of Afghan Military Collapse, Despite Biden's Assurances," *The New York Times*, August 17, 2021.

9 Kathy Gannon, "US Left Afghan Airfield at Night, Didn't Tell Commander," Associated Press, July 6, 2021; Oren Liebermann and Michael Conte, "Top Generals Who Oversaw US Withdrawal from Afghanistan Slam State Department for Delaying Emergency Evacuation," CNN, March 19, 2024.

10 "Excerpts of Call Between Joe Biden and Ashraf Ghani July 23," Reuters, August 31, 2021.

11 Andrew Stanton, "Trump Calls on Biden to 'Resign in Disgrace' After 'Tragic Mess in Afghanistan,'" *Newsweek*, August 15, 2021.

12 "Remarks by President Biden on Afghanistan," East Room, White House, August 16, 2021, Whitehouse.gov.

13 Ruby Mellen, "Two Weeks of Chaos: A Timeline of the U.S. Pullout of Afghanistan," *The Washington Post*, August 15, 2022.

14 Ibid.

15 "Remarks by President Biden on the End of the War in Afghanistan," State Dining Room, White House, August 31, 2021, Whitehouse.gov.

16 The Wall Street Journal Editorial Board, "A Dishonest Afghanistan Accounting," *The Wall Street Journal*, August 31, 2021; Jonathan Swan and Hans Nichols, "Scoop: Leaked Document Reveals Biden's Afghan Failures," *Axios*, February 1, 2022.

17 Joseph Choi, "Ex-Obama Adviser Argues Biden Should Fire Sullivan over Afghanistan," *The Hill*, August 16, 2021.

第10章

1 "Live: Ukraine Celebrates 30 Years of Independence Amid Tensions with Russia," *Euronews*, August 24, 2021.

2 "President Took Part in the Festive Parade of Troops on the Occasion of the 30th

Readiness, Transparency," U.S. Department of Defense News, May 3, 2021, Defense.gov.
9 "News Conference Following Russia-US Talks," Transcript: June 16, 2021, en.kremlin.ru.
10 "News Conference Following Russia-US Talks," Transcript: June 16, 2021, en.kremlin.ru.; Eric Lutz, "Putin, After Spending the Day with Joe Biden: 'There Is No Happiness in Life,' " *Vanity Fair*, June 16, 2021.
11 "Remarks by President Biden in Press Conference," Hôtel du Parc des Eaux-Vives, Geneva, Switzerland, June 16, 2021, Whitehouse.gov.
12 "Transcript: Hannity on Biden-Putin Summit, Trump's Reaction," Fox News, June 16, 2021.

第7章

1 "53% of Republicans View Trump as True U.S. President-Reuters/Ipsos," Reuters, May 24, 2021.
2 Bob Woodward, *The Trump Tapes: Bob Woodward's Twenty Interviews with President Donald Trump* (New York: Simon & Schuster, 2022), p. 33.
3 Philip Bump, "The Obvious Goal of the Arizona Recount: Injecting More Doubt into the 2020 Results," *The Washington Post*, May 3, 2021.
4 "In More than 60 Cases, Judges Looked at the Allegations That Trump Was Making and Determined They Were Without Any Merit," PolitiFact, The Poynter Institute, January 7, 2021, politifact.com/factchecks.
5 Final Report of the Select Committee to Investigate the January 6th Attack on the United States Capitol, House Report 117-663, December 22, 2022, p. 19.
6 Philip Bump, "As on Jan. 6, Trump Won't Accept the Reality of His Loss," *The Washington Post*, June 3, 2021.
7 Quinn Scanlan and Madison Burinsky, "Trump Was Privately Enthralled by Baseless Theory He Could Be Reinstated as President: New Book," ABC News, November 12, 2023; Jonathan Karl, *Tired of Winning: Donald Trump and the End of the Grand Old Party* (New York: Dutton, 2023).
8 Joe Walsh, "GOP Rep. Mo Brooks Claims Trump Asked Him to Reinstate Trump Presidency," *Forbes*, March 23, 2022.

第8章

1 "On the Historical Unity of Russians and Ukrainians," July 12, 2021, en.kremlin.ru. ロシアとウクライナの歴史について詳しくは以下を参照。Serhii Plokhy, *The Russo-Ukrainian War: The Return of History* (New York: Norton, 2023); Michael Kimmage, "Born in the Bloodlands," *Foreign Affairs*, August 22, 2023.
2 Gal Beckerman, "How Zelensky Gave the World a Jewish Hero," *The Atlantic*, February 27, 2022; Anton Troianovski, "Why Vladimir Putin Invokes Nazis to Justify His Invasion of Ukraine," *The New York Times*, March 17, 2022.

第9章

1 Barack Obama, *A Promised Land* (New York: Crown, 2020), pp. 318–19.（邦訳：バラク・オバマ『約束の地（上・下）』山田文、三宅康雄ほか訳、集英社）

5 Anton Troianovski, "'A Threat from the Russian State': Ukrainians Alarmed as Troops Mass on Their Doorstep," *The New York Times*, April 20, 2021.

第4章

1 ウラジーミル・プーチンが2021年4月21日にロシア連邦議会で行なった年次教書演説。en.kremlin.ru.

2 Anton Troianovski, "As Evidence Mounts That Navalny Was Poisoned by State, Russians Just Sigh," *The New York Times*, December 23, 2020.

3 ウラジーミル・プーチンが2021年4月21日にロシア連邦議会で行なった年次教書演説。en.kremlin.ru.

4 Vladimir Isachenkov, "Russia Orders Troop Pullback but Keeps Weapons Near Ukraine," Associated Press, April 23, 2021; Matthew P. Funaiole, "Unpacking the Russian Troop Buildup Along Ukraine's Border," Center for Strategic and International Studies, April 22, 2021, csis.org.

5 Helene Cooper and Julian E. Barnes, "80,000 Russian Troops Remain at Ukraine Border as U.S. and NATO Hold Exercises," *The New York Times*, May 5, 2021.

6 Dmytro Kuleba, "Withdrawal of Troops Without Withdrawal of Troops," television interview, DW Ukraine, May 17, 2021.

7 Cooper and Barnes, "80,000 Russian Troops Remain at Ukraine Border as U.S. and NATO Hold Exercises."

第5章

プーチンが新型コロナウイルスにどう対処したかについて、一般に公開されている情報。Alexey Kovalev, "The Pandemic Is Beating Putin," *The New York Times*, December 8, 2021; David E. Sanger and Anton Troianovski, "U.S. Intelligence Weighs Putin's Two Years of Extreme Pandemic Isolation as a Factor in His Wartime Mind- set," *The New York Times*, March 5, 2022.

第6章

1 Isabella Kwai, "An 18th-Century Villa Was Again a Stage for History," *The New York Times*, June 16, 2021; "In Photos: Biden Meets with Putin," CNN, June 16, 2021.

2 Antonia Noori Farzan, "How Biden's Meeting with Putin Differed from Trump's," *The Washington Post*, June 16, 2021.

3 Ibid.

4 Isabella Khurshudyan and Loveday Morris, "Ransomware's Suspected Russian Roots Point to a Long Detente Between the Kremlin and Hackers," *The Washington Post*, June 12, 2021; "Biden and Putin Agree to Resume Nuclear Talks, Return Ambassadors to Posts," CNBC, June 16, 2021.

5 Franklin Foer, *The Last Politician: Inside Joe Biden's White House and the Struggle for America's Future* (New York: Penguin, 2023), p. 135.

6 Ibid.

7 "Watch Live: Putin Holds News Conference After Meeting with Biden," Associated Press, June 16, 2021, pbs.org; "News Conference Following Russia-US Talks," Transcript: June 16, 2021, en.kremlin.ru.

8 C. Todd Lopez, "Defender Europe 21 Exercises Multinational Interoperability,

4 Sarah Rainsford, "Putin on Biden: Russian President Reacts to US Leader's Criticism," BBC News, March 18, 2021.
5 "Telephone Conversation with President Zelensky of Ukraine," July 25, 2019, transcript, declassified September 24, 2019, Whitehouse.gov.
6 Seung Min Kim, "In Historic Vote, Trump Acquitted of Impeachment Charges," *The Washington Post*, February 5, 2020.
7 "Readout of President Joseph R. Biden, Jr. Call with President Vladimir Putin of Russia," Briefing Room, April 13, 2021, Whitehouse.gov; "Telephone Conversation with US President Joseph Biden," The Kremlin, April 13, 2021, en.kremlin.ru.
8 "Fact Sheet: Imposing Costs for Harmful Foreign Activities by the Russian Government," Briefing Room, April 15, 2021, Whitehouse.gov.
9 Evan Osnos, "The Biden Agenda," *The New Yorker*, July 20, 2014.
10 Hans M. Kristensen and Matt Korda, "Russian Nuclear Weapons, 2021," *Bulletin of the Atomic Scientists* 77, no. 2 (March 18, 2021): 90–108.
11 "Statement by White House Press Secretary Jen Psaki on the Meeting Between President Joe Biden and President Vladimir Putin of Russia," Briefing Room, May 25, 2021, Whitehouse.gov.
12 George Packer, "The Quiet German," *The New Yorker*, November 24, 2014; "Vladimir Putin: I Didn't Mean to Scare Angela Merkel with My Dog," CNN, January 12, 2016.
13 Ibid.
14 "Grand Jury Indicts 12 Russian Intelligence Officers for Hacking Offences Related to the 2016 Election," Office of Public Affairs, U.S. Department of Justice, July 13, 2018, Justice.gov.
15 "Transcript: Trump and Putin's Joint Press Conference," NPR, July 16, 2018.
16 ドナルド・J・トランプ（@realDonaldTrump）の2018年7月16日午後3時40分のXへのポスト。"As I said today and many times before, 'I have GREAT confidence in MY intelligence people.' However, I also recognize that in order to build a brighter future, we cannot exclusively focus on the past—as the world's two largest nuclear powers, we must get along! #HELSINKI2018," X.com.
17 Bob Woodward, *The Trump Tapes: Bob Woodward's Twenty Interviews with President Donald Trump* (New York: Simon & Schuster, 2022), p. 35.

第3章

1 Dr. Fiona Hill and Clifford G. Gaddy, *Mr. Putin: Operative in the Kremlin* (Washington, D.C.: Brookings Institution Press, 2015)（邦訳：フィオナ・ヒル、クリフォード・G・ガディ『プーチンの世界——「皇帝」になった工作員』畔蒜泰助監修、濱野大道、千葉敏生訳、新潮社）; Dr. Fiona Hill, *There Is Nothing for You Here: Finding Opportunity in the 21st Century* (Boston: Mariner Books, 2021).
2 Martin Pengelly, "Trump 'Would've Lost Mind Completely' if Putin Admitted Interference, Fiona Hill Says," *The Guardian*, February 24, 2024.
3 "Full Transcript of Testimony of Fiona Hill, Former Top Russia Adviser to the White House," *The Washington Post*, November 8, 2019; John Cassidy, "The Extraordinary Impeachment Testimony of Fiona Hill," *The New Yorker*, November 21, 2019.
4 "Fiona Hill Reflects on Impeachment Testimony, Trump Presidency and Opportunity in America," PBS, October 8, 2021.

情報源について

本書の情報は主として事象をじかに目撃した、あるいは会合に参加した複数の人々とのディープ・バックグラウンド・インタビュー、もしくはそれらの会合の議事録や覚書による。以下は、それ以外の情報源と参考文献である。

プロローグ

1 ボブ・ウッドワードとカール・バーンスタインが1989年にトランプタワーにて行なったドナルド・J・トランプへのインタビュー。

2 Bob Woodward, *The Trump Tapes: Bob Woodward's Twenty Interviews with President Donald Trump* (New York: Simon & Schuster, 2022), p. 46.

第1章

1 Bob Woodward and Robert Costa, *Peril* (New York: Simon & Schuster, 2021), pp. 244–258.（邦訳：ボブ・ウッドワード、ロバート・コスタ『国家の危機』伏見威蕃訳、日経ビジネス人文庫）

2 Final Report of the Select Committee to Investigate the January 6th Attack on the United States Capitol, House Report 117-663, December 22, 2022, p. 577.

3 Aaron Blake, "What Trump Said Before His Supporters Stormed The Capitol, Annotated," *The Washington Post*, January 11, 2021.

4 Final Report of the Select Committee to Investigate the January 6th Attack on the United States Capitol, House Report 117-663, December 22, 2022, p. 100.

5 Ibid, p. 3.

6 Bob Woodward and Robert Costa, *Peril* (New York: Simon & Schuster, 2021), p. 288.（邦訳：『国家の危機』）

7 Chris Whipple, *The Fight of His Life* (New York: Simon & Schuster, 2023), p. 53.

8 Jonathan Karl, *Tired of Winning* (Dutton, 2023), p. 41.

9 Ibid.

10 Dominick Mastrangelo, "Trump Jr.: Trump Supporters in DC 'Should Send a Message' to GOP 'This Isn't' Their Party Anymore," *The Hill*, January 6, 2021.

11 Bob Woodward and Robert Costa, *Peril* (New York: Simon & Schuster, 2021), pp. 301–305.（邦訳：『国家の危機』）

第2章

1 Isabelle Khurshudyan, David L. Stern, Loveday Morris, and John Hudson, "On Ukraine's Doorstep, Russia Boosts Military and Sends Message of Regional Clout to Biden," *The Washington Post*, April 10, 2021.

2 Jeffrey Gettleman, "The 'Wild Field' Where Putin Sowed the Seeds of War," *The New York Times*, September 17, 2022; International Crisis Group, "Conflict in Ukraine's Donbas: A Visual Explainer," Crisisgroup.org.

3 "Transcript: ABC News' George Stephanopoulos Interviews President Joe Biden," ABC News, March 16, 2021.

著訳者紹介

ボブ・ウッドワード（Bob Woodward）

Author photo by Lisa Berg

米国を代表するジャーナリスト。1943年生まれ、イェール大学卒。50年以上にわたり、ワシントン・ポスト紙の記者、編集者をつとめ、ニクソンからバイデンまで歴代大統領を取材・報道しつづけている。

ウッドワードは同紙の社会部若手記者時代に、同僚のカール・バーンスタイン記者とともにウォーターゲート事件をスクープし、ニクソン大統領退陣のきっかけを作ったことで知られる。このときの2人の活動から「調査報道」というスタイルが確立され、また同紙はピュリツァー賞を受賞した。ウッドワードはその後も記者活動を続け、2002年には9・11テロに関する報道でピュリツァー賞を再度受賞。

『大統領の陰謀』『ブッシュの戦争』『FEAR 恐怖の男』『RAGE 怒り』など、共著を含めた22冊の著作すべてがノンフィクション書籍のベストセラーリスト入りを果たしている。そのうち15冊は全米№1ベストセラーとなった。現在はワシントン・ポスト紙アソシエイト・エディター。

伏見威蕃（ふしみ・いわん）

翻訳家。1951年生まれ、早稲田大学商学部卒。ノンフィクションからミステリー小説まで幅広い分野で活躍中。ボブ・ウッドワードの『FEAR 恐怖の男』『RAGE 怒り』『国家の危機』、トーマス・フリードマンの『フラット化する世界』『遅刻してくれて、ありがとう』、ウィンストン・チャーチルの『［完訳版］第二次世界大戦』など訳書多数。

WAR（ウォー） 3つの戦争

2025年1月24日　1版1刷
2025年2月13日　　2刷

著　者　ボブ・ウッドワード
訳　者　伏見威蕃
発行者　中川ヒロミ
発　行　株式会社日経BP
日本経済新聞出版
発　売　株式会社日経BPマーケティング
〒105-8308　東京都港区虎ノ門4-3-12
装幀　山口鷹雄
DTP　アーティザンカンパニー
印刷・製本　中央精版印刷株式会社

ISBN978-4-296-12179-3

本書籍に関するお問い合わせ、ご連絡は下記にて承ります。
https://nkbp.jp/booksQA
Printed in Japan